처음 시작하는
파이썬 데이터 분석

김은옥 지음

(주)삼양미디어

머리말

4차 산업혁명은 이미 시작되어 우리의 삶에 많은 영향을 주고 있습니다. 4차 산업혁명은 기존 산업과의 융합을 데이터와 AI를 활용해서 구현합니다. 따라서 4차 산업에서는 데이터로부터 정보를 얻어내서 각 산업에 활용할 수 있는 것이 중요합니다. 이를 위해서 AI를 학습시켜 데이터로부터 정보를 얻어내고 판단하는 것이 자율적으로 이루어지도록 구현합니다.

이런 산업 변화에 발맞추기 위한 첫 스타트는 데이터가 의미하는 것을 찾는 과정인 데이터 분석을 이해하는 것입니다. 이 책의 목적은 데이터로부터 의미 있는 설명을 얻어내는 과정을 초보자를 위해서 처음부터 차근차근 학습할 수 있도록 방향을 제시하는 것입니다. 기본이 있어야 향후 어려운 분석을 AI를 활용해서 할 수 있습니다.

이 책에서는 데이터 분석의 툴로 파이썬을 사용합니다. 파이썬을 사용해서 데이터 분석한다는 것은 AI 학습을 통한 머신러닝/딥러닝 부분까지도 염두에 두고 하겠다는 의미입니다. 파이썬 데이터 분석은 데이터 분석을 위한 전처리, 시각화, 통계 분석 기본부터 머신러닝까지가 기본 데이터 분석의 흐름입니다. 이것이 끝나면 다양한 비정형 데이터를 학습시켜 문제를 해결하는 딥러닝을 할 수 있는 기본이 갖춰지게 됩니다.

이 책은 파이썬 기반의 데이터 분석의 기본을 다루는 책으로 데이터 분석에 필요한 기본 파이썬 문법, 데이터 분석 라이브러리 기반의 전처리/시각화, 회귀/시계열/분산 분석 등의 기본 통계 분석 및 분류/회귀분석 머신러닝까지 학습합니다. 이 책이 독자 여러분들이 데이터 분석을 시작하는 데 도움이 되는 기본서가 되기를 바랍니다.

끝으로 이 책을 출간하는 데 도움을 주신 삼양미디어 여러분께 감사의 말씀을 드립니다.

김은옥

실습 준비

1 실습 파일 다운로드 위치

- 실습 전체 파일-https://github.com/keobooks/python_da_source 사이트에서 [README]의 내용 중 [2. 소스코드 포함 전체 실습파일: source.zip]의 https://github.com/keobooks/python_da_source/blob/main/source.zip 링크 클릭해서 다운로드

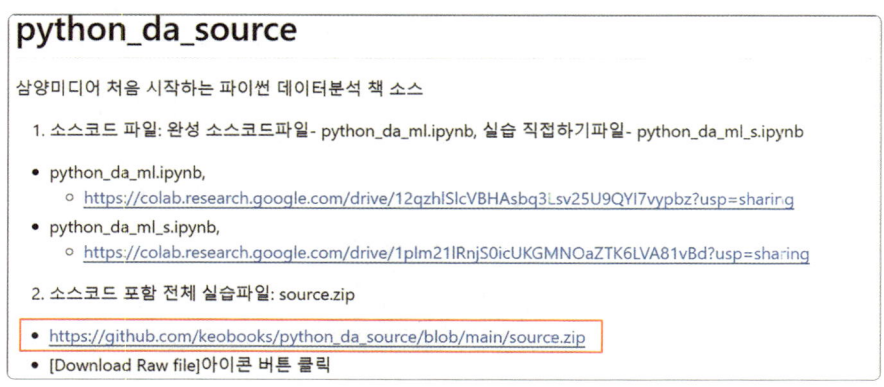

▲ 소스코드 포함 전체 실습 파일 다운로드 위치

2 소스 폴더 업로드

❶ 다운로드 받은 source.zip 파일의 압축을 해제합니다.

❷ 구글 드라이브에서 [내 드라이브] 선택 후 [신규]-[폴더 업로드] 메뉴를 클릭합니다.

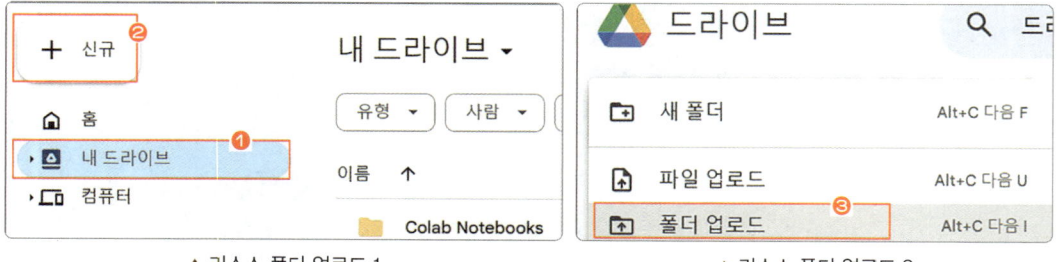

▲ 리소스 폴더 업로드 1 　　　　　　　　　▲ 리소스 폴더 업로드 2

❸ 제공되는 리소스 폴더의 위치를 찾은 후 리소스 폴더를 선택하고 [업로드] 버튼을 클릭합니다. 업로드가 완료되면 구글 드라이브에 업로드된 리소스 폴더가 표시됩니다.

- 리소스 폴더의 위치: 제공되는 [source] 폴더 안에 있음
- 리소스 폴더: [pda_app] 폴더

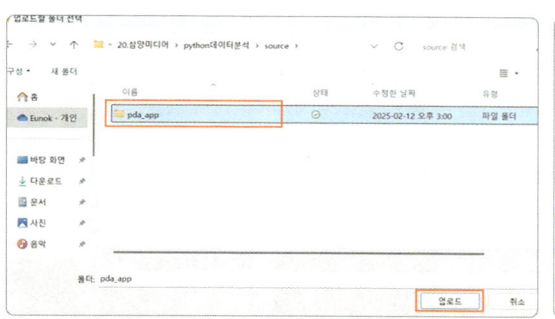

▲ 리소스 폴더 업로드 3

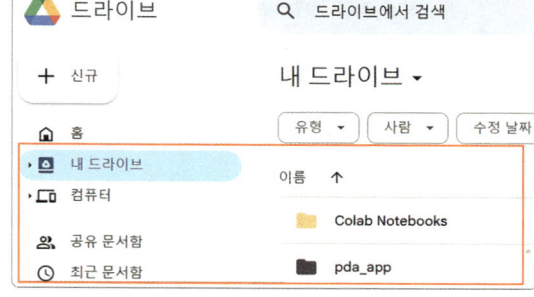

▲ 리소스 폴더 업로드 4

3 소스코드 파일 주피터 노트북 복제

❶ https://github.com/keobooks/python_da_source 사이트로 이동합니다.

❷ [README]의 내용 중 [1. 소스코드 파일]의 python_da_ml.ipynb 또는 python_da_ml.ipynb_s의 링크를 클릭합니다.

- python_da_ml.ipynb: 완성본 소스코드 파일
- python_da_ml.ipynb_s: 직접 코딩하면서 실습하기 위한 소스코드 파일. 이 파일의 완성본은 python_da_ml.ipynb 파일임

▲ 복제할 주피터 노트북 위치

실습 준비

❸ [Drive로 복사]를 클릭합니다. 잠시 후 복제가 끝나면 복제된 파일을 사용해서 실습을 진행합니다. 둘 중 아무거나 편한 것을 사용해서 실습합니다.

▲ 주피터 노트북 완성본 복제

▲ 주피터 노트북 따라하기본 복제

4 실습 코드 실행 순서

python_da_ml.ipynb 또는 python_da_ml.ipynb_s에서 제공하는 앞부분의 코드들을 반드시 실행합니다.

- 구글 코랩 사용자: [1. 마운트 설정: 구글 코랩만 실행]의 1~4번 실행, [2. 구글 코랩용 그래프 한글 깨짐 방지 처리: Linux OS도 같은 방식으로 처리]의 선수작업 2-1~2-10 실행

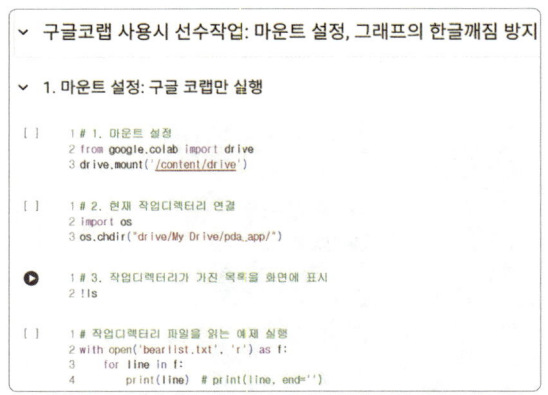

- 아나콘다 주피터 노트북 사용자: [Windows OS, Mac OS 사용시: 그래프의 한글깨짐 방지] 부분의 접힌 부분을 펼쳐서 선수작업 1-1~1-4 실행

> **Windows OS, Mac OS 사용시: 그래프의 한글깨짐 방지**
> ▶ ↳ 숨겨진 셀 4개

```
▼ Windows OS, Mac OS 사용시: 그래프의 한글깨짐 방지

[ ]  1  # 선수작업1-1
     2  # 주요 라이브러리 로드 : 라이브러리가 제공하는 함수 사용
     3  import numpy as np   # 고속 연산
     4  import scipy as sp   # 과학 계산
     5  import pandas as pd  # 데이터프레임을 다룸

     1  # 선수작업 1-2
     2  # windows, mac용  (matplotlib: 시각화 라이브러리)
     3  import matplotlib as mpl   # 글꼴이나 크기 설정
     4  import matplotlib.pyplot as plt  # 그래프를 플롯, 계산하여 그려줌
     5  import platform
     6
     7  plt.rcParams['axes.unicode_minus'] = False
     8
     9  if platform.system() == 'Darwin':
    10      mpl.rc('font', family='AppleGothic')
    11  elif platform.system() == 'Windows':
    12      path = "c:/Windows/Fonts/malgun.ttf"
    13      font_name = mpl.font_manager.FontProperties(fname=path).get_name()
    14      mpl.rc('font', family=font_name)
    15  else:
    16      print("Unknown System OS")
```

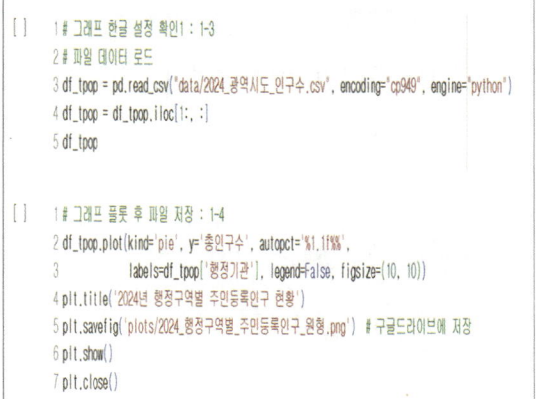

[학습도우미]

- Google NotebookLM을 사용한 각 장 요약 동영상 파일 다운로드 링크
https://drive.google.com/file/d/1h8jOaefaisYrff6ZFbb_uKn5uKL80Of-/view?usp=drive_link

챕터별 요약

CHAPTER 01 데이터 분석의 개요

데이터 분석은 데이터가 의미하는 것을 탐구하는 과정입니다. 데이터로부터 어떤 사실을 알아내고 그것을 기반으로 현 상태를 파악하고 미래를 예측하며, 원인과 결과의 인과관계를 파악하는 것을 목적으로 합니다. 여기서는 데이터 분석의 목적과 분석에 필요한 것을 학습합니다.

CHAPTER 02 파이썬 개발 환경 설정

여기서는 파이썬 기반의 데이터 분석을 프로그래밍하기 위한 준비를 하는 부분으로, 파이썬 툴을 데이터 분석에 사용하기 위한 개발 환경을 설정하고 데이터와 소스코드 파일을 배치해서 프로젝트 구조로 개발하는 방식을 학습합니다.

CHAPTER 03 파이썬 기본 문법: 데이터 분석을 위한

여기서는 데이터 분석의 순서를 살펴보고 각 데이터 분석의 단계에서 필요한 변수, 타입, 제어문, 함수/모듈 등의 파이썬 데이터 분석을 위한 기본 문법을 학습합니다.

CHAPTER 04 데이터 분석에 필요한 주요 라이브러리

데이터 분석에서는 데이터프레임을 빠르게 처리하는 고속 연산 라이브러리 및 과학 계산 라이브러리와 시각화 기능을 제공하는 라이브러리를 필요로 합니다. 여기서는 데이터프레임을 다루기 전에 알고 있어야 하는 고속 연산 라이브러리 및 시각화 라이브러리를 학습합니다.

CHAPTER 05 실무 데이터 로드 및 데이터프레임 다루기

여기서는 데이터 분석에 필요한 데이터프레임을 생성하기 위해 정형/비정형 데이터 파일을 로드하는 방법 및 생성된 데이터프레임을 다루는 방법을 학습합니다.

CHAPTER 06 데이터 전처리: 분석 데이터 준비

실무 데이터를 로드해서 데이터프레임이 생성되면, 실무 데이터인 데이터프레임으로부터 의미 있는 설명을 얻어내기 위해 데이터를 전처리합니다. 데이터 전처리는 데이터 분석에 필요한 데이터 필터, 분석변수 선택, 분석할 변수가 없는 경우 생성, 결측치/이상치 처리 등의 작업을 거쳐서 분석 데이터를 준비합니다. 여기서는 데이터를 전처리할 때 사용하는 전처리 함수/메서드 및 결측치/이상치를 처리하는 방법을 학습합니다.

CHAPTER 07 데이터 시각화: 탐색적 데이터 분석

데이터 전처리의 결과로 나온 데이터는 시각화를 사용해서 데이터의 주요 분포와 모양을 알 수 있으며, 이를 통해 데이터의 현재 상황을 파악하는 데 사용합니다. 이것이 탐색적 데이터 분석입니다. 여기서는 데이터의 시각화 학습을 통해서 데이터의 현 상황을 파악하는 방법을 살펴봅니다.

CHAPTER 08 통계적 데이터 분석

통계적 데이터 분석은 데이터를 수집하고 해석하며, 의미 있는 정보를 얻어내기 위한 통계 기법을 활용하는 과정입니다. 통계 기법은 현 상태 파악 시 검증에 사용되며 미래 예측과 인과관계 파악에도 사용됩니다. 통계 분석 기법으로 해결해야 하는 문제들은 대부분 선형 모형, 일반화 선형 모형, 라쏘 모형, 랜덤 포레스트 등으로 해결되기 때문에 필요한 몇 가지만 잘 다루면 어렵지 않습니다. 여기서는 통계적 기법을 사용해서 현 상태 파악을 검증하고, 예측하고, 인과관계를 파악하는 방법을 학습합니다.

CHAPTER 09 데이터 분석 프로젝트

앞에서 다룬 내용을 종합적으로 적용하는 방법을 학습하는 데이터 분석 프로젝트로, 이를 통해 데이터 분석을 실무에 적용하는 방법을 학습합니다.

CHAPTER 10 머신러닝

머신러닝은 정형 데이터를 인공지능에 학습시켜 예측에 사용하는 방법으로 데이터로부터 결과를 판별/분류하는 분류분석과 데이터로부터 결과 값을 예측하는 회귀분석이 있습니다. 분류분석과 회귀분석의 모델은 데이터에 따라서 최적의 성능을 발휘하는 것이 다르기 때문에 항상 여러 모델을 비교·평가해서 최적의 모델을 찾아내는 모델링을 수행합니다. 여기서는 머신러닝의 개요와 분류분석, 회귀분석 모델링을 하는 방법을 학습합니다.

차례

PART I 데이터 분석 개요, 개발 환경 설정, 기본 문법

CHAPTER 01 데이터 분석의 개요 ···················· 14
- 01 데이터 분석의 개념과 목적 ················ 15
- 02 데이터 분석에 필요한 것 ·················· 19
- 🏷 마무리(정리&연습문제) ···················· 24

CHAPTER 02 파이썬 개발 환경 설정 ················ 26
- 01 데이터 분석을 위한 파이썬 개발 환경 설정 ········ 27
- 02 데이터 분석을 위한 프로젝트 구조 설정 ·········· 33
- 🏷 마무리(정리&연습문제) ···················· 40

CHAPTER 03 파이썬 기본 문법: 데이터 분석을 위한 ········ 42
- 01 데이터 분석 순서와 각 단계에서 기본 문법의 사용 ···· 43
- 02 데이터 분석에 필요한 기본 문법 ·············· 46
- 🏷 마무리(정리&연습문제) ···················· 68

PART II 파이썬을 사용한 데이터 분석

CHAPTER 04 데이터 분석에 필요한 주요 라이브러리 ········ 72
- 01 고속 연산 라이브러리와 과학 계산 라이브러리 ······ 73
- 02 시각화 라이브러리 ······················ 80
- 🏷 마무리(정리&연습문제) ···················· 92

CHAPTER 05 실무 데이터 로드 및 데이터프레임 다루기 ······ 94
- 01 정형/비정형 데이터 파일 로드 ··············· 96
- 02 데이터프레임 다루기 ····················· 105
- 🏷 마무리(정리&연습문제) ···················· 120

CHAPTER 06 데이터 전처리: 분석 데이터 준비 ·········· 124
   01 데이터 전처리 방법 ·········· 126
   02 결측치/이상치 처리, 스케일링/인코딩 방법 ·········· 152
   🏷️ 마무리(정리&연습문제) ·········· 168

CHAPTER 07 데이터 시각화: 탐색적 데이터 분석 ·········· 172
   01 pandas 라이브러리를 사용한 데이터프레임 시각화 ·········· 173
   02 folium 라이브러리를 사용한 공간 데이터 시각화 ·········· 199
   🏷️ 마무리(정리&연습문제) ·········· 217

CHAPTER 08 통계적 데이터 분석 ·········· 220
   01 통계적 데이터 분석 개요 ·········· 221
   02 온실가스 데이터 분석:
      회귀분석, 주기성을 갖는 시계열 데이터 예측 ·········· 222
   03 서울시 하수처리장 데이터 분석: 분산분석(ANOVA) ·········· 250
   🏷️ 마무리(정리&연습문제) ·········· 271

CHAPTER 09 데이터 분석 프로젝트 ·········· 274
   01 상권 데이터 분석 ·········· 275
   02 보안 데이터 분석 ·········· 297
   03 삼일운동 데이터 군집분석 ·········· 319
   🏷️ 마무리(정리&연습문제) ·········· 330

CHAPTER 10 머신러닝 ·········· 332
   01 머신러닝 개요 ·········· 333
   02 머신러닝 분류분석/회귀분석 예측 모델링 ·········· 349
   🏷️ 마무리(정리&연습문제) ·········· 366

■ 연습문제 정답 ·········· 370
■ 찾아보기 ·········· 382
■ 영어 용어 정리 ·········· 386

PART I

데이터 분석 개요, 개발 환경 설정, 기본 문법

각 CHAPTER의 핵심

- **CHAPTER 01 데이터 분석의 개요**
  - 데이터 분석의 목적과 분석에서 필요한 것을 학습

- **CHAPTER 02 파이썬 개발 환경 설정**
  - 파이썬 툴을 데이터 분석에 사용하기 위한 개발 환경 설정 학습

- **CHAPTER 03 파이썬 기본 문법: 데이터 분석을 위한**
  - 데이터 분석에 필요한 파이썬 기본 문법을 학습

여기서는 데이터 분석 개요, 개발 환경 설정, 기본 문법 등 파이썬 기반의 데이터 분석을 위해 알아야 할 기본 사항을 다룹니다.

CHAPTER 01 데이터 분석의 개요

데이터 분석은 데이터가 의미하는 것을 탐구하는 과정으로, 데이터에서 어떤 사실을 알아내고, 그것을 기반으로 현 상태를 파악하고 미래를 예측하며, 원인과 결과의 인과관계를 파악하는 것을 목적으로 합니다. 여기서는 데이터 분석의 목적과 데이터 분석을 위해 필요한 것을 학습합니다.

여기서 할 일

❶ 데이터 분석의 개념과 목적을 알아보자.
❷ 데이터 분석에 필요한 것을 알아보자.

이 CHAPTER의 핵심

❶ **데이터 분석의 개념과 목적**
- 데이터 분석의 개념: 데이터가 의미하는 것을 알아내는 것
- 데이터 분석의 목적: 문제의 해결을 위해 현 상황을 파악하고 예측하며, 인과관계를 파악하는 것

❷ **데이터 분석에 필요한 것**
- 목표, 배경지식, 데이터, 분석 툴

01 데이터 분석의 개념과 목적

데이터 분석은 데이터를 이해하기 위한 것입니다. 즉, 데이터가 나타내는 현 상태를 파악하여 예측하고, 숨겨진 이면의 데이터와 트리거가 된 데이터를 알아내 인과관계를 파악하는 것이 데이터 분석의 목적입니다.

1 데이터 분석의 개념

데이터 분석(Data Analysis)은 의사결정을 지원하거나 문제를 해결하기 위해 데이터를 체계적으로 조사·정리·해석하고, 시각화하는 과정입니다. 이 과정에서 데이터를 수집하고 정리하며, 유용한 정보를 얻어내 미래를 예측하거나, 어떤 사건의 원인 등을 알아낼 수 있습니다.

1) 데이터 분석의 주요 특징

❶ 문제 정의

분석의 시작은 문제를 정의하는 것으로, 어떤 문제를 해결하려고 하는지가 분석 방향을 결정합니다. 예를 들어, 어떤 문제의 현재 상태를 알고자 하는 것인지, 이후의 상황을 알고자 하는 것인지, 발생한 문제의 원인 등을 알고자 하는 것인지를 명확히 합니다.

❷ 데이터 수집

문제를 해결하기 위해 필요한 데이터를 확보합니다. 데이터는 기관/회사 내부 데이터베이스, 외부 API, 공공 데이터, 설문조사, 웹 스크래핑 등 다양한 방식으로 수집될 수 있습니다.

> **용어 정리 TIP**
> - API(Application Programming Interface)
>   - 소프트웨어 간 상호작용을 가능하게 하는 인터페이스로, 서로 다른 프로그램들이 데이터를 교환하거나 기능을 공유할 수 있도록 돕는 역할을 함
>   - 실시간 데이터를 얻을 때 사용하며 url 형식으로 요청하고 응답 결과는 XML/JSON 형식으로 받음
>   - 해당 API를 사용할 수 있는 API 키가 필요함
> - 웹 스크래핑(Web Scraping)
>   - 웹 페이지에서 특정 데이터를 추출하는 작업으로, 사용자가 원하는 정보를 특정 웹 페이지에서 가져와 처리, 저장하거나 다른 형태로 활용 가능
>   - 웹 스크래핑의 목적은 특정 데이터를 추출하는 데 있음
> - 웹 크롤링(Web Crawling)
>   - 인터넷상의 여러 웹 페이지를 자동으로 탐색하며 데이터를 수집하거나, 페이지 링크를 통해 웹 사이트의 구조를 탐색
>   - 웹 크롤링의 목적은 웹 페이지 탐색 및 데이터를 수집하는 데 있음

❸ 데이터 전처리

  수집된 데이터는 실무 데이터로, 데이터 분석에 적합하지 않은 형태이거나 불완전하거나 오류가 있을 수 있기 때문에, 이를 정제하고 변환하는 과정이 필요합니다. 예를 들어, 데이터의 일부 값이나 그룹화한 결과를 얻어내거나, 여러 데이터를 합치거나 결측치나 이상치를 처리하는 것 등이 포함됩니다.

❹ 탐색적 데이터 분석(EDA, Exploratory Data Analysis)

  데이터를 시각화하거나 통계적 기법 등을 사용해서 데이터를 이해하고 주요 패턴, 관계, 추세 등을 얻어냅니다.

❺ 모델링 및 해석

  값의 예측이나 분류 같은 고급 분석을 위해 통계 모델, 머신러닝 알고리즘 등을 활용합니다. 데이터에 숨겨진 규칙이나 경향성을 이해하고, 의사결정에 활용합니다.

❻ 결과 시각화 및 보고

  분석 결과를 그래프, 차트, 대시보드 등의 형태로 시각화하여 이해하기 쉽게 전달합니다.

> **용어 정리 TIP**
> - 모델: 예측 수식, 모델과 모형은 모두 예측 수식을 의미함
> - 모델링: 현재 데이터에 가장 적합한 예측 수식을 선택하는 과정으로 데이터에 따라 적합한 모델이 다름
> - 예측: 다음 값을 예측하는 회귀분석과 분류/판단을 하는 분류분석이 있음
> - 머신러닝 알고리즘: 머신러닝 알고리즘에는 머신러닝과 딥러닝이 있으며, 머신러닝은 정형 데이터 예측에 사용하고, 딥러닝은 비정형 데이터 예측에 사용함
> - 대시보드(Dashboard)
>   - 대시보드는 데이터를 시각적으로 구성하여 실시간으로 정보를 제공하는 인터페이스로, 사용자는 대시보드를 통해 다양한 데이터를 한눈에 이해하고, 효율적으로 분석하며, 의사결정을 내릴 수 있음
>   - 주로 차트, 그래프, 표와 같은 시각적 요소를 활용하여 데이터를 정리, 요약, 시각화함

2) 데이터 분석의 주요 유형

- 기술적 분석(Descriptive Analysis): 과거 데이터를 요약하고 설명해서 데이터의 현 상태를 파악합니다. ⓔ 매출 상태 파악, 인구 통계 분석 등
- 진단적 분석(Diagnostic Analysis): 왜 특정한 일이 발생했는지 원인을 파악하는 것으로, 원인 또는 가장 관련 있는 요인을 파악합니다.
    - ⓔ 가로등/보안등이 어떤 범죄 예방에 가장 효과적인지 파악, CO_2 배경농도와 가장 관련이 있는 온실가스를 파악하는 등

- 예측 분석(Predictive Analysis): 데이터의 현 상태를 기반으로 미래를 예측합니다.
  - 예) 노령화 지수 예측, 환자 수 예측 등
- 처방적 분석(Prescriptive Analysis): 최적의 의사결정을 지원하기 위해 대안을 제시합니다.
  - 예) 대중교통의 배차 간격 및 노선 조정, 병상 배정과 의료 인력 스케줄 최적화 등

3) 데이터 분석의 활용 분야
- 비즈니스 분야: 고객 세분화, 시장 트렌드 분석, 매출 예측
- 의료 분야: 환자 데이터 분석, 질병 예측
- 교육 분야: 학습 성과 분석, 학생 이탈 예측
- 스마트 시티 분야: 교통 흐름 분석, 에너지 소비 최적화
- 정부 및 공공 분야: 정책 효과 분석, 범죄 데이터 분석

2 데이터 분석의 목적

데이터 분석의 목적은 다양한 데이터로부터 의미 있는 정보를 얻어내고 이를 기반으로 효율적이고 효과적인 의사결정을 내리는 것입니다. 데이터 분석은 문제를 이해하고 해결책을 도출하거나, 새로운 기회를 발견하는 것에 초점을 맞춥니다.

1) 데이터 분석을 통해 달성하는 것
- 의사결정 지원과 문제 해결: 데이터를 기반으로 한 합리적이고 객관적인 의사결정을 가능하게 하고, 데이터 분석을 통해 문제의 근본 원인을 파악하고 해결 방안을 제시합니다.
  - 예) 제품 판매 데이터를 바탕으로 재고 관리 최적화, 제조 공정에서 발생하는 결함 원인을 데이터로 분석
- 효율성 및 생산성 향상: 비효율적인 과정을 데이터로 식별하고 개선점을 찾아 생산성을 높입니다.
  - 예) 물류 데이터를 분석해 최적의 배송 경로 설계, 업무 시간 기록 분석으로 인력 배치 최적화
- 미래 예측: 과거 데이터를 기반으로 패턴을 식별하여 미래의 결과를 예측합니다.
  - 예) 병충해 데이터를 활용해 농작물 수확량 예측, 날씨 데이터를 활용한 물가 예측
- 아이디어 창출: 숨겨진 트렌드, 패턴, 관계를 발견하여 새로운 아이디어를 창출합니다.
  - 예) 고객 행동 데이터를 분석해 새로운 상품이나 서비스 아이디어 도출
- 리스크 관리: 데이터를 통해 위험 요소를 사전에 식별하고, 이를 완화하거나 회피할 수 있는 방안을 제시합니다. 예) 사이버 보안 데이터를 통해 취약점 식별 및 방지 계획 수립

- 고객 만족 개선: 고객 데이터를 분석하여 개인화된 경험을 제공하거나 불만 요소를 개선합니다.
  - 예) 고객 피드백 분석을 통해 서비스 품질 개선
- 비용 절감: 데이터 분석을 통해 비효율적인 요소를 제거하고 자원을 최적화합니다.
  - 예) 제조 원가 데이터를 통해 비용 절감 가능한 공정 설계
- 성과 측정/평가 및 혁신: 데이터를 기반으로 조직, 프로젝트, 캠페인의 성과를 평가하여 개선 방향을 제시하고, 기존 방식을 혁신하거나 새로운 전략을 도입합니다.
  - 예) 기업의 핵심성과지표(KPI)를 분석하여 목표 달성 여부 평가, AI 분석으로 고객 지원 자동화

2) 데이터를 분석하는 목적

데이터를 분석하는 목적에는 크게 현 상태 파악 분석, 예측 분석, 인과관계 분석이 있습니다.

❶ 현 상태 파악 분석

- 측정된 데이터에 대한 설명을 통해, 조직의 운영 상태를 명확하고 일관된 관점으로 파악하는 데 필요합니다.
  - 예) ~은 무엇인가?, 지난달 얼마나 많은 고객이 이탈하였는가?
- 탐색적 데이터 분석(시각화)으로 현 상태를 파악하고 통계적 기법을 사용해서 검증합니다.

❷ 예측 분석

- 현재와 같은 조건이 유지된다면 미래가 어떻게 될지 예측합니다.
  - 예) 다음 달에 구독을 취소할 고객의 수 예측, CO_2 배경 농도 예측
- 가설 검정, 신뢰구간 파악, 회귀분석/분류분석 등의 통계 기법을 사용한 검증 및 예측, 머신러닝/딥러닝을 사용한 예측을 합니다.

❸ 인과관계 분석

- 데이터의 인과관계, 즉 '만약 이렇게 된다면/만약 다른 조건이라면', '~가 어떻게 될까'와 같이 행동 데이터를 파악할 때 사용합니다.
  - 예) 매월 구독료가 10% 인상되면 구독자들이 얼마나 이탈할까?, 지구의 평균기온이 1° 오르면 해수면의 높이는 얼마나 상승할까?
- 회귀, 상관분석, 대조군을 비교하는 무작위 실험(A|B 테스트), 부트스트랩을 사용한 불확실성 측정 등의 통계 기법을 사용합니다.

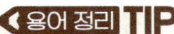

- A/B 테스트
  - 두 가지 또는 그 이상의 변형(A와 B)을 실험적으로 비교하여 어떤 옵션이 더 나은 결과를 제공하는지 평가하는 방법
  - 주로 웹 사이트, 앱, 마케팅 캠페인, 제품 디자인 등에서 최적화를 목적으로 활용함
- 부트스트랩(Bootstrap)
  - 샘플 데이터를 기반으로 통계량(평균, 분산 등)의 불확실성을 추정하기 위해 사용되는 비모수적(resampling) 방법론으로, 데이터를 반복적으로 재표본화하여 통계량의 분포를 추정하는 데 활용함
  - 불확실성 측정에서 부트스트랩은 신뢰구간, 분산, 표준 오차와 같은 추정치를 계산하는 데 유용함

02 데이터 분석에 필요한 것

　데이터 분석에 필요한 것에는 데이터 분석의 목표 설정, 데이터 분석의 결과를 해석할 때 필요한 배경지식(실무 지식), 분석에 필요한 데이터, 많은 양의 데이터를 처리하고 다양한 통계 기법을 제공하는 데이터 분석 툴 등이 있습니다.

1 데이터 분석의 목표 설정

　데이터 분석을 하려면 데이터 분석의 목표를 설정해야 합니다. 데이터 분석의 목표는 데이터 분석이 성공했을 때 나오는 결과물로, 이것을 정의해 두어야 데이터 분석을 끝맺을 수 있습니다. 성공의 결과를 정의해 두지 않는 경우 분석을 어디까지 해야 끝이 나는지 알 수 없으며, 또한 데이터 분석의 일관성을 잃을 수 있습니다.

　데이터 분석이 처음일 경우, 먼저 현 상태를 파악하는 목표를 설정 후 점진적으로 개선해 나가는 것이 좋습니다. 데이터 분석의 목표를 설정하고 나면 목표 달성에 필요한 데이터를 순서에 따라 처리해서 원하는 결과를 얻어냅니다. 이때 결과물은 목표 설정에서 정의한 성공의 결과입니다.

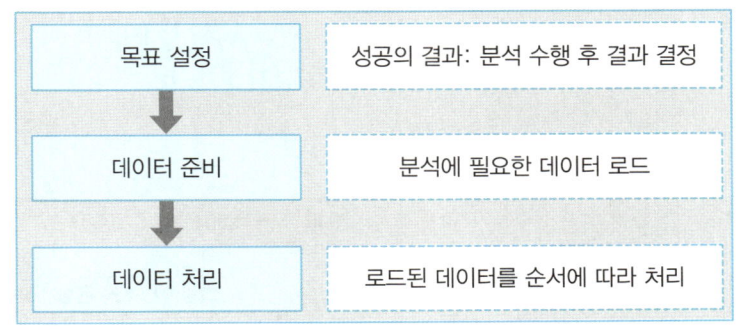

▲ [그림 01-01] 데이터 분석 순서

CHAPTER 01. 데이터 분석의 개요　19

예를 들어, 지구 온난화 문제를 파악한다고 합시다. 먼저 지구 온난화에 가장 큰 영향을 주는 온실가스 배경농도 데이터로부터 얻고자 하는 사실을 정의합니다. 지구 온난화 문제를 파악하기 위해 온실가스 CO_2 배경농도의 현 상태 파악이라는 목표를 설정했다면, 데이터는 온실가스 배경농도 데이터를 사용하고 데이터 처리는 CO_2 배경농도 추이 결과를 시계열 그래프로 플롯(plot)하는 방향으로 진행할 수 있습니다.

▼ [표 01-01] 데이터 분석 단계와 하는 일

단계	하는 일 예시
데이터 분석 목표	■ CO_2 배경농도의 현 상태 파악: CO_2 배경농도 추이 파악
데이터	■ 기상자료개방포털에서 데이터〉기후〉기후변화감시〉온실가스 데이터 • 수집: https://data.kma.go.kr/data/gaw/selectGHGsRltmList.do?pgmNo=587 • 1999~2023년 온실가스 배경농도 데이터: 1999-2023_ghgs.csv
처리	■ 순서 ① 1999~2023년 온실가스 배경농도 데이터 로드 ② 시계열 그래프 작성을 위한 변수 선택: 시간, CO2_PPM ③ 시간 변수를 날짜 데이터 타입으로 변환 ④ 시계열 그래프 플롯 ▲ [그림 01-02] 온실가스 CO_2 배경농도 추이

2 분석 결과 해석에 필요한 배경지식(실무 지식)

데이터 분석은 컴퓨터공학, 인간공학, 뇌과학, 언어학 등 다양한 분야의 기술을 결합해서 적용하는 분야로 통계학·경제학·정보기술·수학 등의 포괄적인 학문적 지식이 필요하며, 통합적 사고와 직관력 등도 요구됩니다.

■ 데이터 분석에 필요한 3요소

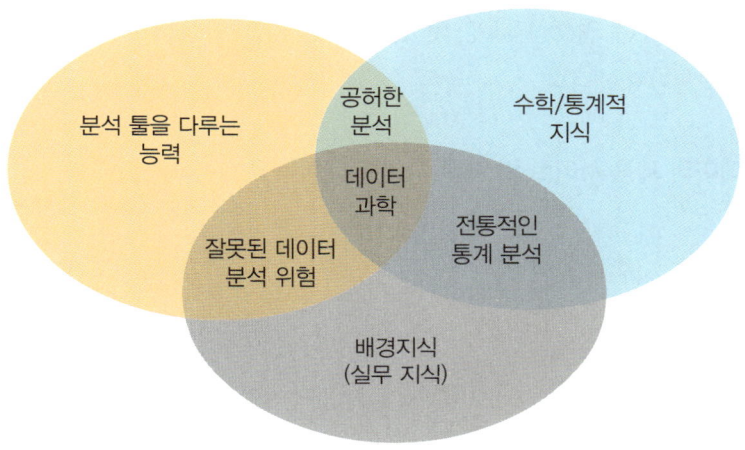

▲ [그림 01-03] 데이터과학 벤다이어그램*

- 분석 툴을 다루는 능력: 엑셀, R, 파이썬 등의 분석에 사용하는 프로그래밍 툴을 능숙하게 다루는 능력으로, **분석 툴을 사용해서 데이터를 분석할 수 있는 형태**로 만듭니다. 엑셀은 정형 데이터만 다룰 수 있으며, R과 파이썬은 정형/비정형 데이터를 모두 다룰 수 있습니다.
- 수학/통계적 지식: **데이터를 분석해서 분석 결과에 의미를 부여**하기 위해 필요한 것으로, 분석의 결과를 수학/통계적 지식을 사용하여 현 상태를 검증하는 판단 값, 예측 결과 값의 생성, 변수 간의 관계 등 의미를 부여합니다.
- 배경지식(실무 지식): 부여된 **분석 결과의 의미를 이해하고 실무에 적용하는 것**으로, 분석 결과의 의미를 이해하려면 분석하는 데이터에 대한 지식을 갖추고 있어야 제대로 된 판단을 내리고 적용할 수 있습니다. 배경지식(실무 지식)이 없는 데이터 분석은 분석자가 의미를 제대로 이해하지 못하고 한 분석이기에 결과가 실무에 적용이 잘되지 않는 공허한 분석이 되어버립니다.

---

* http://drewconway.com/zia/2013/3/26/the-data-science-venn-diagram의 이미지를 기반으로 그림

3 분석에 필요한 데이터

데이터 분석에 필요한 데이터는 공공 데이터, 웹/소셜 데이터 등을 통해서 얻을 수 있습니다. 공공 데이터는 각 기관에서 제공하는 공공 데이터 사이트에서 얻을 수 있으며, 대표적인 사이트에는 '공공데이터포털(data.go.kr)'이 있습니다. 일반적으로 보안상 공개되지 않는 로그 및 웹 사이트 접속 데이터 등의 보안 데이터는 캐글 사이트(kaggle)의 데이터셋(kaggle.com/datasets)에서 얻을 수 있습니다.

또한 웹/소셜 데이터 등은 웹 스크래핑 및 웹 크롤링 등을 사용해서 얻을 수 있으며, API를 사용하는 경우 API 키가 필요합니다.

■ 대표적인 공공 데이터 제공 사이트 및 캐글 사이트 데이터셋

- 공공데이터포털
  - https://www.data.go.kr
- 행정안전부 주민등록 인구통계
  - https://jumin.mois.go.kr
- 서울 열린데이터 광장
  - https://data.seoul.go.kr
- 한국도로교통공단 교통사고분석시스템
  - http://taas.koroad.or.kr
- KOSIS 국가통계포털
  - https://kosis.kr
- 지방재정365
  - https://www.lofin365.go.kr
- 캐글 데이터셋
  - https://www.kaggle.com/datasets

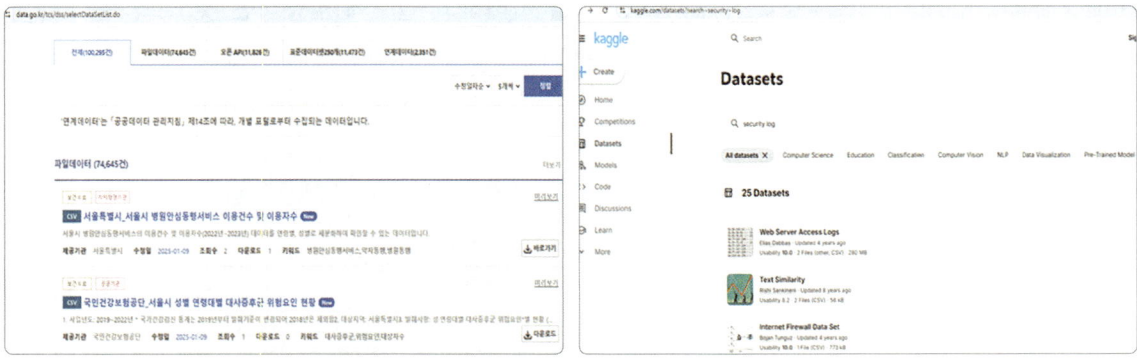

▲ [그림 01-04] 공공데이터포털과 캐글 데이터셋 사이트

4 데이터 분석 툴

　SAS, SPSS, MINITAB 등은 통계 분석 툴로 유료이며, 잘 정리된 통계 데이터만 분석 가능합니다. 이에 비해 R, 파이썬 등의 데이터 분석 툴은 무료이며, 기존의 통계 데이터/웹 데이터/센서 데이터 등의 다양한 데이터 분석이 가능합니다.

　모든 툴들은 같은 분석 기법을 사용하면 분석결과가 동일하다는 공통점을 갖고 있습니다. 데이터 분석에서 R과 파이썬 둘 다 같이 사용해서 서로 상호 보완하는 것이 요즘 추세입니다. 다만 데이터 분석 툴을 학습할 때는 R과 파이썬 모두 학습하는 것이 좋습니다. 툴에 따라 제공되는 기능이 다르기 때문입니다.

CHAPTER 01 정리

- ☑ 데이터 분석은 의사결정을 지원하거나 문제를 해결하기 위해 데이터를 체계적으로 조사, 정리, 해석, 그리고 시각화하는 과정이다. 데이터 분석은 목표 설정, 데이터 준비, 처리 등의 순서를 거쳐 원하는 결과물을 얻어낸다.

- ☑ 데이터 분석을 통해 달성하는 것에는 의사결정 지원과 문제 해결, 효율성 및 생산성 향상, 미래 예측, 아이디어 창출, 리스크 관리, 고객 만족 개선, 비용 절감, 성과 측정/평가 및 혁신 등이 있다.

- ☑ 데이터 분석의 주요 특징적 방법에는 기술적 분석, 진단적 분석, 예측 분석, 처방적 분석 등이 있다.

- ☑ 데이터 분석에는 분석 툴을 다루는 능력, 수학/통계적 지식, 배경지식(실무 지식)이 필요하다.

- ☑ 데이터 분석을 달성하는 방법에는 크게 현 상태 파악 분석, 예측 분석, 인과관계 분석 등이 있다.

연습문제 — CHAPTER 01

01 다음은 무엇에 대한 설명인가?

> 데이터 분석의 주요 특징 중 하나로 데이터를 시각화하거나 통계적 기법 등을 사용해서 데이터를 이해하고 주요 패턴, 관계, 추세 등을 얻어낸다.

① 문제 정의 ② 데이터 수집
③ 데이터 전처리 ④ 탐색적 데이터 분석

02 다음의 데이터 분석 순서에서 ( ) 안에 들어갈 내용을 작성하시오.

목표 설정 ➡ (　　　　　　　　) ➡ 데이터 처리

03 데이터 분석 방법과 그에 해당하는 설명을 올바르게 연결하시오.

· 현 상태 파악 분석 ▶　　◀ 현재와 같은 조건이 유지된다면 미래가 어떻게 될지 예측

· 예측 분석 ▶　　◀ 측정 데이터에 대한 설명

· 인과관계 분석 ▶　　◀ 행동 데이터를 파악

정답 370쪽

CHAPTER 02 파이썬 개발 환경 설정

파이썬 툴을 데이터 분석에 사용하기 위한 개발 환경을 설정하고, 데이터와 소스코드 파일을 배치해서 프로젝트 구조로 개발하는 방식을 학습합니다.

여기서 할 일

① 데이터 분석을 위한 파이썬 개발 환경 설정을 알아보자.
② 데이터 분석을 위한 프로젝트 구조를 설정하는 방법을 알아보자.

이 CHAPTER의 핵심

① **데이터 분석을 위한 파이썬 개발 환경 설정**
- 파이썬을 데이터 분석에 사용하기 위해서는 주로 주피터 노트북을 사용하며, 이를 위해 아나콘다(Anaconda)를 설치하거나 구글 코랩(Google Colab)을 사용함
- 아나콘다 주피터 노트북은 아나콘다를 설치하면 자체적으로 설치됨
- 구글 코랩은 클라우드 방식으로 구글 코랩 사이트에서 구글 계정으로 로그인해서 사용함

② **데이터 분석을 위한 프로젝트 구조 설정**
- 소스코드 파일 폴더, 리소스 파일 폴더

01 데이터 분석을 위한 파이썬 개발 환경 설정

파이썬 기반 데이터 분석에는 주로 주피터 노트북을 개발 툴로 많이 사용합니다. 주피터 노트북은 비설치 타입인 클라우드 기반의 주피터 노트북 구글 코랩(Google Colab, 이하 구글 코랩)과 설치형의 아나콘다 주피터 노트북(Anaconda Jupyter Notebook)이 있습니다. 여기서는 비설치 타입인 구글 코랩을 데이터 분석 툴로 사용합니다. 구글 코랩은 로그인 시 구글 계정(Gmail 계정)이 필요하며, 웹 브라우저는 구글 크롬(Google Chrome)을 사용하여 코딩하고 실행합니다.

① 크롬 브라우저 설치 – 있으면 Skip → ② 구글 계정(Gmail 계정) 준비 – 있으면 Skip → ③ 크롬 브라우저에서 구글 코랩 사이트로 이동 ④ 구글 코랩 사이트에서 구글 계정 로그인

▲ [그림 02-01] 구글 크롬을 사용한 개발 환경 순서

> **알아두기   주피터 노트북은 데이터 분석 전용 툴**
> - 파이썬 기반의 개발 툴인 구글 코랩 주피터 노트북과 아나콘다는 데이터 분석을 목적으로 사용하는 데이터 분석 전용 툴로, 데이터 분석을 편하게 할 수 있는 주요 기능과 라이브러리가 탑재된 툴이다.
> - 만일 파이썬 기반에서 웹 개발, GUI 개발, 데이터 분석 등을 모두 포함한 다목적 툴이 필요한 경우라면 파이참(PyCham) 등을 사용한다.

1 크롬 브라우저와 구글 계정 준비

크롬 브라우저와 구글 계정이 있는 경우 28쪽의 " 2 클라우드 기반의 주피터 노트북 구글 코랩(Google Colab)" 단계로 이동합니다. 크롬 브라우저 또는 구글 계정이 없는 경우 크롬 브라우저를 설치하고 Gmail 계정을 준비합니다.

1) 크롬 브라우저 설치

① 'https://www.google.com/chrome' 사이트로 이동해서 설치 파일을 다운로드합니다.

▲ [그림 02-02] 구글 크롬 다운로드

CHAPTER 02. 파이썬 개발 환경 설정

❷ 파일 탐색기에서 다운로드한 'ChromeSetup.exe'를 더블클릭해서 설치합니다.

▲ [그림 02-03] 구글 크롬 설치

2) 구글 계정(Gmail 계정) 준비

구글 계정은 Gmail(지메일) 계정 사용을 권장합니다. 계정이 없는 경우 'https://www.google.com' 사이트로 이동한 후 [Gmail]을 클릭하고 [계정 만들기] 버튼을 눌러 계정을 생성합니다.

▲ [그림 02-04] 구글 계정 만들기 1   ▲ [그림 02-05] 구글 계정 만들기 2

2 클라우드 기반의 주피터 노트북 구글 코랩(Google Colab)

구글 코랩은 설치 없이 웹 브라우저에서 파이썬 기반의 코드를 작성하고 실행합니다.

1) 구글 코랩 주피터 노트북 생성 및 환경 설정

❶ 'https://colab.research.google.com' 사이트로 이동한 후 [로그인] 버튼을 클릭하여 구글 계정으로 로그인합니다.

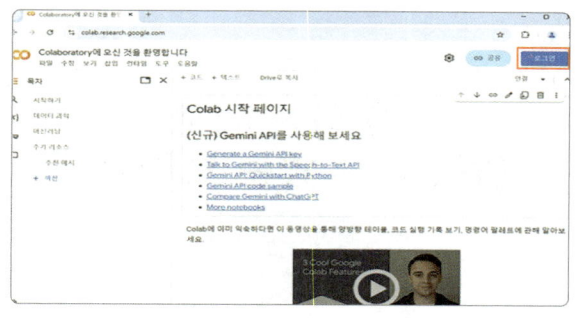 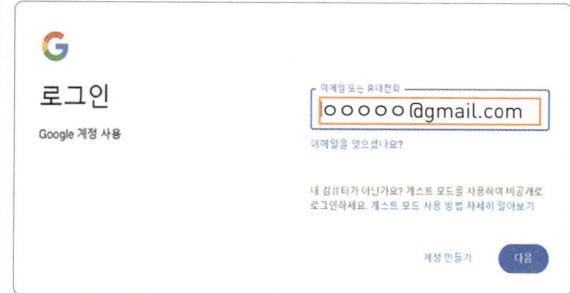

▲ [그림 02-06] 구글 코랩 로그인 1   ▲ [그림 02-07] 구글 코랩 로그인 2

❷ 로그인 후 표시되는 [노트 열기] 대화상자에서 [새 노트] 버튼을 클릭하거나 [파일]-[Drive의 새 노트북] 메뉴를 클릭해서 새 노트북을 생성합니다.

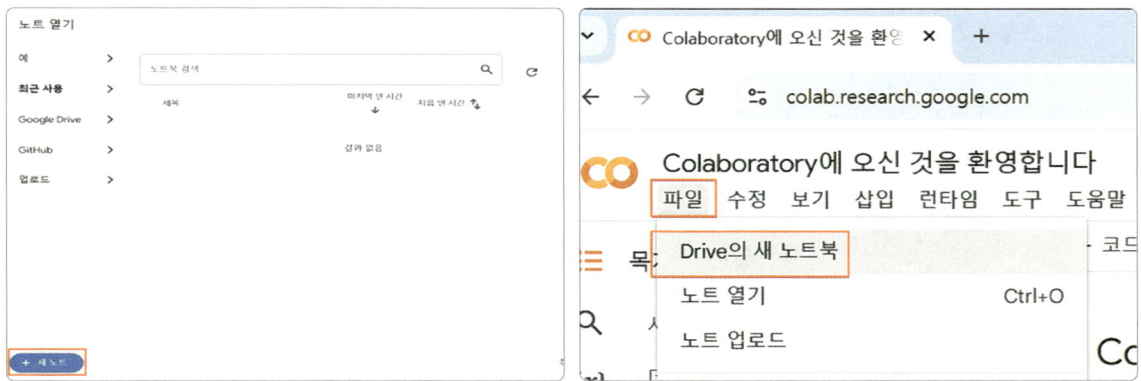

▲ [그림 02-08] 구글 코랩 새 노트북 생성 1   ▲ [그림 02-09] 구글 코랩 새 노트북 생성 2

❸ 잠시 후 새 노트북이 생성되면 'Untitled0.ipynb'를 클릭하여 노트북의 이름을 'test.ipynb'로 변경합니다.

▲ [그림 02-10] 구글 코랩 새 노트북 생성 3   ▲ [그림 02-11] 구글 코랩 새 노트북 생성 4

❹ 구글 코랩 주피터 노트북이 정상적으로 동작하는지 확인하기 위해 '1＋1'을 셀에 입력하고 Ctrl+Enter를 눌러 실행합니다. 이때 결과 값으로 '2'가 나오면 제대로 동작되고 있는 것입니다. 주피터 노트북은 셀 단위로 실행하며, 이때 사용하는 단축키가 Ctrl+Enter입니다.

▲ [그림 02-12] 구글 코랩 새 노트북 생성 5

CHAPTER 02. 파이썬 개발 환경 설정   29

주피터 노트북의 내용은 자동 저장되며, Ctrl + S 를 눌러 수동으로 저장할 수 있고, 확장자는 'ipynb'가 자동으로 지정됩니다.

❺ 주피터 노트북에서 셀의 코드에 라인 번호를 추가하려면 [설정 열기]를 누른 후 [설정] 대화상자에서 [편집기]를 선택하고 [행 번호 표시]에 체크한 후 [저장] 버튼을 클릭합니다.

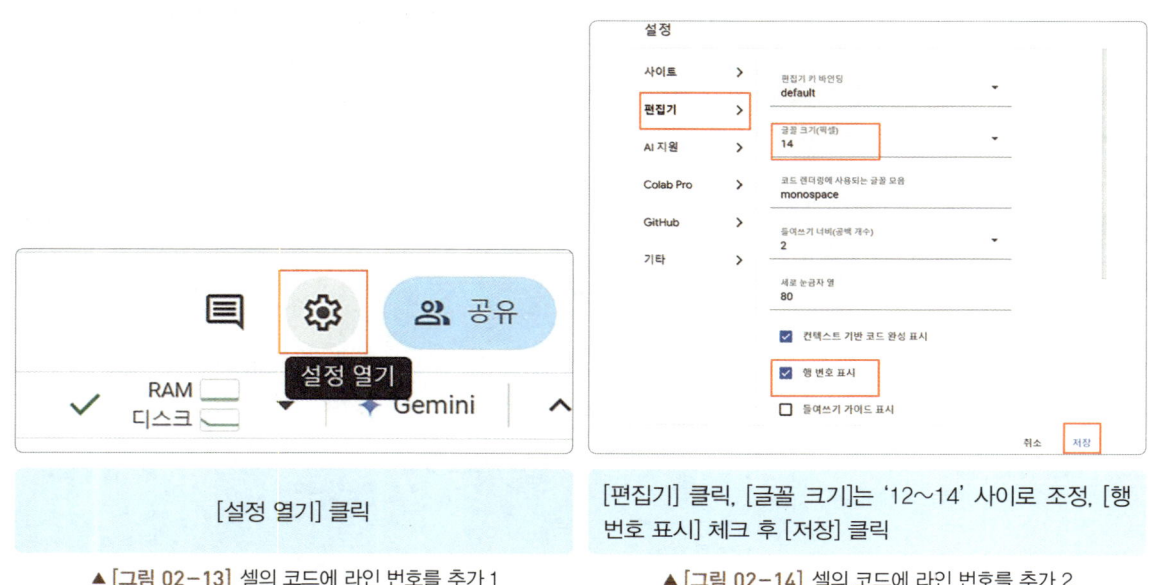

[설정 열기] 클릭

[편집기] 클릭, [글꼴 크기]는 '12~14' 사이로 조정, [행 번호 표시] 체크 후 [저장] 클릭

▲ [그림 02-13] 셀의 코드에 라인 번호를 추가 1
▲ [그림 02-14] 셀의 코드에 라인 번호를 추가 2

2) 노트북에 셀 추가/삭제

노트북에 코드를 작성할 때는 1개의 셀에 1개의 결과가 나오도록 작성하는 것이 좋습니다. 셀은 필요에 따라 추가, 삭제가 가능합니다. 셀 추가는 현재의 셀을 중심으로 위나 아래에 하며, 코딩에 사용하는 [코드] 셀과 설명문 등을 넣을 때 사용하는 [텍스트] 셀이 있습니다.

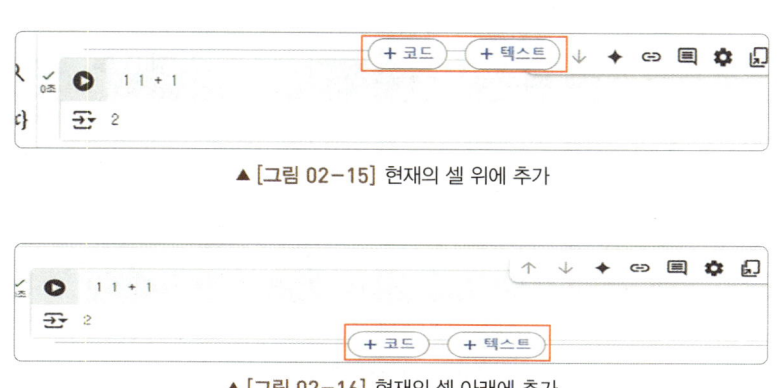

▲ [그림 02-15] 현재의 셀 위에 추가

▲ [그림 02-16] 현재의 셀 아래에 추가

A 현재 셀 위에 [텍스트] 셀 추가

❶ 셀의 경계선 위쪽에 마우스 포인터를 위치시키면 [+코드], [+텍스트]가 표시됩니다. 여기서 [+텍스트]를 클릭하면 현재 셀 위에 새로운 텍스트 셀이 추가됩니다.

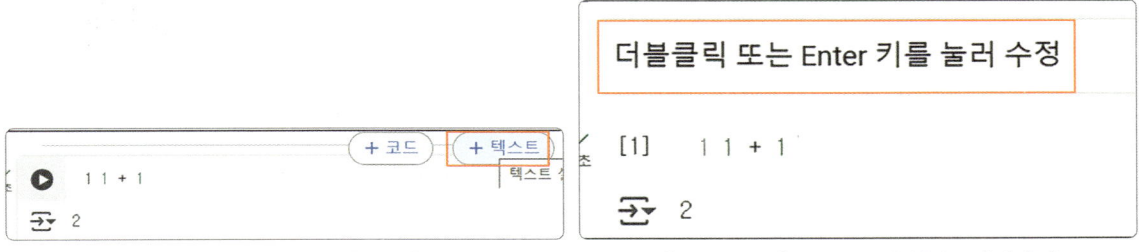

▲ [그림 02-17] 현재의 셀 위에 [텍스트] 셀 추가 1   ▲ [그림 02-18] 현재의 셀 위에 [텍스트] 셀 추가 2

❷ [텍스트] 셀이 추가되면 더블클릭해서 "# 주피터노트북 연습"을 입력 후 다른 셀을 클릭하면 입력이 완료됩니다.

▲ [그림 02-19] 현재의 셀 위에 [텍스트] 셀 추가 3   ▲ [그림 02-20] 현재의 셀 위에 [텍스트] 셀 추가 4

[텍스트] 셀은 마크다운으로 HTML 태그를 사용할 수 있으며 "# 주피터노트북 연습"에서 #은 ⟨h1⟩에 해당합니다. ##는 ⟨h2⟩, ###는 ⟨h3⟩과 같이 사용됩니다.

> **용어 정리 TIP**
> • 마크다운(Makedown): 일반 텍스트 기반의 경량 마크업 언어로 서식이 있는 문서를 작성하는 데 사용됨. HTML 태그를 사용할 수 있으며 주로 프로젝트나 코드 설명에 사용됨

B 현재 셀 다음에 [코드] 셀 추가

셀의 경계선 아래쪽에 마우스 포인터를 위치시키고 [+코드]를 클릭하면 현재 셀 아래에 새로운 셀이 추가됩니다.

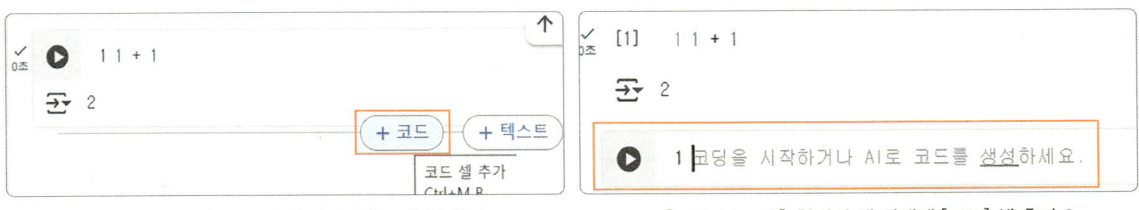

▲ [그림 02-21] 현재의 셀 아래에 [코드] 셀 추가 1   ▲ [그림 02-22] 현재의 셀 아래에 [코드] 셀 추가 2

ⓒ 셀 삭제

삭제하려는 셀을 클릭 후 오른쪽 위에 표시되는 [셀 삭제] 버튼(휴지통 아이콘)을 클릭합니다.

▲ [그림 02-23] 현재 셀 삭제

구글 코랩 단축키 목록은 [도구]-[단축키] 메뉴에서 확인할 수 있습니다.

> **알아두기 구글 코랩 주피터 노트북 저장 위치 – 구글 드라이브**
>
> 구글 코랩에서 주피터 노트북은 구글 드라이브의 [Colab Notebooks] 폴더에 저장된다.
>
> ❶ 크롬 브라우저에서 [Google 앱] 아이콘을 클릭한 후 [드라이브] 아이콘을 클릭한다.

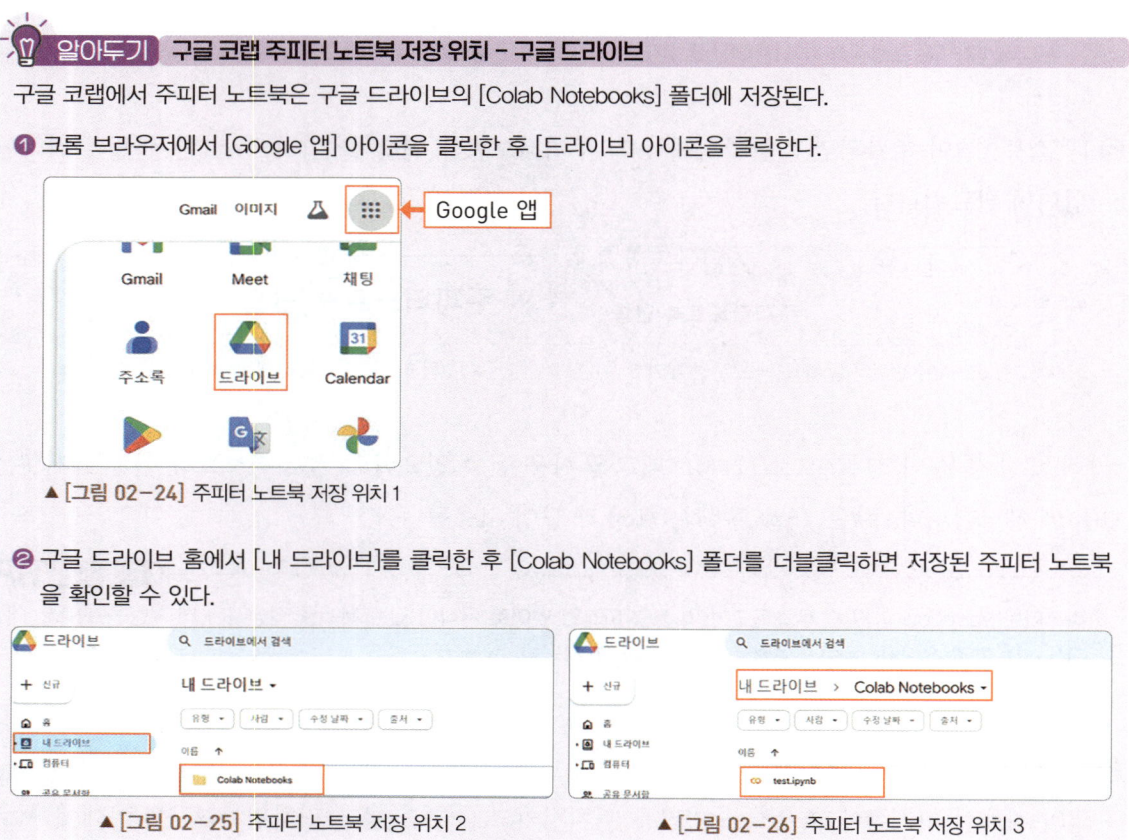

▲ [그림 02-24] 주피터 노트북 저장 위치 1

❷ 구글 드라이브 홈에서 [내 드라이브]를 클릭한 후 [Colab Notebooks] 폴더를 더블클릭하면 저장된 주피터 노트북을 확인할 수 있다.

▲ [그림 02-25] 주피터 노트북 저장 위치 2   ▲ [그림 02-26] 주피터 노트북 저장 위치 3

ⓓ 셀 복사

❶ 복사하려는 셀에서 [셀 작업 더보기] 아이콘을 클릭한 후 [셀 복사] 메뉴를 클릭합니다.

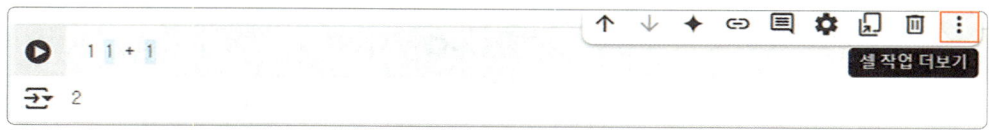

▲ [그림 02-27] 셀 복사 1

▲ [그림 02-28] 셀 복사 2

❷ 붙여넣기 할 위치의 셀을 선택(또는 셀 안에 커서 위치)한 후 Ctrl + V 를 누릅니다.

▲ [그림 02-29] 셀 복사 3

02 데이터 분석을 위한 프로젝트 구조 설정

데이터 분석을 하거나 애플리케이션을 개발할 때는 프로젝트 구조를 사용하는 것이 좋습니다. 프로젝트는 코드나 파일들을 체계적으로 관리하는 구조이며 애플리케이션에서는 빌드를 통해서 프로그램 자체로 변환됩니다.

> **용어 정리 TIP**
> • 빌드(Build): 프로그램 개발을 위해 소스코드 파일들을 실행 가능한 프로그램으로 변환하는 과정을 의미함

1 데이터 분석을 위한 프로젝트 구조

데이터 분석을 포함해서 모든 프로젝트는 체계적인 파일 관리를 위해 소스코드 파일을 관리하는 폴더와 리소스 파일을 관리하는 폴더로 나뉩니다. 여기서 리소스 파일은 소스코드 파일을 제외한 모든 파일을 의미합니다. 파이썬 기반의 데이터 분석 프로젝트를 예로 들면 ipynb, py 파일 등이 프로그램의 동작을 수행하는 소스코드 파일이고, 이들 파일이 참조하는 데이터 파일, 이미지 파일 등이 리소스 파일이 됩니다.

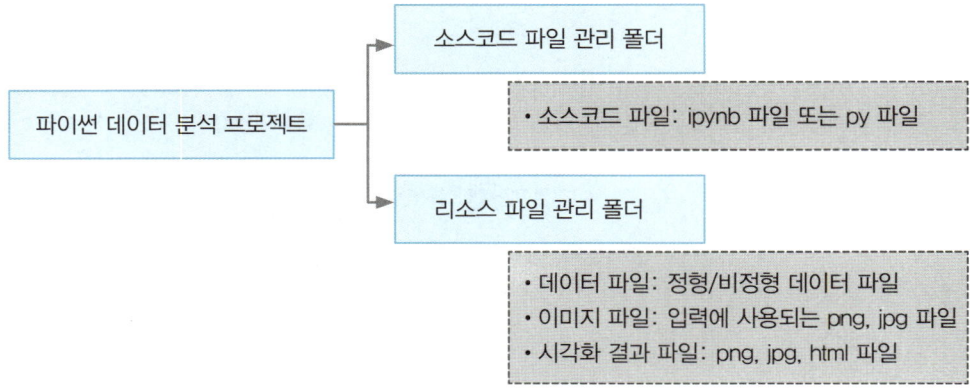

▲ [그림 02-30] 파이썬 데이터 분석 프로젝트 구조

프로젝트 구조는 소스코드 파일 관리(저장) 폴더와 리소스 파일 관리 폴더를 분리해서 체계적인 프로그램 또는 애플리케이션 구축을 목적으로 합니다. 이들 프로젝트 구조에서 사용되는 소스코드 파일 관리 폴더나 리소스 관리 폴더의 물리적인 위치는 프로젝트의 종류나 프로젝트를 구현하는 개발 툴에 따라 다릅니다. 예를 들어, 구글 코랩에서는 소스코드 파일 관리 폴더는 [Colab Notebooks] 폴더이고 기본 리소스 관리 폴더는 [/content] 폴더입니다. 기본 리소스 관리 폴더는 일시적인 메모리(RAM과 유사) 공간이기 때문에 영구적인 디스크 공간에 주요 데이터 파일을 위치시키는 것이 좋습니다. 구글 코랩에서 영구적인 디스크 공간은 구글 드라이브를 사용합니다. 구글 드라이브에 리소스 파일 관리 폴더를 배치할 때는 임의의 폴더를 생성해서 사용합니다.

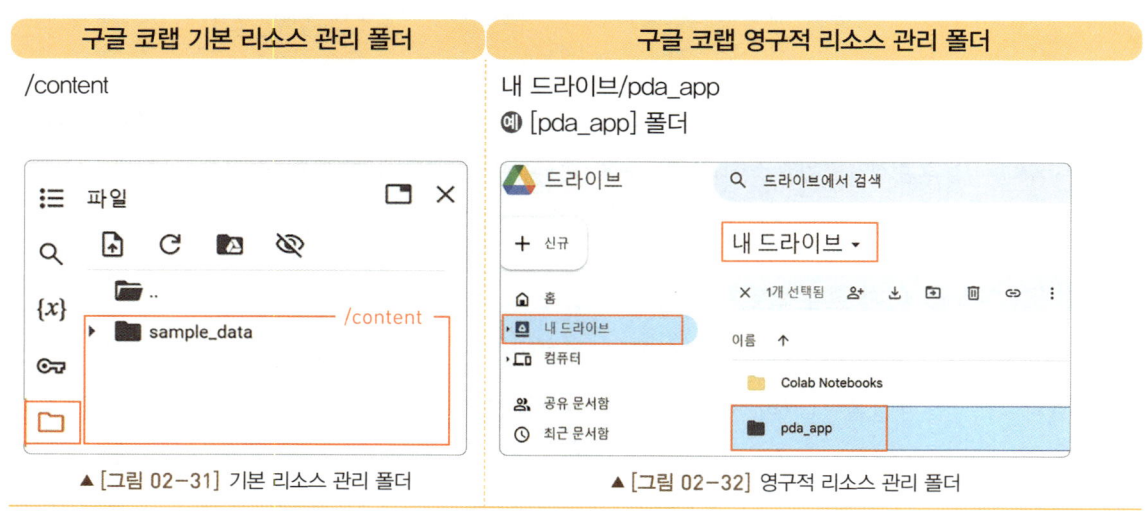

▲ [그림 02-31] 기본 리소스 관리 폴더   ▲ [그림 02-32] 영구적 리소스 관리 폴더

2 구글 코랩에서 프로젝트 구조 배치

구글 코랩에서 소스코드 파일은 주피터 노트북에서 [파일]-[Drive에서 새 노트북] 메뉴로 생성하면 자동으로 구글 드라이브의 [Colab Notebooks] 폴더에 영구 저장됩니다. 소스코드 변경 사항은 자동 저장되며 직접 수동으로 저장하려는 경우에는 Ctrl+S를 누릅니다. 리소스 폴더는 직접 구글 드라이브에서 [+신규]-[새 폴더] 메뉴로 생성해도 되고, 제공되는 [pda_app] 폴더를 [+신규]-[폴더 업로드]로 한 번에 업로드해도 됩니다.

다음의 도식도는 프로젝트 내의 소스코드 파일 관리 폴더(이하 소스코드 폴더)와 리소스 파일 관리 폴더(이하 리소스 폴더)의 구조를 표현한 것으로, 리소스 폴더의 하위 폴더와 그 폴더에 저장되는 파일의 종류도 표현했습니다.

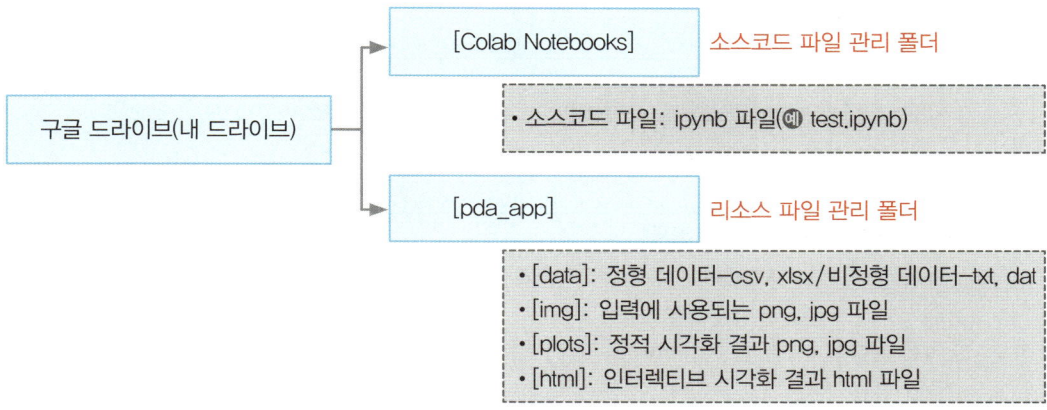

▲ [그림 02-33] 구글 코랩에서 데이터 분석 프로젝트 구조

1) 프로젝트 구조 배치

A 리소스 폴더 업로드

❶ 구글 드라이브에서 [내 드라이브] 선택 후 [신규]-[폴더 업로드] 메뉴를 클릭합니다.

▲ [그림 02-34] 리소스 폴더 업로드 1

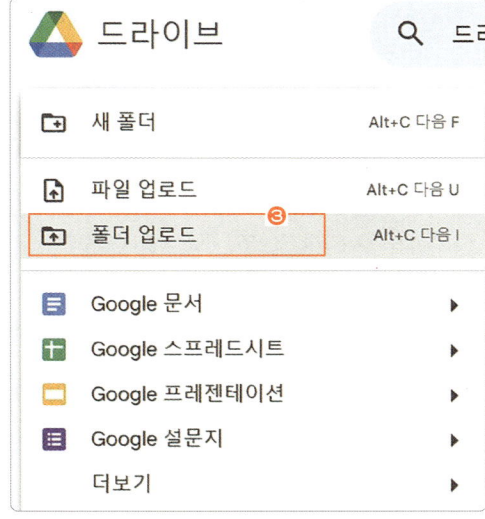

▲ [그림 02-35] 리소스 폴더 업로드 2

❷ 제공되는 리소스 폴더의 위치를 찾은 후 리소스 폴더를 선택하고 [업로드] 버튼을 클릭합니다. 업로드가 완료되면 구글 드라이브에 업로드된 리소스 폴더가 표시됩니다.

> 📥 **실습 전체 파일 다운로드**
> https://github.com/keobooks/python_da_source 사이트에서 [README]의 내용 중 [2. 소스코드 포함 전체 실습 파일: source.zip]의 https://github.com/keobooks/python_da_source/blob/main/source.zip 링크를 클릭해서 다운로드

▲ [그림 02-36] 소스코드 포함 전체 실습 파일 다운로드 위치

- 리소스 폴더의 위치: 제공되는 [source] 폴더 안에 있음
- 리소스 폴더: [pda_app] 폴더

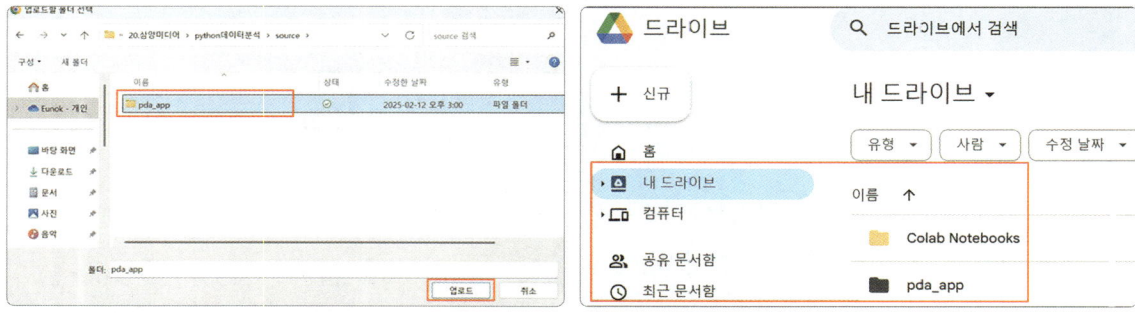

▲ [그림 02-37] 리소스 폴더 업로드 3   ▲ [그림 02-38] 리소스 폴더 업로드 4

B 소스코드 파일 주피터 노트북 복제

❶ https://github.com/keobooks/python_da_source 사이트로 이동합니다.

❷ [README]의 내용 중 [1. 소스코드 파일]의 'python_da_ml.ipynb' 또는 'python_da_ml.ipynb_s'의 링크를 클릭합니다.

- python_da_ml.ipynb: 완성본 소스코드 파일
- python_da_ml.ipynb_s: 직접 코딩하면서 실습하기 위한 소스코드 파일로, 이 파일의 완성본은 'python_da_ml.ipynb' 파일임

▲ [그림 02-39] 복제할 주피터 노트북 위치

❸ [Drive로 복사]를 클릭합니다. 잠시 후 복제가 끝나면 복제된 파일을 사용해서 실습을 진행합니다. 완성본 복제 또는 따라하기본 복제 중 편한 것을 사용해서 실습합니다.

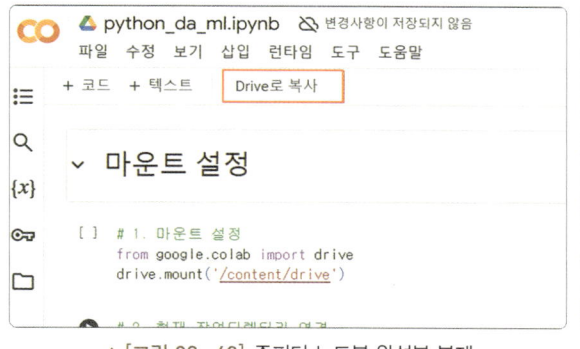 

▲ [그림 02-40] 주피터 노트북 완성본 복제   ▲ [그림 02-41] 주피터 노트북 따라하기본 복제

2) 구글 코랩에서 구글 드라이브 사용 설정 및 작업 디렉터리 연결

구글 코랩은 리눅스 운영체제 기반의 클라우드 주피터 노트북으로 하드디스크 역할을 하는 구글 드라이브를 사용하려면 마운트를 설정해야 합니다. 마운트 설정 후에는 리소스 폴더인 [pda_app] 폴더를 현재의 작업 디렉터리로 설정해야 합니다.

A 마운트 설정

❶ [1. 마운트 설정] 셀에 커서를 위치시킨 후 Ctrl+Enter를 눌러 셀을 실행합니다. [노트북에 구글 드라이브 액세스 허용] 대화상자에서 [Google Drive에 연결] 버튼을 클릭합니다.

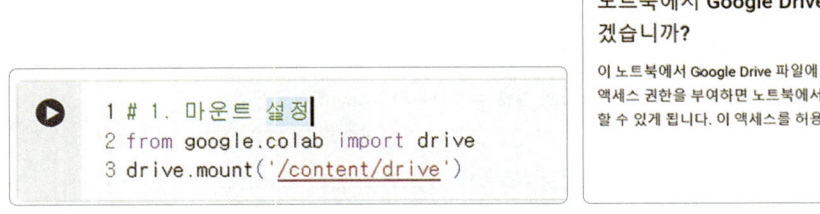

▲ [그림 02-42] 마운트 설정 1   ▲ [그림 02-43] 마운트 설정 2

❷ 연결할 구글 계정을 선택한 후 [계속] 버튼을 클릭합니다. 처음 연결 시 [desktop에서 Google 계정에 대한 액세스를 요청합니다.] 화면에서 체크 박스를 체크하여 모두 허용한 후 [계속] 버튼을 클릭합니다.

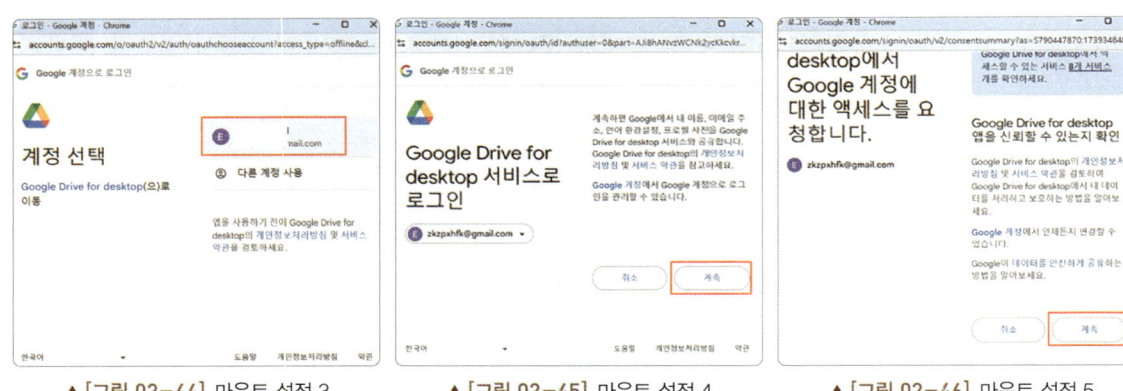

▲ [그림 02-44] 마운트 설정 3   ▲ [그림 02-45] 마운트 설정 4   ▲ [그림 02-46] 마운트 설정 5

❸ 마운트에 성공하면 "Mounted at /content/drive"가 결과로 표시됩니다.

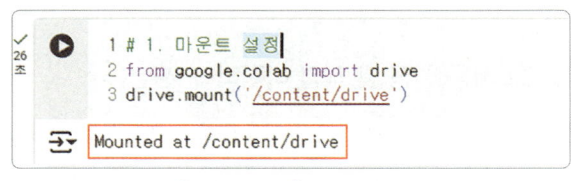

▲ [그림 02-47] 마운트 설정 6

B 작업 디렉터리 설정

❶ [2. 현재 작업디렉터리 연결] 셀에 커서를 위치시킨 후 Ctrl+Enter를 눌러 셀을 실행합니다. 제대로 실행되면 아무런 결과가 나타나지 않습니다.

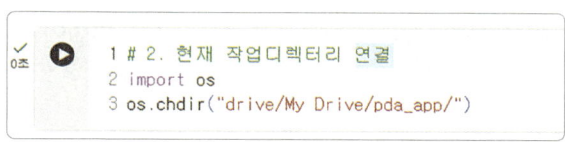

▲ [그림 02-48] 작업 디렉터리 설정

> **주의**
> 작업 디렉터리 설정 시 딱 한 번만 실행. 연속해서 두 번 실행 시 에러가 발생함. 에러 발생 시 다음의 ❷번을 실행해서 [그림 02-49]의 결과가 나오면 에러는 무시해도 됨

❷ [3. 작업디렉터리가 가진 목록을 화면에 표시] 셀에 커서를 위치시킨 후 Ctrl+Enter를 눌러 셀을 실행합니다. 현재 작업 디렉터리(폴더)의 목록을 확인함으로써 작업 디렉터리가 제대로 설정되었는지 확인하는 역할을 합니다.

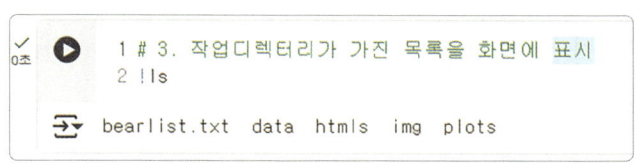

▲ [그림 02-49] 작업 디렉터리 설정 확인

CHAPTER 02 정리

- ☑ 파이썬 기반 데이터 분석에 사용되는 주피터 노트북은 비설치 타입인 구글 코랩과 설치형의 아나콘다 주피터 노트북이 있다.

- ☑ 구글 코랩은 리눅스 운영체제 기반으로, 로그인 시 구글 계정(Gmail 계정)이 필요하며 웹 브라우저로 구글 크롬을 사용해서 코딩하고 실행한다.

- ☑ 설치형인 아나콘다 주피터 노트북은 설치되는 PC의 운영체제에 영향을 받는다.

- ☑ 구글 코랩 주피터 노트북은 'https://colab.research.google.com' 사이트에서 생성하고 작업 환경을 설정한다.

- ☑ 데이터 분석을 포함해서 모든 프로젝트는 소스코드 파일을 관리하는 폴더와 리소스 파일을 관리하는 폴더를 가진다.

- ☑ 파이썬 기반의 데이터 분석 프로젝트에서는 ipynb, py 파일 등이 프로그램의 동작을 수행하는 소스코드 파일이고, 이들 파일이 참조하는 데이터 파일, 이미지 파일 등이 리소스 파일이다.

연습문제 CHAPTER 02

01 파이썬 기반의 데이터 분석 개발 툴을 올바르게 연결하시오.

- 설치형 주피터 노트북 ▶   ◀ 아나콘다 주피터 노트북

- 비설치형 주피터 노트북 ▶   ◀ 구글 코랩 주피터 노트북

02 다음의 설명이 맞으면 괄호 안에 ○, 틀리면 ×를 표시하시오.

① 구글 코랩은 로그인 시 구글 계정(Gmail 계정)이 필요하다. ………………………… ( )
② 설치형인 아나콘다 주피터 노트북은 설치되는 PC의 운영체제에 영향을 받지 않는다. …… ( )
③ 주피터 노트북 확장자는 ipynb이다. ……………………………………………… ( )
④ 프로젝트에는 소스코드 폴더와 리소스 폴더가 있다. ………………………………… ( )
⑤ 구글 코랩에서 구글 드라이브는 일시적인 메모리(RAM)의 역할을 한다. …………… ( )

정답 370쪽

CHAPTER 03 파이썬 기본 문법:
데이터 분석을 위한

데이터 분석의 순서와 각 단계에서 필요한 변수, 타입, 제어문, 함수/모듈 등의 파이썬 기본 문법을 살펴봅니다.

여기서 할 일

❶ 데이터 분석의 순서와 각 단계에서 기본 문법의 사용을 알아보자.
❷ 데이터 분석에 필요한 기본 문법을 알아보자.

이 CHAPTER의 핵심

❶ **데이터 분석 순서와 각 단계에서 기본 문법의 사용**
- 데이터 분석 순서: 목표 설정 → 데이터 로드 → 작업 대상 데이터 처리
- 목표 설정: 성공 시 결과물(정제된 데이터, 시각화 결과물)
- 데이터 로드: 실무 데이터를 읽은 후 변수에 실무 데이터를 저장(작업 대상 데이터)
- 작업 대상 데이터 처리: 작업 대상 데이터의 타입 설정, 제어문/함수 사용 등으로 원하는 최종 결과물을 얻어냄

❷ **데이터 분석에 필요한 기본 문법**
- 값 저장소: 변수
- 저장되는 값의 타입: 1개의 값 타입-기본 타입, 여러 개 값 저장 타입-리스트/튜플/딕셔너리
- 값 타입 변환: 타입 변환/확인 함수
- 프로그램의 순서 변환 및 제어: 제어문-if, for, with
- 함수/모듈: 값 및 데이터 처리에 필요한 함수 제공

01 데이터 분석 순서와 각 단계에서 기본 문법의 사용

체계적인 데이터 분석을 위해 각 단계에서 해야 할 작업과 그 작업을 구현하는 데 필요한 파이썬 기본 문법을 학습합니다.

1 데이터 분석 순서

데이터 분석은 성공적인 분석의 결과물을 설계하는 목표 설정, 이 목표를 달성하기 위해 필요한 데이터를 확보하고 메모리로 로드하는 데이터 로드, 데이터 로드의 결과물인 작업 대상 데이터를 처리해서 원하는 결과를 얻어내는 작업 처리의 순서로 진행합니다.

> 목표 설정 ➡ 데이터 준비(로드) ➡ 데이터 처리: 결과물 얻음

2 데이터 분석의 각 단계에서 기본 문법 사용

1) 목표 설정: 성공의 결과물을 미리 정리하는 단계

이 단계는 분석할 목표, 즉 시각화된 분석 결과물을 결정하는 과정으로, 파이썬의 기본 문법은 사용되지 않습니다.

- 이 단계에서 필요한 파이썬 기본 문법: 없음

2) 데이터 준비(로드): 분석에 사용할 데이터 준비하고 메모리로 로드하는 단계

이 단계는 작업 대상 데이터를 변수에 저장함으로써 메모리에 로드합니다. 작업 대상 데이터를 메모리로 가져오며, 이 작업은 변수에 값을 저장함으로써 수행됩니다.

- 코드 구조: 변수 = 값
- 이 단계에서 필요한 파이썬 기본 문법: 변수, 데이터 타입, 라이브러리(모듈) 로드, 라이브러리 제공 함수, open문, 추가 문법(pandas 라이브러리, 데이터 로드 함수)

예 1   1개의 정수 값 저장: a1 = 5 # 값 1개

[실습 코드]

```
a1 = 5
a1
```

[실행 방법]

셀에 커서 위치 후 Ctrl + Enter

[실행 결과]
5

```
1 a1 = 5
2 a1
```
5

예 2   여러 개 문자열 값 저장: data_list = ["서울", "경기", "인천"] # 여러 값

실습 코드
```
data_list = ["서울", "경기", "인천"]
data_list
```

[실행 결과]
['서울', '경기', '인천']

예 3   데이터 파일 저장

• **정형 데이터 파일 로드**: xlsx, csv

> 라이브러리 제공 함수: pd.read_csv(), pd.read_excel()
> ```
> import pandas as pd   # pandas 라이브러리를 pd라는 약어를 사용해서 로드
> df_a = pd.read_csv("data/a.csv", encoding="cp949")   # csv 데이터 파일
> df_b = pd.read_excel("data/b.xlsx")   # xlsx 데이터 파일
> ```

• **비정형 데이터 파일 로드**: dat, txt

> open("파일명", r) as f: 텍스트 파일을 읽기용으로 오픈 후 파일의 모든 정보 f에 저장
> ```
> with open("data/a.dat", "r") as f:
>     for line in f:
>         print(line)
> ```

3) 데이터 처리: 데이터를 처리해서 결과물을 얻어내는 단계

이 단계는 작업 대상 데이터를 처리해서 원하는 결과물을 얻어냅니다. 이때 결과물은 정제된 파일 데이터, 그래프 등의 시각화 결과물 등입니다.

★ 이 단계에서 필요한 파이썬 기본 문법: 리스트/튜플/딕셔너리 다루기, 제어문, 라이브러리 제공 함수, 추가 문법(데이터프레임 함수, 시각화 함수 등등)

실습 코드
```
# 2019-2023년 산불 피해 데이터 로드 후 확인
df_a = pd.read_csv("data/a.csv", encoding="cp949")
df_a
```

[실행 결과]

	시점	10년_평균_건수_(건)	10년_평균_면적_(ha)	10년_평균_건당_피해면적_(ha)	10년_평균_피해재적_(㎥)	10년_평균_피해금액_(백만원)	금년_평균_건수_(건)	금년_평균_면적_(ha)	금년_평균_건당_피해면적_(ha)	금년_평균_피해재적_(㎥)	금년_평균_피해금액_(백만원)
0	2019년	440	857	1.9	100486	50420	653	3255	5.0	501836	268910
1	2020년	474	1120	2.4	148015	65789	620	2920	4.7	486459	158141
2	2021년	481	1087	2.0	143325	66496	349	766	2.2	5641	36125
3	2022년	537	3560	6.6	435634	200869	756	24797	32.8	2925560	1346276
4	2023년	567	4004	7.1	475371	226910	596	4992	8.4	464130	285429

▲ [그림 03-01] 데이터 처리 예시 1

실습 코드

```python
# 비정형 데이터 로드 후 데이터프레임으로 변환
import pandas as pd
i = 0
data_list = []
header_list = []


# 비정형 데이터 로드
with open("data/a.dat", "r") as f:
  for line in f:
    if i ==0:
      header_list = line.split()
    else:
      data_list.append(line.split())
    i += 1


# 데이터프레임으로 변환
pd_std = pd.DataFrame(data_list, columns=header_list)
pd_std
```

[실행 결과]

	STN	LON	LAT	STN_SP	HT	HT_PA	HT_TA	HT_WD	HT_RN	STN	STN_KO	STN_EN
0	90	128.56473000	38.25085000	35100	17.53	18.73	1.70	10.00	1.40	90	속초	Sokcho
1	93	127.75443000	37.94738000	31201	95.78	96.78	1.50	10.00	1.40	101	북춘천	Bukchuncheon
2	95	127.30420000	38.14787000	31110	155.48	156.98	1.80	13.00	1.50	101	철원	Cheorwon
3	98	127.06070000	37.90188000	22200	115.62	116.74	1.70	10.00	1.00	119	동두천	Dongducheon
4	99	126.76648000	37.88589000	22300	30.59	31.99	1.70	10.00	1.00	119	파주	Paju
5	100	128.71834000	37.67713000	35400	772.43	773.43	1.70	10.00	1.40	100	대관령	Daegwallyeong
6	101	127.73570000	37.90262000	31210	75.82	77.05	1.50	10.00	1.40	101	춘천	Chuncheon
7	102	124.71237000	37.97396000	21101	36.00	37.20	1.80	9.00	1.20	102	백령도	Baengnyeongdo

▲ [그림 03-02] 데이터 처리 예시 2

02 데이터 분석에 필요한 기본 문법

1 값 저장소: 변수

변수는 프로그램 수행 중 발생한 값을 임시로 저장하는 저장소로 프로그램이 실행되는 도중에 재사용할 값을 저장합니다. 변수는 메모리 공간에 저장되어 컴퓨터가 종료되거나 프로그램이 닫히면 값이 자동 제거됩니다. 만일 값을 영구적으로 저장하려면 디스크에 파일 또는 DB로 저장합니다.

1) 변수 선언: 변수명 지정과 값(초기 값) 할당

파이썬에서 변수 선언은 변수명에 값을 할당함으로써 이루어집니다. 이때 할당되는 값의 타입이 정수이면 정수 변수가, 문자열이면 문자열 변수가 선언됩니다.

문법

```
변수명 = 값
```

예 리스트 변수, 튜플 변수, 딕셔너리 변수는 1개의 변수에 여러 개의 값 저장에 사용

- user_age = 0   # 숫자 변수 선언
- user_name = "김씨"   # 문자열 변수 선언
- a_list = [1, 2, "a"]   # 리스트 변수 선언
- a_tuple = (1, 2, "a")   # 튜플 변수 선언
- a_dict = {"id": "abcd", "jum": 80}   # 딕셔너리 변수 선언
- a_func = (lambda x, y: x * x + y)   # 함수 선언

실습 코드

```
user_age = 0   # 숫자 변수 선언
user_age
```

[실행 결과]

0

2) 변수 제거: 변수 메모리에서 제거

사용하지 않는 변수는 메모리에서 제거합니다. 이를 통해 리소스가 반환되어 자원 가용성이 증가하고, 프로그램의 불필요한 메모리를 반환함으로써 프로그램이 가벼워져서 수행 성능이 향상됩니다.

> **문법**
>
> ```
> del 변수명
> ```

예   user_age 변수 제거

```
del user_age
```

3) 식별자 표기 규칙

식별자란 클래스명, 함수명(메서드 포함), 변수명 등의 이름을 말합니다. 식별자의 첫 글자는 반드시 문자(알파벳, 한글)로 시작하며 숫자, 언더바(_)를 조합해서 사용합니다.

용어 정리 TIP

- 함수(function): 동작을 처리하는 코드로 객체 독립 **예** print( )
- 메서드(method): 함수와 유사하나 객체 종속 **예** df.apply(str)

식별자는 이름만 보아도 하는 일을 알 수 있도록 부여하는 것이 권장이기 때문에, 실무에서는 식별자 표기에 여러 단어를 연결해서 표기합니다. 여러 단어를 연결하는 표기법에는 카멜 표기법과 스네이크 표기법이 있습니다.

카멜 표기법	단어와 단어의 연결에서 다음 단어의 첫 글자를 대문자로 표기하는 방법으로 객체 지향 프로그래밍에서 클래스 관련 기술 시 사용됩니다. 자바에서 선호하는 표기법입니다. 다만 스네이크 표기법을 선호하는 파이썬, R에서도 클래스명의 기술에는 카멜 표기법을 쓰도록 권장합니다. **예** • `userAge = 0   # 변수명 선언` • `class Bicycle( ):   # 파이썬에서 클래스 기술(정의)`
스네이크 표기법	단어와 단어의 연결에서 언더바(_)를 사용하며 파이썬, R 등에서 선호하는 표기법입니다. **예** `user_age = 0`

2 저장되는 값의 타입: 1개의 값 타입, 여러 개의 값 저장 타입

파이썬의 기본 데이터 타입에는 정수형(int), 부동소수점형(float), 복소수형(complex), 문자열(str), 불(bool) 타입이 있으며 이들은 1개의 값 타입에 사용됩니다.

정수형(int)	정수를 나타내는 타입 **예** `10, -5, 0`
부동소수점형(float)	소수점을 포함하는 실수 **예** `3.14, -0.5, 2.0`

복소수형(complex)	실수부와 허수부를 가지는 복소수 예) 3 + 4j, 1j
문자열(str)	1개 이상의 문자들의 집합(따옴표 사용) 예) 'Hello', "Python", """여러 줄 문자열"""
불(bool)	True 또는 False 값 예) True, False

여러 개의 값을 저장하는 컬렉션 데이터 타입에는 리스트(list), 튜플(tuple), 세트(set), 딕셔너리(dict)가 있습니다. 이들 중 리스트, 튜플, 딕셔너리는 데이터 분석에서 자주 사용되는 것으로 사용법과 관련 함수를 알고 있는 것이 좋습니다.

리스트(list)	값을 쉼표(,)를 사용해서 순차적으로 나열하고 대괄호([ ])로 싸서 표기하며, 원소 값 변경 가능 예) [1, 2, 3], ["a", "b", "c"]
튜플(tuple)	리스트와 유사하며 소괄호(( ))로 싸서 표기하며, 원소 값 변경은 불가능 예) (1, 2, 3), (a", "b", "c")
세트(set)	리스트와 유사하며 중괄호({ })로 싸서 표기하며, 중복 값을 허용하지 않음 예) {1, 2, 3}, {"a", "b", "c"}
딕셔너리(dict)	1개 이상의 문자들의 집합(따옴표 사용) 예) 'Hello', "Python", """여러 줄 문자열"""

1) 리스트(list): [ ]

여러 개의 값을 저장하는 저장소로, 가장 보편적으로 사용됩니다. 값은 쉼표(,)를 사용해서 순차적으로 나열하며 대괄호([ ])를 사용해서 표현합니다.

❶ 리스트 선언

'리스트 변수명=[값 목록]'과 같이 리스트 변수에 [값 목록]을 할당해서 선언합니다. 이때 값 목록 위치에는 빈 리스트, [값 목록], 리스트 컴프리헨션이 올 수 있습니다. 리스트 컴프리헨션은 리스트를 효과적으로 선언하며 일반적인 반복문을 사용하는 것보다 간편하고 처리 속도가 빠릅니다.

> **문법**
>
> - 리스트 변수명 = [] # 빈 리스트, append() 메서드로 값 추가
> - 리스트 변수명 = [값 목록] # 값 목록: 값1, 값2, ...
> - 리스트 변수명 = [수식 for 변수 in 값 목록_리스트_튜플 if 조건] # 리스트 컴프리헨션

예 1   data1 = [20, 22, 30]

[실습 코드]
```
data1 = [20, 22, 30]
data1
```

[실행 결과]
```
[20, 22, 30]
```

예 2   리스트 컴프리헨션

[실습 코드]
```
# 리스트 컴프리헨션
mylist = [2*x*x for x in range(5)]
mylist
```

[실행 결과]
```
[0, 2, 8, 18, 32]
```

[실습 코드]
```
# 리스트 컴프리헨션: 조건 포함
data_list = [1, 2, 3, 4, 5]
data2_list = [x*2 for x in data_list if x % 2 == 0]
data2_list
```

[실행 결과]
```
[4, 8]
```

예 3   append( ) 메서드: 리스트에 원소 추가

[실습 코드]
```
# append() 메서드
datas = []
with open("data/test.txt", "r") as f:
    for line in f:
        datas.append(line)
datas
```

[실행 결과]
```
["4 o'clock\n",
 'Scenery\n',
 'Winter bear\n',
 'Sweet night\n',
 'Snow flower\n',
```

```
'Christmas tree\n',
"It's Beginning To Look A Lot Like Christmas\n",
'Rainy days\n',
'Blue\n',
'Love me again\n',
'Slow dancing\n',
'For us\n',
'Fri(end)s\n',
'Winter ahead\n',
'White christmas\n']
```

❷ 리스트 사용: 원소 값을 변경하거나 얻어냄

문법

인덱스는 0부터 시작하고 맨 마지막 인덱스는 −1로도 지칭됨

```
인덱스:    0    1    2
data1 = [ 20,  22,  30 ]
인덱스:   -3   -2   -1
```

- 리스트 변수명[인덱스] = 값   # 원소 값을 변경
- 변수 = 리스트 변수명[인덱스]   # 원소 값 1개 얻어냄, 인덱싱
- 리스트 변수명[시작번호:끝번호]   # 시작번호부터 끝번호 전까지(끝번호-1까지) 여러 개 값 얻어냄, 슬라이싱

예 1   data1 = [20, 22, 30]

data1[2] = 25 # data1 리스트 2번째 위치의 값을 25로 변경

예 2   data1 = [20, 22, 30]

data1[0] # data1 리스트 0번째 위치의 값을 얻어냄

예 3   data1 = [20, 22, 30]

data1[0:2]   # 0번째부터 2-1번째 위치까지 값을 얻어냄, [20, 22]
data1[1:]   # 1번째부터 마지막 위치까지 값을 얻어냄, [22, 30]

☑ 0~9와 같이 순차적으로 증가하는 등차수열(값 목록)을 생성할 때는 range( ) 함수를 사용합니다.

> **문법**
>
> range(시작 값, 끝 값, 증가 값) # 시작 값부터 끝 값-1까지 증가 값 단위로 증가하는 값 목록
> 시작 값, 증가 값은 생략 가능하며 시작 값은 생략 시 0부터, 증가 값은 생략 시 1씩 증가함

예 range(10) # 0부터 10 전까지 1씩 증가

[실습 코드]
```
range(10)   # 0부터 10 전까지 1씩 증가
```

[실행 결과]
```
range(0, 10)
```

[실습 코드]
```
list(range(10))   # 0부터 10 전까지 1씩 증가 리스트로 표현
```

[실행 결과]
```
[0, 1, 2, 3, 4, 5, 6, 7, 8, 9]
```

☑ 리스트에서 인덱스와 값을 같이 뽑아서 반복할 때는 enumerate( ) 함수를 사용합니다.

> **문법**
>
> enumerate(리스트명)   # 리턴 값으로 인덱스와 값이 원소의 수만큼 리턴
>
> ```
>              0    1    2 : 인덱스
> dates_3 = [ 5,  15,  90]: 값
> ```

예 for idx, val in enumerate(dates_3) : # idx - 인덱스, val - 값

[실습 코드]
```
dates_3 = [5, 15, 90]
# idx-인덱스, val-값
for idx, val in enumerate(dates_3):
  print(idx, val)
```

[실행 결과]
```
0 5
1 15
2 90
```

2) 튜플(tuple): ( )

리스트와 유사하나 원소 값 변경이 불가능해서 보안이 필요한 값을 저장할 때 사용됩니다. 주로 가변하는 인수들 저장, 딕셔너리의 키 저장소, 딕셔너리의 값의 목록 등에 사용됩니다.

> **문법**
>
> 튜플 변수명 = (값 목록)

> **예**
>
> weekdays = ("월", "화", "수", "목", "금", "토", "일")

3) 딕셔너리(dictionary): { }

키와 값의 쌍으로 값을 저장하며, 값을 얻어낼 때는 키를 사용해서 해당하는 값을 얻어냅니다. 특정 키의 해당 값도 수정 가능하며, 새로운 키도 추가 가능합니다.

> **문법**
>
> 딕셔너리 변수명 = {키와 값의 목록}   # 딕셔너리 선언
> 딕셔너리 변수명[키]   # 키에 해당하는 값을 얻어냄
> 딕셔너리 변수명[키] = 새 값   # 키에 해당하는 값 변경
> 딕셔너리 변수명[추가키] = 값   # 새로운 키 추가

> **예 1**   users = {"id": "aaaa", "pass": "1234"} # 딕셔너리 선언
>
> [실습 코드]
> ```
> users = {"id": "aaaa", "pass": "1234"} # 딕셔너리 선언
> users
> ```
>
> [실행 결과]
> {'id': 'aaaa', 'pass': '1234'}

> **예 2**   users["id"] # 키에 해당하는 값을 얻어냄
>
> [실습 코드]
> ```
> users["id"] # 키에 해당하는 값을 얻어냄
> ```
>
> [실행 결과]
> 'aaaa'

| 예 3 | users["pass"] = "1234567" # 키에 해당하는 값 변경 |

[실습 코드]
```
users["pass"] = "1234567"
users
```

[실행 결과]
```
{'id': 'aaaa', 'pass': '1234567'}
```

| 예 4 | users["name"] = "김길동" # 새로운 키와 값 추가 |

[실습 코드]
```
users["name"] = "김길동"  # 새로운 키와 값 추가
users
```

[실행 결과]
```
{'id': 'aaaa', 'pass': '1234', 'name': '김길동'}
```

☑ 딕셔너리에서 키와 값을 같이 뽑아서 반복할 때는 items( ) 메서드를 사용합니다. 딕셔너리 키 추출에는 keys( ) 메서드를 사용하며 tuple( ) 함수를 함께 사용하여 튜플로 변환해서 보안을 높여 사용합니다.

[문법]
```
딕셔너리 변수명.items()   # 리턴 값으로 키와 값을 원소의 수만큼 리턴
딕셔너리 변수명.keys()    # 딕셔너리 키 추출
```

| 예 1 | items( ) 함수 사용 |

[실습 코드]
```
# items() 함수 사용
dict3 = {5: 100, 15: 50, 90: 300}

for key, val in dict3.items():   # key: 키, val: 값
    print(key, val)
```

[실행 결과]
```
5 100
15 50
90 300
```

예 2   keys( ) 함수 사용

실습 코드

```python
# keys() 함수 사용
admins = {"admin": "1111", "root": "3333", "dba": "2222"}
admins_key = tuple(admins.keys())
admins_key
```

[실행 결과]
```
('admin', 'root', 'dba')
```

☑ 1개의 키에 여러 값을 대응할 수 있으며, 주로 pd.DataFrame( )을 사용해서 데이터프레임으로 변환할 때 사용합니다.

문법

```
딕셔너리 변수명 = {키: (값1, 값2)}   # 1개 키에 할당할 여러 값은 리스트 또는 튜플 사용
```

예 1   1개의 키에 여러 값을 대응하는 딕셔너리

실습 코드

```python
# 1개의 키에 여러 값을 대응 딕셔너리
sys_dat = {"id": ("admin", "root", "dba"),
           "pass": ("1111", "2222", "3333")}
sys_dat
```

[실행 결과]
```
{'id': ('admin', 'root', 'dba'), 'pass': ('1111', '2222', '3333')}
```

예 2   sys_dat 딕셔너리를 데이터프레임으로 변환

실습 코드

```python
# sys_dat 딕셔너리를 데이터프레임으로 변환
import pandas as pd
df = pd.DataFrame(sys_dat)
df
```

[실행 결과]

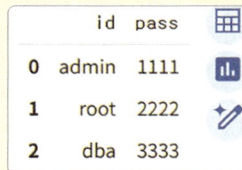

3 값 타입 변환 및 확인 함수

1) 타입 변환(캐스팅, casting) 함수

❶ 기본 데이터 타입 변환 함수: int( ), float( ), str( ) 함수

값을 다른 타입으로 변환할 때 사용하며 기본 데이터 타입 변환 함수에는 int( ), float( ), str( )이 있습니다.

int( )	(부동소수점 또는 문자열을)정수로 변환 예 int("123") # 문자열을 정수로 변환
float( )	(정수 또는 문자열을)부동소수점으로 변환 예 float(123) # 정수를 부동소수점으로 변환
str( )	(정수 또는 부동소수점을)문자열로 변환 예 str(123) # 정수를 문자열로 변환

파이썬에서는 '숫자 타입＋문자열' 연산에서 자동 형 변환이 되지 않기 때문에 반드시 숫자 타입을 'str(숫자 변수)＋문자열'과 같이 str( ) 함수를 사용해서 타입을 변환하여 사용합니다.

> **예** str(jum) + "점" # 100점
>
> [실습 코드]
> ```
> jum = 100
> str(jum) + "점"    # 100점
> ```
> [실행 결과]
> ```
> '100점'
> ```

❷ 리스트 타입으로 변환 함수: list( ) 함수

list( ) 함수는 1개 이상의 여러 값(값 목록)을 리스트 타입으로 변환합니다.

> **문법**
>
> list(값/값 목록)   # 1개의 값 또는 여러 값(값 목록)을 리스트 타입으로 변환

> **예** list((1, 2, 3)) # 튜플 타입 (1, 2, 3)을 리스트 타입 [1, 2, 3]으로 변환
>
> [실습 코드]
> ```
> # 리스트 타입으로 변환 함수: list() 함수
> list((1, 2, 3))   # 튜플 타입 (1, 2, 3)을 리스트 타입 [1, 2, 3]으로 변환
> ```

[실행 결과]
[1, 2, 3]

❸ 딕셔너리 타입으로 변환 함수: dict( ) 함수

dict( ) 함수는 키와 값의 쌍을 갖는 딕셔너리 타입으로 변환합니다.

문법

```
dict([(키1, 값1), (키2, 값2),...])  # 1개의 값 또는 여러 값(값 목록)을 딕셔너리 타입으로 변환
dict(키1=값1, 키2=값2,...)
```

예 dict([("geralt", 150), ("yennefer", 100), ("cirilla", 20)])

실습 코드
```
# 딕셔너리 타입으로 변환 함수: dict() 함수
dict([("geralt", 150), ("yennefer", 100), ("cirilla", 20)])
```
[실행 결과]
{'geralt': 150, 'yennefer': 100, 'cirilla': 20}

❹ 튜플 타입으로 변환: tuple( ) 함수

tuple( ) 함수는 1개 이상의 여러 값(값 목록)을 튜플 타입으로 변환합니다.

문법

```
tuple(값/값 목록) 함수  # 1개의 값 또는 여러 값(값 목록)을 튜플 타입으로 변환
```

예 tuple([1, 2, 3]) # 리스트 타입 [1, 2, 3]을 튜플 타입 (1, 2, 3)으로 변환

실습 코드
```
# 튜플 타입으로 변환: tuple() 함수
tuple([1, 2, 3])  # 리스트 타입 [1, 2, 3]을 튜플 타입 (1, 2, 3)으로 변환
```
[실행 결과]
(1, 2, 3)

❺ zip( ) 함수

개별의 값 목록을 순서대로 튜플 쌍(pair)으로 묶어주는 함수입니다. 순서쌍을 화면에 결과를 출력할 경우 list( ), dict( ), tuple( ) 함수 등을 사용합니다. 예를 들어 위도, 경도와 같이 두 개의

값이 쌍을 이루어야만 처리될 수 있는 경우에 주로 사용됩니다.

문법
```
zip([값1, 값2], [값3, 값4]))  # (값1, 값3), (값2, 값4)와 각 원소를 쌍으로 묶어줌
```

예 1 [("Sunday",0), ("Monday",1), ("Tuesday", 2)]와 같이 순서쌍을 리스트 타입으로 표현
list(zip(["Sunday", "Monday", "Tuesday"],range(3)))

[실습 코드]
```python
# zip() 함수
# [("Sunday",0), ("Monday",1), ("Tuesday", 2)]와 같이 순서쌍을 리스트 타입으로 표현
list(zip(["Sunday", "Monday", "Tuesday"],range(3)))
```

[실행 결과]
```
[('Sunday', 0), ('Monday', 1), ('Tuesday', 2)]
```

예 2 {"Sunday": 0, "Monday": 1, "Tuesday": 2}와 같이 순서쌍을 딕셔너리 타입으로 표현
dict(zip(["Sunday", "Monday", "Tuesday"],range(3)))

[실습 코드]
```python
# {"Sunday": 0, "Monday": 1, "Tuesday": 2}와 같이 순서쌍을 딕셔너리 타입으로 표현
dict(zip(["Sunday", "Monday", "Tuesday"],range(3)))
```

[실행 결과]
```
{'Sunday': 0, 'Monday': 1, 'Tuesday': 2}
```

예 3 지도상에 위치를 표현하려면 위도, 경도 두 개의 값이 한 쌍으로 필요
```python
for lat, lng in zip(df_cd["위도"], df_cd["경도"]):
```

2) 타입 확인 함수: type( ) 함수

type( ) 함수는 변수가 가진 값의 타입을 확인할 때 사용합니다.

예 type(a) # int

[실습 코드]
```python
a = 90
type(a)  # int
```

[실행 결과]
```
int
```

4 제어문

제어문은 프로그램의 순서 변환 및 제어에 사용하며, if, for, with 등이 주로 사용됩니다.

1) 조건문: if문

if문은 주어진 조건식의 결과가 2개로 분기되는 경우에 사용합니다. 결과가 3개인 경우 if문을 2개 사용합니다. if의 개수는 '결과의 수 −1'입니다.

if문에서 조건식의 결과 값은 True(참), False(거짓)와 같은 불(bool) 타입으로 나오도록 관계 연산자(==, !=, <, >, <=, >=)가 같이 사용됩니다.

조건식의 구현은 범주형 변수와 수량형 변수에 따라 다릅니다.

범주형 변수	• 문자 데이터, 그룹화되는 숫자 데이터 • 조건식: 같다(==), 같지 않다(!=)를 사용 예 부서 == "1", 직급 != "서기"
수량형 변수	• 그룹화되지 않는 숫자 데이터 • 조건식: 미만(<), 이하(<=), 이상(>=), 초과(>) 와 같이 범위로 지정 예 본봉 >= 2000000

❶ 기본 if문

기본 if문은 주어진 조건식의 결과가 2개(True(참), False(거짓))로 분기되는 경우에 사용합니다.

문법

```
if 조건:
    # 조건을 만족 시 수행할 문장: 참
else:
    # 조건을 만족하지 않을 때 수행할 문장: 거짓
```

예 점수(jum)가 90점 이상이면 "우수", 그렇지 않으면 공백을 result 변수에 넣음

실습 코드

```
# 점수(jum)가 90점 이상이면 "우수", 그렇지 않으면 공백을 result 변수에 넣음
jum = 90
if jum >= 90:
```

```
    result = "우수"
else:
    result = ""

result
```

[실행 결과]
'우수'

❷ 다중 if문

다중 if문은 주어진 조건식의 결과가 3개 이상으로 분기되는 경우에 사용합니다.

문법

```
if 조건1 :
    # 조건1을 만족 시 수행할 문장
elif 조건2 :
    # 조건2를 만족 시 수행할 문장
else:
    # 조건을 만족하지 않을 때 수행할 문장
```

예 랭크 점수(rank_jum)가 90점 이상이면 "골드", 70점 이상이면 "실버", 그렇지 않으면 "브론즈"를 rank 변수에 넣음

실습 코드

```
# 랭크 점수(rank_jum)가 90점 이상이면 "골드", 70점 이상이면 "실버", 그렇지 않으면 "브론즈"를
rank 변수에 넣음
rank_jum = 89
if rank_jum >= 90:
    rank = "골드"
elif rank_jum >= 70:
    rank = "실버"
else:
    rank = "브론즈"

rank
```

[실행 결과]
'실버'

❸ 인라인 if문

인라인 if문은 주어진 조건식의 결과가 2개로 분기되는 경우, if문을 1줄로 간결하게 쓰기 위해서 사용합니다.

문법

```
참 if 조건 else 거짓   # 조건을 만족 시 참, 만족하지 않으면 거짓
```

예 result = "우수" if jum >= 90 else ""

실습 코드
```
# 점수(jum)가 90점 이상이면 "우수", 그렇지 않으면 공백을 result 변수에 넣음
jum = 93
result = "우수" if jum >= 90 else ""
result
```
[실행 결과]
'우수'

2) 반복문: for문

for문은 반복해서 작업을 처리할 때 사용하는 것으로 값 목록의 데이터 수만큼 반복하거나 주어진 횟수만큼 반복할 때 사용합니다.

문법

```
for 제어변수 in 값 목록 변수/range():
    # 반복 수행할 내용 - 제어변수 값을 갖고 수행
```

- 값 목록 변수: 여러 값 저장 변수, 값 목록의 데이터 수만큼 반복 수행, 객체 반복
- range() 함수: 횟수 반복

예 1 객체 반복: sys_dat 딕셔너리의 내용을 1개 원소씩 반복해서 키와 값을 출력

실습 코드
```
# 객체 반복: sys_dat 딕셔너리의 내용을 1개 원소씩 반복해서 키와 값을 출력
sys_dat = {"id": ("admin", "root", "dba"),
           "pass": ("1111", "2222", "3333"),
           "roll": (1, 2, 3)}

for key, val in sys_dat.items():
```

```
    print(key, val)
```

[실행 결과]
```
id ('admin', 'root', 'dba')
pass ('1111', '2222', '3333')
roll (1, 2, 3)
```

> **예 2**　횟수 반복: 1~9까지 1줄에 출력

실습 코드
```
# 횟수 반복: 1~9까지 1줄에 출력
for i in range(1, 10):
    print(i, end=" ")   # 1줄에 모든 항목이 출력
```

[실행 결과]
```
1 2 3 4 5 6 7 8 9
```

3) with문

파일을 여는 작업을 수행 후 닫는 작업을 자동 수행할 때 사용합니다. 컴퓨터 프로그래밍에서는 리소스(메모리 등의 자원)를 할당받으면 사용 후 반드시 반환해야 합니다. 파일 작업에서 파일을 여는 작업은 리소스가 할당되고, 파일을 닫는 작업은 리소스를 반환합니다. 반드시 리소스를 반환하기 위해서 파일을 여는 작업에 with문을 같이 사용합니다.

문법
```
with 파일오픈문 as 파일정보저장변수:
        파일정보저장변수.작업처리함수()
```

> **예 1**　파일을 읽기용으로 오픈: with open("data/Khalani.txt", "r") as f:

실습 코드
```
# 파일을 읽기용으로 오픈
with open("data/Khalani.txt", "r") as f:
    print(f.readlines())
```

[실행 결과]
```
ranas : Me with you. \n', 'En Aiur! : For Aiur! \n', 'En harudim Raszagal! : For the memory of Raszagal! \n', "En taro Adun! : For Adun's name! \n", "En taro Tassadar! : For Tassadar's name! \n", 'En var! : For honor! \n', 'Khar zerashad! : Forget peace! \n', 'Khas arashad : Khas be praised. \n', 'Nas laranakh : You with me. \n', 'Taran arashad : Your name be praised. \n', 'Taran varad : Your name be honored.\n', "Taro Adun ruulas : Adun's name guides (us). \n", 'Und
```

lara khar : Be at peace!\n', 'Und nas lara khar : May you be at peace! \n', 'Und laranas khar : May peace be with you! \n', 'Und taro laranakh varas! : May you honor his name with me!\n', 'Var en nas : Honor for you.\n', 'Varun ruulas : Our honor guides (us).\n', 'Zerashk gulidas

예 2 파일을 쓰기용으로 오픈: with open("data/bearlist.txt", "w") as f:

실습 코드

```python
# 파일을 쓰기용으로 오픈, 파일이 존재하지 않는 경우 자동 생성
with open("data/bearlist.txt", "w") as f:
    f.write("4 o'clock\nscenery\nwinter bear\nsweet night\n")
```

[실행 결과]

출력 결과 없음
- [data] 폴더에서 bearlist.txt의 생성 확인

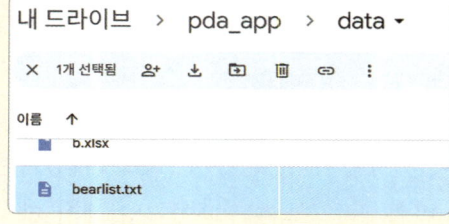

참고 open()에 한글 인코딩 설정: encoding="cp949"

```python
with open("data/test.txt", "r", encoding="cp949") as f:
```

5 함수/모듈

모듈은 라이브러리 또는 패키지로 불리며 값 및 데이터 처리에 필요한 함수를 제공합니다. 함수는 특정 작업을 처리하기 위해 사용되는 처리 동작 코드입니다.

1) 함수

특정 작업을 수행하도록 미리 작성된 코드로, 함수에는 시스템이 제공하는 내장 함수와 사용자가 직접 만드는 사용자 정의 함수가 있습니다.

❶ 내장 함수

시스템이 제공하는 함수로 주로 공통적인 작업을 위해 제공됩니다. 예를 들어 화면 입력에 사용되는 input( ) 함수, 화면 출력에 사용되는 print( ) 함수 등이 있습니다.

> **예** str1 = input("값을 입력하세요:") # 값을 화면 입력 받아서 str1 변수에 저장

실습 코드
```
# 내장 함수
str1 = input("값을 입력하세요:")  # 값을 화면 입력 받아서 str1 변수에 저장
print(str1)  # str1 변수 값 출력
```
[실행 결과]
값을 입력하세요:test

test

❷ 사용자 정의 함수

사용자가 원하는 기능을 직접 만들어서 사용하는 함수입니다. 주로 실무에서 시스템이 제공할 수 없는 특수 기능을 만들어 사용합니다. 예를 들어 급여를 계산하는 급여계산( ) 함수 등이 있습니다.

문법

형식1 사용자 정의 함수 작성: def문 사용

```
def 함수명(매개변수 리스트):
    # 함수 내용
    # return문 필요 시 기술
```

- 매개변수 리스트: 0개 이상의 매개변수(인자) 예 1, "aa"..
- return문 필요 시 기술: return문이 있는 경우 함수의 수행 결과를 호출한 곳으로 반환, return 문이 없는 경우 작업만 처리하고 결과를 반환하지 않음

형식2 사용자 정의 함수 사용

```
함수명(매개변수 리스트)
```

> **예** 합 구하기 함수 정의: def my_add(a, b):

실습 코드
```
# 합 구하기 함수 정의: my_add() 함수
def my_add(a, b):
    return a + b


# 합 구하기 함수 사용
my_add(3, 4)
```

[실행 결과]
7

❸ 람다(lambda) 식

익명 함수를 작성할 때 사용합니다. 익명 함수는 이름이 없는 함수로, 사용하는 이유는 빠른 메모리 해제, 유연한 사용, 보안 등을 위해서입니다.

문법

```
(lambda 매개변수 리스트: 함수 내용)
함수 변수명 = (lambda 매개변수 리스트: 함수 내용)   # 특정 변수명에 람다 식을 넣어서 사용
```

예 람다 식 선언 후 사용: (lambda x, y: x * x + y)

실습 코드
```
# 람다(lambda) 식
mylamf = (lambda x, y: x * x + y)  # 람다 식 선언 후 mylamf에 저장
mylamf(5, 7)   # 함수 실행
```

[실행 결과]
32

2) 모듈(라이브러리, 패키지) 사용 방법

시스템이 제공하는 라이브러리를 사용하기 위해서는 import문을 사용합니다.

문법

```
import 라이브러리명(모듈명)    # 라이브러리(기능)를 사용하기 위해서 로드(가져옴)
```

✅ 내장 라이브러리는 이미 설치된 라이브러리로 import문과 라이브러리명을 기술해서 사용합니다. 추가로 설치해야 하는 라이브러리는 먼저 설치 후 import문을 사용합니다.

문법

```
내장 라이브러리: import 사용할 라이브러리명
추가 설치 라이브러리: pip install 라이브러리, import 사용할 라이브러리명
단, 주피터 노트북에서 설치 시 !pip install 라이브러리
```

예 1 내장 라이브러리

```
import random
```

예 2 추가 설치 라이브러리: jieba 한자어 분할 라이브러리

```
!pip install jieba
import jieba
```

> **참고** 인터넷이 안 되는 환경에서 패키지 설치 ➜ --offline 옵션 추가
> ```
> pip install 패키지명 -- offline
> ```

> **참고** pip으로 설치한 패키지의 경우 로드가 되지 않으면 PATH에 다음 추가
> ```
> ;C:\Users\user\Anaconda3\Lib\site-packages
> ```

✅ 임포트 방법에 따라 라이브러리의 객체를 사용하는 방법이 약간 다릅니다. 라이브러리 객체는 라이브러리가 제공하는 함수, 클래스, 프로퍼티 등을 말합니다.

방법 1

```
import 모듈명   # 모듈 내용 전체 임포트
모듈명.객체명()
```

예 random.randrange(1,10) : 난수는 실행할 때마다 결과 값이 다름

실습 코드
```
# 모듈 임포트 방법 1
import random
random.randrange(1,10)   # 1~9 사이 정수 난수
```
[실행 결과]
```
9
```

방법 2

```
import 모듈명 as 별명 # 모듈 내용 전체 임포트, 약어 사용
별명.객체명()
```

예 r.randrange(1,10)

실습 코드
```
# 모듈 임포트 방법 2
```

```
import random as r
r.randrange(1,10)   # 1~9 사이 정수 난수
```

[실행 결과]
3

방법 3

```
from 모듈명 import 객체명   # [객체명]에 지정한 객체(함수나 클래스)만 임포트
함수명()   # 라이브러리 없이 함수명이나 클래스명만 사용
```

예 randrange(1,10)

실습 코드

```
# 모듈 임포트 방법 3
from random import randrange
randrange(1,10)   # 1~9 사이 정수 난수
```

[실행 결과]
2

CHAPTER 03 정리

- ☑ 데이터 분석은 성공적인 분석 후 결과물을 설계하는 목표 설정, 이 목표를 달성하기 위해 필요한 데이터를 확보하고 메모리로 로드하는 데이터 로드, 데이터 로드의 결과물인 작업 대상 데이터를 처리해서 원하는 결과를 얻어내는 순서로 처리한다.

- ☑ 변수는 프로그램 수행 중 발생한 값을 임시로 저장하는 저장소로, 프로그램이 실행되는 도중에 재사용할 값을 저장하는 메모리 내의 공간이다. 컴퓨터가 종료되거나 프로그램이 닫히는 등의 작업이 발생하면 저장했던 값이 메모리에서 제거된다.

- ☑ 파이썬의 기본 데이터 타입에는 정수형(int), 부동소수점형(float), 복소수형(complex), 문자열(str), 불(bool) 타입이 있으며, 이들은 1개의 값 타입에 사용된다. 여러 개의 값을 저장하는 컬렉션 데이터 타입에는 리스트(list), 튜플(tuple), 세트(set), 딕셔너리(dict)가 있다.

- ☑ 리스트는 여러 개의 값을 저장하는 저장소로 가장 보편적으로 사용된다. 값은 쉼표(,)를 사용해서 순차적으로 나열하며, 대괄호([ ])를 사용해서 표현한다.

- ☑ 튜플은 원소 값 변경이 불가능해서 보안이 필요한 값을 저장할 때 사용한다.

- ☑ 딕셔너리는 키와 값의 쌍으로 값을 저장하며, 값을 얻어낼 때는 키를 사용해서 해당하는 값을 얻어낸다.

- ☑ 타입 변환 함수에는 int( ), float( ), str( ), list( ), dict( ), tuple( ) 등이 있다.

- ☑ if문은 주어진 조건식의 결과가 2개로 분기되는 경우에 사용한다.

- ☑ for문은 반복해서 작업을 처리할 때 사용하는 것으로, 값 목록의 데이터 수만큼 반복하거나 주어진 횟수만큼 반복할 때 사용한다.

- ☑ with문은 파일을 여는 작업을 수행한 후 닫는 작업을 자동 수행할 때 사용한다.

- ☑ 모듈은 라이브러리 또는 패키지로 불리며 값 및 데이터 처리에 필요한 함수를 제공한다. 함수는 특정 작업을 처리하기 위해 사용되는 처리 동작 코드이다.

연습문제 CHAPTER 03

01 프로그램 수행 중 발생한 값을 임시로 저장하는 저장소는 무엇인가?

① SSD　　　　　　　　　　② 변수
③ 하드디스크　　　　　　　④ DB

02 파이썬의 기본 데이터 타입이 아닌 것은 무엇인가?

① 리스트(list)　　　　　　　② 정수형(int)
③ 부동소수점형(float)　　　 ④ 문자열(str)

03 파이썬의 컬렉션 데이터 타입이 아닌 것은 무엇인가?

① 리스트(list)　　　　　　　② 튜플(tuple)
③ 딕셔너리(dict)　　　　　　④ 문자열(str)

04 다음은 무엇에 대한 설명인지 쓰시오.

> 라이브러리 또는 패키지로 불리며 값 및 데이터 처리에 필요한 함수를 제공한다.

(　　　　　　　　　)

05 다음 제어문과 해당하는 설명을 올바르게 연결하시오.

- if문　▶　　　　◀ 주어진 조건식의 결과가 2개로 분기되는 경우 사용

- for문　▶　　　◀ 파일을 여는 작업을 수행 후 닫는 작업을 자동 수행할 때 사용

- with문　▶　　　◀ 반복해서 작업을 처리할 때 사용

정답 370쪽

PART II

파이썬을 사용한 데이터 분석

- **각 CHAPTER의 핵심**

- **CHAPTER 04 데이터 분석에 필요한 주요 라이브러리**
  - 데이터 분석에 필요한 필수 라이브러리 개요와 사용법을 학습
- **CHAPTER 05 실무 데이터 로드 및 데이터프레임 다루기**
  - 정형 데이터 파일, 비정형 데이터 파일을 로드해서 다루는 방법을 학습
- **CHAPTER 06 데이터 전처리: 분석 데이터 준비**
  - 분석을 위한 작업 데이터를 준비하고 결측치/이상치를 처리하는 방법을 학습
- **CHAPTER 07 데이터 시각화: 탐색적 데이터 분석**
  - 데이터의 주요 분포와 모양을 이해하기 위한 시각화 방법을 학습
- **CHAPTER 08 통계적 데이터 분석**
  - 통계적 기법을 데이터 분석에 적용하는 방법을 학습
- **CHAPTER 09 데이터 분석 프로젝트**
  - 프로젝트를 통해서 데이터 분석을 실무에 적용하는 방법을 학습
- **CHAPTER 10 머신러닝**
  - 정형 데이터를 인공지능에 학습시켜서 예측에 사용하는 방법을 학습

여기는 파이썬이라는 프로그래밍 언어(툴)를 사용한 데이터 분석 방법을 학습하는 부분으로, 데이터 분석에 필요한 주요 라이브러리, 실무 데이터 로드, 데이터 전처리, 결측치/이상치 처리, 시각화, 통계적 데이터 분석, 머신러닝을 다룹니다.

CHAPTER 04 데이터 분석에 필요한 주요 라이브러리

데이터 분석에서는 데이터프레임을 빠르게 처리하는 고속 연산 라이브러리 및 과학 계산 라이브러리와 시각화 기능을 제공하는 라이브러리를 필요로 합니다. 여기서는 데이터프레임을 다루기 전에 알고 있어야 하는 고속 연산 라이브러리 및 시각화 라이브러리를 학습합니다.

여기서 할 일

① 고속 연산 라이브러리와 과학 계산 라이브러리를 알아보자.
② 데이터 시각화 기능을 제공하는 라이브러리를 알아보자.

이 CHAPTER의 핵심

① **고속 연산 라이브러리와 과학 계산 라이브러리**
- numpy(넘파이): 고속 배열 처리를 제공하는 라이브러리
- scipy(사이파이): 과학 계산 함수를 제공하는 라이브러리

② **시각화 라이브러리**
- matplotlib(맷플롯립): 데이터 플롯팅 제공 라이브러리
- seaborn(시본): matplotlib을 기반으로 한 고급 데이터 시각화 라이브러리

데이터 분석에서 정형 데이터는 데이터프레임으로 처리합니다. 데이터프레임을 다루기 위한 각종 메서드(함수)를 제공하는 것이 pandas 라이브러리(판다스, 이하 pandas)입니다. 이 pandas는 데이터프레임 처리를 위해 고속 연산 numpy 라이브러리(넘파이, 이하 numpy) 기반으로 처리되며, 시각화를 위해 matplotlib 라이브러리(맷플롯립, 이하 matplotlib)도 끌어다 사용합니다.

01 고속 연산 라이브러리와 과학 계산 라이브러리

1 NumPy(넘파이): numpy

NumPy(Numerical Python)는 파이썬에서 과학 계산(Scientific Computing)을 위한 핵심 라이브러리입니다. 수치 데이터를 고속으로 처리할 수 있는 다차원 배열 객체(ndarray)를 제공하며, 벡터 및 행렬 연산을 빠르게 수행할 수 있도록 최적화되어 있습니다.

> **◀ 용어 정리 TIP**
> - 배열: 1차원, 2차원, 3차원… 등을 포함하는 다차원 데이터를 다룰 때 사용함
> - 행렬: 2차원을 의미하며, 2차원 데이터를 다룰 때 사용함

NumPy는 데이터 과학 및 머신러닝을 시작할 때 필수적인 라이브러리로 Pandas, Scipy, Matplotlib 등과 결합하여 다양한 분석을 수행합니다.

1) numpy 주요 사항

❶ numpy 주요 특징

- ndarray(N-dimensional Array): 다차원 배열 객체를 제공(벡터, 행렬, 텐서 등의 연산 가능)하며, 리스트보다 연산 속도가 빠르고 메모리 사용이 효율적
- 벡터 연산 지원: 루프(반복문) 없이 배열 연산을 지원하여 성능 최적화, 브로드캐스팅(Broadcasting)을 통한 차원 자동 확장
- 다양한 수학 함수 제공: 선형대수, 푸리에 변환, 난수 생성 등 과학/공학 분야에서 유용한 기능 포함
- C/C++ 및 Fortran과 통합 가능: 기존의 C/C++ 코드와 쉽게 연동하여 성능 최적화 가능

❷ numpy가 유용한 이유

- 빠른 연산 속도: 파이썬 리스트보다 훨씬 빠르게 수학 연산을 수행
- 메모리 효율성: 리스트보다 적은 메모리를 사용
- 수학/과학/머신러닝에 필수: Pandas, Scikit-learn, TensorFlow 등과 연동 가능

❸ numpy 응용 분야

- 데이터 분석(Pandas와 함께 사용)

- 머신러닝 및 딥러닝(TensorFlow, PyTorch의 기반)
- 신호 처리, 영상 처리
- 공학 및 과학 계산

2) numpy 사용 방법

❶ numpy는 패키지가 기본 제공되지 않는 경우 설치 후 필요한 곳에서 임포트해서 사용합니다.

> ✅ **numpy 설치**
> pip install numpy 또는 !pip install numpy
>
> ✅ **numpy 사용: import 시 약어 np를 사용**
> import numpy as np

실습 코드 ① ndarray 배열 생성

```
ndarray1 = np.array([1, 2, 3, 4, 5])
ndarray1
```

[실행 결과]
```
array([1, 2, 3, 4, 5])
```

실습 코드 ② 0으로 채워진 배열 생성: np.zeros( )

```
ndarray_zeros = np.zeros((3, 3))   # 0으로 채워진 3x3 배열 생성
ndarray_zeros
```

[실행 결과]
```
array([[0., 0., 0.],
       [0., 0., 0.],
       [0., 0., 0.]])
```

실습 코드 ③ 1로 채워진 배열 생성: np.ones( )

```
ndarray_ones = np.ones((2, 4))   # 1로 채워진 2x4 배열 생성
ndarray_ones
```

[실행 결과]
```
array([[1., 1., 1., 1.],
       [1., 1., 1., 1.]])
```

실습 코드 ④ 범위 지정하여 배열 생성: np.arange( )

```
ndarray_range = np.arange(0, 10, 2)   # 0부터 10 전까지 2씩 증가하는 배열
ndarray_range
```

[실행 결과]
array([0, 2, 4, 6, 8])

실습 코드 ⑤ 랜덤 배열 생성: np.random.rand( )

```
ndarray_rand = np.random.rand(3, 3)   # 3x3 랜덤 배열 생성
ndarray_rand
```

[실행 결과]
```
array([[0.19246623, 0.903138  , 0.76843514],
       [0.68644763, 0.7000579 , 0.14410991],
       [0.09456019, 0.00602552, 0.81360275]])
```

실습 코드 ⑥ 0부터 10 전까지 1씩 증가하는 연속 값을 갖는 고속 처리 배열

```
np.arange(10)   # 0,1,2,3,4,5,6,7,8,9: 고속 처리
```

[실행 결과]
array([0, 1, 2, 3, 4, 5, 6, 7, 8, 9])

❷ numpy 배열은 기본 연산과 행렬 연산(선형대수), 브로드캐스팅(차원 자동 확장)도 제공합니다.

실습 코드 ① numpy 배열은 기본 연산: 배열 사칙연산

```
a_arr = np.array([1, 2, 3])
b_arr = np.array([4, 5, 6])
a_arr + b_arr
```

[실행 결과]
array([5, 7, 9])

실습 코드 ② numpy 배열은 기본 연산: np.sum( ) 함수 사용

```
data1 = np.array([10, 20, 30, 40, 50])
print(np.sum(data1))
```

[실행 결과]
150

실습 코드 ③ 행렬 곱(dot product): np.dot( ) 함수 사용

```
A = np.array([[1, 2], [3, 4]])
B = np.array([[5, 6], [7, 8]])
np.dot(A, B)
```

[실행 결과]
```
array([[19, 22],
       [43, 50]])
```

실습 코드 ④ 브로드캐스팅(차원 자동 확장)

```
A = np.array([[1, 2, 3], [4, 5, 6]])  # 2x3
B = np.array([1, 2, 3])  # 1x3
A + B  # B가 A의 행 크기에 맞게 자동 확장

[실행 결과]
array([[2, 4, 6],
       [5, 7, 9]])
```

2 SciPy(사이파이): scipy

SciPy(Scientific Python)는 과학 계산 및 공학적 연산을 위한 강력한 파이썬 라이브러리로, 선형대수, 최적화, 신호 처리, 통계, 미분 방정식 계산 등을 제공합니다. SciPy(이하 scipy)는 numpy를 확장한 라이브러리로 데이터 과학 및 엔지니어링 분야의 필수적인 라이브러리입니다.

1) scipy 주요 사항

❶ scipy 주요 기능

scipy는 여러 서브패키지(subpackage)로 구성되어 있으며, 다양한 수학 및 과학 계산 기능을 제공합니다.

- scipy.linalg: 선형대수(역행렬, 행렬식, 고유 값 계산 등)
- scipy.optimize: 함수 최적화(최솟값 찾기, 방정식 풀이)
- scipy.stats: 확률분포, 통계 분석, 가설 검정
- scipy.signal: 신호 처리(푸리에 변환, 필터링, 변환)
- scipy.sparse: 희소 행렬 연산
- scipy.interpolate: 보간법(결측치 보정, 스플라인 보간)
- scipy.integrate: 적분 계산(정적분, 미분방정식 풀이)

❷ scipy 사용 분야

- 데이터 분석: 통계, 보간
- 머신러닝: 최적화, 신호 처리
- 공학 계산: 선형대수, 미분방정식
- 물리학 및 화학: 적분, 확률 분포

2) scipy 사용 방법

scipy는 패키지가 기본 제공되지 않는 경우, 설치 후 필요한 곳에서 임포트해서 사용합니다. scipy는 numpy를 참조해서 사용하는 경우가 많아서, 사용 시 보통 numpy도 같이 임포트합니다.

> ✅ **scipy 설치**
> pip install scipy 또는 !pip install scipy
>
> ✅ **scipy 사용: import 시 약어 sp를 사용**
> import numpy as np
> import scipy as sp

실습 코드 ① 선형대수(scipy.linalg)에서 사용: 역행렬 구하기

```
import numpy as np
from scipy.linalg import inv

A = np.array([[1, 2], [3, 4]])
A_inv = inv(A)   # A의 역행렬
A_inv
```

[실행 결과]
```
array([[-2. ,  1. ],
       [ 1.5, -0.5]])
```

실습 코드 ② 최적화(scipy.optimize)에서 사용: 방정식 풀이-minimize( )

```
import numpy as np
from scipy.optimize import minimize

def func(x):
    return x**2 + 3*x + 1   # 예제 함수 f(x) = x^2 + 3x + 1

result = minimize(func, x0=0)   # x0은 초기 추정 값
result
```

[실행 결과]
```
 message: Optimization terminated successfully.
 success: True
  status: 0
     fun: -1.25
       x: [-1.500e+00]
     nit: 2
     jac: [ 0.000e+00]
hess_inv: [[ 5.000e-01]]
    nfev: 6
    njev: 3
```

실습 코드 ③ 통계(scipy.stats)에서 사용: 정규분포 확률밀도함수(PDF) 계산-norm.pdf( )

```python
import numpy as np
from scipy.stats import norm


x = np.linspace(30, 70, 100)  # 30부터 70까지의 구간을 균등하게 나눈 100개의 숫자 배열
pdf_values = norm.pdf(x, loc=50, scale=10)  # 평균 50, 표준편차 10
pdf_values
```

[실행 결과]
```
array([0.0053991 , 0.00584872, 0.00632546, 0.0068299 , 0.00736253,
       0.00792376, 0.00851386, 0.00913298, 0.00978115, 0.01045822,
       0.01116393, 0.01189782, 0.01265927, 0.01344748, 0.01426146,
       0.01510005, 0.01596187, 0.01684535, 0.01774874, 0.01867006,
       0.01960718, 0.02055775, 0.02151925, 0.02248897, 0.02346405,
       0.02444148, 0.0254181 , 0.02639062, 0.02735565, 0.02830973,
       0.02924929, 0.03017073, 0.03107045, 0.0319448 , 0.03279018,
       0.03360304, 0.03437987, 0.03511729, 0.03581202, 0.03646091,
       0.03706102, 0.03760955, 0.03810395, 0.03854188, 0.03892125,
       0.03924024, 0.03949731, 0.03969123, 0.03982103, 0.03988609,
       0.03988609, 0.03982103, 0.03969123, 0.03949731, 0.03924024,
       0.03892125, 0.03854188, 0.03810395, 0.03760955, 0.03706102,
       0.03646091, 0.03581202, 0.03511729, 0.03437987, 0.03360304,
       0.03279018, 0.0319448 , 0.03107045, 0.03017073, 0.02924929,
       0.02830973, 0.02735565, 0.02639062, 0.0254181 , 0.02444148,
       0.02346405, 0.02248897, 0.02151925, 0.02055775, 0.01960718,
       0.01867006, 0.01774874, 0.01684535, 0.01596187, 0.01510005,
       0.01426146, 0.01344748, 0.01265927, 0.01189782, 0.01116393,
       0.01045822, 0.00978115, 0.00913298, 0.00851386, 0.00792376,
       0.00736253, 0.0068299 , 0.00632546, 0.00584872, 0.0053991 ])
```

실습 코드 ④ 통계(scipy.stats)에서 사용: t-검정 ttest_1samp( )

```python
import numpy as np
from scipy.stats import ttest_1samp


sample_data = np.random.normal(5, 1, 100)  # 샘플 데이터
t_stat, p_value = ttest_1samp(sample_data, 5)  # 평균이 5인지 검정
print("T-statistic:", t_stat, "p-value:", p_value)  # 결과 출력
```

[실행 결과]
```
T-statistic: -0.462213095814917 p-value: 0.6449427117018381
```

실습 코드 ⑤ 신호 처리(scipy.signal)에서 사용: 푸리에 변환(FFT)-fft( )

```python
import numpy as np
from scipy.fft import fft


signal = np.sin(2 * np.pi * np.linspace(0, 1, 100))  # 사인파 신호
freq_spectrum = fft(signal)  # 푸리에 변환
freq_spectrum
```

[실행 결과]

```
array([[-1.11022302e-15-0.00000000e+00j,  1.56237833e+00-4.97156846e+01j
        -4.25850363e-02+6.76869769e-01j, -3.57787605e-02+3.78499750e-01j
        -3.38833476e-02+2.68214314e-01j, -3.30724162e-02+2.08811018e-01j
        -3.26479847e-02+1.71146729e-01j, -3.23973043e-02+1.44937208e-01j
        -3.22366676e-02+1.25553531e-01j, -3.21274678e-02+1.10583469e-01j
        -3.20498259e-02+9.86392214e-02j, -3.19926363e-02+8.88629658e-02j
        -3.19492912e-02+8.06946984e-02j, -3.19156560e-02+7.37527294e-02j
        -3.18890343e-02+6.77676474e-02j, -3.18676064e-02+6.25436991e-02j
        -3.18501078e-02+5.79351310e-02j, -3.18356374e-02+5.38311230e-02j
        -3.18235390e-02+5.01458735e-02j, -3.18133256e-02+4.68118870e-02j
        -3.18046293e-02+4.37753167e-02j, -3.17971683e-02+4.09926624e-02j
        -3.17907237e-02+3.84283836e-02j, -3.17851234e-02+3.60531455e-02j
        -3.17802305e-02+3.38425081e-02j, -3.17759351e-02+3.17759351e-02j
        -3.17721482e-02+2.98360331e-02j, -3.17687971e-02+2.80079622e-02j
        -3.17658219e-02+2.62789733e-02j, -3.17631731e-02+2.46380426e-02j
```

실습 코드 ⑥ 신호 처리(scipy.signal)에서 사용: 필터 적용(로우패스 필터)-filtfilt( )

```python
import numpy as np
from scipy.signal import butter, filtfilt

b, a = butter(4, 0.1, 'low')   # 4차 로우패스 필터(차수, 차단주파수)
filtered_signal = filtfilt(b, a, signal)  # 내부적으로 신호를 뒤집어서 두 번 필터링, 위상 지연 상쇄
filtered_signal
```

[실행 결과]

```
array([ 0.00222813,  0.0663434 ,  0.12979741,  0.19239604,  0.25396536,
        0.31434167,  0.37336334,  0.43086479,  0.48667274,  0.54060472,
        0.59246949,  0.64206896,  0.68920126,  0.7336645 ,  0.77526074,
        0.81379987,  0.8491032 ,  0.88100639,  0.9093618 ,  0.93404016,
        0.95493151,  0.9719457 ,  0.98501224,  0.99408  ,  0.99911648,
        1.00010714,  0.99705451,  0.98997751,  0.97891069,  0.96390374,
        0.94502096,  0.92234091,  0.89595614,  0.86597296,  0.83251118,
        0.79570396,  0.75569749,  0.71265071,  0.66673489,  0.61813317,
        0.56703996,  0.51366026,  0.4582089 ,  0.40090965,  0.34199427,
        0.28170145,  0.22027571,  0.15796621,  0.09502555,  0.03170851,
       -0.0317292 , -0.09503218, -0.1579465 , -0.22022087, -0.2816076 ,
       -0.3418635 , -0.40075067, -0.45803707, -0.51349694, -0.56691117,
       -0.61806747, -0.6667606 , -0.71279252, -0.75597271, -0.7961187 ,
       -0.83305679, -0.86662325, -0.89666578, -0.92304553, -0.9456394 ,
       -0.9643427 , -0.97907193, -0.98976751, -0.99639617, -0.99895267,
       -0.99746058, -0.99197169, -0.98256396, -0.96933765, -0.95240973,
       -0.93190665, -0.9079559 , -0.88067683, -0.85017176, -0.81651812,
       -0.77976303, -0.73992131, -0.69697823, -0.65089778, -0.60163704,
       -0.54916669, -0.49349709, -0.43470828, -0.37298206, -0.3086328 ,
       -0.24213371, -0.17413437, -0.1054656 , -0.03712815,  0.02973753]])
```

실습 코드 ⑦ 보간법(scipy.interpolate)에서 사용: 1차원 보간-interp1d( )

```python
import numpy as np
from scipy.interpolate import interp1d

x = np.array([0, 1, 2, 3, 4])
y = np.array([0, 2, 4, 6, 8])
```

CHAPTER 04. 데이터 분석에 필요한 주요 라이브러리

```
interp_func = interp1d(x, y, kind='linear')  # 선형 보간 함수 생성
new_x = np.linspace(0, 4, 10)   # 0~4 사이의 10개의 값
new_y = interp_func(new_x)   # 보간된 값: 0~8 사이의 10개의 값
new_y

[실행 결과]
array([0.        , 0.88888889, 1.77777778, 2.66666667, 3.55555556,
       4.44444444, 5.33333333, 6.22222222, 7.11111111, 8.        ])
```

02 시각화 라이브러리

1 Matplotlib(맷플롯립): matplotlib

Matplotlib(이하 matplotlib)은 파이썬에서 데이터를 시각화하는 데 사용하는 기본적인 라이브러리입니다. 주로 matplotlib.pyplot 모듈을 사용해서 데이터를 시각화합니다.

1) matplotlib 주요 특징

- 다양한 그래프 제공: 선 그래프(Line Plot), 산점도(Scatter Plot), 히스토그램(Histogram), 막대 그래프(Bar Chart) 등
- 세밀한 그래프 조정 가능: 축(Label), 제목(Title), 눈금(Tick), 색상(Color), 스타일(Style) 등 조정 가능
- 다양한 데이터 형식 지원: numpy 배열, pandas 데이터프레임과 연동 가능
- 3D 플롯 및 애니메이션 지원: mpl_toolkits.mplot3d를 이용한 3D 시각화 지원

2) matplotlib 사용 방법

matplotlib은 패키지가 기본 제공되지 않는 경우 설치 후 필요한 곳에서 임포트해서 사용합니다. matplotlib은 다양한 형식의 데이터나 수학적 계산 결과를 시각화하는 경우가 많아서 보통 numpy, scipy, pandas(판다스)도 같이 임포트합니다.

> ✔ **matplotlib 설치**
> pip install matplotlib 또는 !pip install matplotlib

✓ matplotlib 사용: import 시 mpl, plt, fm 약어 사용

```
import numpy as np
import scipy as sp
import pandas as pd  # 데이터프레임 처리에 사용
import matplotlib as mpl  # 전역 파라미터 값 설정에 사용
import matplotlib.pyplot as plt  # 시각화 함수 제공
import matplotlib.font_manager as fm  # 현재 글꼴 설정 등에 사용
```

✓ matplotlib을 사용한 시각화 방법

- 시각화(플롯)할 데이터 준비
  예) x = np.linspace(0, 10, num=11)
  　　y = np.cos(x)
- 시각화: 그래프 플롯
- 그래프를 플롯할 이미지 공간을 메모리에 지정: 이 메모리 공간에 그리기
  예) from matplotlib import pyplot as plt
  　　plt.figure(figsize=(9, 6))
- 이미지 공간에 그래프 플롯: plt.plot( ) 메서드 사용
  예) plt.plot(x, y, "o")
- 그래프를 파일로 저장: plt.savefig("파일명") 선택 사항, 실무에서는 권장
  예) plt.savefig("a.png")
- 그래프를 화면에 표시: plt.savefig( )를 사용한 경우 반드시 plt.savefig( ) 다음에 기술
  예) plt.show( )

실습 코드 ①　정규분포 확률밀도함수(PDF) 플롯

```python
import numpy as np
from scipy.stats import norm
import matplotlib.pyplot as plt

x = np.linspace(30, 70, 100)
pdf_values = norm.pdf(x, loc=50, scale=10)  # 평균 50, 표준편차 10

plt.plot(x, pdf_values)  # 시각화 함수 사용 - 메모리에 시각화됨
plt.title("normal PDF")  # 그래프 제목
plt.show()  # 메모리에 있는 시각화 결과를 화면에 표시
```

[실행 결과]

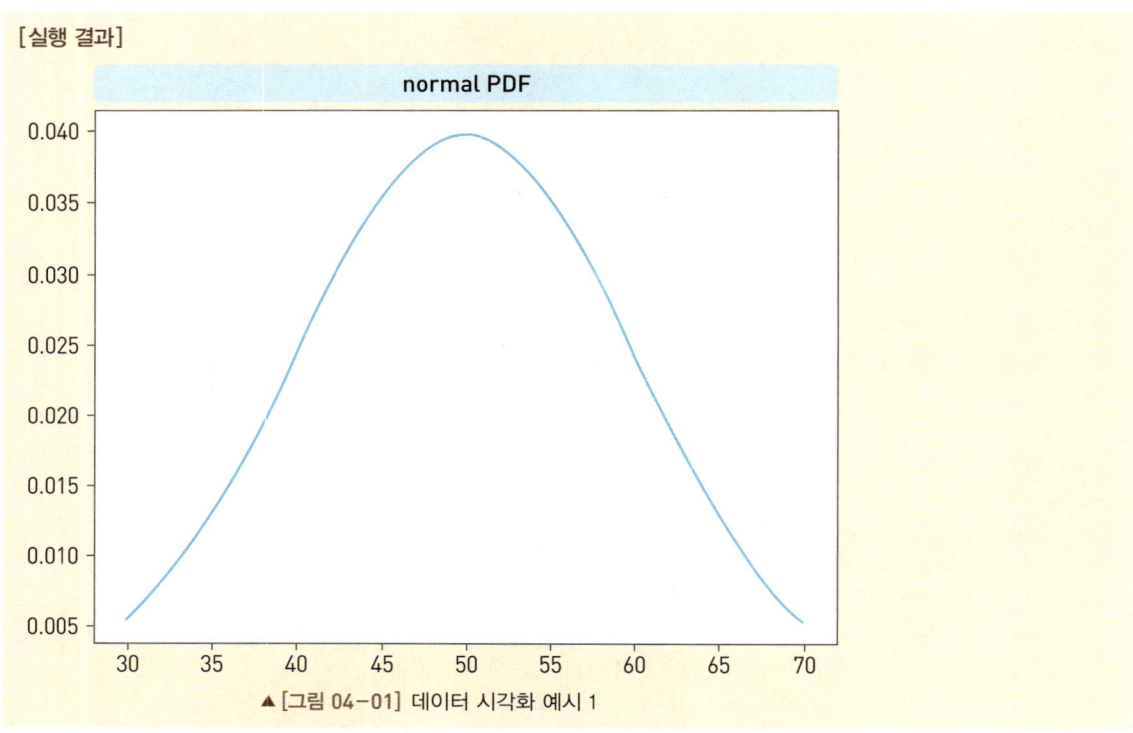

▲ [그림 04-01] 데이터 시각화 예시 1

실습 코드 ② 1차원 보간 플롯

```
import numpy as np
from scipy.interpolate import interp1d
import matplotlib.pyplot as plt


x = np.array([0, 1, 2, 3, 4])
y = np.array([0, 2, 4, 6, 8])


interp_func = interp1d(x, y, kind='linear')   # 선형 보간 함수 생성
new_x = np.linspace(0, 4, 10)
new_y = interp_func(new_x)   # 보간된 값
plt.plot(x, y, 'o', label='Original data')   # 시각화 함수, 시각화를 점으로 표시
plt.plot(new_x, new_y, '-', label='Interpolated data')   # 시각화 함수, 시각화를 선으로 표시
plt.legend()   # 범례 표시
plt.show()   # 시각화 결과 화면 표시
```

[실행 결과]

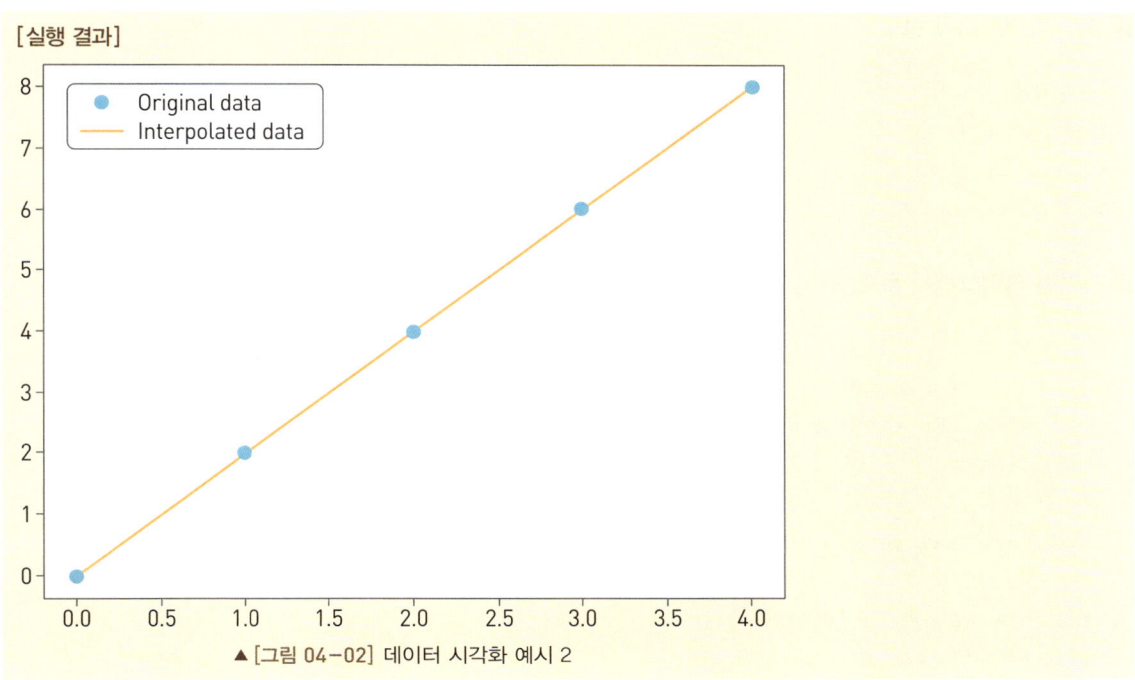

▲ [그림 04-02] 데이터 시각화 예시 2

　matplotlib 라이브러리에서 제공하는 시각화 함수들과 각종 설정 등은 그래프의 종류에 따라 사용하는 것이 다르기 때문에 'CHAPTER 07. 데이터 시각화: 탐색적 데이터 분석'에서 학습합니다.

3) matplotlib 그래프에서 한글 깨짐 방지 처리

　파이썬의 그래프에서 제목, 레이블, 범례에 사용된 한글이 제대로 표기되지 않는 이유는 한글 폰트(글꼴)가 그래프에서 기본 폰트가 아니기 때문입니다. 또한 제목, 레이블, 범례 영역에 따라 한글 폰트를 설정하는 방법이 다릅니다. 이 문제를 해결하려면 한글 폰트 설정을 그래프 전체 영역에 설정하는 전역 설정으로 지정해야 합니다. 그래프의 한글 전역 설정은 운영체제(OS)에 따라 제공되는 폰트가 다르고, 설정하는 방법도 다릅니다. 또한 그래프의 한글 전역 설정은 영구적인 설정이 아니기 때문에 컴퓨터를 끄거나 프로그램을 닫는 작업 등으로 메모리에서 내려간 경우, 다시 실행해야 합니다.

A Windows, Mac OS에서 한글 폰트 전역 설정

　Windows(윈도우즈), Mac(맥) OS에서 한글 폰트 전역 설정은 데스크탑 버전과 클라우드 버전이 같습니다.

❶ 필수 라이브러리 로드

```
# 선수작업 1-1
import numpy as np
import scipy as sp
import pandas as pd
```

❷ 시각화 라이브러리 로드, 한글 폰트 지정

```
# 선수작업 1-2
import matplotlib as mpl
import matplotlib.pyplot as plt
import platform

plt.rcParams["axes.unicode_minus"] = False

if platform.system() == "Darwin":
    mpl.rc("font", family="AppleGothic")
elif platform.system() == "Windows":
    path = "c:/Windows/Fonts/malgun.ttf"
    font_name = mpl.font_manager.FontProperties(fname=path).get_name()
    mpl.rc("font", family=font_name)
else:
    print("Unknown System OS")
```

❸ 그래프 한글 설정 확인을 위한 파일 데이터 로드

```
# 선수작업 1-3: 그래프 한글 설정 확인을 위한 파일 데이터 로드
df_tpop = pd.read_csv("data/2014-2023_사이버범죄 발생건수와 검거건수.csv", encoding="cp949")
df_tpop
```

[실행 결과]

	년도	발생건수	검거건수	검거율
0	2014년	110109	71950	0.65
1	2015년	144679	104888	0.72
2	2016년	153075	127758	0.83
3	2017년	131734	107489	0.82
4	2018년	149604	112133	0.75
5	2019년	180499	132559	0.73
6	2020년	234098	157909	0.67
7	2021년	217807	138710	0.64
8	2022년	230355	143885	0.62
9	2023년	241842	138171	0.57

▲ [그림 04-03] 데이터 시각화-데이터 로드

❹ 그래프 한글 설정 확인을 위한 그래프 플롯 후 파일 저장

```
# 선수작업 1-4: 그래프 한글 설정 확인을 위한 그래프 플롯 후 파일 저장
df_tpop.plot(kind="line", x="년도", y="검거율")
plt.title("2014-2023년 사이버범죄 검거율 추이")
plt.savefig("plots/2014-2023_사이버범죄검거율_추이_시계열.png")  # 구글 드라이브에 저장
plt.show()
plt.close()
```

[실행 결과]

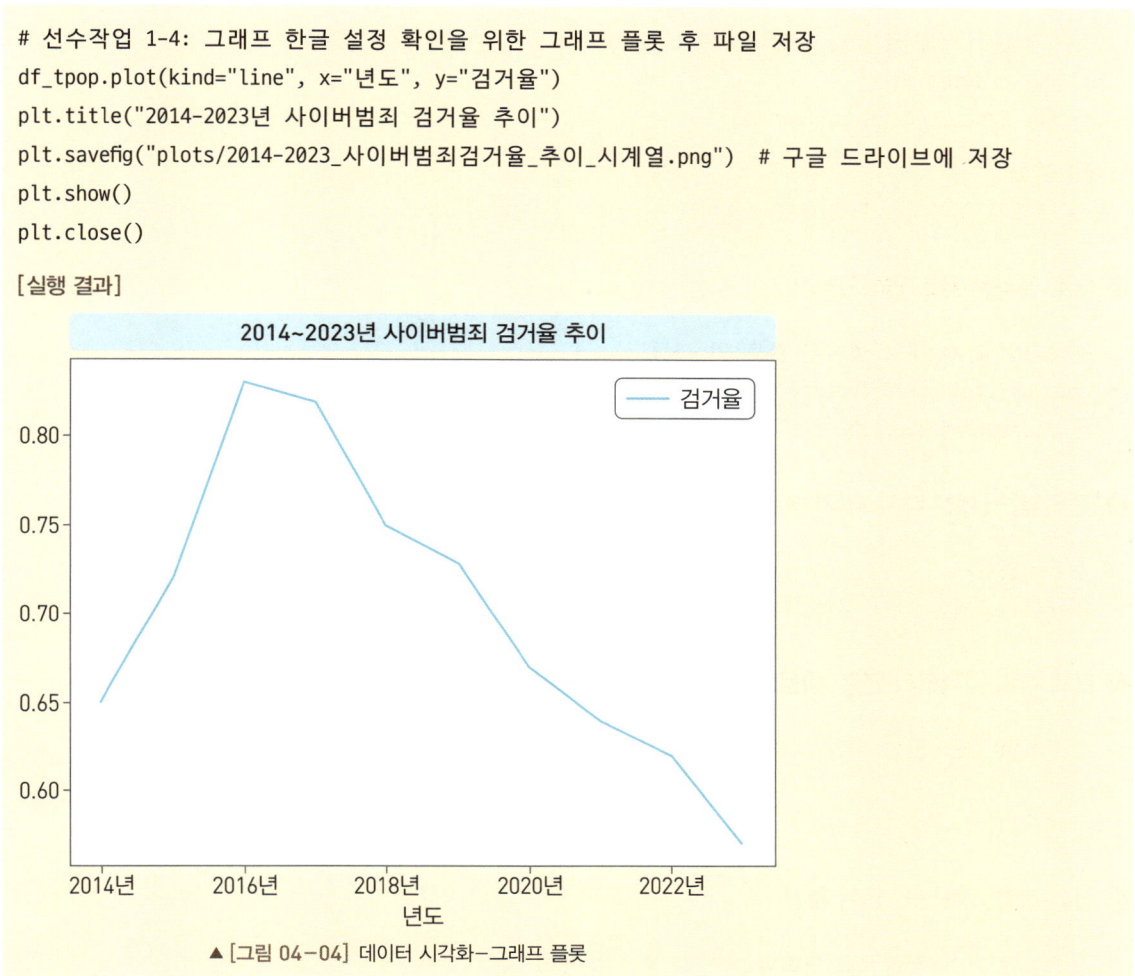

▲ [그림 04-04] 데이터 시각화–그래프 플롯

B Linux OS에서 한글 폰트 전역 설정: 구글 코랩 기반

Linux 운영체제(리눅스 OS)에서 한글 폰트 전역 설정이 가장 복잡합니다. Linux OS에서 한글 폰트 전역 설정은 데스크탑 버전과 클라우드 버전이 같으며, 구글 코랩도 Linux OS 기반에서 제공되는 주피터 노트북입니다.

선수작업) 마운트 설정을 안 한 경우 반드시 실행해야 하며, 했다면 건너뛰어도 좋습니다.

```
# 1. 마운트 설정
from google.colab import drive
drive.mount('/content/drive')
```

❶ 한글 나눔 폰트 설치

```
# 선수작업 2-1: 한글 나눔 폰트 설치
!apt-get update -qq
!apt-get install fonts-nanum* -qq
```

[실행 결과]
한글 폰트가 설치되는 과정이 표시됩니다.

❷ 새로 설치된 폰트 인식시키기

```
# 선수작업 2-2: 새로 설치된 폰트 인식시킴
# matplotlib cache directory 비움: 새로 설치된 폰트 인식시킴
!rm ~/.cache/matplotlib -rf
```

❸ [런타임]-[세션 다시 시작] 메뉴 클릭

```
# 선수작업 2-3
# [런타임]-[세션 다시 시작] 메뉴 클릭
```

❹ 현재 작업 디렉터리 연결, 마운트 연결을 제외하고 모두 초기화됨

```
# 선수작업 2-4: 현재 작업 디렉터리 연결
import os
os.chdir("drive/My Drive/pda_app/")
```

❺ 현재 작업 디렉터리 위치 확인

```
# 선수작업 2-5: 작업 디렉터리가 가진 목록을 화면에 표시
!ls
```

[실행 결과]
bearlist.txt   data   htmls   img   plots

❻ 필수 라이브러리 로드

```
# 선수작업 2-6: 필수 라이브러리 로드
import numpy as np
import scipy as sp
import pandas as pd
```

❼ 시각화 라이브러리 로드

```
# 선수작업 2-7: 시각화 라이브러리 로드
%matplotlib inline

import matplotlib as mpl
import matplotlib.pyplot as plt
import matplotlib.font_manager as fm

mpl.rcParams['axes.unicode_minus'] = False  # - 기호 깨짐 방지
```

❽ 설치된 한글 폰트 전역 설정

```
# 선수작업 2-8
# 한글 폰트 전역 설정
fontpath = "/usr/share/fonts/truetype/nanum/NanumBarunGothic.ttf"
font = fm.FontProperties(fname=fontpath, size=10)
# fm._rebuild()

# 그래프에 retina display 적용
%config InlineBackend.figure_format = "retina"

# 기본 폰트로 한글 폰트 지정
plt.rc("font", family="NanumBarunGothic")
```

❾ 그래프 한글 설정 확인을 위한 파일 데이터 로드

```
# 선수작업 2-9: 그래프 한글 설정 확인을 위한 파일 데이터 로드
df_cc = pd.read_csv("data/2014-2023_사이버범죄 발생건수와 검거건수.csv", encoding="cp949")
df_cc
```

❿ 그래프 한글 설정 확인을 위한 그래프 플롯 후 파일 저장

```
# 선수작업 2-10: 그래프 한글 설정 확인을 위한 그래프 플롯 후 파일 저장
df_cc.plot(kind="line", x="년도", y="검거율")
plt.title("2014-2023년 사이버범죄 검거율 추이")
plt.savefig("plots/2014-2023_사이버범죄검거율_추이_시계열.png")  # 구글 드라이브에 저장
plt.show()
plt.close()
```

[실행 결과]

따라하기 ❾, ❿의 결과

▲ 데이터 시각화-데이터 로드

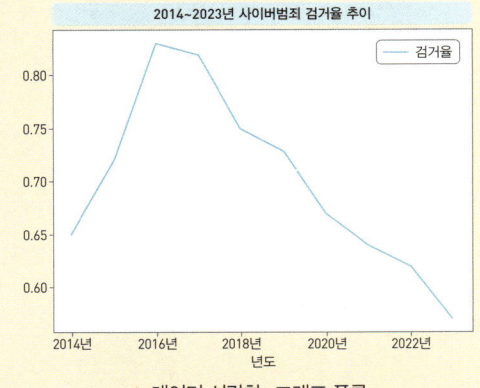
▲ 데이터 시각화-그래프 플롯

> **참고** 구글 드라이브의 파일 PC로 다운로드
> from google.colab import files
> files.download("plots/2014-2023_사이버범죄검거율_추이_시계열.png") # colab에서 추가

> **참고** 한글 나눔 폰트 설치 유무 확인
> ```
> # 필수 라이브러리 로드
> import numpy as np
> import scipy as sp
> import pandas as pd
>
> # 시각화 라이브러리 로드
> %matplotlib inline
> import matplotlib as mpl
> import matplotlib.pyplot as plt
> import matplotlib.font_manager as fm
>
> mpl.rcParams['axes.unicode_minus'] = False   # - 기호 깨짐 방지
> # 나눔 폰트 유무 확인
> sys_font=fm.findSystemFonts()
> print(f"sys_font number: {len(sys_font)}")
> print(sys_font)
>
> nanum_font = [f for f in sys_font if "Nanum" in f]
> print(f"nanum_font number: {len(nanum_font)}")
> ```
> 실행 결과
>
> 나눔 폰트 있는 경우: 나눔 폰트 목록 출력
> 나눔 폰트 없는 경우: 출력 없음

2 Seaborn(시본)

Seaborn(이하 seaborn)은 matplotlib을 기반으로 한 고급 데이터 시각화 라이브러리입니다. matplotlib이 제공하지 않는 상관계수 행렬 히트맵, 그래프에 선형 회귀선 추가 등의 다양한 시각화를 제공합니다.

1) seaborn 주요 특징

- pandas와 연동 가능: 데이터프레임을 직접 사용하여 데이터를 시각화할 수 있음, matplotlib도 가능
- 통계 기반 시각화 지원: 히스토그램, KDE(커널 밀도 추정), 회귀선 그래프 등을 제공
- matplotlib보다 세련되고 적은 코드로 시각화 가능

2) seaborn 사용 방법

seaborn(시본)은 패키지가 기본 제공되지 않는 경우 설치 후 필요한 곳에서 임포트해서 사용합니다. seaborn도 다양한 형식의 데이터, 수학적 계산 결과를 시각화하거나 matplotlib의 기능을 가져다 쓰는 경우가 많아서 보통 numpy, scipy, pandas, matplotlib도 같이 임포트합니다.

> ✅ **seaborn 설치**
> pip install seaborn 또는 !pip install seaborn
>
> ✅ **seaborn 사용: import 시 sns 약어 사용**
> ```
> import numpy as np
> import scipy as sp
> import pandas as pd   # 데이터프레임 처리에 사용
> import matplotlib as mpl   # 전역 파라미터 값 설정에 사용
> import matplotlib.pyplot as plt   # 시각화 함수 제공
> import seaborn as sns   # seaborn 라이브러리 로드
> ```

실습 코드 ① 데이터 로드

```
import pandas as pd   # 데이터프레임 처리에 사용
df_ghgs = pd.read_csv("data/1999-2023_ghgs.csv", encoding="cp949")
df_ghgs
```

[실행 결과]

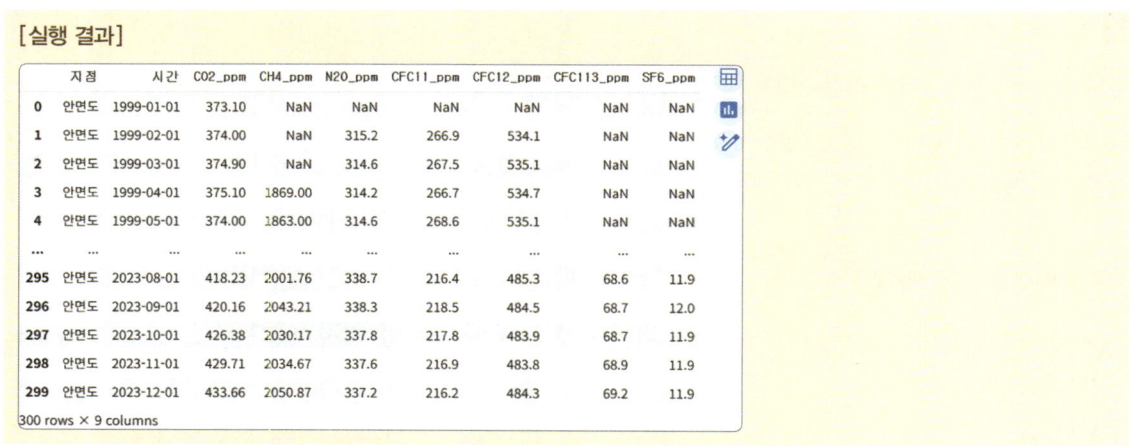

실습 코드 ② seaborn을 사용한 산점도에 선형 회귀 추가: sns.regplot( )

```
import seaborn as sns
sns.regplot(x="CO2_ppm", y="CH4_ppm", data=df_ghgs)
```

[실행 결과]

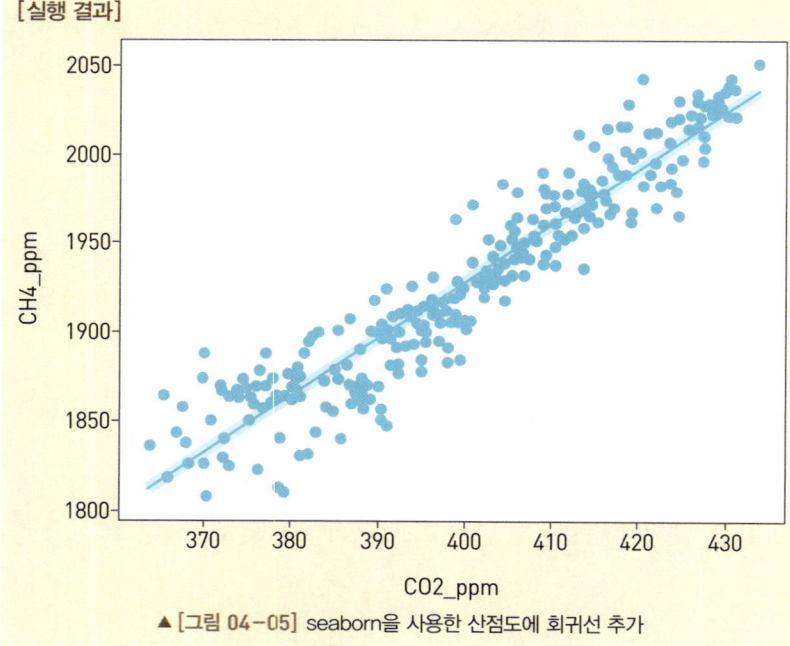

▲ [그림 04-05] seaborn을 사용한 산점도에 회귀선 추가

CHAPTER 04 정리

- ☑ NumPy(Numerical Python)는 파이썬에서 과학 계산(Scientific Computing)을 위한 핵심 라이브러리로 고속 배열 처리를 제공한다. 사용 시 'import numpy as np'로 임포트한다.

- ☑ SciPy(Scientific Python)는 과학 계산 및 공학적 연산을 위한 강력한 파이썬 라이브러리로 선형대수, 최적화, 신호 처리, 통계, 미분방정식 계산 등을 제공한다. 사용 시 'import scipy as sp'로 임포트한다.

- ☑ Matplotlib은 파이썬에서 데이터를 시각화하는 데 사용하는 기본적인 라이브러리다. 전역 파라미터 값 설정 시 'import matplotlib as mpl', 시각화 함수 사용 시 'import matplotlib.pyplot as plt', 현재 그래프 기본 글꼴 설정 시 'import matplotlib.font_manager as fm'으로 임포트한다.

- ☑ Seaborn은 matplotlib을 기반으로 한 고급 데이터 시각화 라이브러리로, matplotlib이 제공하지 않는 상관계수 행렬 히트맵이나 그래프에 선형 회귀선 추가 등의 다양한 시각화를 제공한다. 사용 시 'import seaborn as sns'로 임포트한다.

연습문제   CHAPTER 04

[01~02] 각 문제에 해당하는 설명을 〈보기〉에서 찾아서 작성하시오.

> **보기**
> numpy, scipy, matplotlib, seaborn

01 (　　　　): 파이썬에서 과학 계산을 위한 핵심 라이브러리로 고속 배열 처리를 제공한다.

02 (　　　　): 고급 데이터 시각화 라이브러리로, 상관계수 행렬 히트맵, 그래프에 선형 회귀선 추가 등의 다양한 시각화를 제공한다.

03 다음 중 시각화 라이브러리가 맞게 짝지어진 것은 무엇인가?

① numpy, scipy
② numpy, matplotlib
③ scipy, matplotlib
④ matplotlib, seaborn

정답 371쪽

CHAPTER 05 실무 데이터 로드 및 데이터프레임 다루기

여기서는 데이터 분석에 필요한 데이터프레임 생성을 위해 정형/비정형 데이터 파일을 로드하는 방법과 생성된 데이터프레임을 다루는 방법에 대해서 학습합니다.

여기서 할 일

❶ 정형/비정형 데이터 파일을 로드하는 방법을 알아보자.
❷ 데이터프레임을 다루는 방법을 알아보자.

이 CHAPTER의 핵심

❶ **정형/비정형 데이터 파일 로드**
  - 정형 데이터 파일의 종류: csv, xlsx/xls
    - csv 파일 로드: pd.read_csv("csv파일명", 옵션)
    - 엑셀 파일 로드: pd.read_excel("excel파일명", 옵션)
    - 토이 데이터 로드: sklearn.datasets 사용
  - 비정형 데이터 파일의 종류: txt, dat
    - dat 파일 로드: with open("txt/dat파일명", "r", 옵션)문과 for문을 결합해서 처리

❷ **데이터프레임 다루기**
  - 데이터프레임과 시리즈 타입 확인 및 타입 변환: astype( ), pd.to_datetime( ) 등등
  - 데이터프레임의 내용과 구조 파악: head( ), tail( ), info( ), columns, describe( ) 등등
  - 데이터프레임의 기본적인 연산 방법과 통계 함수: sum( ), mean( ), count( ) 등등

데이터 분석에서 데이터를 파악하기 위해서 필수로 수행하는 탐색적 데이터 분석은 실무 데이터를 읽어 데이터프레임을 생성한 후 데이터의 내용과 구조를 파악하고 수량형 변수의 경우 요약 통계량을 구합니다. 그런 다음 데이터 분석에 필요한 변수를 전처리하고, 데이터에 결측치/이상치가 있는 경우 및 스케일링/인코딩이 필요한 경우 이를 처리한 후 데이터의 분포 형태를 파악하기 위해 시각화를 합니다. 이 시각화 단계까지가 탐색적 데이터 분석입니다.

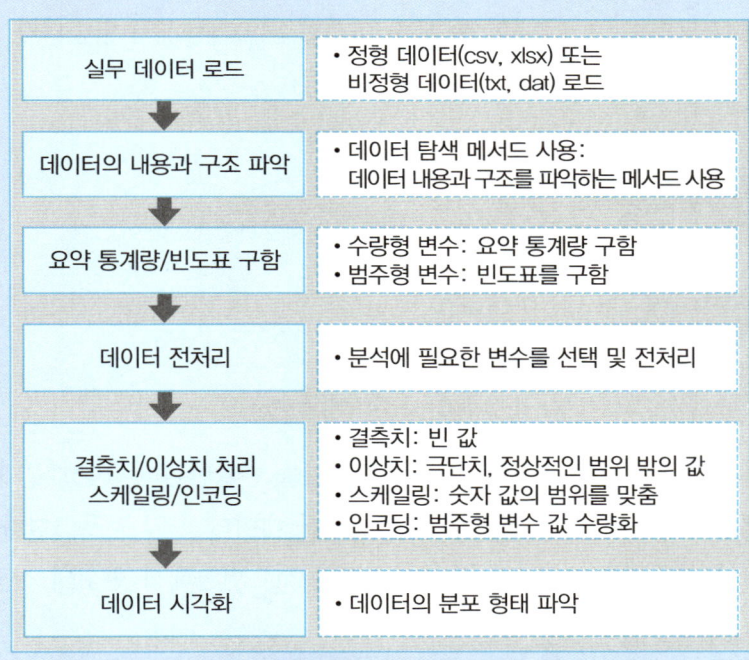

▲ [그림 05-01] 탐색적 데이터 분석 순서

이번 CHAPTER에서는 탐색적 데이터 분석에서 가장 먼저 할 일인 실무 데이터를 읽어 데이터프레임을 생성하고, 데이터프레임/시리즈 타입 및 데이터프레임의 변수들의 타입을 확인하고 연산하는 방법을 알아봅니다. 그리고 데이터프레임을 파악하는 메서드들을 다루는 것에 대해서 살펴봅니다.

01 정형/비정형 데이터 파일 로드

1 데이터 파일 로드 개요

데이터 분석에서 목표를 설정한 후 그 다음으로 하게 되는 작업은 분석할 데이터를 메모리에 저장하는 데이터 로드입니다. 데이터를 메모리에 저장하는 방법은 데이터를 읽어서 변수에 넣는 것입니다.

> ✔ **데이터 파일 로드 방법**
> 변수 = 데이터 파일

분석할 데이터 파일이 csv, xlsx/xls인 경우 1줄이 1건의 데이터인 정형 데이터 파일로, pandas 라이브러리가 제공하는 pd.read_csv( ) 또는 pd.read_excel( ) 함수를 사용해서 읽습니다. 또한 비정형 데이터 파일은 with문과 open( ) 함수를 결합해서 읽습니다.

> ✔ **정형 데이터 로드 방법(csv, xlsx/xls)**
> - 변수 = pd.read_파일타입("정형 데이터파일", 옵션)
>   - 옵션: 읽은 파일 타입에 따라 다름, csv 파일은 인코딩(utf-8/cp949), xlsx 파일은 시트번호 등
>
> ✔ **비정형 데이터 로드 방법(txt, dat)**
> - with open("데이터파일", "r", 옵션) as f:
>   - 옵션: 인코딩

정형 데이터 파일을 읽는 함수는 실행 결과로 데이터프레임을 반환합니다. 비정형 데이터 파일은 읽은 후 데이터프레임으로 변환해서 사용합니다. 따라서 데이터 파일을 로드한다는 것은 읽은 파일 데이터를 데이터프레임(2차원 행×열 형태의 데이터)으로 변환해서 변수에 저장한다는 의미입니다.

> 💡 **알아두기** pandas 라이브러리를 사용한 데이터 파일 로드
> - pandas에서 읽을 수 있는 파일 형식: csv, json, xml, hdf5, stata, sas 등이 있음
>   (문법 참고 https://pandas.pydata.org/pandas-docs/stable/io.html)
> - 문법: pd.파일읽는함수(파일명, 인코딩)
>   - 파일 읽는 함수: 파일 종류에 따라 다름, read_파일타입( )
>   - 파일 타입: csv, json, xml, hdf5, stata, sas, xlsx, xls
>   ⓔ csv 파일 읽음: pd.read_csv( ) 함수 사용

- 인코딩: 기본적으로는 encoding="utf-8"로 생략 가능, Windows OS에서 ANSI로 저장된 파일은 인코딩 encoding="cp949"를 반드시 기술

2 정형 데이터 파일 로드

정형 데이터 파일 중 가장 많이 사용하는 csv와 엑셀(xlsx/xls) 파일을 로드하는 방법을 살펴봅니다. 정형 데이터 파일은 1줄이 1건의 데이터인 파일로, 1건의 데이터는 여러 개의 값들로 이루어져 있습니다.

1) csv 파일 로드

csv 파일은 comma-separated values의 약어로, 1건의 데이터를 이루는 값들이 콤마(,)로 구분됩니다. 즉, 1건의 데이터가 여러 개의 값들로 이루어져 있습니다.

```
행정기관,총인구수,세대수,세대당 인구,남자 인구수,여자 인구수,남여 비율
전국    ,51207874,24124988,2.12,25492996,25714878,0.99    1건의 데이터
서울특별시 ,9330658,4482949,2.08,4504432,4826226,0.93
부산광역시 ,3263891,1569695,2.08,1588357,1675534,0.95
대구광역시 ,2363281,1104490,2.14,1159235,1204046,0.96
인천광역시 ,3023649,1375788,2.2,1510615,1513034,1
```

▲ [그림 05-02] csv 파일의 구조

csv 파일을 읽을 때는 pandas 라이브러리의 pd.read_csv( ) 함수를 사용하며, 주요 옵션으로 헤더(필드명) 유무, 인코딩 등이 있습니다. 헤더(필드명)의 표시는 기본값으로 헤더가 없는 경우 header=None을 사용합니다. 인코딩은 기본적으로는 utf-8로 생략 가능하며, Windows OS에서 ANSI로 저장된 파일은 encoding="cp949"를 반드시 기술해서 파일을 로드합니다. 메모리에 로드할 때는 변수에 넣어 저장합니다.

✓ csv 파일 로드
- df = pd.read_csv("csv파일명", 옵션) # 읽은 csv 데이터 파일 df 변수에 저장
  - 옵션: header 생략 가능, header 없이 로드할 경우 header=None
  - 옵션: encoding이 utf-8일 경우 생략 가능, cp949인 경우 encoding="cp949" 기술

실습 코드 ① utf-8 인코딩을 가진 csv 파일 로드
```python
import pandas as pd
df_ff = pd.read_csv("data/a2.csv")
df_f
```

[실행 결과]

	시점	10년_평균_건수_(건)	10년_평균_면적_(ha)	10년_평균_건당_피해면적_(ha)	10년_평균_피해재적_(㎥)	10년_평균_피해금액_(백만원)	금년_평균_건수_(건)	금년_평균_면적_(ha)	금년_평균_건당_피해면적_(ha)	금년_평균_피해재적_(㎥)	금년_평균_피해금액_(백만원)
0	2019년	440	857	1.9	100486	50420	653	3255	5.0	501836	268910
1	2020년	474	1120	2.4	148015	65789	620	2920	4.7	486459	158141
2	2021년	481	1087	2.0	143325	66496	349	766	2.2	5641	36125
3	2022년	537	3560	6.6	435634	200869	756	24797	32.8	2925560	1346276
4	2023년	567	4004	7.1	475371	226910	596	4992	8.4	464130	285429

▲ [그림 05-03] utf-8 인코딩을 가진 csv 파일 로드

실습 코드 ② cp949 인코딩을 가진 csv 파일 로드

```
import pandas as pd
df_pop = pd.read_csv("data/2025_광역시도_인구수.csv", encoding="cp949")
df_pop
```

[실행 결과]

	행정기관	총인구수	세대수	세대당 인구	남자 인구수	여자 인구수	남여 비율
0	전국	51207874	24124988	2.12	25492996	25714878	0.99
1	서울특별시	9330658	4482949	2.08	4504432	4826226	0.93
2	부산광역시	3263891	1569695	2.08	1588357	1675534	0.95
3	대구광역시	2363281	1104490	2.14	1159235	1204046	0.96
4	인천광역시	3023649	1375788	2.20	1510615	1513034	1.00

▲ [그림 05-04] cp949 인코딩을 가진 csv 파일 로드

실습 코드 ③ 헤더 없이 csv 파일 로드

```
# 헤더 없이 csv 파일 로드: header=None
import pandas as pd
df_ff_noheader = pd.read_csv("data/a2.csv", header=None)
df_ff_noheader
```

[실행 결과]

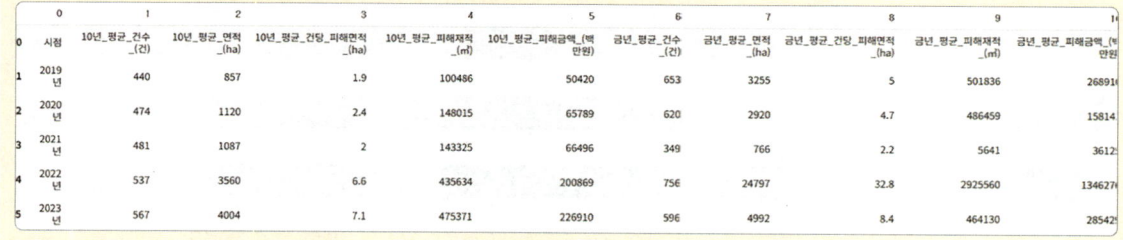

2) 엑셀 파일 읽기

엑셀 파일은 xlsx 또는 xls 확장자를 가지며, 읽을 때는 pandas 라이브러리의 pd.read_excel( ) 함수를 사용합니다. 주요 옵션으로 시트번호/시트명, xlsx/xls 지정 등이 있으며 인코딩은 알아서

처리해 줍니다. 메모리에 로드할 때는 변수에 넣어 저장합니다. xlsx 파일을 읽을 때는 openpyxl, xls 파일을 읽을 때는 xlrd 라이브러리가 필요하며 없는 경우 설치하고 로드합니다. xls 파일을 읽을 때는 옵션에 engine="xlrd"를 추가합니다.

> **엑셀 파일(xlsx/xls) 로드**
> - df = pd.read_excel("xlsx.xls파일명", 옵션) # 읽은 엑셀 데이터 파일 df 변수에 저장
>   - 옵션: sheet_name 시트번호/시트명 지정, 숫자 값-시트번호(0부터 시작), 문자열-시트명
>   - 옵션: engine xls 파일의 경우 engine="xlrd" 추가

실습 코드 ①   xlsx 파일 로드

```
import pandas as pd

df_ff_dw = pd.read_excel("data/2019-2023_요일별_산불발생_현황.xlsx")
df_ff_dw
```

[실행 결과]

	시점	금년_합계	금년_월	금년_화	금년_수	금년_목	금년_금	금년_토	금년_일	금년_공휴일	10년평균_합계	10년평균_월	10년평균_화	10년평균_수	10년평균_목	10년평균_금	10년평균_토	10년평균_일
0	2019년	653	75	91	99	82	73	116	91	26	440	56	58	58	54	55	70	72
1	2020년	620	69	77	80	95	75	96	102	26	474	59	63	60	61	58	76	75
2	2021년	349	37	48	50	41	57	38	63	15	481	61	65	60	61	59	75	78
3	2022년	756	97	101	77	100	96	128	136	21	537	69	72	66	68	66	86	87
4	2023년	596	88	87	71	78	70	76	112	14	567	74	76	69	73	70	87	94

▲ [그림 05-05] xlsx 파일 로드

실습 코드 ②   xls 파일 로드: engine="xlrd"

```
import pandas as pd
import xlrd
df_ta = pd.read_excel("data/20240406_전국스마트가로등표준데이터.xls", engine="xlrd")
df_ta
```

[실행 결과]

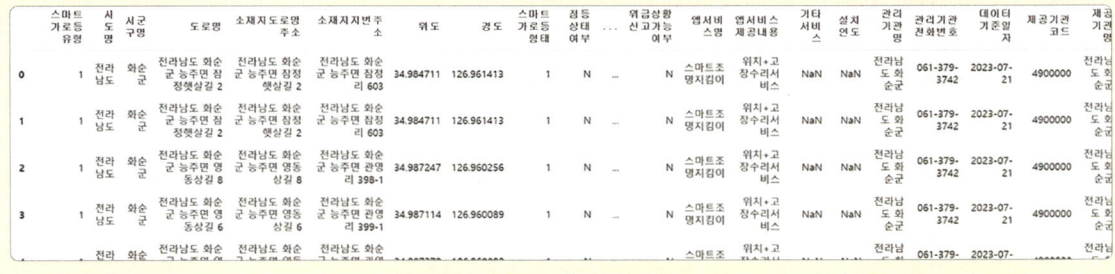

▲ [그림 05-06] xls 파일 로드

실습 코드 ③   시트번호 지정해서 읽기: sheet_name=0

```python
import pandas as pd
df_fsi = pd.read_excel("data/2015-2024_서울시구별재정력지수.xlsx", sheet_name=0)
df_fsi
```

[실행 결과]

	년도	서울시	종로구	중구	용산구	성동구	광진구	동대문구	중랑구	성북구	...	강서구	구로구	금천구	영등포구	동작구	관악구	서초구	강남구	송파구	강동구
0	2015년	66.7	78.1	92.3	79.0	65.8	52.9	58.7	50.1	49.4	...	59.9	54.5	63.7	76.9	61.4	52.7	94.9	150.8	83.6	61.7
1	2016년	66.8	77.3	92.2	77.0	64.7	52.8	57.1	47.9	48.6	...	59.1	54.0	62.5	76.1	60.3	51.4	97.1	171.9	84.8	61.1
2	2017년	65.5	77.1	92.4	75.8	62.2	51.9	53.9	46.2	45.8	...	57.8	51.8	59.4	74.9	58.4	49.8	97.1	172.2	84.4	59.3
3	2018년	67.7	78.3	93.6	76.9	62.3	56.8	54.8	48.7	46.7	...	59.7	54.0	59.9	76.2	59.9	52.3	97.5	179.6	85.9	60.1
4	2019년	70.8	81.4	94.7	78.5	63.7	62.3	57.2	52.7	50.2	...	60.9	56.0	61.9	77.8	61.7	54.5	97.9	182.3	87.4	62.4
5	2020년	71.1	82.1	95.4	78.9	64.2	62.4	53.5	51.7	48.4	...	61.5	55.8	60.4	77.9	61.2	52.7	98.2	203.1	89.2	62.2
6	2021년	73.4	82.9	96.5	80.8	67.0	64.9	57.3	57.4	51.5	...	64.3	59.4	63.4	79.2	63.3	55.3	99.1	204.3	90.6	64.4
7	2022년	74.4	85.2	97.8	82.6	72.4	66.7	60.0	57.4	54.6	...	66.1	61.5	65.1	81.7	65.6	56.4	99.9	166.8	92.0	68.2
8	2023년	74.2	84.6	97.8	82.7	71.8	66.6	59.8	57.8	55.2	...	66.2	61.6	65.6	81.9	65.4	55.8	99.9	158.1	92.2	68.8
9	2024년	69.9	80.1	92.4	78.0	67.0	63.6	56.5	54.2	51.4	...	62.7	58.2	61.5	77.3	61.0	52.6	94.7	148.1	87.3	64.5

▲ [그림 05-07] 시트번호 지정해서 읽기

실습 코드 ④   시트명 지정해서 읽기: sheet_name="2019-2024_구별재정자립도_trans"

```python
import pandas as pd
df_fi = pd.read_excel("data/2015-2024_서울시구별재정력지수.xlsx", sheet_name="2019-2024_구별재정자립도_trans")
df_fi
```

[실행 결과]

	년도	서울시 평균	본청	자치구 평균	종로구	중구	용산구	성동구	광진구	동대문구	...	강서구	구로구	금천구	영등포구	동작구	관악구	서초구	강남구	송파구	강동구
0	2019년	76.5	78.4	28.1	47.4	54.9	39.2	32.5	26.7	23.8	...	19.7	21.8	25.3	35.7	26.0	18.7	53.3	54.4	38.4	22.2
1	2020년	76.1	77.9	28.4	47.0	53.5	39.3	32.7	26.2	23.2	...	21.1	22.2	24.7	36.0	26.4	19.3	54.7	52.3	37.6	26.3
2	2021년	75.6	77.3	29.4	47.2	55.3	41.7	33.2	26.1	24.5	...	21.9	22.5	26.3	36.5	29.1	19.7	58.2	54.9	39.8	26.7
3	2022년	76.3	78.1	29.4	47.5	55.3	41.9	34.2	25.0	23.7	...	20.8	21.9	25.1	37.3	28.1	19.6	57.8	58.9	40.0	25.4
4	2023년	75.4	77.0	29.5	46.7	55.8	41.7	34.5	26.1	23.8	...	21.1	22.1	23.6	37.4	27.4	19.9	57.3	60.4	37.4	25.6
5	2024년	74.0	76.4	26.4	42.0	53.6	39.4	30.2	23.2	21.6	...	19.4	19.9	22.0	35.2	28.4	17.7	53.2	56.1	31.9	21.9

▲ [그림 05-08] 시트명 지정해서 읽기

3) 토이 데이터(toy data) 읽기

토이 데이터(toy data)는 라이브러리가 제공하는 데이터로, 이 데이터를 제공하는 대표적인 라이브러리에는 sklearn.datasets이 있습니다. scikit-learn(사이킷런, 이하 sklearn) 라이브러리는 머신러닝을 할 때 사용되는 것으로, sklearn.datasets은 머신러닝의 분류/회귀 등을 테스트하기 위해 제공되는 데이터입니다. 소규모 데이터셋은 load_데이터셋( ) 함수를 사용해서 붓꽃 데이터, 와인 데이터 등을 로드할 수 있습니다.

▼ [표 05-01] sklearn.datasets 토이 데이터

함수	데이터셋 이름	데이터셋 설명
load_iris( )	붓꽃(Iris) 데이터셋	분류분석에 사용
load_wine( )	와인(Wine) 데이터셋	분류분석에 사용
load_breast_cancer( )	유방암(Breast Cancer) 데이터셋	분류분석에 사용
load_digits( )	손글씨 숫자(Digits) 데이터셋	분류분석에 사용
load_diabetes( )	당뇨병(Diabetes) 데이터셋	회귀분석에 사용
load_linnerud( )	신체 측정(Linnerud) 데이터셋	회귀분석에 사용

실습 코드 토이 데이터 아이리스 데이터셋 로드: load_iris( )

```
import pandas as pd
from sklearn.datasets import load_iris
iris_d = load_iris()   # 아이리스 데이터셋 로드
df_iris = pd.DataFrame(iris_d.data, columns=iris_d.feature_names)   # 데이터프레임으로 변환
df_iris
```

[실행 결과]

	sepal length (cm)	sepal width (cm)	petal length (cm)	petal width (cm)
0	5.1	3.5	1.4	0.2
1	4.9	3.0	1.4	0.2
2	4.7	3.2	1.3	0.2
3	4.6	3.1	1.5	0.2

▲ [그림 05-09] 토이 데이터 아이리스 데이터셋 로드: load_iris( )

TIP

scikit-learn 토이 데이터
- https://scikit-learn.org/stable/datasets/toy_dataset.html

4) 파일로 저장: to_타입( )

결과 값을 파일로 저장할 때는 to_타입( ) 함수를 사용합니다. 일반적으로 정형 데이터는 csv 파일로 저장하며, 이때 to_csv( ) 함수를 사용하고 index=False 옵션을 줍니다. csv 파일을 엑셀에서 열기 할 경우에는 encoding="cp949" 옵션을 추가합니다.

✓ csv 파일 저장
- df.to_csv("csv파일명", 옵션) # df 변수 값을 csv 파일로 저장
  - 옵션: index=False는 행 인덱스 없이 저장
  - 옵션: encoding이 utf-8일 경우 생략 가능, cp949로 저장할 경우 encoding="cp949"

실습 코드 ① utf-8 인코딩을 가진 csv 파일 저장

```
# utf-8 인코딩을 가진 csv 파일 저장: to_csv("csv파일명", index=False)
import pandas as pd
df_fi.to_csv("data/2019-2024_구별재정자립도_utf-8.csv", index=False)
```

실습 코드 ② # cp949 인코딩을 가진 csv 파일로 저장

```
# cp949 인코딩을 가진 csv 파일로 저장: to_csv("csv파일명", index=False, encoding="cp949")
import pandas as pd
df_fi.to_csv("data/2019-2024_구별재정자립도_cp949.csv", index=False, encoding="cp949")
```

3 반정형 데이터 파일 로드

API(Application Programming Interface)를 통해서 제공되는 데이터는 XML/JSON(이하 xml, json) 형식으로 응답됩니다. json 파일은 with문과 open( ) 함수를 결합하여 읽고 json 라이브러리가 제공하는 json.load( ) 함수를 사용하여 데이터를 로드합니다. xml 파일은 반정형 형태의 데이터 파일로 xml.etree.ElementTree 라이브러리가 제공하는 ET.parse( ) 함수로 로드합니다.

✓ json 파일 로드
- with open("json파일", "r") as f: # json 파일을 읽어서 f 변수에 저장
- json.load(f) # json 파일로부터 데이터 로드

실습 코드 json 파일을 읽어서 데이터프레임으로 변환

```
import pandas as pd
import json
# json 파일 읽기
with open("data/json_test.txt", "r") as f:
    data = json.load(f)  # json 데이터 로드
# 데이터프레임으로 변환
df_json = pd.DataFrame(data["curriculum"])
df_json
```

[실행 결과]

	codeNumber	titleName	roomNumber
0	j101	JAVA	801
1	j103	JSP	503
2	a019	Ajax	505
3	c001	C	402
4	c002	C++	403

▲ [그림 05-10] json 파일 읽어서 데이터프레임으로 변환

✅ xml 파일 로드
- 변수 = ET.parse("xml파일"): # xml 파일을 읽어서 변수에 저장
- 변수.getroot( ) # 읽은 xml 데이터로부터 root 엘리먼트를 얻어냄

실습 코드 xml 파일을 읽어서 데이터프레임으로 변환

```
import pandas as pd
import xml.etree.ElementTree as ET
# xml 파일 읽기
xtree = ET.parse("data/xml_test.xml")
xroot = xtree.getroot()
# 데이터프레임으로 변환
df_cols = [col.tag for col in xroot[0].iter()]
rows = []
for node in xroot:
    row = [col.text for col in node.iter()]
    rows.append(row)

out_df = pd.DataFrame(rows, columns=df_cols)
out_df = out_df.iloc[:, 1:]
out_df
```

[실행 결과]

	codeNumber	titleName	roomNumber
0	j101	JAVA	801
1	j103	JSP	503
2	a019	Ajax	505
3	c001	C	402
4	c002	C++	403

▲ [그림 05-11] xml 파일 읽어서 데이터프레임으로 변환

4 비정형 데이터 파일 로드

기관이나 회사의 서버에서 정형 데이터 파일을 내려 받는 경우, 이 파일들은 1줄이 1건의 데이터지만 각 데이터를 이루는 값들이 분할되지 않은 형태입니다.

STN	LON	LAT STN_SP	HT	HT_PA	HT_TA	HT_WD	HT_RN STN STN_KO	STN_EN
100	128.71834000	37.67713000 35400	772.43	773.43	1.70	10.00	1.40 100 대관령	Daegwallyeong
101	127.73570000	37.90262000 31210	75.82	77.05	1.50	10.00	1.40 101 춘천	Chuncheon
102	124.71237000	37.97396000 21101	36.00	37.20	1.80	9.00	1.20 102 백령도	Baengnyeongdo
104	128.85535000	37.80456000 35201	75.24	76.67	1.70	10.00	1.40 105 북강릉	Bukgangneung

▲ [그림 05-12] 비정형 데이터

이런 파일들은 txt, dat 등의 확장자로 다운받으며, with문과 open( ) 함수를 사용해서 데이터 파일을 로드합니다.

> ✔ **비정형 데이터 파일 로드**
> - with open("txt/dat파일", "r") as f: # txt/dat 파일을 읽어서 변수 f에 저장
> - for line in f: # for문을 사용해서 한 행씩 처리

실습 코드 비정형 데이터 파일 로드 후 데이터프레임으로 변환

```python
import pandas as pd

i = 0
data_list = []
header_list = []

# 비정형 데이터 로드
with open("data/test_data.txt", "r") as f:
    for line in f:
        if i == 0:  # 필드명
            header_list = line.split()
        else:  # 데이터
            data_list.append(line.split())
        i += 1

# 데이터프레임으로 변환
pd_std = pd.DataFrame(data_list, columns=header_list)
pd_std
```

[실행 결과]

	STN	LON	LAT	STN_SP	HT	HT_PA	HT_TA	HT_WD	HT_RN	STN	STN_KO	STN_EN
0	100	128.71834000	37.67713000	35400	772.43	773.43	1.70	10.00	1.40	100	대관령	Daegwallyeong
1	101	127.73570000	37.90262000	31210	75.82	77.05	1.50	10.00	1.40	101	춘천	Chuncheon
2	102	124.71237000	37.97396000	21101	36.00	37.20	1.80	9.00	1.20	102	백령도	Baengnyeongdo
3	104	128.85535000	37.80456000	35201	75.24	76.67	1.70	10.00	1.40	105	북강릉	Bukgangneung
4	105	128.89099000	37.75147000	35300	27.12	28.22	1.70	10.00	0.50	105	강릉	Gangneung
5	106	129.12433000	37.50709000	35500	40.46	41.66	1.70	10.00	1.40	106	동해	Donghae
6	108	126.96580000	37.57142000	11101	85.67	86.67	1.50	10.00	0.50	108	서울	Seoul
7	112	126.62490000	37.47772000	23201	68.99	70.19	1.60	10.00	1.20	112	인천	Incheon

▲ [그림 05-13] 비정형 데이터 파일 로드 후 데이터프레임으로 변환

02 데이터프레임 다루기

데이터 분석을 하려면, 가장 먼저 데이터프레임 타입(이하 데이터프레임)을 다룰 수 있어야 합니다. 데이터프레임은 행(데이터)과 열(필드, 변수)로 이루어진 데이터 구조입니다. 데이터프레임에서 행은 처리의 대상인 데이터, 열은 분석의 대상인 변수를 의미합니다. 탐색적 데이터 분석 및 통계적 데이터 분석에서 분석의 대상은 열인 변수입니다. 행보다는 열인 변수가 많을수록 복잡한 데이터 분석이 수행됩니다. 1개의 열인 변수의 값들은 변수명으로 대표됩니다. 즉 [연령구간] 변수는 [연령구간] 변수명과 ["19세", "20-29세", "30-39세", "40-49세", "50-59세", "60-69세", "70-79세", "80대이상"]의 변수 값들로 이루어져 있으며 [연령구간] 변수명을 사용하면 [연령구간] 변수의 전체 값을 대상으로 작업을 처리할 수 있습니다.

▲ [그림 05-14] 데이터프레임 구조

1 탐색적 데이터 분석 순서

실무 데이터가 로드되어 데이터프레임이 되면, 이 데이터프레임의 내용과 구조를 파악한 후 데이터 분석을 위한 변수를 선택하고 시각화를 합니다.

> **탐색적 데이터 분석 순서**
> - 실무 데이터 읽음: 데이터프레임
>   - df_ghgs = pd.read_csv("data/ghgs.csv")
>   - df_od = pd.read_excel("data/od.xlsx")
> - 데이터 내용, 구조 파악
>   - 데이터 내용 파악: head( ), tail( )
>   - 데이터 구조 파악: info( ), shape
>   - 데이터 타입 파악: type( ), dtypes
> - 요약 통계치(수량형 변수): describe( ), 빈도표(범주형 변수): value_counts( )
> - 결측치/이상치, 스케일링/인코딩 처리
>   - 결측치/이상치: 평균, 최빈수, 결측치 이전 값/이후 값, 보간법
>   - 스케일링/인코딩: 정규화 스케일링, 레이블 인코딩/원-핫 인코딩
> - 무조건 시각화: 분포 모양 확인을 위해서, plot( )
> - 전처리: 필터링, 변수 선택(필드 선택), 새 변수 추가, 그룹화, 조인, 바인딩 등
> - 시각화: 변수의 수와 종류에 따라 다름
>   - 변수의 수: 시각화할 변수-1개, 2개…
>   - 변수 종류: 수량형-그룹화하기 어려운 숫자 데이터, 범주형-문자 데이터, 그룹화할 수 있는 숫자 데이터

2 Pandas(판다스) 라이브러리 개요

Pandas(이하 pandas) 라이브러리는 데이터프레임 타입의 데이터 분석 및 조작을 위한 라이브러리입니다. 데이터 분석에 필요한 새 필드 생성, 필터링, 특정열 추출, 통계치, 그룹화, 조인, 데이터 합침 등의 전처리를 수행하는 함수를 제공합니다.

> **pandas의 주요 특징**
> - 데이터프레임(DataFrame) 제공: 표 형태의 데이터를 쉽게 처리 가능
> - 다양한 데이터 형식 지원: CSV, Excel, SQL, JSON 등 여러 포맷을 읽고 저장 가능
> - 빠른 데이터 처리 속도: numpy 기반으로 최적화되어 있어 대량의 데이터를 효율적으로 처리
> - 데이터 필터링 및 정렬: 특정 조건의 데이터 선택, 정렬, 변환 가능
> - 강력한 그룹화 및 통계 기능: groupby( ), agg( ) 함수 사용으로 그룹화 요약 통계량을 적용한 데이터 분석 지원

■ pandas 사용 방법

pandas는 패키지가 기본 제공되지 않는 경우 설치한 후 필요한 곳에서 import해서 사용합니다. pandas는 numpy, scipy, matplotlib의 기능도 끌어다 사용하기 때문에 보통 이들을 같이 import합니다.

✔ pandas 설치
- pip install pandas 또는 !pip install pandas

✔ pandas 사용: import 시 pd 약어 사용
- import numpy as np # 고속 처리 제공
- import scipy as sp # 고속 과학 계산 함수 제공
- import pandas as pd # 데이터프레임 처리에 사용
- import matplotlib as mpl # 전역 파라미터 값 설정에 사용
- import matplotlib.pyplot as plt # 시각화 함수 제공

✔ 데이터프레임을 사용한 작업 순서
- 데이터프레임 생성
  - 직접 생성: pd.DataFrame( ) 함수를 사용하여 딕셔너리를 데이터프레임으로 변환
  - 파일을 로드해서 생성: pd.read_파일타입( ) 함수를 사용하여 데이터 파일을 읽음
- 분석 작업을 위한 데이터프레임이 저장된 변수에서 데이터나 변수를 추출

❶ 데이터프레임 생성 예 데이터프레임 직접 생성: pd.DataFrame( )

```
# 딕셔너리를 데이터프레임으로 변환
df_direct = pd.DataFrame({"id": ("admin", "root", "dba"),
                          "pass": ("1111", "2222", "3333"),
                          "roll": (1, 2, 3)})
df_direct
```

[실행 결과]

	id	pass	roll
0	admin	1111	1
1	root	2222	2
2	dba	3333	3

▲ [그림 05-15] 데이터프레임 직접 생성: pd.DataFrame( )

❷ 데이터프레임 파일을 로드하여 생성: pd.read_excel( )

실습 코드 ① 데이터 파일 로드

```
import pandas as pd
df_elc = pd.read_excel("data/2022년_지방선거_연령대별_투표수.xlsx")
df_elc
```

[실행 결과]

	연령구간	인구수	투표율	투표수
0	19세	491756	35.7	175556.892
1	20-29세	6417181	36.0	2310185.160
2	30-39세	6615511	37.5	2480816.625
3	40-49세	8073117	44.7	3608683.299
4	50-59세	8612064	55.2	4753859.328
5	60-69세	7403539	70.5	5219494.995
6	70-79세	3825717	75.3	2880764.901
7	80대이상	2256071	51.2	1155108.352

▲ [그림 05-16] 데이터프레임 파일 로드해서 생성: pd.read_excel( )

실습 코드 ② df_elc 데이터프레임에서 [연령구간] 변수 추출

```
df_elc['연령구간']
```

[실행 결과]

	연령구간
0	19세
1	20-29세
2	30-39세
3	40-49세
4	50-59세
5	60-69세
6	70-79세
7	80대이상

dtype: object

▲ [그림 05-17] df_elc 데이터프레임에서 [연령구간] 변수 추출

3 데이터프레임/시리즈 타입 및 타입 확인/변환 함수

1) 데이터프레임 타입과 시리즈 타입

pandas는 데이터프레임(pandas.core.frame.DataFrame) 타입과 시리즈(pandas.core.series.Series) 타입을 제공합니다. 데이터프레임 타입은 행과 열을 가진 2차원의 표 모양 데이터를 의미합니다. 시리즈 타입은 데이터프레임에서 1개의 열인 1변수를 추출한 타입입니다.

✅ 데이터프레임 타입과 시리즈 타입

- 데이터프레임 타입: 행과 열을 가진 2차원의 표 모양 데이터
- 시리즈 타입: 데이터프레임에서 1개의 열인 1변수를 추출한 타입

	연령구간	인구수	투표율	투표수
0	19세	491756	35.7	175556.892
1	20-29세	6417181	36.0	2310185.160
2	30-39세	6615511	37.5	2480816.625
3	40-49세	8073117	44.7	3608683.299
4	50-59세	8612064	55.2	4753859.328
5	60-69세	7403539	70.5	5219494.995
6	70-79세	3825717	75.3	2880764.901
7	80대이상	2256071	51.2	1155108.352

▲ 데이터프레임 타입: df_elc

	연령구간
0	19세
1	20-29세
2	30-39세
3	40-49세
4	50-59세
5	60-69세
6	70-79세
7	80대이상

dtype: object

▲ 시리즈 타입: df_elc['연령구간']

실습 코드 ① 데이터프레임 타입 확인: type(df_elc)

```
type(df_elc)
```

[실행 결과]

```
pandas.core.frame.DataFrame
def __init__(data=None, index: Axes | None=None, columns
copy: bool | None=None) -> None
```

▲ [그림 05-18] 데이터프레임 타입 확인: type(df_elc)

실습 코드 ② 시리즈 타입 확인: type(df_elc['연령구간'])

```
type(df_elc['연령구간'])
```

[실행 결과]

```
pandas.core.series.Series
def __init__(data=None, index=None, dtype: Dtype | None=None,
fastpath: bool | lib.NoDefault=lib.no_default) -> None
```

▲ [그림 05-19] 시리즈 타입 확인: type(df_elc['연령구간'])

2) 타입 확인 함수와 타입 변환 함수

❶ 타입 확인 함수: type( ), dtypes

타입을 확인하는 함수에는 type( ), dtypes가 있습니다. 일반적인 변수 타입은 type( ) 함수로 확인하며, 데이터프레임에 소속된 모든 열 변수 값의 타입은 dtypes로 확인합니다.

✔ 타입 확인 함수
- type( ) 함수: 일반적인 변수의 타입 확인   예 type(df_elc)
- dtypes: 데이터프레임의 모든 열 변수 값의 타입 확인   예 df_elc.dtypes

실습 코드   데이터프레임의 모든 열 변수 값의 타입 확인: df_elc.dtypes

df_elc.dtypes

[실행 결과]

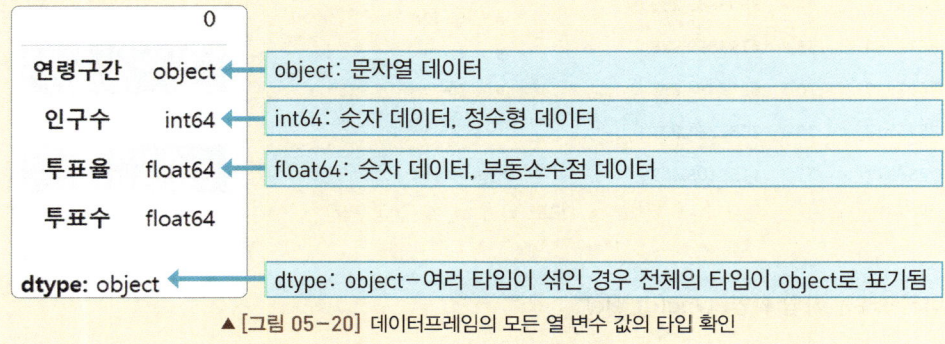

▲ [그림 05-20] 데이터프레임의 모든 열 변수 값의 타입 확인

❷ 타입 변환 메서드/함수: astype( ), pd.to_datetime( )

데이터프레임의 특정 변수 타입을 변환할 때는 astype( ) 메서드를 사용합니다. 날짜 타입으로 변환할 때는 pd.to_datetime( ) 함수도 사용 가능합니다.

✔ 타입 변환 메서드/함수
- astype( ) 메서드: 데이터프레임의 특정 변수의 타입 변환
     예 df_date["연도1"].astype(str) 또는 df_date["연도1"].apply(str)
- pd.to_datetime( ): 데이터프레임의 특정 변수를 날짜 타입으로 변환
     예 pd.to_datetime(df_ozone["일시"])

실습 코드 ①   날짜 타입으로 변환: pd.to_datetime( )

```
import pandas as pd
df_ozone = pd.read_csv("data/ozone_data.csv", encoding="cp949")
df_ozone
# 데이터프레임의 각 변수의 타입 확인
df_ozone.dtypes
# df_ozone['지점'] 변수의 타입을 날짜 타입으로 변환
df_ozone['지점'] = pd.to_datetime(df_ozone['지점'])
# 데이터프레임의 각 변수의 타입 확인
df_ozone.dtypes
```

[실행 결과]

	0
지점	int64
일시	object
평균오존전량(DU)	float64
dtype: object	

	0
지점	datetime64[ns]
일시	object
평균오존전량(DU)	float64
dtype: object	

▲ [그림 05-21] df_ozone['지점'] 변수의 타입 변경 전　　▲ [그림 05-22] df_ozone['지점'] 변수의 타입 변경 후

실습 코드 ②　평균 오존 전량 추이 시각화: 시계열 그래프

```
df_ozone.plot.line(x="일시", y="평균오존전량(DU)", rot=45, figsize=(8, 5))
```

[실행 결과]

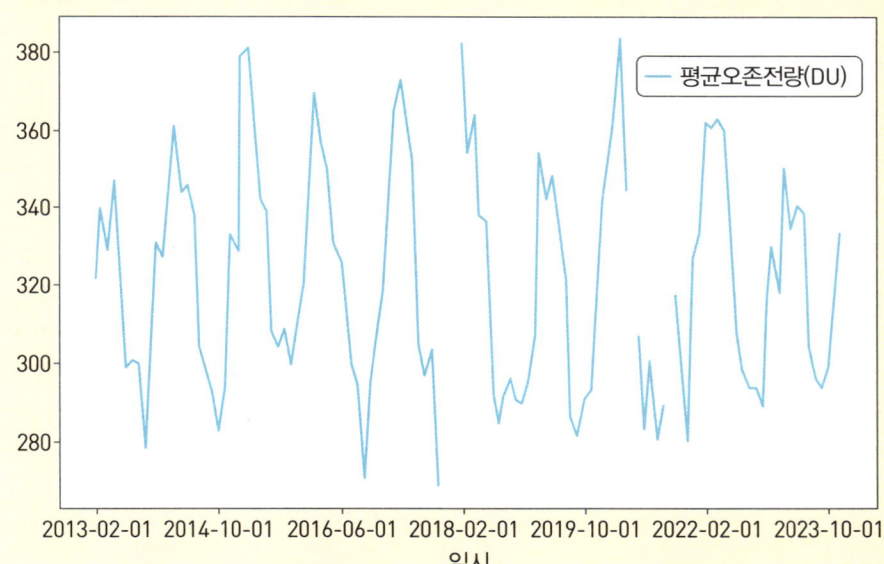

▲ [그림 05-23] 평균 오존 전량 추이 시각화: 시계열 그래프

✔ 값의 형태에 따라 날짜 데이터로 처리하는 방법

- 2019와 같은 숫자 형식 날짜를 날짜 데이터로 변경: 2019 → 2019-01-01
  - 예 `df_date["연도1"] = pd.to_datetime(df_date["연도1"].apply(str) + "-01-01")`
- "2019년"과 같은 문자열 날짜를 날짜 데이터로 변경: "2019년" → 2019-01-01
  - 예 `df_date["연도2"] = pd.to_datetime(df_date["연도2"].str.replace("년", "-01-01"))`
- 20190101과 같은 숫자 데이터를 날짜 데이터로 변경: 20190101 → 2019-01-01
  - 예 `df_date["계약일"] = pd.to_datetime(df_date["계약일"], format="%Y%m%d")`

- 20230601000047102와 같은 숫자 데이터를 날짜 데이터로 변경:
  20230601000047102 → 2023-06-01 00:00
  - 예 df_date["시점"] = df_date["시점"].astype(str)
  - 예 df_date["시점"] = pd.to_datetime(df_date["시점"].str[:12], format='%Y%m%d%H%M%S')

실습 코드 df_date 데이터프레임의 각 변수를 날짜 타입으로 변환

```
# df_date["연도1"] 변수 날짜 타입으로 변환
df_date["연도1"] = pd.to_datetime(df_date["연도1"].apply(str) + "-01-01")

# df_date["연도2"] 변수 날짜 타입으로 변환
df_date["연도2"] = pd.to_datetime(df_date["연도2"].str.replace("년", "-01-01"))

# df_date["계약일"] 변수 날짜 타입으로 변환
df_date["계약일"] = pd.to_datetime(df_date["계약일"], format="%Y%m%d")

# df_date["시점"] 변수 날짜 타입으로 변환
df_date["시점"] = df_date["시점"].astype(str)
df_date["시점"] = pd.to_datetime(df_date["시점"].str[:12], format='%Y%m%d%H%M%S')
```

[실행 결과]

	연도1	연도2	계약일	시점
0	2014	2014년	20240422	20230601000047100
1	2015	2015년	20240418	20230601000047100
2	2016	2016년	20240416	20230601000047100
3	2017	2017년	20240416	20230601000047100

→

	연도1	연도2	계약일	시점
0	2014-01-01	2014-01-01	2024-04-22	2023-06-01 00:00:00
1	2015-01-01	2015-01-01	2024-04-18	2023-06-01 00:00:00
2	2016-01-01	2016-01-01	2024-04-16	2023-06-01 00:00:00
3	2017-01-01	2017-01-01	2024-04-16	2023-06-01 00:00:00

▲ [그림 05-24] 값의 형태에 따라 날짜 데이터로 처리

4 데이터프레임의 내용과 구조 파악

데이터 파일을 로드하여 데이터프레임을 생성한 후에는 데이터프레임의 내용과 구조를 파악하는 메서드를 사용해 데이터프레임을 탐색합니다.

✅ **데이터프레임 내용 확인: head( ), tail( )**
- head( ) 메서드: 앞의 데이터 5건 출력
  - 예 df_ghgs.head( )
- head(10) 메서드: 앞의 데이터 10건 출력
- tail( ) 메서드: 끝의 데이터 5건 출력
  - 예 df_ghgs.tail( )

실습 코드 ① 온실가스 데이터 로드

```
import pandas as pd

df_ghgs = pd.read_csv("data/1999-2023_ghgs.csv", encoding="cp949")
df_ghgs
```

[실행 결과]

	지점	시간	CO2_ppm	CH4_ppm	N2O_ppm	CFC11_ppm	CFC12_ppm	CFC113_ppm	SF6_ppm
0	안면도	1999-01-01	373.10	NaN	NaN	NaN	NaN	NaN	NaN
1	안면도	1999-02-01	374.00	NaN	315.2	266.9	534.1	NaN	NaN
2	안면도	1999-03-01	374.90	NaN	314.6	267.5	535.1	NaN	NaN
3	안면도	1999-04-01	375.10	1869.00	314.2	266.7	534.7	NaN	NaN
4	안면도	1999-05-01	374.00	1863.00	314.6	268.6	535.1	NaN	NaN
...	...	...	...	...	...	...	...	...	...
295	안면도	2023-08-01	418.23	2001.76	338.7	216.4	485.3	68.6	11.9
296	안면도	2023-09-01	420.16	2043.21	338.3	218.5	484.5	68.7	12.0
297	안면도	2023-10-01	426.38	2030.17	337.8	217.8	483.9	68.7	11.9
298	안면도	2023-11-01	429.71	2034.67	337.6	216.9	483.8	68.9	11.9
299	안면도	2023-12-01	433.66	2050.87	337.2	216.2	484.3	69.2	11.9

300 rows × 9 columns

▲ [그림 05-25] 온실가스 데이터 로드

실습 코드 ② 데이터프레임의 내용 파악: head( )

```
df_ghgs.head()
```

[실행 결과]

	지점	시간	CO2_ppm	CH4_ppm	N2O_ppm	CFC11_ppm	CFC12_ppm	CFC113_ppm	SF6_ppm
0	안면도	1999-01-01	373.1	NaN	NaN	NaN	NaN	NaN	NaN
1	안면도	1999-02-01	374.0	NaN	315.2	266.9	534.1	NaN	NaN
2	안면도	1999-03-01	374.9	NaN	314.6	267.5	535.1	NaN	NaN
3	안면도	1999-04-01	375.1	1869.0	314.2	266.7	534.7	NaN	NaN
4	안면도	1999-05-01	374.0	1863.0	314.6	268.6	535.1	NaN	NaN

▲ [그림 05-26] 데이터 내용 파악-head( )

실습 코드 ③ 데이터프레임의 내용 파악: tail( )

```
df_ghgs.tail()
```

[실행 결과]

	지점	시간	CO2_ppm	CH4_ppm	N2O_ppm	CFC11_ppm	CFC12_ppm	CFC113_ppm	SF6_ppm
295	안면도	2023-08-01	418.23	2001.76	338.7	216.4	485.3	68.6	11.9
296	안면도	2023-09-01	420.16	2043.21	338.3	218.5	484.5	68.7	12.0
297	안면도	2023-10-01	426.38	2030.17	337.8	217.8	483.9	68.7	11.9
298	안면도	2023-11-01	429.71	2034.67	337.6	216.9	483.8	68.9	11.9
299	안면도	2023-12-01	433.66	2050.87	337.2	216.2	484.3	69.2	11.9

▲ [그림 05-27] 데이터 내용 파악-tail( )

✅ 데이터프레임 구조 파악: info( ), shape
- info( ) 메서드: 데이터프레임의 구조 파악   예 df_ghgs.info( )
- shape: 데이터프레임의 차원 파악   예 df.shape

실습 코드 ① 데이터프레임의 구조 파악: info( )

```
df_ghgs.info()
```

[실행 결과]

```
<class 'pandas.core.frame.DataFrame'>
RangeIndex: 300 entries, 0 to 299
Data columns (total 9 columns):
 #   Column      Non-Null Count  Dtype
---  ------      --------------  -----
 0   지점         300 non-null    object
 1   시간         300 non-null    object
 2   CO2_ppm     295 non-null    float64
 3   CH4_ppm     264 non-null    float64
 4   N2O_ppm     228 non-null    float64
 5   CFC11_ppm   280 non-null    float64
 6   CFC12_ppm   275 non-null    float64
 7   CFC113_ppm  186 non-null    float64
 8   SF6_ppm     188 non-null    float64
dtypes: float64(7), object(2)
memory usage: 21.2+ KB
```

▲ [그림 05-28] 데이터프레임의 구조 파악-info( )

실습 코드 ② 데이터프레임의 차원 파악: shape

```
df_ghgs.shape
```

[실행 결과]

(300, 9)

✅ 요약 통계량과 데이터 빈도 파악: describe( ), value_counts( )
- describe( ) 메서드: 수량형 변수의 요약 통계량을 구함
  예 df_ghgs.describe( )
- value_counts( ): 범주형 변수의 빈도표를 구함
  예 df_31['시위장소코드'].value_counts( )

실습 코드 ① 수량형 변수 요약 통계량 구함: describe( )

```
df_ghgs.describe()
```

[실행 결과]

	CO2_ppm	CH4_ppm	N2O_ppm	CFC11_ppm	CFC12_ppm	CFC113_ppm	SF6_ppm
count	295.000000	264.000000	228.000000	280.000000	275.000000	186.000000	188.000000
mean	398.035288	1928.163182	326.596930	239.687857	520.183273	72.775806	9.063298
std	17.457052	58.762021	7.576833	18.905651	20.076920	3.922259	1.660965
min	363.800000	1809.000000	312.100000	194.700000	480.100000	67.800000	6.000000
25%	383.500000	1877.000000	321.300000	224.150000	500.650000	69.100000	7.875000
50%	396.900000	1921.000000	325.600000	236.100000	524.900000	71.950000	9.200000
75%	412.600000	1977.000000	333.325000	259.550000	539.050000	75.200000	10.300000
max	433.660000	2050.870000	340.000000	270.700000	552.600000	88.500000	12.700000

▲ [그림 05-29] 수량형 변수 요약 통계량 구함-describe( )

실습 코드 ② 범주형 변수 빈도표 구함: value_counts( )

```
# 삼일운동 데이터 로드
import pandas as pd
df_31 = pd.read_csv("data/삼일운동DB데이터_사건정보.csv", encoding="cp949")
# 범주형 변수 빈도표 구함: value_counts()
df_31['시위장소코드'].value_counts()
```

[실행 결과]

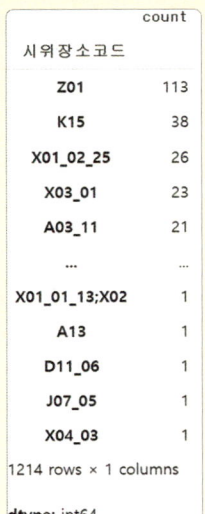

◀ [그림 05-30] 범주형 변수 빈도표 구함-value_counts( )

✅ 결측치 확인: isnull( ).sum( )

- isnull( ).sum( ) 메서드: 결측치의 개수를 구함
  - df_ghgs['CO2_ppm'].isnull( ).sum( )

실습 코드 ['CO2_ppm'] 변수의 결측치 개수를 구함: isnull( ).sum( )

```
df_ghgs['CO2_ppm'].isnull().sum()
```

[실행 결과]
```
5
```

✅ 변수명(필드명, 컬럼명)과 데이터 얻어내기: columns, values

- columns: 데이터프레임의 변수명(필드명, 컬럼명)을 얻어냄
  - df_ghgs.columns
- values: 데이터프레임의 데이터를 얻어냄
  - df_ghgs.values

실습 코드 ① 데이터프레임의 변수명을 얻어냄: columns

```
df_ghgs.columns
```

[실행 결과]
```
Index(['지점', '시간', 'CO2_ppm', 'CH4_ppm', 'N2O_ppm', 'CFC11_ppm', 'CFC12_ppm',
       'CFC113_ppm', 'SF6_ppm'],
      dtype='object')
```

▲ [그림 05-31] 데이터프레임의 변수명 얻어냄-columns

실습 코드 ② 데이터프레임의 데이터를 얻어냄: values

```
df_ghgs.values
```

[실행 결과]
```
array([['안면도', '1999-01-01', 373.1, ..., nan, nan, nan],
       ['안면도', '1999-02-01', 374.0, ..., 534.1, nan, nan],
       ['안면도', '1999-03-01', 374.9, ..., 535.1, nan, nan],
       ...,
       ['안면도', '2023-10-01', 426.38, ..., 483.9, 68.7, 11.9],
       ['안면도', '2023-11-01', 429.71, ..., 483.8, 68.9, 11.9],
       ['안면도', '2023-12-01', 433.66, ..., 484.3, 69.2, 11.9]],
      dtype=object)
```

▲ [그림 05-32] 데이터프레임의 데이터 얻어냄-values

5 데이터프레임의 기본적인 연산 방법

데이터프레임은 변수 단위로 연산하기에 반복문 없이 모든 값에 연산이 적용됩니다. 또한 NaN 값(결측)이 포함된 연산의 결과는 항상 'NaN'입니다. 'NaN' 값은 연산 전에 반드시 처리해야 하며, 처리 방법은 결측 값을 제거하거나 제외 또는 결측 값 보정을 합니다. 결측 값 처리는 'CHAPTER 06. 데이터 전처리: 분석 데이터 준비'에서 학습합니다.

실습 코드 데이터프레임 연산

```
변수 단위로 연산: df_pop["남자 인구수"] + df_pop["여자 인구수"]
df_pop["남자 인구수"] + df_pop["여자 인구수"]
```

[실행 결과]

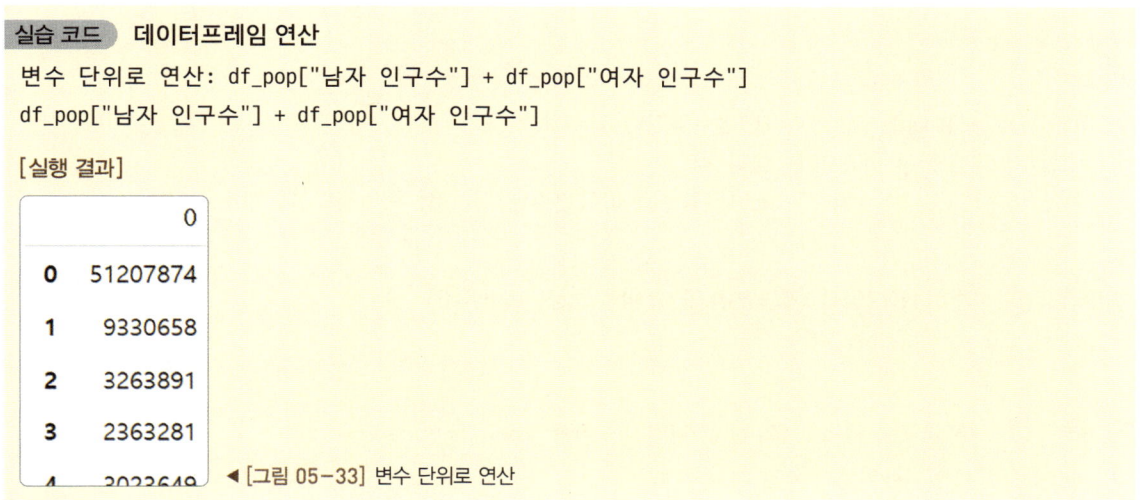

◀ [그림 05-33] 변수 단위로 연산

6 주요 통계 함수

데이터프레임의 수량형 변수는 통계 함수를 적용할 수 있습니다.

✔ **데이터프레임 수량형 변수에 적용하는 통계 함수**
- sum( ): 합   예 df_ghgs["CO2_ppm"].sum( )
- mean( ): 평균   예 df_ghgs["CO2_ppm"].mean( )
  - nan 값을 제외하고 연산: skipna=True
  - df_ghgs["CO2_ppm"].mean(skipna=True)   # nan 값을 제외하고 연산
  - df_ghgs["CO2_ppm"].mean(skipna=False)   # nan 값을 포함하고 연산, 결과 nan
- count( ): NaN이 아닌 데이터의 수   예 df_ghgs["CO2_ppm"].count( )
- mode( ): 최빈수   예 df_ghgs["CO2_ppm"].mode( )
- min( ): 최솟값   예 df_ghgs["CO2_ppm"].min( )
- max( ): 최댓값   예 df_ghgs["CO2_ppm"].max( )
- median( ): 중위수   예 df_ghgs["CO2_ppm"].median( )
- quantile( ): 분위수   예 df_ghgs["CO2_ppm"].quantile( )
  - quantile(0.25): 1분위수   예 df_ghgs["CO2_ppm"].quantile(0.25)
  - quantile(0.5): 중위수   예 df_ghgs["CO2_ppm"].quantile(0.5)
  - quantile(0.75): 3분위수   예 df_ghgs["CO2_ppm"].quantile(0.75)
- var( ): 분산   예 df_ghgs["CO2_ppm"].var( )

- std( ): 표준편차   예 df_ghgs["CO2_ppm"].std( )
- round( ): 반올림   예 round(df_ghgs["CO2_ppm"].std( ), 2)

7 함수 적용: apply( )

데이터프레임의 변수에 함수를 적용할 때 apply( ) 메서드를 사용합니다.

문법

- df["변수명"].apply(함수): df["변수명"]에 함수를 적용
  - 함수: 적용할 함수명 또는 람다 식
- df[["변수명1", "변수명2"]].apply(함수): df["변수명1"], df["변수명2"]에 함수를 적용

실습 코드 ① 데이터프레임의 1개의 변수에 str 함수 적용: apply(str)

```
df_ghgs["CO2_ppm"].apply(str)
```

실습 코드 ② 데이터프레임의 1개의 변수에 람다 식 적용: apply(lambda x: x * x)

```
df_ghgs["CO2_ppm"].apply(lambda x: x * x)
```

실습 코드 ③ 데이터프레임의 2개의 변수에 람다 식 적용: apply(lambda x: x * x)

```
df_ghgs[["CO2_ppm", "CH4_ppm"]].apply(lambda x: x * x)
```

[실행 결과] 실습 코드 ①, ②, ③의 결과

	CO2_ppm
0	373.1
1	374.0
2	374.9
3	375.1
4	374.0
...	...
295	418.23
296	420.16
297	426.38
298	429.71
299	433.66

300 rows × 1 columns
dtype: object

	CO2_ppm
0	139203.6100
1	139876.0000
2	140550.0100
3	140700.0100
4	139876.0000
...	...
295	174916.3329
296	176534.4256
297	181799.9044
298	184650.6841
299	188060.9956

300 rows × 1 columns
dtype: float64

	CO2_ppm	CH4_ppm
0	139203.6100	NaN
1	139876.0000	NaN
2	140550.0100	NaN
3	140700.0100	3.493161e+06
4	139876.0000	3.470769e+06
...	...	...
295	174916.3329	4.007043e+06
296	176534.4256	4.174707e+06
297	181799.9044	4.121590e+06
298	184650.6841	4.139882e+06
299	188060.9956	4.206068e+06

300 rows × 2 columns

▲ [그림 05-34] 데이터프레임의 1개의 변수에 str 함수 적용

▲ [그림 05-35] 데이터프레임의 1개의 변수에 람다 식 적용

▲ [그림 05-36] 데이터프레임의 2개의 변수에 람다 식 적용

실습 코드 ④ 사용자 정의 함수 생성 후 적용: apply(func_test)

df_ghgs["CO2_ppm"] 변수의 데이터 값이 400 이상이면 값 거듭제곱, 그렇지 않으면 값 2배로 한 후 적용

```
def func_test(x):
    if x >= 400:
        y = x * x
    else:
        y = x * 2
    return y


df_ghgs["CO2_ppm"].apply(func_test)
```

실습 코드 ⑤ 사용자 정의 함수 생성 후 적용: apply(func1, axis=1)

"CO2_ppm", "CH4_ppm" 2개의 변수를 func1() 함수의 인수로 전달 후 두 변수의 곱을 반환

```
def func1(x):
    return x[0] * x[1]


df_ghgs[["CO2_ppm", "CH4_ppm"]].apply(func1, axis=1)
```

[실행 결과] 실습 코드 ④, ⑤의 결과

	CO2_ppm
0	746.2000
1	748.0000
2	749.8000
3	750.2000
4	748.0000
...	...
295	174916.3329
296	176534.4256
297	181799.9044
298	184650.6841
299	188060.9956

300 rows × 1 columns
dtype: float64

	0
0	NaN
1	NaN
2	NaN
3	701061.9000
4	696762.0000
...	...
295	837196.0848
296	858475.1136
297	865623.8846
298	874318.0457
299	889380.2842

300 rows × 1 columns
dtype: float64

▲ [그림 05-37] 사용자 정의 함수 생성 후 적용: apply(func_test)

▲ [그림 05-38] 사용자정의 함수 생성 후 적용: apply(func1, axis=1)

CHAPTER 05 정리

- ✅ csv 파일을 읽을 때는 pandas 라이브러리의 pd.read_csv( ) 함수를 사용한다.

- ✅ 엑셀 파일은 xlsx 또는 xls 확장자를 가지며, 읽을 때는 pandas 라이브러리의 pd.read_excel( ) 함수를 사용한다.

- ✅ 토이 데이터(toy data)는 라이브러리가 제공하는 데이터이다.

- ✅ 결과 값을 파일로 저장할 때는 to_파일타입( ) 함수를 사용한다.

- ✅ json 파일을 데이터프레임으로 변환하기 위해서는 with문과 open( ) 함수를 결합해서 파일을 읽고, json 라이브러리가 제공하는 json.load( ) 함수를 사용해서 데이터를 로드한다.

- ✅ xml 파일은 반정형 형태의 데이터 파일로, xml.etree.ElementTree 라이브러리가 제공하는 ET.parse( ) 함수로 로드한다.

- ✅ 비정형 데이터 파일은 txt, dat 확장자로 다운로드하며, with문과 open( ) 함수를 사용해서 데이터 파일을 로드한다.

- ✅ 탐색적 데이터 분석은 실무 데이터를 로드한 후 데이터프레임의 내용과 구조를 파악하고 데이터 분석을 위한 변수를 선택하고 시각화한다.

- ✅ pandas 라이브러리는 데이터프레임 타입의 데이터 분석 및 조작을 위한 라이브러리로, 새 필드 생성, 필터링, 특정 열 추출, 통계치, 그룹화, 조인, 데이터 합침 등의 전처리를 수행하는 함수를 제공한다.

- ✅ 변수의 타입은 type( ) 함수로 확인하고, 데이터프레임에 소속된 모든 열 변수 값의 타입은 dtypes로 확인한다.

- ☑ 데이터프레임의 특정 변수의 타입을 변환할 때는 astype( ) 메서드를 사용하고, 날짜 타입으로 변환할 때는 pd.to_datetime( ) 함수를 사용한다.

- ☑ 데이터프레임의 내용과 구조를 파악하는 head( ), tail( ), info( ) 등의 메서드를 사용해서 데이터프레임을 탐색한다.

- ☑ 데이터프레임은 변수 단위로 연산하며, NaN 값(결측)이 포함된 연산의 결과는 항상 'NaN'이다.

- ☑ 데이터프레임의 수량형 변수는 sum( ), mean( ) 등의 통계 함수를 적용한다.

- ☑ 데이터프레임의 변수에 함수를 적용할 때 apply( ) 메서드를 사용한다.

CHAPTER 05 연습문제

01 다음 설명에 대한 함수명을 〈보기〉에서 고르시오.

> 보기
> df.to_csv( ), pd.read_csv( ), pd.to_datetime( ), pd.read_excel( )

① (　　　　　　　　): csv 파일을 읽을 때 사용하는 pandas 라이브러리 함수

② (　　　　　　　　): xlsx 파일을 읽을 때 사용하는 pandas 라이브러리 함수

③ 결과 값을 csv 파일로 저장할 때는 (　　　　　　) 함수를 사용

02 정형 데이터인 "data/test1.csv" 파일을 읽는 코드를 작성하시오.
（단, test1.csv 파일의 인코딩은 cp949, 읽은 파일은 df1 변수에 넣는다.）

```
# 정형 데이터인 "data/test1.csv" 파일을 읽는 코드
```

03 각 문항에 대한 코드를 작성하시오.

03-1 정형 데이터인 "data/test1.excel" 파일을 읽는 코드를 작성하시오. (단, 파일은 df2 변수에 넣는다.)

```
# 정형 데이터인 "data/test1.xlsx" 파일을 읽는 코드
```

03-2 정형 데이터인 "data/test1.excel" 파일의 2번째 시트를 읽는 코드를 작성하시오.
   (단, 파일은 df3 변수에 넣는다.)

```
# 정형 데이터인 "data/test1.xlsx" 파일의 2번째 시트를 읽는 코드
```

03-3 데이터프레임 df3에 대한 각 코드를 작성하시오.

```
# 데이터프레임 df3 내용 파악: 앞의 데이터 5건, 뒤의 데이터 5건


# 데이터프레임 df3 구조 파악 메서드 사용


# 데이터프레임 df3의 요약 통계량 구함
```

04 비정형 데이터인 "data/test1.txt" 파일을 읽는 코드를 작성하시오.
   (단, test1.txt 파일의 인코딩은 utf-8이다.)

```
# 비정형 데이터인 "data/test1.txt" 파일을 읽는 코드
```

정답 371쪽

CHAPTER 06 데이터 전처리: 분석 데이터 준비

실무 데이터를 로드해서 데이터프레임이 생성되면, 데이터프레임으로부터 의미 있는 설명을 얻어내기 위해 데이터를 전처리합니다. 데이터 전처리는 데이터 분석에 필요한 데이터 필터링, 분석변수 선택, 분석할 변수가 없는 경우 생성하거나 결측치/이상치 처리 및 스케일링/인코딩 등의 작업을 거쳐 분석 데이터를 준비합니다.

여기서는 데이터를 전처리할 때 사용하는 전처리 함수/메서드, 결측치/이상치를 처리하는 방법 및 스케일링/인코딩을 하는 방법을 학습합니다.

여기서 할 일

1. 데이터 전처리 방법을 알아보자.
2. 결측치/이상치 처리, 스케일링/인코딩 방법을 알아보자.

이 CHAPTER의 핵심

1. **데이터 전처리 방법**
   - 변수(필드) 선택: df["필드명"], df.loc[:, "필드명"], df.iloc[:, 필드번호], df[df.columns[시작번호: 끝번호]]
     - df: 임의의 데이터프레임명
   - 값 1개 추출: df.at[행 인덱스, 열 인덱스]
   - 인덱스 지정과 복귀: df.set_index("인덱스로 지정할 필드명"), df.reset_index( )
   - 새 필드 추가(파생변수 생성): df["새필드명"] = 수식
   - 필터링: df[조건]

- 변수명 변경: df.rename(columns={"원변수명1": "새변수명1", "원변수명2": "새변수명2",...}, inplace=True)
- 조인: df1.set_index("인덱스필드").join(df2.set_index("인덱스필드"))
- 바인딩: pd.concat([df1, df2, ...], ignore_index=True)
- 그룹화: df.groupby("그룹화변수명").통계함수( ), df.groupby("그룹화변수명").agg(["통계함수"])
- 정렬: df.sort_values(by="정렬기준변수")
- 행, 열(변수) 제거: df.drop(df.index[행번호]), df.drop(labels="변수명", axis=1)
- 데이터프레임 구조 변환: df.transpose( ), pd.melt(df, id_vars=["기준변수"]), df.pivot(index="", columns="", values="")

❷ **결측치/이상치 처리, 스케일링/인코딩 방법**
- 결측치 처리: 결측치가 있으면 예측이 안 됨 방법 결측치 제거, 결측치 보정
- 이상치 처리: 이상치가 있으면 예측이 잘못됨 방법 이상치 제거, 이상치 보정
- 스케일링: 숫자 변수의 값의 크기를 일정한 범위로 맞춤 방법 정규화 스케일링
- 인코딩: 범주형 변수의 값을 숫자 값으로 변환함 방법 레이블 인코딩, 원–핫 인코딩

01 데이터 전처리 방법

데이터 전처리 방법에는 변수(필드) 선택, 새 변수 추가, 필터링(데이터 추출), 변수명 변경, 조인, 바인딩, 그룹화, 정렬, 구조 변환 등이 있습니다. 데이터프레임에서 필터링과 변수 선택은 행/열 위치를 지칭하는 행/열 인덱스를 많이 사용합니다. 행 인덱스는 첫 번째 행부터 0, 1, 2…로 지칭되며, 열 인덱스는 첫 번째 열부터 0, 1, 2…로 지칭됩니다.

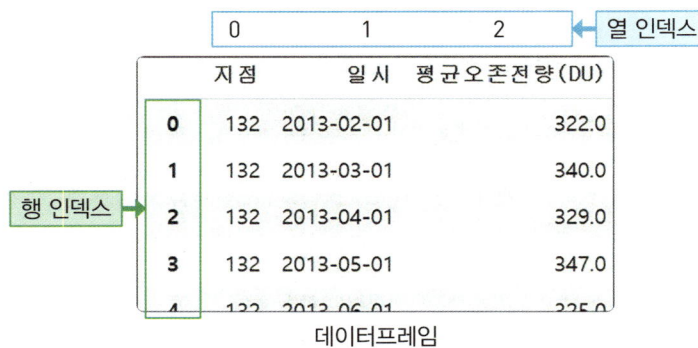

▲ [그림 06-01] 데이터프레임의 행 인덱스, 열 인덱스

1 데이터프레임에서 변수(필드) 선택

데이터프레임에서 데이터 분석에 필요한 변수를 선택하는 것으로 변수명으로 선택, 인덱스로 선택, 변수의 인덱스 번호로 선택하는 방법 등이 있습니다.

> ✅ **데이터프레임의 변수(필드) 선택 방법**
> - df["선택할변수명"]: 데이터프레임(df)의 변수(필드)명을 기술해서 선택
>   - 1개의 변수 선택: df["변수1"]
>   예) df_ghgs["CO2_ppm"]
>   - 여러 변수 선택: df[["변수1", "변수2", …]]
>   예) df_ghgs[["CO2_ppm", "CH4_ppm"]]
> - df.loc[:, "선택할변수명"]: 변수명을 기술해서 선택
>   - 1개의 변수 선택: df.loc[:, "변수1"]
>   예) df_ghgs.loc[:, "CO2_ppm"]
>   - 여러 변수 선택: df.loc[:, ["변수1", "변수2"]] 또는 df.loc[:, "변수1":"변수2"]
>   예) df_ghgs.loc[:, "CO2_ppm":"N2O_ppm"]
> - df.iloc[:, 선택할 변수 인덱스 번호]: 변수 인덱스 번호는 첫 번째 변수(열)부터 0, 1, 2 … 순
>   - 1개의 변수 선택: df.iloc[:, 변수인덱스번호]
>   예) df_ghgs.iloc[:, 3]
>   - 여러 변수 선택: df.iloc[:, [인덱스1, 인덱스2]] 또는 df.iloc[:, 인덱스1:인덱스2]
>   예) df_ghgs.iloc[:, [3, 5]]

- df[df.columns[시작인덱스번호:끝인덱스번호]]: 선택할 변수의 시작 인덱스 번호부터 끝 인덱스 번호-1 위치까지
    - 예 df_ghgs[df_ghgs.columns[2:]]

실습 코드 ① 데이터프레임의 변수 선택: df["변수1"]

```
df_ghgs["CO2_ppm"]    # ["CO2_ppm"] 변수 선택
```

실습 코드 ② 데이터프레임의 변수 선택: df[["변수1", "변수2"]]

```
df_ghgs[["CO2_ppm", "CH4_ppm"]]    # ["CO2_ppm"], ["CH4_ppm"] 변수 선택
```

[실행 결과] 실습 코드 ①, ②의 결과

	CO2_ppm
0	373.10
1	374.00
2	374.90
3	375.10
4	374.00
...	...
295	418.23
296	420.16
297	426.38
298	429.71
299	433.66

300 rows × 1 columns
dtype: float64

	CO2_ppm	CH4_ppm
0	373.10	NaN
1	374.00	NaN
2	374.90	NaN
3	375.10	1869.00
4	374.00	1863.00
...	...	...
295	418.23	2001.76
296	420.16	2043.21
297	426.38	2030.17
298	429.71	2034.67
299	433.66	2050.87

300 rows × 2 columns

▲ [그림 06-02] 데이터프레임의 변수 선택-df["변수1"]

▲ [그림 06-03] 데이터프레임의 변수 선택-df[["변수1", "변수2"]]

실습 코드 ③ 데이터프레임의 변수 선택: df.loc[:, "변수1"]

```
df_ghgs.loc[:, "CO2_ppm"]    # ["CO2_ppm"] 변수 선택
```

[실행 결과]

실습 코드 ①과 동일해서 생략

실습 코드 ④ 데이터프레임의 변수 선택: df.loc[:, ["변수1", "변수2"]]

```
df_ghgs.loc[:, ["CO2_ppm", "CH4_ppm"]]    # ["CO2_ppm"], ["CH4_ppm"] 변수 선택
```

[실행 결과]

실습 코드 ②와 동일해서 생략

```
df_ghgs.loc[:, "CO2_ppm":"N2O_ppm"]   # ["CO2_ppm"], ["CH4_ppm"], ["N2O_ppm"] 변수 선택
```

[실행 결과]

	CO2_ppm	CH4_ppm	N2O_ppm
0	373.10	NaN	NaN
1	374.00	NaN	315.2
2	374.90	NaN	314.6
3	375.10	1869.00	314.2
4	374.00	1863.00	314.6
...	...	...	...
295	418.23	2001.76	338.7
296	420.16	2043.21	338.3
297	426.38	2030.17	337.8
298	429.71	2034.67	337.6
299	433.66	2050.87	337.2

300 rows × 3 columns

◀ [그림 06-04] ["CO2_ppm"], ["CH4_ppm"], ["N2O_ppm"] 변수 선택

실습 코드 ⑤ 데이터프레임의 변수 선택 – df.iloc[:, 변수인덱스번호]

```
df_ghgs.iloc[:, 2]   # ["CO2_ppm"] 변수 선택
```

[실행 결과]   실습 코드 ①과 동일해서 생략

실습 코드 ⑥ 데이터프레임의 변수 선택 – df.iloc[:, [인덱스1, 인덱스2]]

```
df_ghgs.iloc[:, [2, 3]]   # ["CO2_ppm"], ["CH4_ppm"] 변수 선택
```

[실행 결과]   실습 코드 ②와 동일해서 생략

```
df_ghgs.iloc[:, 2:]   # ["CO2_ppm"]~ ["SF6_ppm"] 변수 선택
```

[실행 결과]

	CO2_ppm	CH4_ppm	N2O_ppm	CFC11_ppm	CFC12_ppm	CFC113_ppm	SF6_ppm
0	373.10	NaN	NaN	NaN	NaN	NaN	NaN
1	374.00	NaN	315.2	266.9	534.1	NaN	NaN
2	374.90	NaN	314.6	267.5	535.1	NaN	NaN
3	375.10	1869.00	314.2	266.7	534.7	NaN	NaN
4	374.00	1863.00	314.6	268.6	535.1	NaN	NaN
...	...	...	...	...	...	...	...
295	418.23	2001.76	338.7	216.4	485.3	68.6	11.9
296	420.16	2043.21	338.3	218.5	484.5	68.7	12.0
297	426.38	2030.17	337.8	217.8	483.9	68.7	11.9
298	429.71	2034.67	337.6	216.9	483.8	68.9	11.9
299	433.66	2050.87	337.2	216.2	484.3	69.2	11.9

300 rows × 7 columns

◀ [그림 06-05] ["CO2_ppm"]~ ["SF6_ppm"] 변수 선택

> **실습 코드 ⑦** 데이터프레임의 변수 선택 - df[df.columns[시작인덱스번호:끝인덱스번호]]
>
> df_ghgs[df_ghgs.columns[2:]]   # ["CO2_ppm"]~ ["SF6_ppm"] 변수 선택
>
> [실행 결과] 실습 코드⑥의 df_ghgs.iloc[:, 2:]와 결과가 동일해서 생략

2 데이터프레임에서 값 1개 추출: at[행 인덱스, 열 인덱스]

at[행 인덱스, 열 인덱스]는 데이터프레임에서 행 인덱스와 열 인덱스에 해당하는 값 1개를 얻어낼 때 사용하며 loc보다 속도가 빠릅니다.

> ✔ **데이터프레임에서 값 1개 추출**
> - df.at[행인덱스번호, 변수명]: 데이터프레임의 행 인덱스 번호(0, 1, 2…)에 해당하는 변수의 값을 추출
>   예 df_ghgs.at[5, "CO2_ppm"]

> **실습 코드 ①** 지방선거 연령대별 투표수 데이터 로드
>
> ```
> import pandas as pd
> df_elc = pd.read_excel("data/2022년_지방선거_연령대별_투표수.xlsx")
> df_elc
> ```
>
> [실행 결과]
>
> | | 연령구간 | 인구수 | 투표율 | 투표수 |
> |---|---|---|---|---|
> | 0 | 19세 | 491756 | 35.7 | 175556.892 |
> | 1 | 20-29세 | 6417181 | 36.0 | 2310185.160 |
> | 2 | 30-39세 | 6615511 | 37.5 | 2480816.625 |
> | 3 | 40-49세 | 8073117 | 44.7 | 3608683.299 |
> | 4 | 50-59세 | 8612064 | 55.2 | 4753859.328 |
> | 5 | 60-69세 | 7403539 | 70.5 | 5219494.995 |
> | 6 | 70-79세 | 3825717 | 75.3 | 2880764.901 |
> | 7 | 80대이상 | 2256071 | 51.2 | 1155108.352 |
>
> ▲ [그림 06-06] 지방선거 연령대별 투표수 데이터

> **실습 코드 ②** 데이터프레임에서 값 1개 추출: df.at[행인덱스번호, 변수명]
>
> df_elc.at[1, "투표율"]   # 1행의 ["투표율"] 변수의 값 추출
>
> [실행 결과]
> 36.0

> **실습 코드 ③** 연령구간 값을 행 인덱스로 사용: df.at[행인덱스값, 변수명]
>
> ```
> # [연령구간] 변수를 인덱스로 지정하면 행 인덱스 번호 대신 연령구간 값 사용
> df_elc = df_elc.set_index("연령구간")
> df_elc.at["20-29세", "투표율"]
> ```
>
> [실행 결과]
> 36.0

3 인덱스 지정과 복귀: set_index("변수명"), reset_index( )

 데이터프레임의 기본 행 인덱스는 0, 1, 2, 3과 같이 일련번호로 주어지나, set_index("변수명")를 사용해서 특정 변수(열)를 행 인덱스로 지정할 수 있습니다.

 이렇게 변경된 인덱스는 reset_index( )를 사용해서 기본 행 인덱스로 복귀할 수 있습니다.

▲ [그림 06-07] 데이터프레임의 기본 행 인덱스

▲ [그림 06-08] 데이터프레임의 변경된 행 인덱스

> ✔ **인덱스 지정과 복귀**
> - df.set_index("변수명"): 행 인덱스 지정, 행 인덱스를 0, 1, 2 대신 특정 변수로 지정
>   @ df_elc.set_index("연령구간")
> - df.reset_index( ): 인덱스 복귀, 행 인덱스를 원래대로 0, 1, 2로 지정
>   @ df_elc.reset_index( )
> - df.rename_axis(None, axis=1, inplace=True): 인덱스명을 제거, 행·열 바꿈을 한 경우, 인덱스 복귀 전에 불필요한 인덱스명 제거 시 사용

> **실습 코드 ①** 행 인덱스 지정: set_index("변수")
>
> ```
> df_elc = df_elc.set_index("연령구간")    # ["연령구간"] 변수를 행 인덱스로 사용
> df_elc
> ```

[실행 결과]

	인구수	투표율	투표수
연령구간			
19세	491756	35.7	175556.892
20-29세	6417181	36.0	2310185.160
30-39세	6615511	37.5	2480816.625
40-49세	8073117	44.7	3608683.299
50-59세	8612064	55.2	4753859.328
60-69세	7403539	70.5	5219494.995
70-79세	3825717	75.3	2880764.901
80대이상	2256071	51.2	1155108.352

▲ [그림 06-09] 행 인덱스 지정: set_index("변수")

실습 코드 ② 행 인덱스 복귀: reset_index( )

```
df_elc = df_elc.reset_index()   # 인덱스 복귀
df_elc
```

[실행 결과]

	연령구간	인구수	투표율	투표수
0	19세	491756	35.7	175556.892
1	20-29세	6417181	36.0	2310185.160
2	30-39세	6615511	37.5	2480816.625
3	40-49세	8073117	44.7	3608683.299
4	50-59세	8612064	55.2	4753859.328
5	60-69세	7403539	70.5	5219494.995
6	70-79세	3825717	75.3	2880764.901
7	80대이상	2256071	51.2	1155108.352

▲ [그림 06-10] 행 인덱스 복귀: reset_index( )

4 새 필드 추가(파생변수 생성): 데이터프레임["새필드명"] = 수식

데이터프레임에 수식을 사용하여 새로운 필드(파생변수)를 생성합니다.

> **새 필드 추가(파생변수 생성)**
> - df["새필드명"] = 수식: 수식을 값으로 하는 새 변수가 데이터프레임에 추가됨
>   - 수식: 함수, 연산식, 람다 식

실습 코드 ["비투표수"] 변수 생성

```
df_elc["비투표수"] = df_elc["인구수"] - df_elc["투표수"].astype(int)
df_elc
```

[실행 결과]

	연령구간	인구수	투표율	투표수	비투표수
0	19세	491756	35.7	175556.892	316200
1	20-29세	6417181	36.0	2310185.160	4106996
2	30-39세	6615511	37.5	2480816.625	4134695
3	40-49세	8073117	44.7	3608683.299	4464434
4	50-59세	8612064	55.2	4753859.328	3858205
5	60-69세	7403539	70.5	5219494.995	2184045
6	70-79세	3825717	75.3	2880764.901	944953
7	80대이상	2256071	51.2	1155108.352	1100963

▲ [그림 06-11] ["비투표수"] 변수 생성

5 필터링(데이터 추출): 데이터프레임[조건]

데이터프레임에서 조건을 만족하는 데이터(행)만 추출할 때 사용합니다. 조건은 결과 값이 True/False가 나오도록 관계 연산자(>, >=, <, <=, ==, !=)를 사용하여 식을 구성합니다.

♥ 필터링(데이터 추출)
- df[조건]: 데이터프레임에서 조건을 만족하는 데이터만 추출
  - df_elc[df_elc["투표율"] >= 50]: 조건- df_elc["투표율"] >= 50

실습 코드 ① 투표율이 50 이상인 데이터만 추출: 조건- df_elc["투표수"] >= 50

```
df_elc[df_elc["투표율"] >= 50]
```

[실행 결과]

	연령구간	인구수	투표율	투표수	비투표수
4	50-59세	8612064	55.2	4753859.328	3858205
5	60-69세	7403539	70.5	5219494.995	2184045
6	70-79세	3825717	75.3	2880764.901	944953
7	80대이상	2256071	51.2	1155108.352	1100963

▲ [그림 06-12] 투표율이 50 이상인 데이터만 추출

✅ 조건이 여러 개일 경우
- 조건이 여러 개일 경우: &(and), |(or) 연산자 사용
  - &, | 연산자를 사용해서 조건을 연결하고 각 조건은 ( ) 안에 넣어줌 예 (조건1) & (조건2)
- df[(조건1) & (조건2), ...]: and 연산자- &, 조건 연결어: ~이고, 모두
  - (조건1) & (조건2): 예 df_elc["인구수"] >= 8000000) & (df_elc["투표율"] >= 50)
- df[(조건1) | (조건2), ...]: or 연산자- |, 조건 연결어: ~이거나, 또는, ~중 하나라도
  - (조건1) | (조건2): 예 (df_elc["인구수"] >= 8000000) | (df_elc["투표율"] >= 70)

실습 코드 ② **인구수가 800000 이상이고 투표율이 50 이상인 데이터만 추출**

```
# 조건: (df_elc["인구수"] >= 8000000) & (df_elc["투표율"] >= 50)
df_elc[(df_elc["인구수"] >= 8000000) & (df_elc["투표율"] >= 50)]
```

[실행 결과]

	연령구간	인구수	투표율	투표수	비투표수
4	50-59세	8612064	55.2	4753859.328	3858205

▲ [그림 06-13] 인구수가 800000 이상이고 투표율이 50 이상인 데이터만 추출

실습 코드 ③ **인구수가 800000 이상이거나 투표율이 70 이상인 데이터만 추출**

```
# 조건: (df_elc["인구수"] >= 8000000) | (df_elc["투표율"] >= 70)
df_elc[(df_elc["인구수"] >= 8000000) | (df_elc["투표율"] >= 70)]
```

[실행 결과]

	연령구간	인구수	투표율	투표수	비투표수
3	40-49세	8073117	44.7	3608683.299	4464434
4	50-59세	8612064	55.2	4753859.328	3858205
5	60-69세	7403539	70.5	5219494.995	2184045
6	70-79세	3825717	75.3	2880764.901	944953

▲ [그림 06-14] 인구수가 800000 이상이거나 투표율이 70 이상인 데이터만 추출

6 조인: join( )

데이터프레임들의 변수(열)를 결합해서 새로운 데이터프레임을 생성할 때 사용합니다. 이때 결합하는 데이터프레임은 인덱스 필드를 기준으로 결합합니다.

✅ 조인
- df1.join(df2.set_index("인덱스 필드"), on="인덱스 필드"): 주어진 인덱스 필드를 기준으로 데이터프레임1과 데이터프레임2의 변수를 결합해서 새로운 데이터프레임을 생성

- 인덱스 필드명이 같을 경우: df1.join(df2.set_index("인덱스 필드"), on="인덱스 필드")
  - df1.join(df2.set_index("시점"), on="시점")
- 인덱스 필드명이 다를 경우: df1.set_index("인덱스 필드").join(df2.set_index("인덱스 필드"))
  - df1_joined2 = df1.set_index("시점").join(df2.set_index("시점"))
  - df1_joined2.reset_index(inplace=True): inplace=True, 변경사항 적용

실습 코드 ① 산불 발생 현황 총괄 데이터 로드

```
import pandas as pd
df1 = pd.read_csv("data/2019-2023_산불발생_현황_총괄.csv", encoding="cp949")
df1
```

[실행 결과]

	시점	10년_평균_건수_(건)	10년_평균_면적_(ha)	10년_평균_건당_피해면적_(ha)	10년_평균_피해재적_(㎥)	10년_평균_피해금액_(백만원)	금년_평균_건수_(건)	금년_평균_면적_(ha)	금년_평균_건당_피해면적_(ha)	금년_평균_피해재적_(㎥)	금년_평균_피해금액_(백만원)
0	2019년	440	857	1.9	100486	50420	653	3255	5.0	501836	268910
1	2020년	474	1120	2.4	148015	65789	620	2920	4.7	486459	158141
2	2021년	481	1087	2.0	143325	66496	349	766	2.2	5641	36125
3	2022년	537	3560	6.6	435634	200869	756	24797	32.8	2925560	1346276
4	2023년	567	4004	7.1	475371	226910	596	4992	8.4	464130	285429

▲ [그림 06-15] 산불 발생 현황 총괄 데이터 로드

실습 코드 ② 요일별 산불 발생 현황 10년 평균 데이터 로드

```
import pandas as pd
df2 = pd.read_excel("data/2019-2023_요일별_산불발생_현황_10년평균.xlsx")
df2
```

[실행 결과]

	시점	10년평균_월	10년평균_화	10년평균_수	10년평균_목	10년평균_금	10년평균_토	10년평균_일	10년평균_공휴일
0	2019년	56	58	55	54	55	70	72	21
1	2020년	59	63	60	61	58	76	75	23
2	2021년	61	65	60	61	59	75	78	23
3	2022년	69	72	66	68	66	86	87	23
4	2023년	74	76	69	73	70	87	94	24

▲ [그림 06-16] 요일별 산불 발생 현황 10년 평균 데이터 로드

실습 코드 ③ 인덱스 필드명이 같은 경우 조인

```
# 산불 발생 현황 총괄 데이터와 요일별 산불 발생 현황 10년 평균 데이터를 시점을 기준으로 조인
df_joined = df1.join(df2.set_index("시점"), on="시점")
df_joined
```

[실행 결과]

시점	10년_평균_건수_(건)	10년_평균_면적_(ha)	10년_평균_건당피해면적_(ha)	10년_평균_피해재적_(㎡)	10년_평균_피해금액_(백만원)	금년_평균_건수_(건)	금년_평균_면적_(ha)	금년_평균_건당피해면적_(ha)	금년_평균_피해재적_(㎡)	금년_평균_피해금액_(백만원)	10년_평균_월	10년_평균_화	10년_평균_수	10년_평균_목	10년_평균_금	10년_평균_토	10년_평균_일	10년_평균_휴일
0	2019년	440	857	1.9	100486	50420	653	3255	5.0	501836	268910	56	58	55	54	55	70	72	21
1	2020년	474	1120	2.4	148015	65789	620	2920	4.7	486459	158141	59	63	60	61	58	76	75	23
2	2021년	481	1087	2.0	143325	66496	349	766	2.2	5641	36125	61	65	60	61	59	75	78	23
3	2022년	537	3560	6.6	435634	200869	756	24797	32.8	2925560	1346276	69	72	66	68	66	86	87	23
4	2023년	567	4004	7.1	475371	226910	596	4992	8.4	464130	285429	74	76	69	73	70	87	94	24

▲ [그림 06-17] 인덱스 필드명이 같을 경우 조인

실습 코드 ④ 인덱스 필드명이 다를 경우 조인

```
df1_joined2 = df1.set_index("시점").join(df2.set_index("시점"))
df1_joined2.reset_index(inplace=True)   # inplace=True: 변경사항 적용
df1_joined2
```

[실행 결과] 실습 코드 ③과 결과 동일해서 생략

알아두기

변수명, 인덱스 복귀, 데이터프레임의 구조 등의 수정 시 inplace=True
- inplace=True: 변경사항 적용
  - 예) df.rename(columns={"샘플 채취 날짜": "샘플_채취_날짜", "코로나19 바이러스농도": "바이러스농도"}, inplace=True)

변수 값, 변수의 타입 변경: 변수명 = 새로운 값/타입
- 변수명 = 새로운 값/타입과 같이 변경 사항을 원래의 변수에 적용
  - 예) df_ozone['지점'] = pd.to_datetime(df_ozone['지점'])

7 변수명 변경: rename( )

데이터프레임의 변수명을 변경할 때 사용합니다. 변수명의 이름이 길거나, 공백 또는 언더바(_)를 제외한 특수문자가 포함된 경우 변수명을 변경하는 것이 좋습니다. 데이터 분석에 사용하는 함수나 메서드에 따라 사용되는 변수명의 규칙에 제약이 있을 수 있기 때문입니다.

✔ 변수명 변경
- df.rename(columns={"원래변수명1": "새변수명1", "원래변수명2": "새변수명2", ...}, inplace=True): 데이터프레임에서 원래 변수명을 새 변수명으로 변경

실습 코드 ① 서울시 하수처리장 c19바이러스 농도 데이터 로드

```
import pandas as pd
df_c19 = pd.read_excel("data/2024년서울시_하수처리장_코로나바이러스농도.xlsx")
df_c19
```

[실행 결과]

	샘플 채취 날짜	샘플 채취 주차_1	샘플 채취 주차_2	하수처리장 샘플 채취 지점	코로나19 바이러스 농도(copies/mL)
0	2024-01-02	1	1주차	서남 물 재생센터	246453.100994
1	2024-01-02	1	1주차	난지 물 재생센터	68242.156443
2	2024-01-02	1	1주차	탄천 물 재생센터	52544.326514

▲ [그림 06-18] 서울시 하수처리장 c19바이러스 농도 데이터 로드

실습 코드 ② 데이터프레임의 변수명 변경

```
df_c19.rename(columns={"샘플 채취 날짜": "채취_날짜", "하수처리장 샘플 채취 지점": "채취_지점",
                "코로나19 바이러스 농도(copies/mL)": "c19바이러스농도"}, inplace=True)
df_c19
```

[실행 결과]

	채취_날짜	샘플 채취 주차_1	샘플 채취 주차_2	채취_지점	c19바이러스농도
0	2024-01-02	1	1주차	서남 물 재생센터	246453.100994
1	2024-01-02	1	1주차	난지 물 재생센터	68242.156443
2	2024-01-02	1	1주차	탄천 물 재생센터	52544.326514

▲ [그림 06-19] 데이터프레임의 변수명 변경

8 바인딩: concat( )

데이터프레임들의 데이터(행) 또는 변수(열)를 결합해서 새로운 데이터프레임을 생성합니다. 행 또는 열을 결합하는 바인딩에는 concat( ) 함수가 사용됩니다.

✓ **concat( ) 함수: 데이터 결합과 변수 결합 둘 다 사용 가능**
- pd.concat([df1, df2, ...], ignore_index=True): 여러 데이터프레임의 데이터 결합
  - ignore_index=True: 결합되어 생성된 데이터프레임에서 인덱스 재설정
    예) pd.concat([df_c19_1, df_c19_2], ignore_index=True)
- pd.concat([df1, df2, ...], axis=1, join="inner"): 여러 데이터프레임의 변수 결합
  - axis=1: 변수(열) 결합, join="inner": 일치하는 인덱스만 유지하여 결합
    예) df_subway_joined2 = pd.concat([df_ol2, df_ol_new2], axis=1, join="inner")

실습 코드 ① 서울시 상반기 하수처리장 c19바이러스 농도 데이터 로드

```
import pandas as pd
df_c19_1 = pd.read_excel("data/2024년서울시_상반기_하수처리장c19농도.xlsx")
df_c19_1
```

[실행 결과]

	채취_날짜	샘플_채취_지점	c19바이러스_농도
0	2024-01-02	서남 물 재생센터	246453.100994
1	2024-01-02	난지 물 재생센터	68242.156443
2	2024-01-02	탄천 물 재생센터	52544.326514
3	2024-01-02	중랑A 물 재생센터	65538.290177
4	2024-01-02	중랑B 물 재생센터	23026.440802
...	...	...	...
125	2024-06-25	서남 물 재생센터	18352.088993
126	2024-06-25	난지 물 재생센터	26826.556972
127	2024-06-25	탄천 물 재생센터	15273.566636
128	2024-06-25	중랑A 물 재생센터	18917.378816
129	2024-06-25	중랑B 물 재생센터	12948.719235

130 rows × 3 columns

▲ [그림 06-20] 서울시 상반기 하수처리장 c19바이러스 농도 데이터 로드

실습 코드 ② 서울시 하반기 하수처리장 c19바이러스 농도 데이터 로드

```
import pandas as pd
df_c19_2 = pd.read_excel("data/2024년서울시_하반기_하수처리장c19농도.xlsx")
df_c19_2
```

[실행 결과]

	채취_날짜	샘플_채취_지점	c19바이러스_농도
0	2024-07-02	서남 물 재생센터	42018.602503
1	2024-07-02	난지 물 재생센터	22826.692367
2	2024-07-02	탄천 물 재생센터	24618.270379
3	2024-07-02	중랑A 물 재생센터	24528.209032
4	2024-07-02	중랑B 물 재생센터	14386.611685
...	...	...	...
125	2024-12-24	서남 물 재생센터	16517.860699
126	2024-12-24	난지 물 재생센터	11553.439078
127	2024-12-24	탄천 물 재생센터	7784.980645
128	2024-12-24	중랑A 물 재생센터	11819.324813
129	2024-12-24	중랑B 물 재생센터	3135.979072

130 rows × 3 columns

▲ [그림 06-21] 서울시 하반기 하수처리장 c19바이러스 농도 데이터 로드

실습 코드 ③ 데이터프레임의 데이터 결합: pd.concat( )

```
df_c19_bind = pd.concat([df_c19_1, df_c19_2], ignore_index=True)
df_c19_bind
```

[실행 결과]

	채취_날짜	샘플_채취_지점	c19바이러스_농도
0	2024-01-02	서남 물 재생센터	246453.100994
1	2024-01-02	난지 물 재생센터	68242.156443
2	2024-01-02	탄천 물 재생센터	52544.326514
3	2024-01-02	중랑A 물 재생센터	65538.290177
4	2024-01-02	중랑B 물 재생센터	23026.440802
...	...	...	...
255	2024-12-24	서남 물 재생센터	16517.860699
256	2024-12-24	난지 물 재생센터	11553.439078
257	2024-12-24	탄천 물 재생센터	7784.980645
258	2024-12-24	중랑A 물 재생센터	11819.324813
259	2024-12-24	중랑B 물 재생센터	3135.979072

260 rows × 3 columns

▲ [그림 06-22] 데이터프레임의 데이터 결합

실습 코드 ④ 데이터프레임의 변수 결합: pd.concat(axis=1, join="inner")

```
df_c19_bind_col = pd.concat([df1, df2], axis=1, join="inner")
df_c19_bind_col
```

[실행 결과]

	시점	10년_평균_건수(건)	10년_평균_면적(ha)	10년_평균_건당_피해면적(ha)	10년_평균_피해재적(m³)	10년_평균_피해금액(백만원)	금년_평균_건수(건)	금년_평균_면적(ha)	금년_평균_건당_피해면적(ha)	금년_평균_피해재적(m³)	금년_평균_피해금액(백만원)	시점	10년_평균_월	10년_평균_화	10년_평균_수	10년_평균_목	10년_평균_금	10년_평균_토	10년_평균_일	10년_평균_공휴일
0	2019년	440	857	1.9	100486	50420	653	3255	5.0	501836	268910	2019년	56	58	55	54	55	70	72	21
1	2020년	474	1120	2.4	148015	65789	620	2920	4.7	486459	158141	2020년	59	63	60	61	58	76	75	23
2	2021년	481	1087	2.0	143325	66496	349	766	2.2	5641	36125	2021년	61	65	60	61	59	75	78	23
3	2022년	537	3560	6.6	435634	200869	756	24797	32.8	2925560	1346276	2022년	69	72	66	68	66	86	87	23
4	2023년	567	4004	7.1	475371	226910	596	4992	8.4	464130	285429	2023년	74	76	69	73	70	87	94	24

▲ [그림 06-23] 데이터프레임의 변수 결합: pd.concat(axis=1, join="inner")

9 그룹화: groupby( )

그룹화는 데이터를 그룹(집단)별로 비교할 때 사용하며, 집단별 비교를 위해서 새로운 데이터프레임이 결과 값으로 생성됩니다. 각 집단을 비교하기 위해 그룹화할 때는 합계, 평균 등의 통계 함수를 사용해서 집단별 통계량으로 비교합니다. 예를 들어 sum( ) 함수로 합계 통계량을 사용하여 서울시 지하철 노선별 하차 총 승객수 비교 등을 할 때 사용합니다.

> ✔ **groupby( ) 메서드: 그룹화할 변수에 통계 함수를 적용하여 집단별 요약 통계량을 구함**
> - 그룹화를 통해서 그룹별로 데이터의 수 균등 여부도 파악 가능
> - df.groupby("그룹화할변수").통계함수( ): 데이터프레임의 그룹화할 변수를 제외한 모든 변수에 통계 함수를 적용

- 그룹화할 변수: 그룹화할 변수 나열
    - 예 "년", ["노선별", "역별"]
- 통계 함수: sum( ), mean( ), count( ), min( ), max( ) 등
    - 예 df_vf.groupby("년").sum( ): 년을 기준으로 나머지 변수에 sum( ) 함수가 적용된 통계량이 생성

년	월	전화금융사기_발생건수
2018년	78	34132
2019년	78	37667
2020년	78	31681
2021년	78	30982
2022년	78	21832
2023년	78	18902
2024년	45	← 2024년 전체 데이터 아님: 데이터의 수가 적음

▲ [그림 06-24] 데이터 그룹화 결과: 그룹별로 데이터의 수 균등 여부 파악

- df.groupby("그룹화할변수")[["필드1", "필드2", ...]].통계함수( ): "필드1", "필드2"에 해당하는 변수에만 통계 함수를 적용
    - 예 df_vf.groupby("년")[["전화금융사기_발생건수"]].sum( )
- agg(통계함수) 메서드: 그룹화에 여러 통계 함수 적용
    - 예 agg(["min", "mean", "median", "max"])
    - df.groupby("그룹화할변수").agg([통계함수]): 그룹화 변수를 제외한 모든 변수에 여러 통계 함수를 적용
    - df.groupby("그룹화할변수")[["필드1", "필드2", ...]].agg([통계함수]): "필드1", "필드2"에 해당하는 변수에만 여러 통계 함수를 적용

실습 코드 ① 경찰청 보이스피싱 월별 현황 데이터 로드

```
import pandas as pd
df_vf = pd.read_csv("data/2018-2024_경찰청_보이스피싱_월별_현황.csv", encoding="cp949")
df_vf
```

[실행 결과]

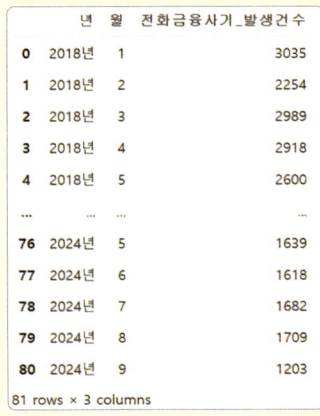

◀ [그림 06-25] 경찰청 보이스피싱 월별 현황 데이터 로드

CHAPTER 06. 데이터 전처리: 분석 데이터 준비

실습 코드 ② 연도별 보이스피싱 발생 건수 그룹화: 합계

```
# 그룹화 기준 변수: 년, 통계 함수가 적용되는 변수: 전화금융사기_발생건수, 통계 함수: sum()
df_vf_group = df_vf.groupby("년")[["전화금융사기_발생건수"]].sum()
df_vf_group
```

[실행 결과]

	전화금융사기_발생건수
년	
2018년	34132
2019년	37667
2020년	31681
2021년	30982
2022년	21832
2023년	18902
2024년	14646

◀ [그림 06-26] 연도별 보이스피싱 발생 건수 합계

실습 코드 ③ 연도별 보이스피싱 발생 건수 그룹화: 합계, 평균

```
# 그룹화 기준 변수: 년, 통계 함수가 적용되는 변수: 전화금융사기_발생건수, 통계 함수: sum(), mean()
df_vf_group2 = df_vf.groupby("년")[["전화금융사기_발생건수"]].agg(["sum", "mean"])
df_vf_group2
```

[실행 결과]

	전화금융사기_발생건수	
	sum	mean
년		
2018년	34132	2844.333333
2019년	37667	3138.916667
2020년	31681	2640.083333
2021년	30982	2581.833333
2022년	21832	1819.333333
2023년	18902	1575.166667
2024년	14646	1627.333333

◀ [그림 06-27] 연도별 보이스피싱 발생 건수 합계, 평균

실습 코드 ④ 연도별 보이스피싱 발생 건수 합계 시각화

```
import matplotlib as mpl
import matplotlib.pyplot as plt
df_vf1 = df_vf[df_vf["년"] != "2024년"] # 2018-2023년 데이터만 추출
# 그룹화 기준 변수: 년, 통계 함수가 적용되는 변수: 전화금융사기_발생건수, 통계 함수: sum()
```

```
df_vf_group22 = df_vf1.groupby("년")[["전화금융사기_발생건수"]].agg(["sum"])
# 시계열 그래프 시각화
df_vf_group22.plot.line(y="전화금융사기_발생건수")
plt.title("년도별 보이스피싱 발생건수")
plt.legend(labels="건")
plt.show()
```

[실행 결과]

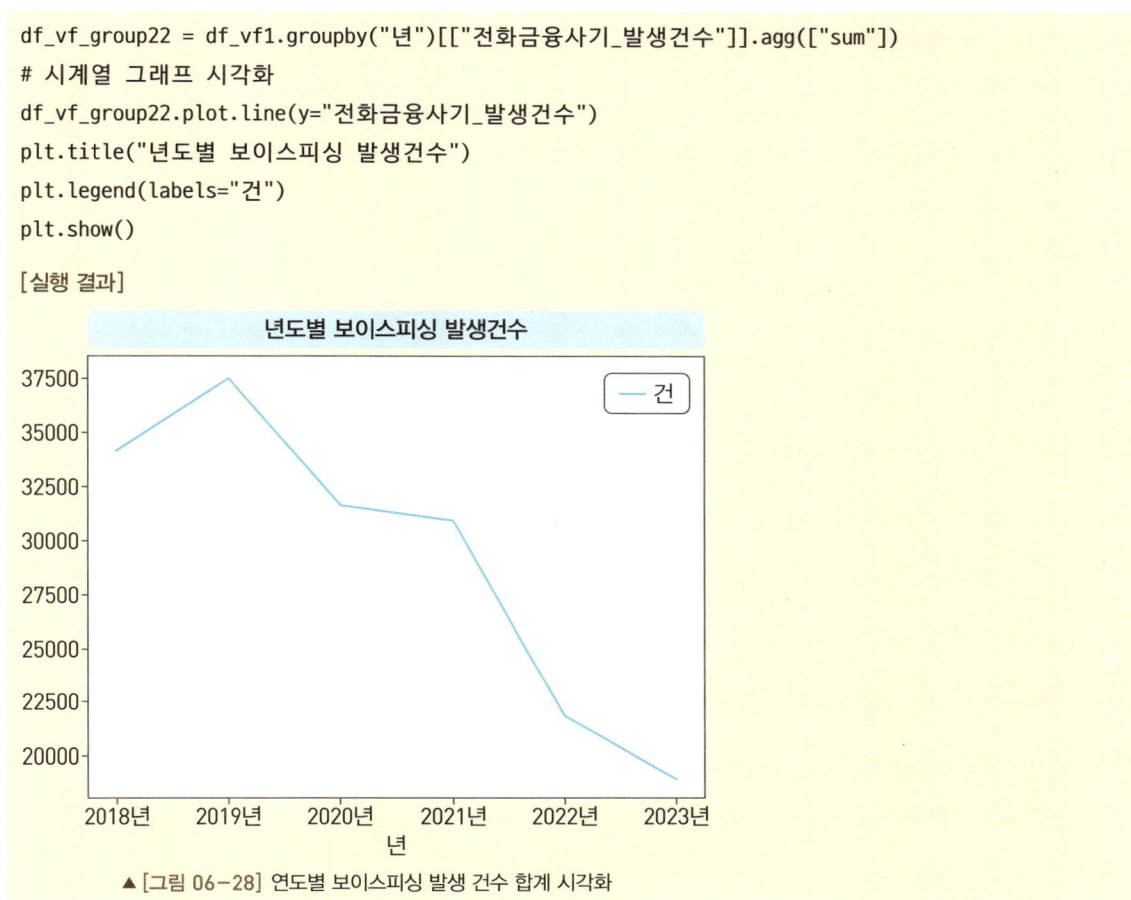

▲ [그림 06-28] 연도별 보이스피싱 발생 건수 합계 시각화

10 정렬: sort_values( )

데이터프레임의 데이터를 정렬할 때는 sort_values( ) 메서드를 사용합니다. 정렬에는 작은 값에서 큰 값 순서로 정렬하는 오름차순 정렬과 작은 값에서 큰 값 순서로 정렬하는 내림차순 정렬이 있습니다. 또한 사용자가 지정한 순서대로 정렬하는 사용자 정의 정렬도 있습니다.

> ✓ **sort_values( ) 메서드: 데이터프레임의 데이터를 정렬 기준 변수를 기준으로 정렬**
> - df.sort_values(by=정렬기준변수, ascending=True/False): 정렬 기준 변수를 기준으로 오름차순/내림차순/사용자 정의 정렬을 함
> - 오름차순 정렬: 기본값, ascending=True 옵션 생략 가능
>   예 df_od.sort_values(by="자치구"): 자치구를 기준으로 오름차순 정렬
> - 내림차순 정렬: ascending=False
>   - df_od.sort_values(by="노령화지수", ascending=False): 노령화지수를 기준으로 내림차순 정렬

CHAPTER 06. 데이터 전처리: 분석 데이터 준비

실습 코드 ① 서울시 구별 노령화지수 데이터 로드

```
import pandas as pd
df_od = pd.read_excel("data/2024_seoul_gu_od.xlsx")
df_od = df_od.iloc[1:, :]   # 서울시 평균 데이터 제외
df_od
```

[실행 결과]

	자치구	유년부양비	노년부양비	노령화지수
1	종로구	9.7	27.3	281.8
2	중구	9.3	28.1	302.4
3	용산구	11.5	24.7	215.7
4	성동구	11.9	24.9	209.4
5	광진구	9.8	22.7	230.8
6	동대문구	10.9	26.7	245.6
7	중랑구	10.9	30.7	282.0
8	성북구	12.5	26.7	214.1
9	강북구	9.7	36.0	369.1

▲[그림 06-29] 서울시 구별 노령화지수 데이터 로드

실습 코드 ② 자치구를 기준으로 오름차순 정렬: sort_values(by="자치구")

```
df_od.sort_values(by="자치구")
```

[실행 결과]

	자치구	유년부양비	노년부양비	노령화지수
23	강남구	16.2	22.5	139.1
25	강동구	15.4	26.5	171.8
9	강북구	9.7	36.0	369.1
16	강서구	12.2	26.5	217.7
21	관악구	7.0	23.4	336.0
5	광진구	9.8	22.7	230.8
17	구로구	12.5	28.8	230.2
18	금천구	9.1	27.4	299.8
11	노원구	13.0	28.7	221.0

▲[그림 06-30] 자치구를 기준으로 오름차순 정렬

실습 코드 ③ 노령화지수를 기준으로 내림차순 정렬:sort_values(by="노령화지수", ascending=False)

```
df_od_sort = df_od.sort_values(by="노령화지수", ascending=False)
df_od_sort
```

[실행 결과]

	자치구	유년부양비	노년부양비	노령화지수
9	강북구	9.7	36.0	369.1
21	관악구	7.0	23.4	336.0
10	도봉구	11.2	35.6	317.8
2	중구	9.3	28.1	302.4
18	금천구	9.1	27.4	299.8
7	중랑구	10.9	30.7	282.0
1	종로구	9.7	27.3	281.8
12	은평구	11.7	29.8	254.0
6	동대문구	10.9	26.7	245.6
20	동작구	11.0	25.9	235.4

▲ [그림 06-31] 노령화지수를 기준으로 내림차순 정렬

실습 코드 ④ 서울시 지하철 승하차 인원수 데이터 로드

```
import pandas as pd
df_ps = pd.read_csv("data/202502_서울시지하철_노선별_역별_승하차인원수.csv")
df_ps
```

[실행 결과]

	사용일자	노선명	역명	승차총승객수	하차총승객수
0	20250201	경의선	홍대입구	2746	3235
1	20250201	경원선	망월사	5371	5599
2	20250201	경원선	회룡	9826	9773
3	20250201	경원선	의정부	16931	17879
4	20250201	경원선	가능	4804	4564
...	...	...	...	...	...
16655	20250228	분당선	매교	5658	5457
16656	20250228	분당선	수원시청	15777	18120
16657	20250228	분당선	매탄권선	6161	5666
16658	20250228	분당선	망포	17345	16400
16659	20250228	분당선	영통	10420	10291

16660 rows × 5 columns

▲ [그림 06-32] 서울시 지하철 승하차 인원수 데이터 로드

실습 코드 ⑤ 지하철 노선별 역별 그룹화 데이터 생성: df_ps_group

```
df_ps_group = df_ps.iloc[:, 1:].groupby(["노선명", "역명"]).sum().reset_index()
df_ps_group
```

[실행 결과]

	노선명	역명	승차총승객수	하차총승객수
0	1호선	동대문	314785	305172
1	1호선	동묘앞	270593	278798
2	1호선	서울역	1862998	1710226
3	1호선	시청	700258	699520
4	1호선	신설동	362991	351283
...	...	...	...	...
616	중앙선	원덕	8015	7648
617	중앙선	중랑	139477	134678
618	중앙선	지평	1183	1373
619	중앙선	팔당	19318	20008
620	중앙선	회기	630080	608944

621 rows × 4 columns

▲ [그림 06-33] df_ps_group 생성

실습 코드 ⑥ 서울시 지하철 하차 승객수 top10

```
df_ps_group.sort_values(by=["하차총승객수"], ascending=[False]).head(10)
```

[실행 결과]

	노선명	역명	승차총승객수	하차총승객수
10	2호선	강남	2173991	2131654
59	2호선	홍대입구	1993953	2127938
52	2호선	잠실(송파구청)	2138300	2094469
2	1호선	서울역	1862998	1710226
14	2호선	구로디지털단지	1489051	1472683
43	2호선	역삼	1285622	1442326
37	2호선	신림	1449967	1421501
26	2호선	삼성(무역센터)	1406374	1414640
31	2호선	성수	1256188	1348462
36	2호선	신도림	1365951	1317985

▲ [그림 06-34] 서울시 지하철 하차 승객수 top10

✔ **다차 정렬: 정렬 기준 변수를 리스트로 나열**   ⓔ ["v1", "v3"]
- df.sort_values(by=["v1", "v3"], ascending=[True, True]): 1차 정렬-v1 변수로 오름차순 정렬, 2차 정렬-v3 변수로 2차 정렬   ⓔ df_ps_group.sort_values(by=["노선명", "하차총승객수"], ascending=[True, False])

실습 코드 노선별 하차 총 승객수별 정렬

```python
# 1차 정렬: 노선명 오름차순 정렬, 2차 정렬: 하차 총 승객수 내림차순 정렬
df_ps_group.sort_values(by=["노선명", "하차총승객수"], ascending=[True, False])
```

[실행 결과]

	노선명	역명	승차총승객수	하차총승객수
2	1호선	서울역	1862998	1710226
6	1호선	종각	1026595	998171
3	1호선	시청	700258	699520
7	1호선	종로3가	691095	627283
8	1호선	종로5가	621201	605934
...	...	...	...	...
611	중앙선	양정	12212	10480
616	중앙선	원덕	8015	7648
613	중앙선	오빈	7247	7248
607	중앙선	신원	7242	6778
618	중앙선	지평	1183	1373

621 rows × 4 columns

▲ [그림 06-35] 노선별 하차 총 승객수별 정렬

♥ 사용자 정의 정렬: pd.Categorical( )

- pd.Categorical(df["정렬기준변수"], [사용자 정의 순서 리스트])함수: 사용자 정의 정렬 기준 설정
  - 예) pd.Categorical(df_od["자치구"], ["서울시", "종로구", "중구", "용산구"])

실습 코드 자치구 사용자 정의 정렬: pd.Categorical( )

```python
# 사용자 정의 정렬 순서 지정
df_od_sort["자치구"] = pd.Categorical(df_od_sort["자치구"],
                ["서울시", "종로구", "중구", "용산구", "성동구", "광진구", "동대문구",
                 "중랑구", "성북구", "강북구", "도봉구", "노원구", "은평구", "서대문구",
                 "마포구", "양천구", "강서구", "구로구", "금천구", "영등포구", "동작구",
                 "관악구", "서초구", "강남구","송파구", "강동구"])
df_od_sort.sort_values(by=["자치구"], ascending=[True])  # 사용자 정의 정렬 수행
```

[실행 결과]

	자치구	유년부양비	노년부양비	노령화지수
1	종로구	9.7	27.3	281.8
2	중구	9.3	28.1	302.4
3	용산구	11.5	24.7	215.7
4	성동구	11.9	24.9	209.4
5	광진구	9.8	22.7	230.8
6	동대문구	10.9	26.7	245.6
7	중랑구	10.9	30.7	282.0
8	성북구	12.5	26.7	214.1
9	강북구	9.7	36.0	369.1
10	도봉구	11.3	35.6	317.0

▲ [그림 06-36] 자치구 사용자 정의 정렬

알아두기 | 튜플과 리스트 정렬

- 튜플 정렬: sorted(tuple, key)
- 리스트 정렬: list.sort( ), sorted(list)

11 행, 열(변수) 제거: drop( )

데이터프레임의 행과 열을 제거할 때는 drop( ) 메서드를 사용합니다. 행을 제거할 때는 데이터프레임.index[행번호]를 기술하여 제거하고, 열을 제거할 때는 labels=["변수명"] 제거할 변수명과 axis=1 옵션을 사용합니다.

♥ drop( ) 메서드: 데이터프레임의 행, 열 제거

- df.drop(df.index[행번호], inplace=True): 데이터프레임에서 행 번호에 해당하는 행 제거
  - 예 df_od.drop(df_od.index[0], inplace=True) # 0행 제거
- df.drop(labels=["변수명"], axis=1, inplace=True): 데이터프레임에서 변수명에 해당하는 열 제거, axis=1을 기술, 여러 열 제거 시 'labels=["변수명1", "변수명2", ...]'
  - 예 df_od.drop(labels=["유년부양비", "노년부양비"], axis=1, inplace=True) # 유년부양비, 노년부양비 열 제거

실습 코드 ① 서울시 구별 노령화지수 데이터 로드

```
import pandas as pd
df_od = pd.read_excel("data/2024_seoul_gu_od.xlsx")
df_od
```

[실행 결과]

	자치구	유년부양비	노년부양비	노령화지수
0	서울시	12.3	26.4	214.5
1	종로구	9.7	27.3	281.8
2	중구	9.3	28.1	302.4
3	용산구	11.5	24.7	215.7
4	성동구	11.9	24.9	209.4
5	광진구	9.8	22.7	230.8
6	동대문구	10.9	26.7	245.6
7	중랑구	10.9	30.7	282.0
8	성북구	12.5	26.7	214.1

▲ [그림 06-37] 서울시 구별 노령화지수 데이터 로드

실습 코드 ② 서울시 평균 행(0 행) 제거: drop(df, index[행번호])

```
df_od.drop(df_od.index[0], inplace=True)
df_od
```

[실행 결과]

	자치구	유년부양비	노년부양비	노령화지수
1	종로구	9.7	27.3	281.8
2	중구	9.3	28.1	302.4
3	용산구	11.5	24.7	215.7
4	성동구	11.9	24.9	209.4
5	광진구	9.8	22.7	230.8
6	동대문구	10.9	26.7	245.6
7	중랑구	10.9	30.7	282.0
8	성북구	12.5	26.7	214.1
9	강북구	9.7	36.0	369.1

▲ [그림 06-38] 서울시 평균 행(0 행) 제거

실습 코드 ③ 유년부양비, 노년부양비 열 제거: drop(labels=["변수명"], axis=1)

```
df_od.drop(labels=["유년부양비", "노년부양비"], axis=1, inplace=True)
df_od
```

[실행 결과]

	자치구	노령화지수
1	종로구	281.8
2	중구	302.4
3	용산구	215.7
4	성동구	209.4
5	광진구	230.8
6	동대문구	245.6
7	중랑구	282.0
8	성북구	214.1
9	강북구	369.1

◀ [그림 06-39] 유년부양비, 노년부양비 열 제거

12 데이터프레임 구조 변환: transpose( ), melt( ), pivot( )

데이터를 분석하기 위해서 데이터프레임의 구조를 변환해야 할 때가 있습니다. 단순히 행렬을 바꿀 때는 transpose( ) 메서드를 사용하고, 집단비교를 위해서 여러 변수를 1개의 변수로 만들 때는 melt( ) 함수를 사용합니다. 각 집단의 관계 파악을 위해서 1개의 변수를 여러 개의 변수로 만들 때는 pivot( ) 메서드를 사용합니다.

> ✔ **행렬 바꿈: df.transpose( )**
> - df.transpose( ): 데이터프레임의 행과 열이 바뀜
>   예 df_fi.transpose( )

실습 코드 ① 서울시 구별 재정자립도 데이터 로드

```
import pandas as pd
df_fi = pd.read_excel("data/2019-2024_서울시_구별_재정자립도.xlsx")
df_fi
```

[실행 결과]

	구분별(1)	2019년	2020년	2021년	2022년	2023년	2024년
0	서울시 평균	76.5	76.1	75.6	76.3	75.4	74.0
1	본청	78.4	77.9	77.3	78.1	77.0	76.4
2	자치구 평균	28.1	28.4	29.4	29.4	29.5	26.4
3	종로구	47.4	47.0	47.2	47.5	46.7	42.0
4	중구	54.9	53.5	55.3	55.3	55.8	53.6

▲ [그림 06-40] 서울시 구별 재정자립도 데이터 로드

실습 코드 ② 서울시 구별 재정자립도 데이터 행렬 바꿈: df_fi.transpose( )

```
df_fi_trans = df_fi.transpose()
df_fi_trans
```

[실행 결과]

	0	1	2	3	4	5	6	7	8	9	...	18	19	20	21	22	23	24	25	26	27
구분별(1)	서울시 평균	본청	자치구 평균	종로구	중구	용산구	성동구	광진구	동대문구	중랑구	...	강서구	구로구	금천구	영등포구	동작구	관악구	서초구	강남구	송파구	강동구
2019년	76.5	78.4	28.1	47.4	54.9	39.2	32.5	26.7	23.8	18.1	...	19.7	21.8	25.3	35.7	26.0	18.7	53.3	54.4	38.4	22.2
2020년	76.1	77.9	28.4	47.0	53.5	39.3	32.7	26.2	23.2	17.5	...	21.1	22.2	24.7	36.0	26.4	19.3	54.7	52.3	37.6	26.3
2021년	75.6	77.3	29.4	47.2	55.3	41.7	33.2	26.1	24.5	18.2	...	21.9	22.5	26.3	36.5	29.1	19.7	58.2	54.9	39.8	26.7
2022년	76.3	78.1	29.4	47.5	55.3	41.9	34.2	25.0	23.7	18.2	...	20.8	21.9	25.1	37.3	28.1	19.6	57.8	58.9	40.0	25.4
2023년	75.4	77.0	29.5	46.7	55.8	41.7	34.5	26.1	23.8	21.6	...	21.1	22.1	23.6	37.4	27.4	19.9	57.3	60.4	37.4	25.6
2024년	74.0	76.4	26.4	42.0	53.6	39.4	30.2	23.2	21.6	15.4	...	19.4	19.9	22.0	35.2	28.4	17.7	53.2	56.1	31.9	21.9

7 rows × 28 columns

▲ [그림 06-41] 서울시 구별 재정자립도 데이터 행렬 바꿈

실습 코드 ③ 행렬 바꿈한 결과를 분석할 수 있는 데이터프레임 형태로 전처리

```
df_fi_trans.rename(columns=df_fi_trans.iloc[0], inplace=True)   # 변수명 변경
df_fi_trans.drop(df_fi_trans.index[0], inplace=True)   # 0행 제거
df_fi_trans.reset_index(inplace=True)   # 인덱스 복귀: 인덱스가 0부터 시작
df_fi_trans.rename(columns={"index":"년도"}, inplace=True)   # index 변수명을 년도 변수명으로 변경
df_fi_trans
```

[실행 결과]

	년도	서울시 평균	본청	자치구 평균	종로구	중구	용산구	성동구	광진구	동대문구	...	강서구	구로구	금천구	영등포구	동작구	관악구	서초구	강남구	송파구	강동구
0	2019년	76.5	78.4	28.1	47.4	54.9	39.2	32.5	26.7	23.8	...	19.7	21.8	25.3	35.7	26.0	18.7	53.3	54.4	38.4	22.2
1	2020년	76.1	77.9	28.4	47.0	53.5	39.3	32.7	26.2	23.2	...	21.1	22.2	24.7	36.0	26.4	19.3	54.7	52.3	37.6	26.3
2	2021년	75.6	77.3	29.4	47.2	55.3	41.7	33.2	26.1	24.5	...	21.9	22.5	26.3	36.5	29.1	19.7	58.2	54.9	39.8	26.7
3	2022년	76.3	78.1	29.4	47.5	55.3	41.9	34.2	25.0	23.7	...	20.8	21.9	25.1	37.3	28.1	19.6	57.8	58.9	40.0	25.4
4	2023년	75.4	77.0	29.5	46.7	55.8	41.7	34.5	26.1	23.8	...	21.1	22.1	23.6	37.4	27.4	19.9	57.3	60.4	37.4	25.6
5	2024년	74.0	76.4	26.4	42.0	53.6	39.4	30.2	23.2	21.6	...	19.4	19.9	22.0	35.2	28.4	17.7	53.2	56.1	31.9	21.9

6 rows × 29 columns

▲ [그림 06-42] 행렬 바꿈한 결과를 분석할 수 있는 데이터프레임 형태로 전처리

실습 코드 ④ 행렬 바꿈하고 전처리한 결과 파일로 저장

```
df_fi_trans.to_csv("data/서울시_구별_재정자립도_trans.csv", index=False, encoding="cp949")
```

✔ **집단 비교를 위해서 1개의 변수로 만듦: pd.melt(df, id_vars=["기준변수"])**
- pd.melt(df, id_vars=["기준변수"]): 기준변수를 기준으로 나머지 변수를 1개의 변수로 만듦
   예 pd.melt(df_fi_trans, id_vars=["년도"]): 년도를 기준으로 자치구를 1개의 변수로 생성

실습 코드 ① 서울시 구별 재정자립도 trans 데이터 로드

```
import pandas as pd
df_fi_trans = pd.read_csv("data/서울시_구별_재정자립도_trans.csv", encoding="cp949")
df_fi_trans
```

실습 코드 ②   년도를 기준으로 자치구를 1개의 변수로 생성: pd.melt(df, id_vars=["기준변수"])

```
df_fi_trans_melt = pd.melt(df_fi_trans, id_vars=["년도"])
df_fi_trans_melt
```

[실행 결과]

	년도	variable	value
0	2019년	서울시 평균	76.5
1	2020년	서울시 평균	76.1
2	2021년	서울시 평균	75.6
3	2022년	서울시 평균	76.3
4	2023년	서울시 평균	75.4
...	...	...	...
163	2020년	강동구	26.3
164	2021년	강동구	26.7
165	2022년	강동구	25.4
166	2023년	강동구	25.6
167	2024년	강동구	21.9

168 rows × 3 columns

◀ [그림 06-43] 년도를 기준으로 자치구를 1개의 변수로 생성

실습 코드 ③   1개의 변수로 멜트된 데이터프레임 전처리

```
# 변수명 변경 columns={"variable":"자치구", "value": "재정자립도"}
df_fi_trans_melt.rename(columns={"variable":"자치구", "value": "재정자립도"}, inplace=True)
df_fi_trans_melt
```

[실행 결과]

	년도	자치구	재정자립도
0	2019년	서울시 평균	76.5
1	2020년	서울시 평균	76.1
2	2021년	서울시 평균	75.6
3	2022년	서울시 평균	76.3
4	2023년	서울시 평균	75.4
...	...	...	...
163	2020년	강동구	26.3
164	2021년	강동구	26.7
165	2022년	강동구	25.4
166	2023년	강동구	25.6
167	2024년	강동구	21.9

168 rows × 3 columns

◀ [그림 06-44] 1개의 변수로 멜트된 데이터프레임 전처리

실습 코드 ④   1개의 변수로 멜트된 데이터프레임 전처리 결과 파일로 저장

```
df_fi_trans_melt.to_csv("data/서울시_구별_재정자립도_trans_melt.csv", index=False, encoding="cp949")
```

✅ 각 집단의 관계 파악을 위해 1개의 변수를 여러 개의 변수로 만듦: df.pivot( )

- df.pivot(index="", columns="", values=""): 1개의 변수를 여러 개의 변수로 피봇
  - 예) df_wc.pivot(index="채취_날짜", columns="샘플_채취_지점", values="c19바이러스_농도"): 채취_날짜를 인덱스로 샘플_채취_지점별 값을 변수로 생성하고, 변수 값은 c19바이러스_농도의 값을 사용

실습 코드 ① 서울시 하수처리장별 c19바이러스 농도 데이터 로드

```
import pandas as pd
df_wc = pd.read_excel("data/2024년서울시_하수처리장_코로나바이러스농도.xlsx")
df_wc
```

[실행 결과]

	채취_날짜	샘플_채취_주차_1	샘플_채취_주차_2	샘플_채취_지점	c19바이러스_농도
0	2024-01-02	1	1주차	서남 물 재생센터	246453.100994
1	2024-01-02	1	1주차	난지 물 재생센터	68242.156443
2	2024-01-02	1	1주차	탄천 물 재생센터	52544.326514
3	2024-01-02	1	1주차	중랑A 물 재생센터	65538.290177
4	2024-01-02	1	1주차	중랑B 물 재생센터	23026.440802
...	...	...	...	...	...
255	2024-12-24	52	52주차	서남 물 재생센터	16517.860699
256	2024-12-24	52	52주차	난지 물 재생센터	11553.439078
257	2024-12-24	52	52주차	탄천 물 재생센터	7784.980645
258	2024-12-24	52	52주차	중랑A 물 재생센터	11819.324813
259	2024-12-24	52	52주차	중랑B 물 재생센터	3135.979072

260 rows × 5 columns

▲ [그림 06-45] 서울시 하수처리장별 c19바이러스 농도 데이터 로드

실습 코드 ② 1개의 변수를 여러 개의 변수로 피봇: 물 재생센터를 각각의 변수로 피봇

```
df_wc_pivot = df_wc.pivot(index="채취_날짜", columns="샘플_채취_지점", values="c19바이러스_농도")
df_wc_pivot
```

[실행 결과]

샘플_채취_지점 채취_날짜	난지 물 재생센터	서남 물 재생센터	중랑A 물 재생센터	중랑B 물 재생센터	탄천 물 재생센터
2024-01-02	68242.156443	246453.100994	65538.290177	23026.440802	52544.326514
2024-01-09	94253.317315	203899.994405	35834.387441	11411.658468	67652.200515
2024-01-16	110769.091992	183520.889930	121559.187849	13224.314093	73598.217012
2024-01-23	115534.390776	270002.902856	83205.808225	26311.986855	160428.649431
2024-01-30	165271.924213	362591.161757	178842.493629	19731.206578	114535.591759
2024-02-06	279806.384668	511455.034295	122415.544977	16907.541916	149552.653309

▲ [그림 06-46] 1개의 변수를 여러 개의 변수로 피봇

CHAPTER 06. 데이터 전처리: 분석 데이터 준비   **151**

실습 코드 ③   여러 개의 변수로 피봇한 데이터프레임 전처리

```
df_wc_pivot.rename_axis(None, axis=1, inplace=True)   # 불필요한 인덱스명 제거
df_wc_pivot.reset_index(inplace=True)   # 인덱스 복귀
df_wc_pivot
```

[실행 결과]

	채취_날짜	난지 물 재생센터	서남 물 재생센터	중랑A 물 재생센터	중랑B 물 재생센터	탄천 물 재생센터
0	2024-01-02	68242.156443	246453.100994	65538.290177	23026.440802	52544.326514
1	2024-01-09	94253.317315	203899.994405	35834.387441	11411.658468	67652.200515
2	2024-01-16	110769.091992	183520.889930	121559.187849	13224.314093	73598.217012
3	2024-01-23	115534.390776	270002.902856	83205.808225	26311.986855	160428.649431
4	2024-01-30	165271.924213	362591.161757	178842.493629	19731.206578	114535.591759
5	2024-02-06	279806.384668	511455.034295	122415.544977	16907.541916	149552.653309

▲ [그림 06-47] 여러 개의 변수로 피봇한 데이터프레임 전처리

실습 코드 ④   여러 개의 변수로 피봇한 데이터프레임 전처리 결과 파일로 저장

```
df_wc_pivot.to_csv("data/2024년서울시_하수처리장_코로나바이러스농_pivot.csv", index=False,
encoding="cp949")
```

02 결측치/이상치 처리, 스케일링/인코딩 방법

데이터 분석에서 결측치(Missing Values)와 이상치(outliers)를 처리하는 것은 매우 중요합니다. 분석하려는 데이터에 결측치가 있으면 예측이 되지 않고, 이상치가 있으면 잘못된 예측 결과가 나옵니다. 결측치는 데이터에서 값이 비어 있는(누락된) 경우이며, NaN(Not a Number)으로 표시됩니다. 이상치는 데이터에서 정상적인 범위를 벗어난 극단적인 값입니다. 또한 스케일링은 숫자변수의 값의 범위를 맞춰 모델의 성능 향상과 안정성을 확보, 인코딩은 범주형 변수 수량화에 사용합니다.

1 결측치(Missing Values) 처리

1) 결측치 확인

데이터프레임에서 결측치 확인은 isnull( ) 또는 notnull( ) 메서드를 사용합니다. isnull( ) 메서드는 데이터프레임(df) 또는 시리즈 변수(데이터프레임의 변수, df["변수"])에서 결측치가 있는지를 판

별할 때 사용합니다. notnull( ) 메서드는 데이터프레임(df) 또는 시리즈 변수(데이터프레임의 변수, df["변수"])에서 필터링과 결합하여 정상치 데이터만으로 작업을 처리할 때 사용합니다.

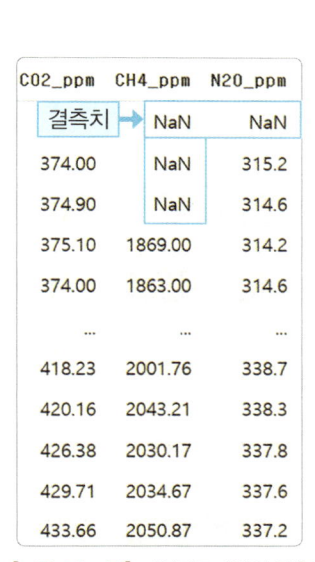

▲ [그림 06-48] 데이터프레임의 결측치

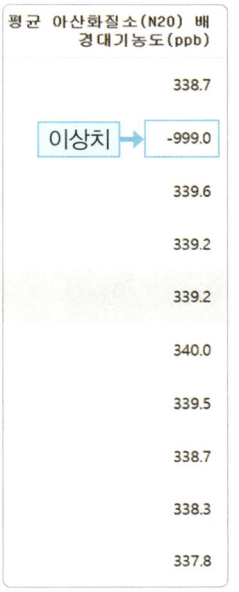

▲ [그림 06-49] 데이터프레임의 이상치

✔ 결측치 확인 메서드: 데이터프레임/시리즈변수.메서드( )

- df/df["변수"].isnull( ): 데이터프레임(df) 또는 시리즈 변수(데이터프레임의 변수, df["변수"])에서 결측치를 확인, 결측이면 True, 결측이 아니면 False ⓓ df.isnull( ), df["CO2_ppm"].isnull( )
  - df/df["변수"].isnull( ).sum( ): df 또는 df["변수"] 값에 결측치 여부 확인
    ⓓ df.isnull( ).sum( ): 데이터프레임 전체에서 결측치의 개수 구함, 시리즈 변수별로 구해줌
    ⓓ df["CO2_ppm"].isnull( ).sum( ): df["CO2_ppm"] 변수에서 결측치의 개수를 구함
- df/df["변수"].notnull( ): 데이터프레임(df) 또는 시리즈 변수(데이터프레임의 변수, df["변수"])에서 결측이 아니면 True, 결측이면 False ⓓ df.notnull( ), df["CO2_ppm"].notnull( )
  - df["변수"][df["변수"].notnull( )]: df["변수"]에서 결측이 아닌 데이터만 추출
    ⓓ df[df["변수"].notnull( )]: 데이터프레임 전체에서 결측치의 개수 구함
    ⓓ df["CO2_ppm"][df["CO2_ppm"].notnull( )]: df["CO2_ppm"] 변수에서 결측이 아닌 데이터만 작업 대상으로 지정

실습 코드 ① 온실가스 데이터 로드

```
import pandas as pd
df_ghgs = pd.read_csv("data/1999-2023_ghgs.csv", encoding="cp949")
df_ghgs
```

[실행 결과]

	지점	시간	CO2_ppm	CH4_ppm	N2O_ppm	CFC11_ppm	CFC12_ppm	CFC113_ppm	SF6_ppm
0	안면도	1999-01-01	373.10	NaN	NaN	NaN	NaN	NaN	NaN
1	안면도	1999-02-01	374.00	NaN	315.2	266.9	534.1	NaN	NaN
2	안면도	1999-03-01	374.90	NaN	314.6	267.5	535.1	NaN	NaN
3	안면도	1999-04-01	375.10	1869.00	314.2	266.7	534.7	NaN	NaN
4	안면도	1999-05-01	374.00	1863.00	314.6	268.6	535.1	NaN	NaN
...	...	...	...	...	...	...	...	...	...
295	안면도	2023-08-01	418.23	2001.76	338.7	216.4	485.3	68.6	11.9
296	안면도	2023-09-01	420.16	2043.21	338.3	218.5	484.5	68.7	12.0
297	안면도	2023-10-01	426.38	2030.17	337.8	217.8	483.9	68.7	11.9
298	안면도	2023-11-01	429.71	2034.67	337.6	216.9	483.8	68.9	11.9
299	안면도	2023-12-01	433.66	2050.87	337.2	216.2	484.3	69.2	11.9

300 rows × 9 columns

▲ [그림 06-50] 온실가스 데이터 로드

실습 코드 ② 데이터프레임의 전체 데이터 값을 결측과 결측 아님으로 표현: df.isnull( )

```
# 결측: True, 결측 아님: False
df_ghgs.isnull()
```

[실행 결과]

	지점	시간	CO2_ppm	CH4_ppm	N2O_ppm	CFC11_ppm	CFC12_ppm	CFC113_ppm	SF6_ppm
0	False	False	False	True	True	True	True	True	True
1	False	False	False	True	False	False	False	True	True
2	False	False	False	True	False	False	False	True	True
3	False	False	False	False	False	False	False	True	True
4	False	False	False	False	False	False	False	True	True
...	...	...	...	...	...	...	...	...	...
295	False	False	False	False	False	False	False	False	False
296	False	False	False	False	False	False	False	False	False
297	False	False	False	False	False	False	False	False	False
298	False	False	False	False	False	False	False	False	False
299	False	False	False	False	False	False	False	False	False

300 rows × 9 columns

▲ [그림 06-51] 데이터프레임의 데이터 값 결측과 결측 아님으로 표현

실습 코드 ③ 데이터프레임의 전체 결측치의 개수 변수별로 구함: df_ghgs.isnull( ).sum( )

```
df_ghgs.isnull().sum()    # 데이터프레임의 변수별로 결측의 개수가 표시됨
```

[실행 결과]

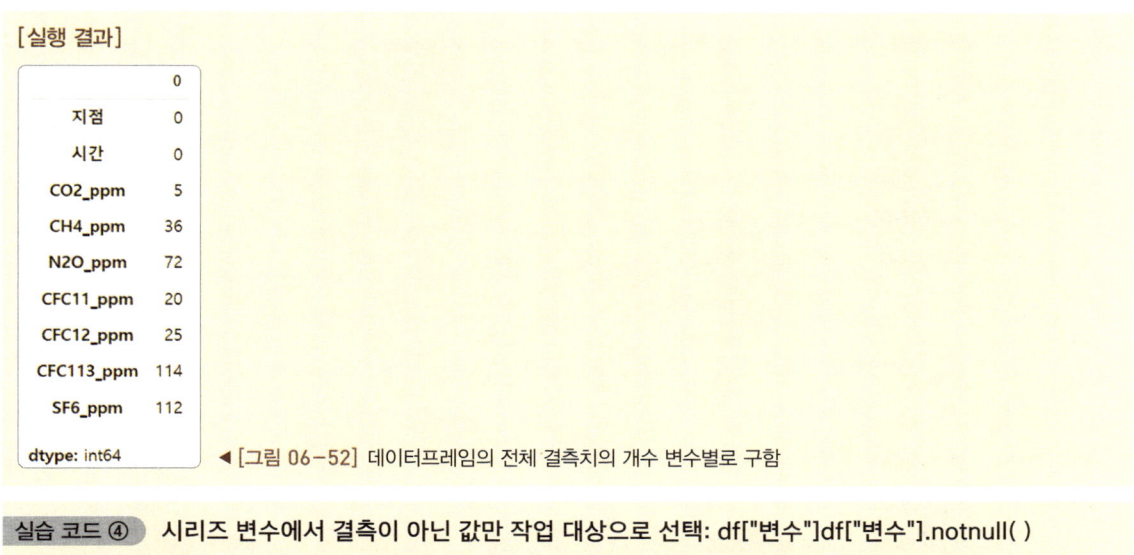

◀ [그림 06-52] 데이터프레임의 전체 결측치의 개수 변수별로 구함

실습 코드 ④ 시리즈 변수에서 결측이 아닌 값만 작업 대상으로 선택: df["변수"]df["변수"].notnull( )

df_ghgs["CO2_ppm"][df_ghgs["CO2_ppm"].notnull()]   # 결측이 아닌 데이터만 추출

[실행 결과]

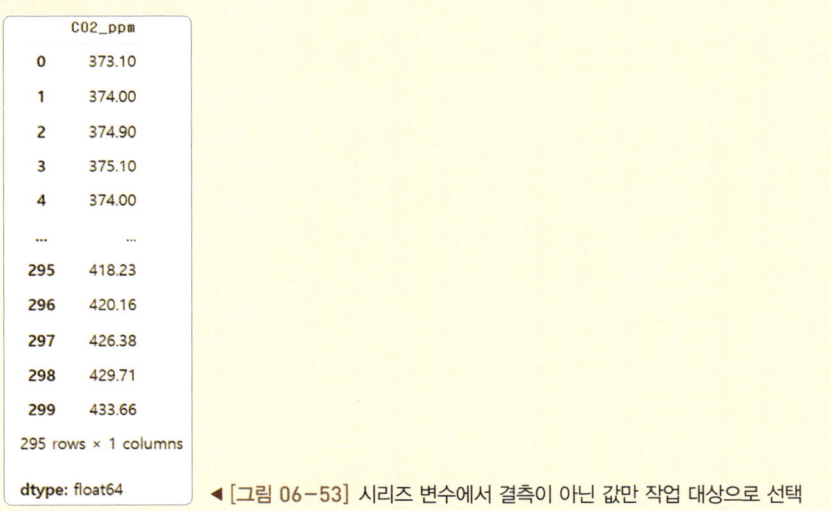

◀ [그림 06-53] 시리즈 변수에서 결측이 아닌 값만 작업 대상으로 선택

2) 결측치 처리

결측치를 처리하는 방법에는 결측 값이 있는 데이터(행)를 제거하는 방법과 결측 값을 다른 값으로 대체하는 방법이 있습니다.

> ✅ **결측 값이 있는 데이터를 제거: dropna( )**
> - df/df["변수"].dropna( ): 데이터프레임(df) 또는 시리즈 변수(데이터프레임의 변수, df["변수"])에서 결측치가 있는 행 제거
>   예 df.dropna( )
>   df["CO2_ppm"].dropna( ): df["CO2_ppm"] 변수에서 결측치가 있는 행 제거

실습 코드 ① 데이터프레임 전체에서 결측치가 있는 행 제거: df.dropna( )

df_ghgs.dropna()

[실행 결과]

	지점	시간	CO2_ppm	CH4_ppm	N2O_ppm	CFC11_ppm	CFC12_ppm	CFC113_ppm	SF6_ppm
98	안면도	2007-03-01	392.20	1892.00	322.4	237.0	550.6	82.3	6.2
99	안면도	2007-04-01	393.00	1892.00	321.3	232.5	539.0	73.9	6.4
106	안면도	2007-11-01	390.20	1900.00	321.9	214.9	507.6	82.8	6.4
107	안면도	2007-12-01	391.60	1897.00	321.8	202.9	489.2	80.4	6.8
108	안면도	2008-01-01	392.50	1900.00	322.3	208.2	489.1	75.6	6.6
...	...	...	...	...	...	...	...	...	...
295	안면도	2023-08-01	418.23	2001.76	338.7	216.4	485.3	68.6	11.9
296	안면도	2023-09-01	420.16	2043.21	338.3	218.5	484.5	68.7	12.0
297	안면도	2023-10-01	426.38	2030.17	337.8	217.8	483.9	68.7	11.9
298	안면도	2023-11-01	429.71	2034.67	337.6	216.9	483.8	68.9	11.9
299	안면도	2023-12-01	433.66	2050.87	337.2	216.2	484.3	69.2	11.9

135 rows × 9 columns

▲ [그림 06-54] 데이터프레임 전체에서 결측치가 있는 행 제거

실습 코드 ② 특정 변수에서 결측치가 있는 행 제거: df["변수"].dropna( )

```
# "CO2_ppm" 또는 "CH4_ppm"에서 결측이 있는 행 제거
df_ghgs[["CO2_ppm", "CH4_ppm"]].dropna()
```

[실행 결과]

	CO2_ppm	CH4_ppm
3	375.10	1869.00
4	374.00	1863.00
5	370.80	1851.00
6	366.60	1844.00
7	363.80	1837.00
...	...	...
295	418.23	2001.76
296	420.16	2043.21
297	426.38	2030.17
298	429.71	2034.67
299	433.66	2050.87

264 rows × 2 columns

◀ [그림 06-55] 특정 변수에서 결측치가 있는 행 제거

✅ 결측 값 대체: fillna( )

- df/df["변수"].fillna(대체값): 대체 값은 특정 값(0, 평균, 중위수, 최빈수), method="ffill/bfill값"을 사용해서 이전 값/이후 값으로 대체
  - df["CO2_ppm"].fillna(0): 결측치를 0 값으로 대체
  - df["CO2_ppm"].fillna(df["CO2_ppm"].mean(skipna=True)): 결측치를 평균으로 대체
  - df["CO2_ppm"].fillna(method="ffill")/; 결측치를 이전 값(ffill)으로 대체

실습 코드 ① 성층권 오존 데이터 로드

```
import pandas as pd
df_ozone = pd.read_csv("data/ozone_data.csv", encoding="cp949")
df_ozone
```

[실행 결과]

	지점	일시	평균오존전량(DU)
0	132	2013-02-01	322.0
1	132	2013-03-01	340.0
2	132	2013-04-01	329.0
3	132	2013-05-01	347.0
4	132	2013-06-01	325.0
...	...	...	...
118	132	2023-08-01	296.1
119	132	2023-09-01	293.9
120	132	2023-10-01	298.8
121	132	2023-11-01	312.7
122	132	2023-12-01	333.2

123 rows × 3 columns

▲ [그림 06-55] 성층권 오존 데이터 로드

실습 코드 ② 오존 데이터 결측치 확인

```
df_ozone.isnull().sum()   # df_ozone["평균오존전량(DU)"]에 결측치 5개 있음
```

[실행 결과]

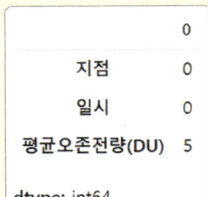

◀ [그림 06-56] 오존 데이터 결측치 확인

실습 코드 ③ [평균오존전량(DU)] 변수의 결측치 보정: (df["변수"].mean(skipna=True)

```
df_ozone["평균오존전량(DU)"].fillna(df_ozone["평균오존전량(DU)"].mean(skipna=True))
```

[실행 결과]

	평균오존전량(DU)
0	322.0
1	340.0
2	329.0
3	347.0
4	325.0
...	...
118	296.1
119	293.9
120	298.8
121	312.7
122	333.2

123 rows × 1 columns

dtype: float64

◀ [그림 06-57] [평균오존전량(DU)] 변수의 결측치 보정

실습 코드 ④ 결측이 보정되어 전체 데이터프레임에서 결측의 개수가 0으로 나옴

```
df_ozone["평균오존전량(DU)"].fillna(df_ozone["평균오존전량(DU)"].mean(skipna=True)).isnull().sum()
```

[실행 결과]

```
np.int64(0)
```

2 이상치(outliers) 처리

이상치를 처리하는 방법에는 이상치를 결측으로 대체해서 제거하는 방법과 이상치를 다른 값으로 대체하는 방법이 있습니다. 특정한 정상치의 범위가 없는 경우, 일반적으로 통계학적인 정상치의 범위를 사용합니다.

✅ **통계학적으로 일반적인 정상치의 범위**
- 통계학적으로 일반적인 정상치의 범위: q1-(q3-q1)*1.5 ~ q3+(q3-q1)*1.5
  - q1은 1사분위수, q3은 3사분위수. (q3-q1): IQR(Interquartile Range, 사분위수 범위)

실습 코드 ① 이상치 있는 성층권 오존 데이터 로드

```
import pandas as pd
df_ozone_otl = pd.read_csv("data/ozone_data_outliers.csv", encoding="cp949")
```

```
df_ozone_otl
```

[실행 결과]

	지점	일시	평균오존전량(DU)
0	132	2013-02-01	322.0
1	132	2013-03-01	340.0
2	132	2013-04-01	329.0
3	132	2013-05-01	347.0
4	132	2013-06-01	325.0
...	...	...	...
118	132	2023-08-01	296.1
119	132	2023-09-01	293.9
120	132	2023-10-01	298.8
121	132	2023-11-01	312.7
122	132	2023-12-01	333.2

123 rows × 3 columns

◀ [그림 06-58] 이상치 있는 성층권 오존 데이터 로드

실습 코드 ② 이상치 확인: IQR 사용

```python
import numpy as np

# IQR 계산
df_ozone_du = df_ozone_otl["평균오존전량(DU)"]
q1 = df_ozone_du.quantile(0.25)   # 1사분위수(Q1)
q3 = df_ozone_du.quantile(0.75)   # 3사분위수(Q3)
iqr = q3 - q1   # IQR 계산

# 이상치 판별 기준(1.5배 IQR을 벗어나면 이상치)
lower_bound = q1 - 1.5 * iqr
upper_bound = q3 + 1.5 * iqr

# 이상치 확인
outliers = ((df_ozone_du < lower_bound) | (df_ozone_du > upper_bound))
df_ozone_du[(df_ozone_du < lower_bound) | (df_ozone_du > upper_bound)]
```

[실행 결과]

	평균오존전량(DU)
57	-999.0
58	-999.0
59	-999.0
88	-999.0
94	-999.0

dtype: float64

◀ [그림 06-59] 이상치 확인

실습 코드 ③ 이상치를 결측으로 대체: replace(-999, np,nan)

```
df_ozone_otl["평균오존전량(DU)"].replace(-999, np.nan, inplace=True)
df_ozone_otl.isnull().sum()
```

[실행 결과]

	0
지점	0
일시	0
평균오존전량(DU)	5

dtype: int64

◀ [그림 06-60] 이상치를 결측으로 대체

실습 코드 ④ 이상치를 평균으로 대체

```
df_ozone_du2 = df_ozone_du.copy()   # 데이터프레임 값 교체 시 경고 발생으로 추가함
df_ozone_du2[outliers] = df_ozone_du.mean()
df_ozone_du2[outliers]
```

[실행 결과]

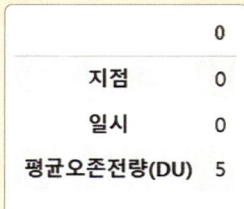

	평균오존전량(DU)
57	322.039831
58	322.039831
59	322.039831
88	322.039831
94	322.039831

dtype: float64

◀ [그림 06-61] 이상치를 평균으로 대체

3 수치형 변수 정규화 스케일링(Normalization Scaling)

스케일링(Scaling)은 데이터의 범위(크기)를 조정하는 전처리 과정으로, 머신러닝과 통계 분석에서 모델 성능 향상과 학습 안정성 확보를 위해서 사용합니다.

> ✅ **스케일링을 하는 이유**
> - 변수 간 단위 차이 보정: 특정 변수가 과도하게 영향 주는 것을 방지
>   - 예를 들어 [연봉] 변수의 값의 범위는 3000~5000 사이의 값이고 [근무년수] 변수의 값의 범위는 0~10 사이의 값이라 할 때, 더 큰 값의 범위를 갖는 [연봉] 변수가 모델 학습 시 더 중요한 변수라고 판단해서 더 큰 영향을 미침
> - 경사 하강법 안정성 향상: 수렴 속도와 정확도 개선
>   - 경사 하강법(Gradient Descent)을 사용하는 알고리즘(예 선형 회귀, 로지스틱 회귀, 신경망)은 입력 특성의 스케일 차이로 인해 학습이 느려지거나 수렴이 불안정할 수 있음, 스케일을 맞추면 빠르고 안정적으로 최적화 가능
> - 거리 기반 알고리즘의 정확도 향상: 공정한 거리 계산을 가능하게 함
>   - K-최근접 이웃(KNN), K-평균(K-Means), SVM 등은 특성 간의 거리(Euclidean distance) 계산에 민감해서 스케일이 다르면 특정 변수가 거리 계산을 지배하게 되어 정확도 저하됨
> - 통계 모델 가정 충족: PCA 등 분산 기반 알고리즘과 호환성 확보
>   - PCA, LDA, 주성분 회귀 등은 데이터가 평균 0, 분산 1일 것을 가정하거나 요구함
>
> ✅ **주요 스케일링 방법**
> - Min-Max 정규화: 0~1 사이로 변환, 이상치에 민감
> - 표준화(StandardScaler): 평균 0, 표준편차 1, 이상치 영향 적음
> - RobustScaler: 중앙값과 IQR 기준, 이상치에 강함

정규화 스케일링(normalization scaling)은 수량형 변수 간 단위가 다를 때 값의 크기를 일정한 범위로 맞춰주는 전처리 작업입니다. 일반적으로 Min-Max 정규화를 사용해서 0~1 사이로 정규화하거나 표준화(StandardScaler)를 사용해서 평균 0, 표준편차 1로 표준화합니다.

실습 코드 ① 온실가스 데이터 로드

```python
import pandas as pd
df_ghgs = pd.read_csv("data/1999-2023_ghgs.csv", encoding="cp949")
df_ghgs
```

[실행 결과]

	지점	시간	CO2_ppm	CH4_ppm	N2O_ppm	CFC11_ppm	CFC12_ppm	CFC113_ppm	SF6_ppm
0	안면도	1999-01-01	373.10	NaN	NaN	NaN	NaN	NaN	NaN
1	안면도	1999-02-01	374.00	NaN	315.2	266.9	534.1	NaN	NaN
2	안면도	1999-03-01	374.90	NaN	314.6	267.5	535.1	NaN	NaN
3	안면도	1999-04-01	375.10	1869.00	314.2	266.7	534.7	NaN	NaN
4	안면도	1999-05-01	374.00	1863.00	314.6	268.6	535.1	NaN	NaN
...	...	...	...	...	...	...	...	...	...
295	안면도	2023-08-01	418.23	2001.76	338.7	216.4	485.3	68.6	11.9
296	안면도	2023-09-01	420.16	2043.21	338.3	218.5	484.5	68.7	12.0
297	안면도	2023-10-01	426.38	2030.17	337.8	217.8	483.9	68.7	11.9
298	안면도	2023-11-01	429.71	2034.67	337.6	216.9	483.8	68.9	11.9
299	안면도	2023-12-01	433.66	2050.87	337.2	216.2	484.3	69.2	11.9

300 rows × 9 columns

▲ [그림 06-62] 온실가스 데이터 로드

실습 코드 ② 결측 제거한 df_ghgs2 데이터프레임 생성

```
df_ghgs2 = df_ghgs.dropna()
df_ghgs2 = df_ghgs2.iloc[:, 2:]
df_ghgs2
```

[실행 결과]

	CO2_ppm	CH4_ppm	N2O_ppm	CFC11_ppm	CFC12_ppm	CFC113_ppm	SF6_ppm
98	392.20	1892.00	322.4	237.0	550.6	82.3	6.2
99	393.00	1892.00	321.3	232.5	539.0	73.9	6.4
106	390.20	1900.00	321.9	214.9	507.6	82.8	6.4
107	391.60	1897.00	321.8	202.9	489.2	80.4	6.8
108	392.50	1900.00	322.3	208.2	489.1	75.6	6.6
...	...	...	...	...	...	...	...
295	418.23	2001.76	338.7	216.4	485.3	68.6	11.9
296	420.16	2043.21	338.3	218.5	484.5	68.7	12.0
297	426.38	2030.17	337.8	217.8	483.9	68.7	11.9
298	429.71	2034.67	337.6	216.9	483.8	68.9	11.9
299	433.66	2050.87	337.2	216.2	484.3	69.2	11.9

135 rows × 7 columns

▲ [그림 06-63] 결측 제거한 df_ghgs2 데이터프레임 생성

실습 코드 ③ 온실가스 데이터 Min-Max 정규화 스케일링: df_ghgs2 데이터프레임

```
import pandas as pd
from sklearn.impute import SimpleImputer
from sklearn.preprocessing import MinMaxScaler

# df_ghgs2: 7개의 수량형 열로만 구성
num_cols = df_ghgs2.columns  # 모두 수치형이라서 그대로 사용

# Min-Max 정규화 (0~1)
scaler = MinMaxScaler()
df_scaled = pd.DataFrame(scaler.fit_transform(df_ghgs2), columns=num_cols, index=df_ghgs2.index)
df_scaled
```

[실행 결과]

	CO2_ppm	CH4_ppm	N2O_ppm	CFC11_ppm	CFC12_ppm	CFC113_ppm	SF6_ppm
98	0.184821	0.246597	0.078534	0.666016	1.000000	0.915584	0.029851
99	0.200551	0.246597	0.020942	0.578125	0.835461	0.370130	0.059701
106	0.145497	0.284535	0.052356	0.234375	0.390071	0.948052	0.059701
107	0.173024	0.270309	0.047120	0.000000	0.129078	0.792208	0.119403
108	0.190720	0.284535	0.073298	0.103516	0.127660	0.480519	0.089552
...	...	...	...	...	...	...	...
295	0.696618	0.767108	0.931937	0.263672	0.073759	0.025974	0.880597
296	0.734565	0.963674	0.910995	0.304688	0.062411	0.032468	0.895522
297	0.856862	0.901835	0.884817	0.291016	0.053901	0.032468	0.880597
298	0.922336	0.923175	0.874346	0.273438	0.052482	0.045455	0.880597
299	1.000000	1.000000	0.853403	0.259766	0.059574	0.064935	0.880597

135 rows × 7 columns

▲ [그림 06-64] 온실가스 데이터 Min-Max 정규화 스케일링

실습 코드 ④ 온실가스 데이터 표준화 스케일링: df_ghgs2 데이터프레임

```
import pandas as pd
from sklearn.preprocessing import StandardScaler

# StandardScaler 정규화(평균:0, 표준편차:1)
scaler = StandardScaler()
df_scaled_std = pd.DataFrame(scaler.fit_transform(df_ghgs2), columns=df_ghgs2.columns, index=df_ghgs2.index)
df_scaled_std
```

[실행 결과]

	CO2_ppm	CH4_ppm	N20_ppm	CFC11_ppm	CFC12_ppm	CFC113_ppm	SF6_ppm
98	-1.193981	-1.213612	-1.333528	0.538556	2.112299	2.473876	-1.730651
99	-1.131964	-1.213612	-1.528018	0.134439	1.494342	0.316393	-1.616765
106	-1.349025	-1.053196	-1.421933	-1.446105	-0.178402	2.602298	-1.616765
107	-1.240494	-1.113352	-1.439614	-2.523749	-1.158609	1.985874	-1.388992
108	-1.170725	-1.053196	-1.351209	-2.047790	-1.163937	0.753026	-1.502878
...	...	...	...	...	...	...	...
295	0.823914	0.987300	1.548449	-1.311400	-1.366371	-1.044876	1.515111
296	0.973532	1.818457	1.477726	-1.122812	-1.408988	-1.019192	1.572054
297	1.455718	1.556979	1.389321	-1.185675	-1.440952	-1.019192	1.515111
298	1.713866	1.647213	1.353960	-1.266498	-1.446279	-0.967823	1.515111
299	2.020078	1.972056	1.283236	-1.329360	-1.419643	-0.890770	1.515111

135 rows × 7 columns

▲ [그림 06-65] 온실가스 데이터 표준화 스케일링

4 범주형 변수 값을 숫자로 변환하는 레이블/원-핫 인코딩(Encoding)

인코딩(Encoding)은 범주형 변수의 값을 수량화하는 방법으로 머신러닝이나 통계 분석에서 모델이 수치형 입력을 필요로 할 때 필수적인 전처리 과정입니다. 범주형 변수는 보통 문자열 또는 구분된 라벨 값이기 때문에 수치형 값으로 변환해야 합니다.

♥ 범주형 변수 수량화 방법

- 레이블 인코딩(Label Encoding): 각 범주에 정수 값을 할당 예 A→0, B→1, C→2
  - 단순하지만 순서 의미가 부여되어 모델에 오해를 줄 수 있음, 범주에 순서가 있고 범주의 수가 적을 때 사용
- 원-핫 인코딩(One-Hot Encoding): 각 범주를 이진 벡터로 변환 예 A→[1,0,0], B→[0,1,0], C→[0,0,1]
  - 범주 간 거리 없으며 차원이 늘어날 수 있음, 범주 간 순서 없고 데이터가 적을 때 사용
- 순서 인코딩(Ordinal Encoding): 순서가 있는 범주에 정수 값 부여 예 낮음→1, 중간→2, 높음→3
  - 순서 정보 보존되나 비순서형에 사용하면 오류 발생 가능, 범주 간 순서가 있을 때 사용
- 타깃 인코딩(Target Encoding): 각 범주에 대응하는 목표 변수의 평균 값 사용 예 A→0.45, B→0.61
  - 정보 손실 적으나 과적합 발생할 수 있어 주의 필요, 범주와 타깃 값의 연관이 뚜렷할 때 사용
- 이진 인코딩(Binary Encoding): 정수를 이진수로 바꿔 벡터화 예 A→000, B→001, C→010
  - 고차원 원-핫보다 차원 축소 가능, 범주가 많고 희소한 경우에 사용
- 임베딩(Embedding): 범주를 벡터 공간에 매핑(주로 딥러닝) 예 임베딩 벡터 [0.13, 0.45, 0.91] 등
  - 연속 공간을 표현하며 신경망 학습 필요, 범주가 많고 희소한 경우 및 딥러닝 모델에 사용

레이블 인코딩은 범주형 변수의 각 고유한 범주 값에 대해 특정한 정수 값(0,1,2…)을 할당하며 원-핫 인코딩은 범주형 변수의 각 고유한 범주 값을 이진 벡터로 변환(해당 항목은 1, 나머지는 0) 합니다.

실습 코드 ① 방화벽 로그 데이터 로드

```
import pandas as pd
df_log = pd.read_csv("data/log2.csv")
df_log
```

[실행 결과]

	Source Port	Destination Port	NAT Source Port	NAT Destination Port	Action	Bytes	Bytes Sent	Bytes Received	Packets	Elapsed Time (sec)	pkts_sent	pkts_received
0	57222	53	54587	53	allow	177	94	83	2	30	1	1
1	56258	3389	56258	3389	allow	4768	1600	3168	19	17	10	9
2	6881	50321	43265	50321	allow	238	118	120	2	1199	1	1
3	50553	3389	50553	3389	allow	3327	1438	1889	15	17	8	7
4	50002	443	45848	443	allow	25358	6778	18580	31	16	13	18
...	...	...	...	...	...	...	...	...	...	...	...	...
65527	63691	80	13237	80	allow	314	192	122	6	15	4	2
65528	50964	80	13485	80	allow	4680740	67312	4613428	4675	77	985	3690
65529	54871	445	0	0	drop	70	70	0	1	0	1	0
65530	54870	445	0	0	drop	70	70	0	1	0	1	0
65531	54867	445	0	0	drop	70	70	0	1	0	1	0

5532 rows × 12 columns

▲ [그림 06-66] 방화벽 로그 데이터 로드

실습 코드 ② df_log2 데이터프레임 생성

```
df_log2 = df_log.iloc[:, [0, 1, 4]]
df_log2
```

[실행 결과]

	Source Port	Destination Port	Action
0	57222	53	allow
1	56258	3389	allow
2	6881	50321	allow
3	50553	3389	allow
4	50002	443	allow
...	...	...	...
65527	63691	80	allow
65528	50964	80	allow
65529	54871	445	drop
65530	54870	445	drop
65531	54867	445	drop

65532 rows × 3 columns

▲ [그림 06-67] df_log2 데이터프레임 생성

실습 코드 ③ 방화벽 로그 데이터 레이블 인코딩: df_log21

```python
from sklearn.preprocessing import LabelEncoder
import pandas as pd

df_log21 = df_log2.copy()
le = LabelEncoder()
df_log21['label_encoded'] = le.fit_transform(df_log21['Action'])
df_log21
```

[실행 결과]

	Source Port	Destination Port	Action	label_encoded
0	57222	53	allow	0
1	56258	3389	allow	0
2	6881	50321	allow	0
3	50553	3389	allow	0
4	50002	443	allow	0
...	...	...	...	...
65527	63691	80	allow	0
65528	50964	80	allow	0
65529	54871	445	drop	2
65530	54870	445	drop	2
65531	54867	445	drop	2

65532 rows × 4 columns

▲ [그림 06-68] 방화벽 로그 데이터 레이블 인코딩

실습 코드 ④ 방화벽 로그 데이터 원-핫 인코딩: df_log22

```
import pandas as pd

df_log22 = df_log2.copy()
df_onehot = pd.get_dummies(df_log22['Action'], prefix='Action')
df_log22 = pd.concat([df_log22, df_onehot], axis=1)
df_log22
```

[실행 결과]

	Source Port	Destination Port	Action	Action_allow	Action_deny	Action_drop	Action_reset-both
0	57222	53	allow	True	False	False	False
1	56258	3389	allow	True	False	False	False
2	6881	50321	allow	True	False	False	False
3	50553	3389	allow	True	False	False	False
4	50002	443	allow	True	False	False	False
...	...	...	...	...	...	...	...
65527	63691	80	allow	True	False	False	False
65528	50964	80	allow	True	False	False	False
65529	54871	445	drop	False	False	True	False
65530	54870	445	drop	False	False	True	False
65531	54867	445	drop	False	False	True	False

65532 rows × 7 columns

▲ [그림 06-69] 방화벽 로그 데이터 원-핫 인코딩

CHAPTER 06 정리

- ☑ 데이터프레임에서 변수(필드)를 선택할 때는 df["변수명"], df.loc[행인덱스, 변수명], df.iloc[행인덱스, 열인덱스]과 같은 방법으로 한다.

- ☑ 데이터프레임에서 값 1개를 추출할 때는 at[행 인덱스, 열 인덱스]를 사용한다.

- ☑ 인덱스를 지정할 때는 set_index("변수명"), 복귀할 때는 reset_index( )를 사용한다.

- ☑ 데이터프레임의 기본 행 인덱스는 0, 1, 2, 3과 같이 일련번호로 주어지나, set_index("변수명")를 사용해서 특정 변수(열)를 행 인덱스로 지정할 수 있다. 이렇게 변경된 인덱스는 reset_index( )를 사용해서 기본 행 인덱스로 복귀할 수 있다.

- ☑ 새 필드를 추가(파생변수 생성)할 때는 데이터프레임["새필드명"] = 수식을 사용한다.

- ☑ 필터링(데이터 추출)은 데이터프레임[조건]을 사용하며, 데이터프레임에서 조건을 만족하는 데이터(행)만 추출할 때 사용한다.

- ☑ 조인은 join( ) 메서드를 사용하며, 데이터프레임들의 변수(열)를 결합해서 새로운 데이터프레임을 생성한다.

- ☑ rename( )은 데이터프레임의 변수명을 변경할 때 사용한다.

- ☑ 바인딩은 데이터프레임들의 데이터(행)를 결합해서 새로운 데이터프레임을 생성한다. concat( ) 함수는 행 또는 열을 결합하는 바인딩에 사용한다.

- ☑ 데이터프레임의 데이터 그룹화는 groupby( )를 사용하며, 데이터를 그룹(집단)별로 비교할 때 사용한다. 그룹화를 할 때 합계, 평균 등의 통계 함수를 사용하며, 구해진 집단별 통계량으로 비교한다.

- ☑ 데이터프레임의 데이터를 정렬할 때는 sort_values( ) 메서드를 사용하며, 정렬 방법에는 작은 값에서 큰 값 순서로 정렬하는 오름차순 정렬과 작은 값에서 큰 값 순서로 정렬하는 내림차순 정렬, 사용자가 지정한 순서대로 정렬하는 사용자 정의 정렬이 있다.

- ☑ 데이터프레임의 행과 열을 제거할 때는 drop( ) 메서드를 사용한다.

- ☑ 데이터프레임 구조 변환에서 단순히 행렬을 바꿀 때는 transpose( ) 메서드를 사용하며, 집단 비교를 위해 여러 변수를 1개의 변수로 만들 때는 melt( ) 함수를 사용한다. 또한, 각 집단의 관계 파악을 위해 1개의 변수를 여러 개의 변수로 만들 때는 pivot( ) 메서드를 사용한다.

- ☑ 데이터프레임에서 결측치 확인은 isnull( ) 또는 notnull( ) 메서드를 사용한다.

- ☑ 결측치(Missing Values)를 처리하는 방법에는 결측 값이 있는 데이터(행)를 제거하는 방법과 결측 값을 다른 값으로 대체하는 방법이 있다.

- ☑ 이상치(outliers)를 처리하는 방법에는 이상치를 결측으로 대체해서 제거하거나 이상치 값을 다른 값으로 대체하는 방법이 있다.

- ☑ 스케일링(Scaling)은 데이터의 범위(크기)를 조정하는 전처리 과정으로, 머신러닝과 통계 분석에서 모델 성능 향상과 학습 안정성 확보를 위해서 사용한다.

- ☑ 인코딩(Encoding)은 범주형 변수의 값을 수량화하는 방법으로 머신러닝이나 통계 분석에서 모델이 수치형 입력을 필요로 할 때 필수적인 전처리 과정이다. 범주형 변수는 보통 문자열 또는 구분된 라벨 값이기 때문에 수치형 값으로 변환해야 한다.

CHAPTER 06 연습문제

01 다음 각 문항에서 설명하는 내용에 해당하는 것을 〈보기〉에서 고르시오.

> **보기**
> 바인딩, 필터링, 그룹화, 인덱스 지정, at[행 인덱스, 열 인덱스]

① (　　　　　): 특정 변수(열)를 행 인덱스로 지정
② (　　　　　): 데이터프레임에서 값 1개 추출
③ (　　　　　): 데이터프레임들의 데이터(행)를 결합
④ (　　　　　): 데이터프레임에서 조건을 만족하는 데이터(행)만 추출

[02~03] 다음 예시의 데이터프레임 df1을 가지고 각 항목의 문제를 해결하시오.

예시 데이터프레임 df1

	지점	시간	CO2_ppm	CH4_ppm	N2O_ppm	CFC11_ppm	CFC12_ppm	CFC113_ppm	SF6_ppm
0	안면도	1999-01-01	373.10	NaN	NaN	NaN	NaN	NaN	NaN
1	안면도	1999-02-01	374.00	NaN	315.2	266.9	534.1	NaN	NaN
2	안면도	1999-03-01	374.90	NaN	314.6	267.5	535.1	NaN	NaN
3	안면도	1999-04-01	375.10	1869.00	314.2	266.7	534.7	NaN	NaN
4	안면도	1999-05-01	374.00	1863.00	314.6	268.6	535.1	NaN	NaN
...	...	...	...	...	...	...	...	...	...
295	안면도	2023-08-01	418.23	2001.76	338.7	216.4	485.3	68.6	11.9
296	안면도	2023-09-01	420.16	2043.21	338.3	218.5	484.5	68.7	12.0
297	안면도	2023-10-01	426.38	2030.17	337.8	217.8	483.9	68.7	11.9
298	안면도	2023-11-01	429.71	2034.67	337.6	216.9	483.8	68.9	11.9
299	안면도	2023-12-01	433.66	2050.87	337.2	216.2	484.3	69.2	11.9

300 rows × 9 columns

02 다음 코드를 작성하시오.

① 데이터프레임 df1에서 시간, [CO2_ppm], [CH4_ppm] 변수를 선택하는 코드를 작성하시오.

② 데이터프레임 df1에서 CO2_ppm 값이 400 이상인 데이터를 추출하는 코드를 작성하시오.

③ 데이터프레임 df1에서 [시간] 변수명을 시점으로 변경하는 코드를 작성하시오.

④ 데이터프레임 df1에서 CO2_ppm 값이 400 이상이고 CH4_ppm 값이 2400 이상인 경우 "주의" 값을 갖는 새로운 변수 [상태]를 추가하는 코드를 작성하시오.

03 다음 코드를 작성하시오.

① 데이터프레임 df1에서 결측치를 확인하는 코드를 작성하시오.

② 데이터프레임 df1에서 [CO2_ppm], [CH4_ppm] 변수를 선택하여 새로운 데이터프레임 df2를 생성한 후 df2의 결측치를 제거하는 코드를 작성하시오.

정답 372쪽

CHAPTER 07
데이터 시각화: 탐색적 데이터 분석

데이터 전처리의 결과로 나온 데이터는 시각화를 사용해서 데이터의 주요 분포와 모양을 알 수 있으며, 이를 통해 데이터의 현재 상황을 파악할 수 있는데 이것이 탐색적 데이터 분석입니다. 여기서는 데이터 시각화 학습을 통해서 데이터의 현 상황을 파악하는 방법을 살펴봅니다.

여기서 할 일

① 데이터를 시각화하는 방법을 알아보자.
② 공간 데이터를 시각화하는 방법을 알아보자.

이 CHAPTER의 핵심

① **pandas 라이브러리를 사용한 데이터프레임 시각화**
  - 시각화 방법 개요: 변수의 개수, 변수의 종류에 따라 다름
  - 그래프 종류별 시각화 방법:
    - 원형 그래프: df.plot(kind="pie")/df.plot.pie( )
    - 막대 그래프: df.plot(kind="bar")/df.plot.bar( )
    - 히스토그램: df.plot(kind="hist")/df.plot.hist( )
    - 산점도(산포도): df.plot(kind="scatter")/df.plot.scatter( )
    - 산점도 행렬(산포행렬): pandas.plotting.scatter_matrix(df)
    - 히트맵(hexbin): df.plot(kind="hexbin")/df.plot.hexbin( )
    - 상관계수와 상관계수 행렬 히트맵: df.corr( ), sns.heatmap( )
    - 선 그래프: df.plot(kind="line")/df.plot.line( )
    - 상자그림 그래프: df.boxplot( )
    - 워드클라우드: WordCloud( )

② **folium 라이브러리를 사용한 공간 데이터 시각화**
  - folium 라이브러리 로드: import folium
  - 기준 위치를 중심으로 한 지도 표시: folium.Map([위도, 경도], 지도의 확대 정도)
  - 지도에 마커 표시: folium.Marker([위도, 경도], popup, tooltip, icon).add_to(map)
  - GeoJSON 데이터를 사용한 행정구획 표시: folium.GeoJson(GeoJSON, name).add_to(map)

01 pandas 라이브러리를 사용한 데이터프레임 시각화

파이썬에서는 matplotlib 라이브러리의 시각화 함수를 사용해서 기본적인 시각화를 합니다. 데이터프레임 데이터를 시각화할 때는 pandas 라이브러리에서 matplotlib 라이브러리를 끌어다 사용합니다. 즉, 데이터프레임에서 직접 시각화 함수를 사용하여 데이터를 시각화합니다.

▼ [표 07-01] matplotlib의 시각화와 pandas의 시각화

matplotlib의 시각화 함수 사용 예시	pandas의 시각화 함수 사용 예시
plt.plot(x, y)	df.plot.scatter(x="x1", y="y1")

이번에는 변수의 개수와 변수의 종류별로 시각화하는 방법, 데이터프레임 데이터를 그래프 종류별로 시각화하는 방법을 살펴봅니다.

1 시각화 방법 개요

데이터를 시각화하는 방법은 변수의 개수와 종류에 따라 달라집니다. 변수의 개수가 1개인지 2개인지, 그리고 변수의 종류가 수량인지 범주형인지에 따라 시각화 방법이 달라집니다.

▼ [표 07-02] 변수의 개수와 종류에 따른 시각화 예시

변수의 개수와 종류에 따른 시각화 예시
수량형 변수 1개: x축 • 수량형 변수 1개로 이루어진 데이터를 시각화, 도수별 값의 분포 • 시각화 기법: 도수 히스토그램 　예 df.plot(kind="hist", subplots=True, layout=(2,2)) 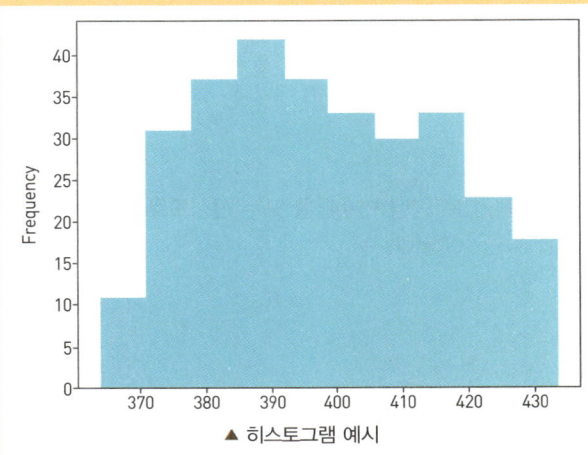 ▲ 히스토그램 예시

변수의 개수와 종류에 따른 시각화 예시

범주형 변수 1개: x축
- 범주형 변수 1개로 이루어진 데이터를 시각화, 범주(집단)별 값 분포
- 시각화 기법: 빈도막대 그래프, 원형 그래프
  - 예 df.plot(kind="bar", fontsize=12)
  - 예 df_subway_groupby["m1"].plot(kind="pie")

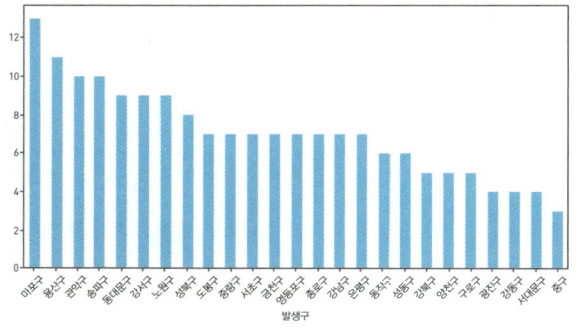
▲ 빈도막대 그래프 예시

수량형 변수 2개: x축, y축
- 수량형 변수 2개로 이루어진 데이터를 시각화, 두 변수 간의 관계 파악
- 시각화 기법: 산점도, 히트맵, 시계열 그래프
  - 예 df.plot(kind="scatter", x="v1", y="v2")

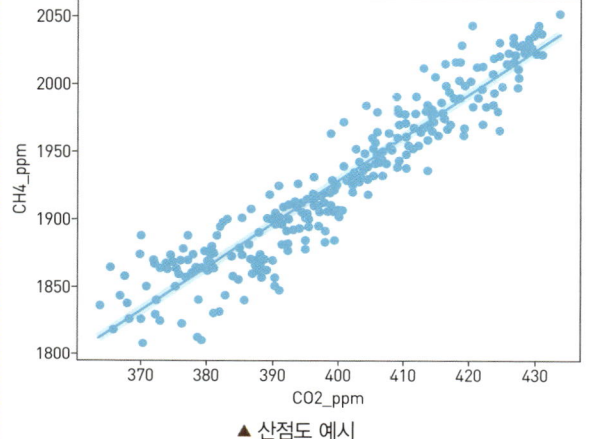
▲ 산점도 예시

산점도 행렬: 수량형 변수들을 모두 산점도로 표시
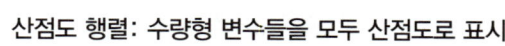
- 예 scatter_matrix(df)

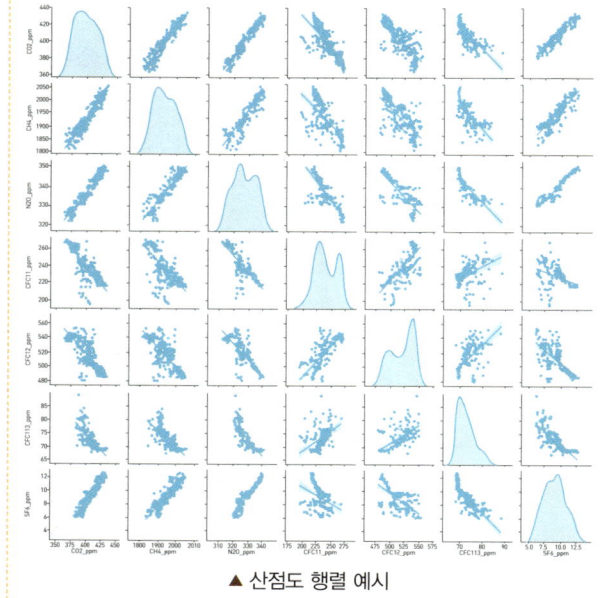
▲ 산점도 행렬 예시

174 PART II. 파이썬을 사용한 데이터 분석

변수의 개수와 종류에 따른 시각화 예시	
범주형 변수 1개, 수량형 변수 1개: x축, y축 • 범주형 변수 1개와 수량형 변수 1개로 이루어진 데이터를 시각화, 범주(집단) 비교 • 시각화 기법: 막대 그래프, 병렬상자그림 　📖 df.plot(kind="box", column=["v1", "v2"])	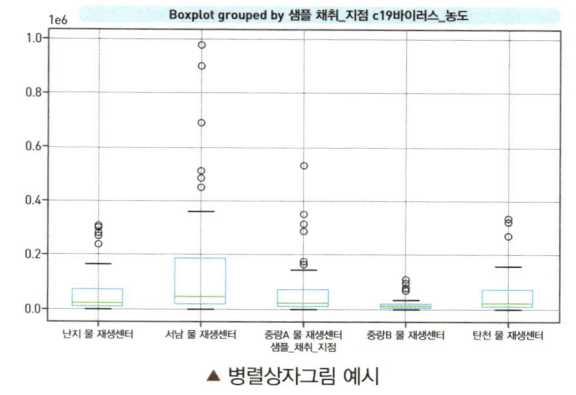 ▲ 병렬상자그림 예시

2 그래프 종류별 시각화 방법

1) 시각화 문법

데이터프레임을 시각화할 때는 df.plot( )와 같이 데이터프레임에 직접 plot( ) 메서드를 사용해서 합니다. 그래프 제목, 레이블, 범례 등은 생략 가능합니다. 한 번에 여러 개의 그래프를 플롯하는 것을 서브플롯이라고 하며 subplot=True 옵션을 사용합니다.

> ✅ **df.plot(시각화옵션)/df.plot.그래프종류( ): 데이터프레임 시각화**
> - 시각화 옵션에는 그래프 종류, 크기, 색, 글꼴 크기, 서브플롯 등이 있음
>   📖 df.plot(kind="scatter", x="v1", y="v2"), df.plot.scatter(x="v1", y="v2")
>   - x: xlabel, 생략 가능(default None)
>   - y: ylabel, 생략 가능(default None)
>   - kind="그래프종류": 그래프의 종류에는 line-선 그래프(default), bar-수직막대 그래프, barh-수평막대 그래프, hist-히스토그램, box-상자그림, kde-커널 밀도 추정 그래프, density-'kde'와 같음, area-영역 그래프, pie-원형 그래프, scatter-산점도 그래프, hexbin-히트맵(hexbin) 그래프가 있음 📖 kind="scatter"
>   - figsize: 그래프 가로 너비, 세로 높이, 튜플 형태로(너비, 높이), 단위는 인치
>   - use_index: 인덱스 사용, True/False, default True
>   - title: 그래프 제목
>   - grid: 격자 사용, True/False, default None
>   - legend: 범례, True/False, default True
>   - fontsize: 글꼴의 크기
>   - subplot: 서브플롯, True/False, default False

시각화한 결과를 화면에 표시할 때는 plt.show( )를 사용하고, 파일로 저장할 때는 plt.savefig( )를 사용합니다. 다만 그래프를 파일로 저장할 때는 반드시 파일을 저장 후 plt.show( )를 사용합니다. 파일을 저장하지 않을 때는 plt.show( )를 생략해도 됩니다. 또한 그래프 자원 회수에 사용

하는 plt.close( )는 생략 가능합니다.

> **예시** 그래프로 파일 저장 예시
>
> plt.savefig("파일명.png")   # 그래프 파일 저장
> plt.show()   # 그래프 화면 표시
> plt.close()   # 그래프 자원 회수, 생략 가능

실습 코드 경찰청 보이스피싱 현황: 연도별 기관사칭형 발생 건수 시계열 그래프 플롯

```
import pandas as pd

df_vf = pd.read_csv("data/2016-2023_경찰청_보이스피싱_현황.csv", encoding="cp949")
df_vf.plot.line(x="년도", y="기관사칭형_발생건수")  # 시계열 그래프 플롯
# [plots] 폴더에 그래프 파일로 저장
plt.savefig("plots/2016-2023_보이스피싱_기관사칭형_발생건수_추이.png")
plt.show()    # 화면에 그래프 표시
```

[실행 결과]

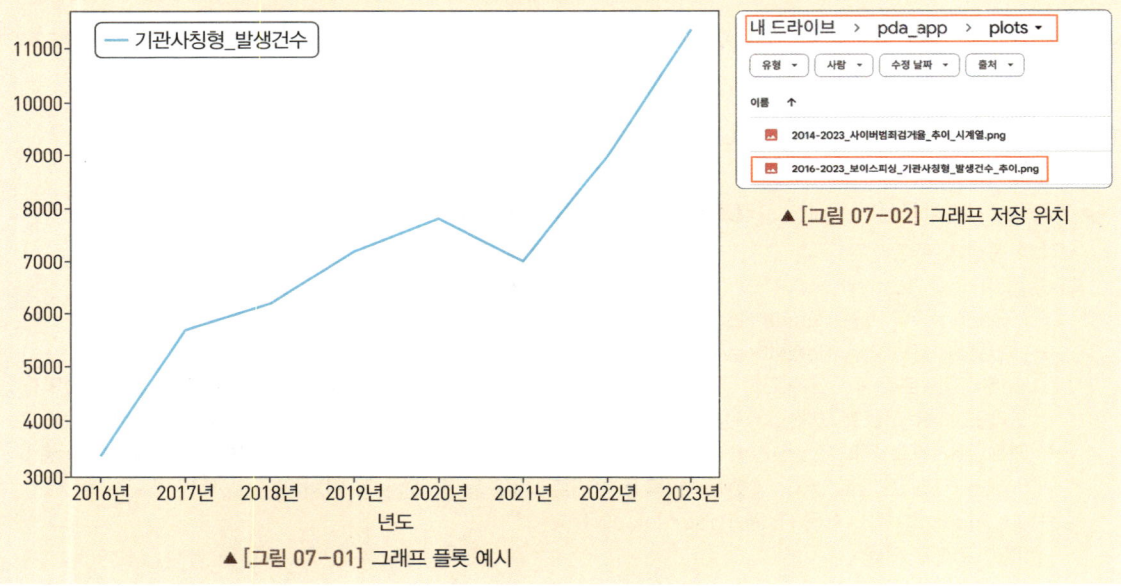

▲ [그림 07-01] 그래프 플롯 예시

▲ [그림 07-02] 그래프 저장 위치

2) 그래프 종류별 시각화

① 원형 그래프: df.plot(kind="pie")/df.plot.pie( )

전체 데이터 중 각 집단이 차지하는 비율 또는 양을 확인할 때 사용합니다.

> ✓ df.plot(kind="pie", 옵션) 또는 df.plot.pie(옵션)
>
> 예) df_pop.plot.pie(y="총인구수", autopct="%1.1f%%", labels=df_pop["행정기관"], legend=False, ylabel="", figsize=(6, 6))

- y="총인구수": 원형 그래프에서 비율을 나타낼 기준 열로 "총인구수" 사용
- autopct="%1.1f%%": 원의 각 조각 위에 비율을 소수점 1자리까지 표시 ⓔ 18.2%
- labels=df_pop["행정기관"]: 원의 각 조각에 붙는 레이블을 "행정기관" 열의 값 사용
- legend=False, ylabel="", figsize=(6, 6)): 범례(legend) 표시 안 함, y축 레이블(ylabel) 표시 안 함, 그래프 크기(figsize)를 가로 6인치, 세로 6인치로 지정

실습 코드 광역시도 인구수 데이터: 광역시도별 인구수 원형 그래프 플롯

```
df_pop.plot.pie(y="총인구수", autopct="%1.1f%%", labels=df_pop["행정기관"],
                legend=False, ylabel="", figsize=(6, 6))  # 원형 그래프 플롯
plt.savefig("plots/2025_광역시도_인구수_원형.png")  # 파일로 저장
plt.show()  # 화면에 그래프 표시
```

[실행 결과]

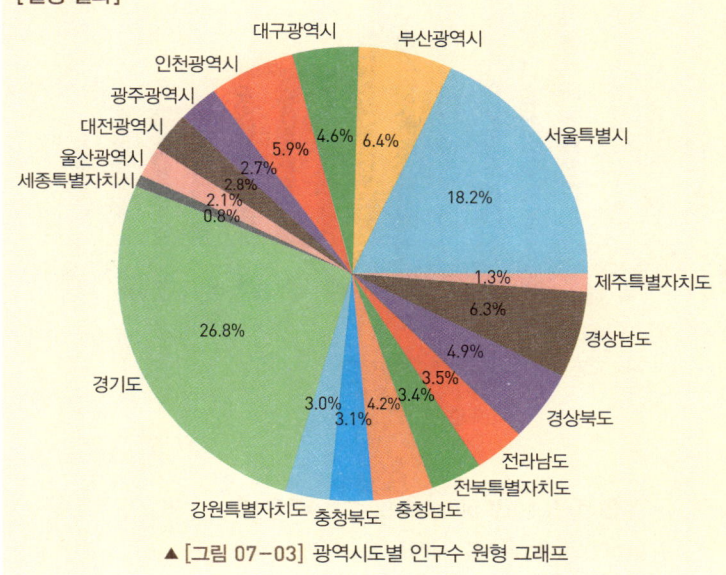

▲ [그림 07-03] 광역시도별 인구수 원형 그래프

❷ **막대 그래프**: df.plot(kind="bar")/df.plot.bar( )

범주형 변수의 각 집단의 값 비교에 사용하며, 빈도수를 표현해서 비교하는 빈도막대 그래프와 집단별 값을 비교하는 막대 그래프가 있습니다.

✅ **빈도막대 그래프**: df.plot(kind="bar", 옵션) 또는 df.plot.bar(옵션)
  ⓔ df_ta["발생구"].value_counts( ).plot.bar(rot=45, figsize=(12, 6))
  - df_ta["발생구"].value_counts( ): 발생구별 빈도표 생성
  - rot=45: x축 레이블 45도 기울임

| 실습 코드 | 서울시 교통사고 데이터: 구별 교통사고 수 빈도막대 그래프 플롯 |

```
df_ta["발생구"].value_counts().plot.bar(rot=45, figsize=(12, 6))  # 빈도막대 그래프 플롯
plt.savefig("plots/2023_서울시_교통사고_빈도막대.png")  # 그래프 저장
plt.show()
```

[실행 결과]

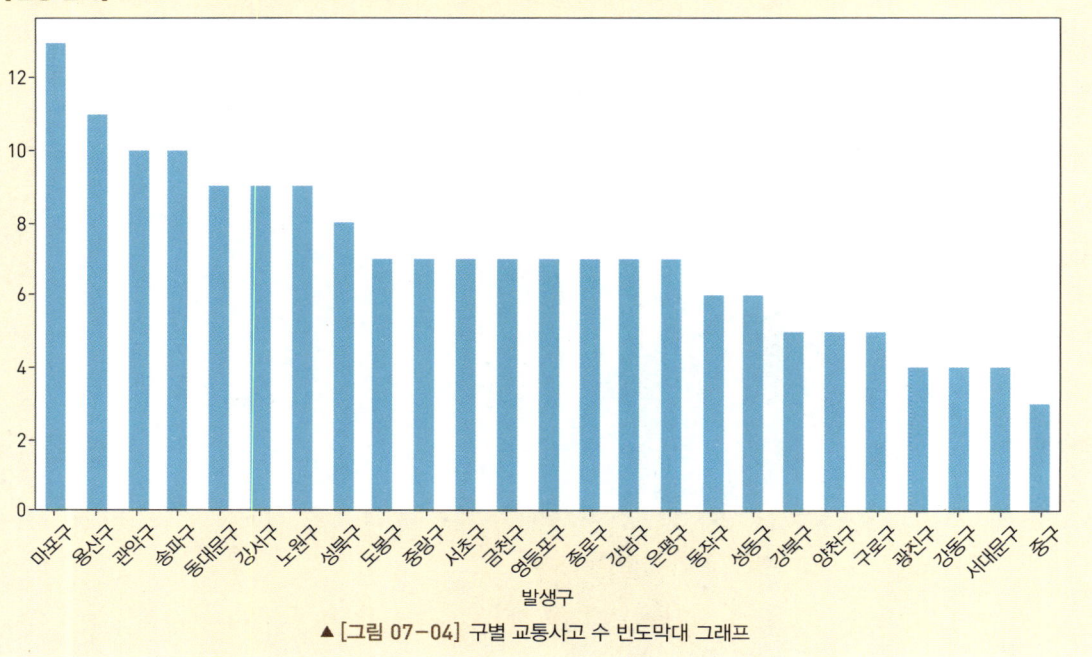

▲ [그림 07-04] 구별 교통사고 수 빈도막대 그래프

✔ **막대 그래프**: df.plot(kind="bar", x="", y="", 옵션) 또는 df.plot.bar(x="", y=""옵션)

예 df_pop.plot.bar(x="행정기관", y="총인구수", rot=45, figsize=(12, 6))
 - x="행정기관": x축 행정기관, y="총인구수": y축 총 인구수

| 실습 코드 | 광역시도 인구수 데이터: 광역시도별 인구수 막대 그래프 플롯 |

```
df_pop.plot.bar(x="행정기관", y="총인구수", rot=45, figsize=(12, 6))  # 막대 그래프 플롯
plt.savefig("plots/2025_광역시도_인구수_막대.png")
plt.show()
```

[실행 결과]

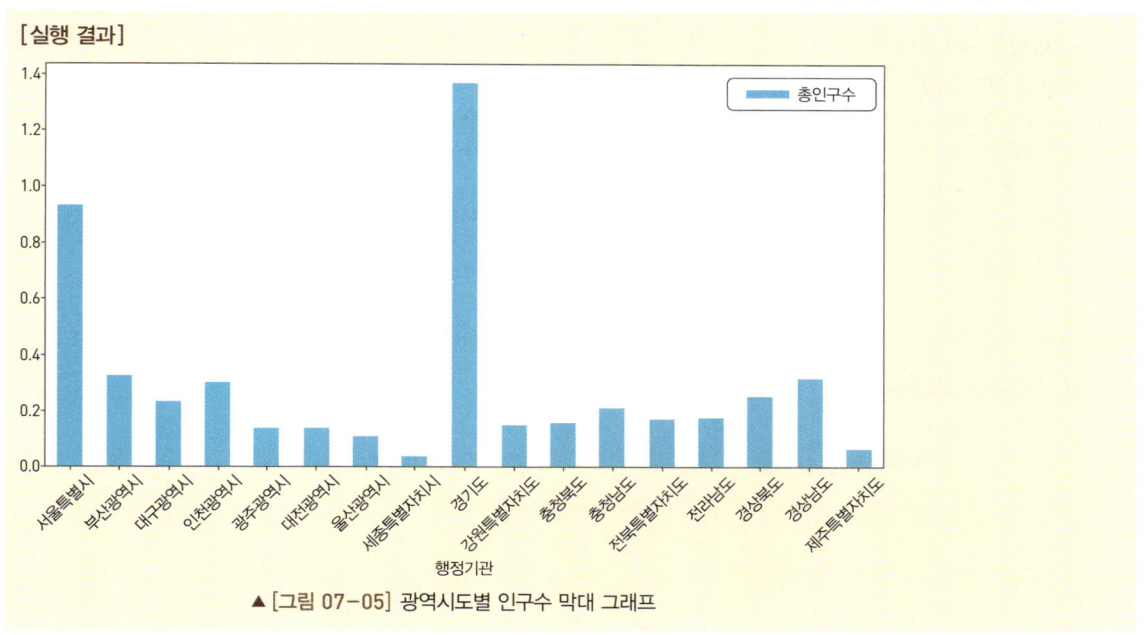

▲ [그림 07-05] 광역시도별 인구수 막대 그래프

❸ 히스토그램: df.plot(kind="hist")/df.plot.hist( )

수량형 변수의 각 도수의 빈도를 표시할 때 사용합니다.

> ✅ 히스토그램: df.plot(kind="hist", 옵션) 또는 df.plot.hist(옵션)
> 예 df_ghgs["CO2_ppm"].plot.hist( )

실습 코드 온실가스 데이터: CO2 히스토그램 플롯

```
df_ghgs["CO2_ppm"].plot.hist()   # 히스토그램 플롯
plt.savefig("plots/1999-2023_온실가스_CO2_히스토그램.png")
plt.show()
```

[실행 결과]

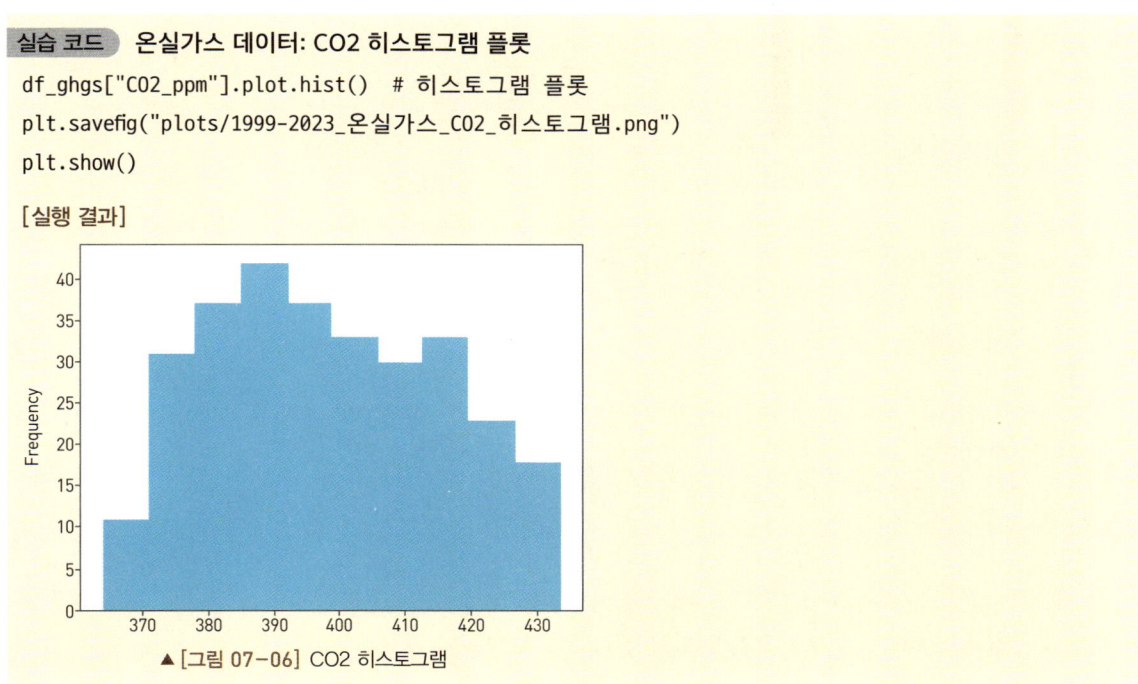

▲ [그림 07-06] CO2 히스토그램

> ✅ **서브플롯: subplot=True**
> - 한 번에 여러 개의 그래프를 플롯(그림)
> - 축 공유: 각 서브플롯이 축 범위를 공유, 데이터에 따라서 축의 표현이 맞지 않을 수 있음
>   - 📌 df_ghgs.plot.hist(subplots=True, layout=(2, 4), figsize=(16, 6))
> - 서브플롯 축 분리: 각 서브플롯에 맞는 축 범위를 표현
>   - 📌 df_ghgs[v].plot.hist(alpha=0.8): alpha=0.8은 투명도 완전 불투명(1), 완전 투명(0)
> - 서브플롯 그래프 제목: plt.suptitle("그래프제목") 사용

실습 코드 온실가스 데이터: 온실가스 히스토그램 7개 서브플롯 축 공유

```
# 2행 4열 서브플롯을 갖는 히스토그램 플롯
df_ghgs.plot.hist(subplots=True, layout=(2, 4), figsize=(16, 6))
plt.suptitle("1999-2023 온실가스 배경농도")   # 서브플롯 그래프 제목
plt.savefig("plots/1999-2023_온실가스_히스토그램_서브플롯.png")
plt.show()
```

[실행 결과]

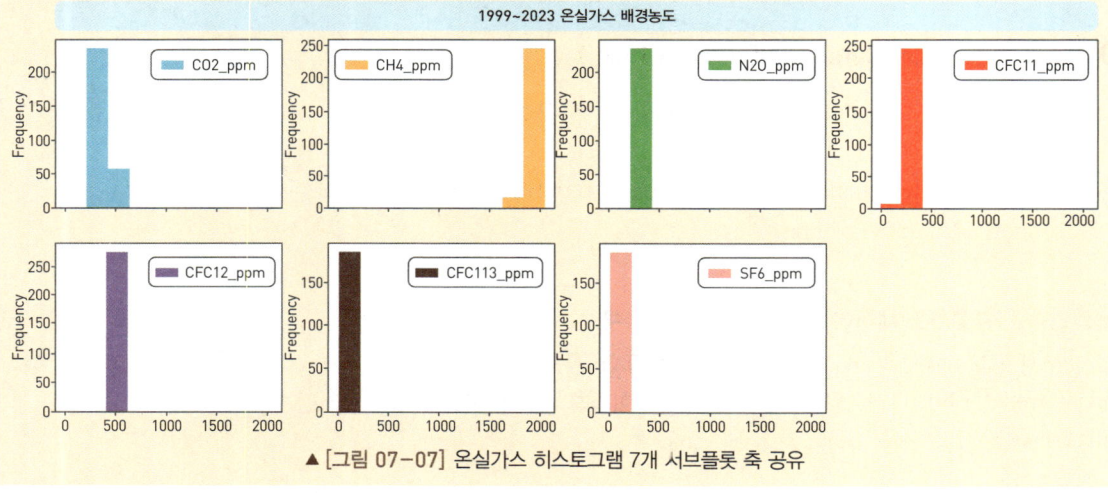

▲ [그림 07-07] 온실가스 히스토그램 7개 서브플롯 축 공유

예 # 온실가스 데이터: 온실가스 히스토그램 7개 서브플롯 축 분리

```
var1 = ['CO2_ppm', 'CH4_ppm', 'N2O_ppm', 'CFC11_ppm', 'CFC12_ppm',
        'CFC113_ppm', 'SF6_ppm']
i = 0

fig = plt.figure(figsize=(18, 6))
plt.title("1999-2023 온실가스 배경농도", y=1.05)
for v in var1:
    i += 1
    ax = fig.add_subplot(2, 4, i)   # 2행 4열 서브플롯 지정
    ax.title.set_text(v)   # 서브플롯에 각각 그래프 부제목 추가
```

```
        df_ghgs[v].plot.hist(alpha=0.8)    # 히스토그램 플롯
        plt.legend(loc='upper right')    # 범례 위치
plt.savefig("plots/1999-2023_온실가스_히스토그램_서브플롯_축분리.png")
plt.show()
```

[실행 결과]

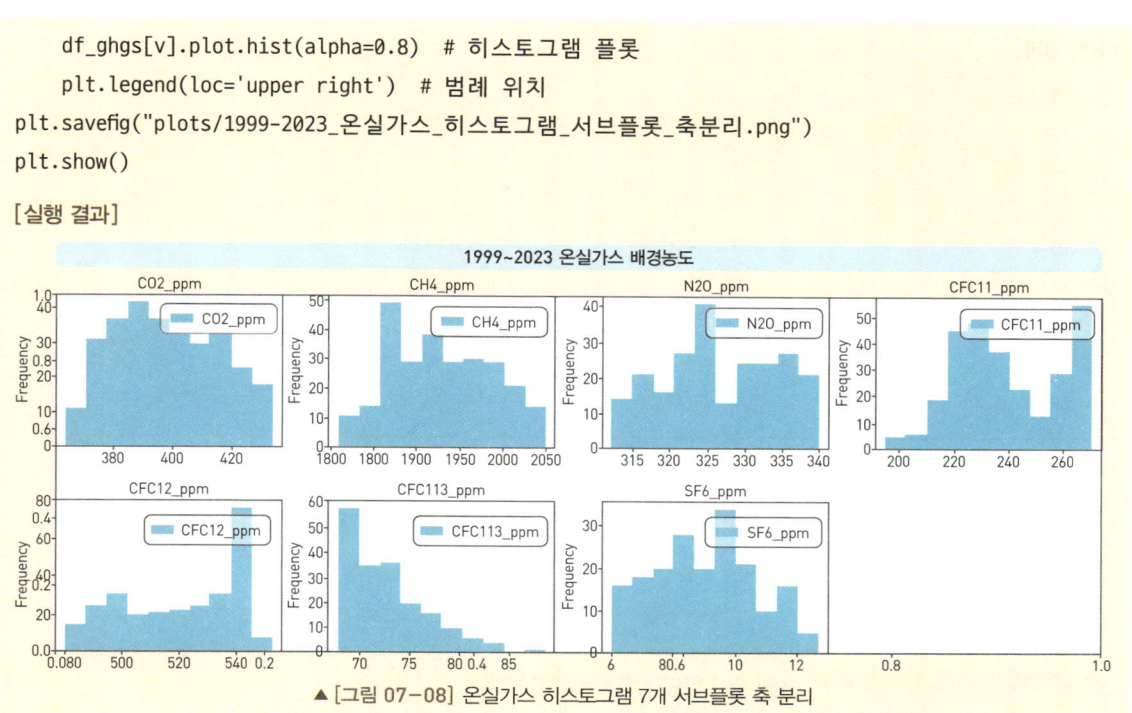

▲ [그림 07-08] 온실가스 히스토그램 7개 서브플롯 축 분리

❹ 산점도, 산점도 행렬, 히트맵

두 수량형 변수의 관계를 시각화하는 방법에는 산점도가 있습니다. 산점도로 그릴 수량형 변수가 3개 이상일 때는 경우의 수만큼 산점도 행렬로 표현합니다. 예를 들어 7개의 수량형 변수는 7×7 산점도 행렬로 플롯됩니다. 산점도가 두 수량형 변수의 관계를 시각화로 표현했다면, 상관계수는 값으로 표현합니다. 산점도와 상관계수는 세트이며 산점도 행렬과 상관계수 행렬도 세트입니다. 상관계수 행렬은 상관계수 행렬 히트맵으로 시각화합니다. 또한 산점도로 표현될 데이터의 수가 많을 경우에는 데이터의 분포를 파악하기 위한 히트맵을 사용합니다.

> ♥ 산점도(산포도): df.plot(kind="scatter")/df.plot.scatter( )
> • 두 수량형 변수의 관계를 시각화로 표현
>   예 df_ghgs.plot.scatter(x="CO2_ppm", y="CH4_ppm")

실습 코드 온실가스 데이터: CO2, CH4 관계 파악 산점도 플롯

```
df_ghgs.plot.scatter(x="CO2_ppm", y="CH4_ppm")    # 산점도 플롯
plt.savefig("plots/1999-2023_온실가스_CO2_CH4_산점도.png")
plt.show()
```

[실행 결과]

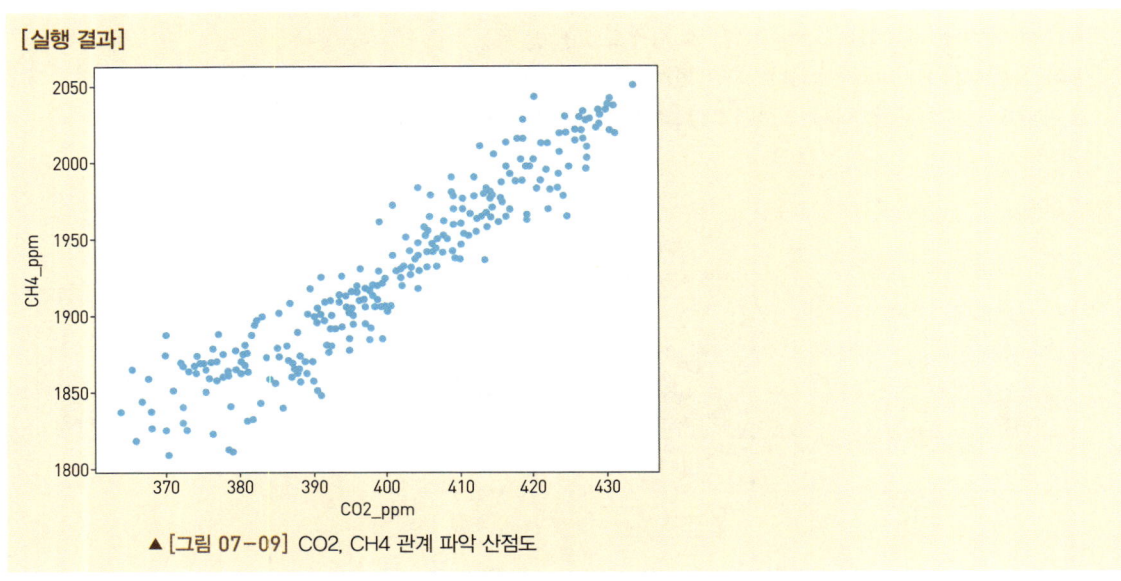

▲ [그림 07-09] CO2, CH4 관계 파악 산점도

✓ **산점도에 선형 회귀선 추가: seaborn.regplot(x, y, data=df)**
- 산점도에 예측선인 회귀선을 추가해서 값의 방향을 예측, 산점도에 선형 회귀선을 추가할 때는 seaborn 라이브러리가 제공하는 regplot( )을 sns.regplot( )과 같이 사용
  예 sns.regplot(x="CO2_ppm", y="CH4_ppm", data=df_ghgs)

실습 코드 온실가스 데이터: CO2, CH4 산점도에 선형 회귀선 추가 플롯

```
import seaborn as sns
sns.regplot(x="CO2_ppm", y="CH4_ppm", data=df_ghgs)   # 선형 회귀선 추가 산점도 플롯
plt.savefig("plots/1999-2023_온실가스_CO2_CH4_산점도_선형회귀선추가.png")
plt.show()
```

[실행 결과]

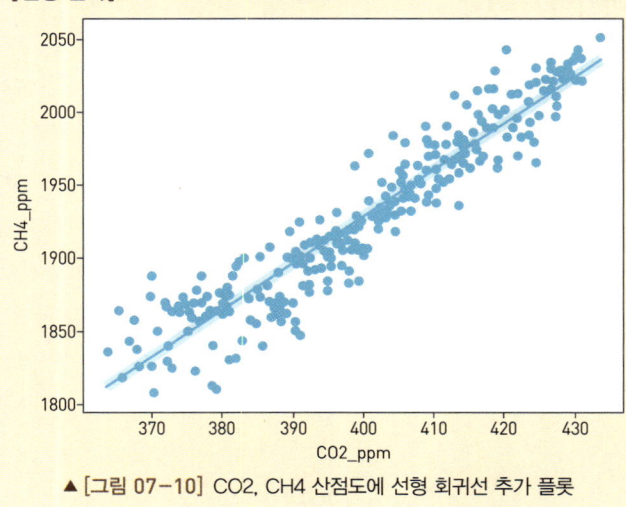

▲ [그림 07-10] CO2, CH4 산점도에 선형 회귀선 추가 플롯

✓ 상관관계: df.corr( )/df["v1"].corr(df["v2"]) 사용
- 두 수량형 변수의 관계를 값으로 표현
- 양의 상관: x의 값이 커지면, y의 값도 커짐(0 <= r <= 1)
- 음의 상관: x의 값이 커지면, y의 값은 작아짐(-1 <= r <= 0)
- 상관계수(r) 값의 범위(-1<= r <=1)
  - 0: 무상관, 1: 완전 양의 상관, -1: 완전 음의 상관. 상관계수가 0일 경우 비선형일 수 있으니 시각화해서 분포 확인 필요
  - ±0.3 이상~±0.4 미만: 약한 상관관계 있음
  - ±0.4 이상: 상관관계 있음
  - ±0.7 이상: 강한 상관관계 있음
  - ±0.8 이상: 다중공선성 가능성 있음
    (※ 다중공선성: 회귀분석에서 독립변수들 간에 높은 상관관계가 있을 때 발생하는 문제로, 독립변수들이 서로 중복된 정보를 가지고 있어서 각 독립변수가 종속변수에 미치는 영향을 정확히 추정하기 어렵게 하는 것을 의미, "CHAPTER 08. 통계적 데이터 분석"에서 자세히 학습함)
- 상관계수의 종류: method="pearson/spearman/kendall", 생략 시 피어슨
  - 피어슨(Pearson) 상관계수: "x가 증가하면 y가 증가하는가?" 정도만 판단, 기본값
  - 스피어만(spearman) 상관계수: 순서형 상관관계로 x 값 크기순으로의 정렬이 y 값 크기순으로 정렬과 얼마나 비슷한지 판단, 스피어만 방식과 캔달(kendall) 방식이 있으며, 스피어만이 좀 더 특이한 데이터 값(값의 차이)에 영향을 덜 받음
- 두 수량형 변수의 관계를 값으로 표현: df["v1"].corr(df["v2"], 옵션)
  - 예) df_ghgs["CO2_ppm"].corr(df_ghgs["CH4_ppm"])
    - 옵션: method="pearson/spearman/kendall", 생략 시 피어슨
  - 예) print(df_ghgs["CO2_ppm"].corr(df_ghgs["CH4_ppm"], method="spearman")
- 데이터프레임의 모든 수량형 변수의 관계 - 상관계수 행렬: df.corr(옵션)
  - 옵션: method="pearson/spearman/kendall", 생략 시 피어슨

실습 코드 ① 온실가스 데이터: CO2, CH4 관계 값으로 표현 상관계수, 기본값 pearson

```
df_ghgs["CO2_ppm"].corr(df_ghgs["CH4_ppm"])   # 값과 타입이 같이 출력
```

[실행 결과]
```
np.float64(0.9432658364397765)
```

실습 코드 ② 온실가스 데이터: CO2, CH4 관계 값으로 표현 상관계수, 기본값 pearson

```
print(df_ghgs["CO2_ppm"].corr(df_ghgs["CH4_ppm"]))   # 값만 출력
```

[실행 결과]
```
0.9432658364397765
```

실습 코드 ③ 온실가스 데이터: CO2, CH4 관계 값으로 표현 상관계수, method="spearman"

```
print(df_ghgs["CO2_ppm"].corr(df_ghgs["CH4_ppm"], method="spearman"))   # spearman
```

[실행 결과]
```
0.9518719642520516
```

실습 코드 ④ 온실가스 데이터: CO2, CH4 관계 값으로 표현 상관계수, method="kendall"

```
print(df_ghgs["CO2_ppm"].corr(df_ghgs["CH4_ppm"], method="kendall"))   # kendall
```

[실행 결과]
0.807361253257197

실습 코드 ⑤ 온실가스 데이터: 상관계수 행렬, 산점도 행렬에 사용할 df_ghgs2 생성

```
df_ghgs2 = df_ghgs.iloc[:, 2:]   # CO2~SF6
df_ghgs2
```

[실행 결과]

	CO2_ppm	CH4_ppm	N2O_ppm	CFC11_ppm	CFC12_ppm	CFC113_ppm	SF6_ppm
0	373.10	NaN	NaN	NaN	NaN	NaN	NaN
1	374.00	NaN	315.2	266.9	534.1	NaN	NaN
2	374.90	NaN	314.6	267.5	535.1	NaN	NaN
3	375.10	1869.00	314.2	266.7	534.7	NaN	NaN
4	374.00	1863.00	314.6	268.6	535.1	NaN	NaN
...	...	...	...	...	...	...	...
295	418.23	2001.76	338.7	216.4	485.3	68.6	11.9
296	420.16	2043.21	338.3	218.5	484.5	68.7	12.0
297	426.38	2030.17	337.8	217.8	483.9	68.7	11.9
298	429.71	2034.67	337.6	216.9	483.8	68.9	11.9
299	433.66	2050.87	337.2	216.2	484.3	69.2	11.9

300 rows × 7 columns

▲ [그림 07-11] 상관계수 행렬, 산점도 행렬에 사용할 df_ghgs2 생성

실습 코드 ⑥ 온실가스 데이터: 모든 온실가스들의 관계 값으로 표현 상관계수 행렬

```
df_ghgs2_corr = df_ghgs2.corr()   # CO2~SF6 상관계수 행렬 구함
df_ghgs2_corr   # 상관계수 히트맵 작성 시 사용
```

[실행 결과]

	CO2_ppm	CH4_ppm	N2O_ppm	CFC11_ppm	CFC12_ppm	CFC113_ppm	SF6_ppm
CO2_ppm	1.000000	0.943266	0.960828	-0.786477	-0.786410	-0.767033	0.919447
CH4_ppm	0.943266	1.000000	0.911397	-0.704553	-0.743131	-0.735216	0.878096
N2O_ppm	0.960828	0.911397	1.000000	-0.846769	-0.815663	-0.832369	0.959916
CFC11_ppm	-0.786477	-0.704553	-0.846769	1.000000	0.794673	0.455541	-0.367394
CFC12_ppm	-0.786410	-0.743131	-0.815663	0.794673	1.000000	0.613545	-0.663703
CFC113_ppm	-0.767033	-0.735216	-0.832369	0.455541	0.613545	1.000000	-0.795714
SF6_ppm	0.919447	0.878096	0.959916	-0.367394	-0.663703	-0.795714	1.000000

▲ [그림 07-12] CO2~SF6 상관계수 행렬

✅ **상관계수 행렬 히트맵: sns.heatmap(df, annot=True, cmap="coolwarm")**
- 여러 수량형 변수의 모든 상관계수 경우의 수를 시각화
- seaborn 라이브러리의 heatmap( )을 사용
- 예) sns.heatmap(df_ghgs2_corr, annot=True, cmap="coolwarm")
    - df_ghgs2_corr: 상관계수 행렬, annot=True: 히트맵에 상관계수 값 표시, cmap="coolwarm": 음의 상관은 파랑, 양의 상관은 빨강으로 표시, 반대로 표시할 경우 cmap="coolwarm_r" 사용

실습 코드 ① 온실가스 데이터: 상관계수 행렬 히트맵 플롯

```
import seaborn as sns
# 양의 상관 빨강, 음의 상관 파랑: 상관계수 행렬 히트맵
sns.heatmap(df_ghgs2_corr, annot=True, cmap="coolwarm")  # 히트맵 플롯
plt.tight_layout()  # 그래프 영역 잘림 방지
plt.savefig("plots/1999-2023_온실가스_상관계수행렬히트맵.png")  # 그래프 파일로 저장
plt.show()  # 그래프 화면에 표시
```

[실행 결과]

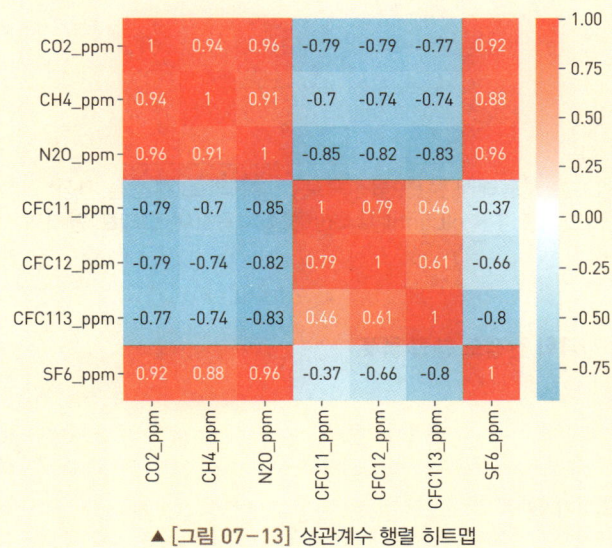

▲ [그림 07-13] 상관계수 행렬 히트맵

실습 코드 ② 온실가스 데이터: 상관계수 행렬 히트맵 플롯, 색상 반전: cmap="coolwarm_r"

```
import seaborn as sns
# 양의 상관 파랑, 음의 상관 빨강: 색상 반전 상관계수 행렬 히트맵
sns.heatmap(df_ghgs2_corr, annot=True, cmap="coolwarm_r")  # 히트맵 플롯
plt.tight_layout()  # 그래프 영역 잘림 방지
plt.savefig("plots/1999-2023_온실가스_상관계수행렬히트맵_색상반전.png")
plt.show()
```

[실행 결과]

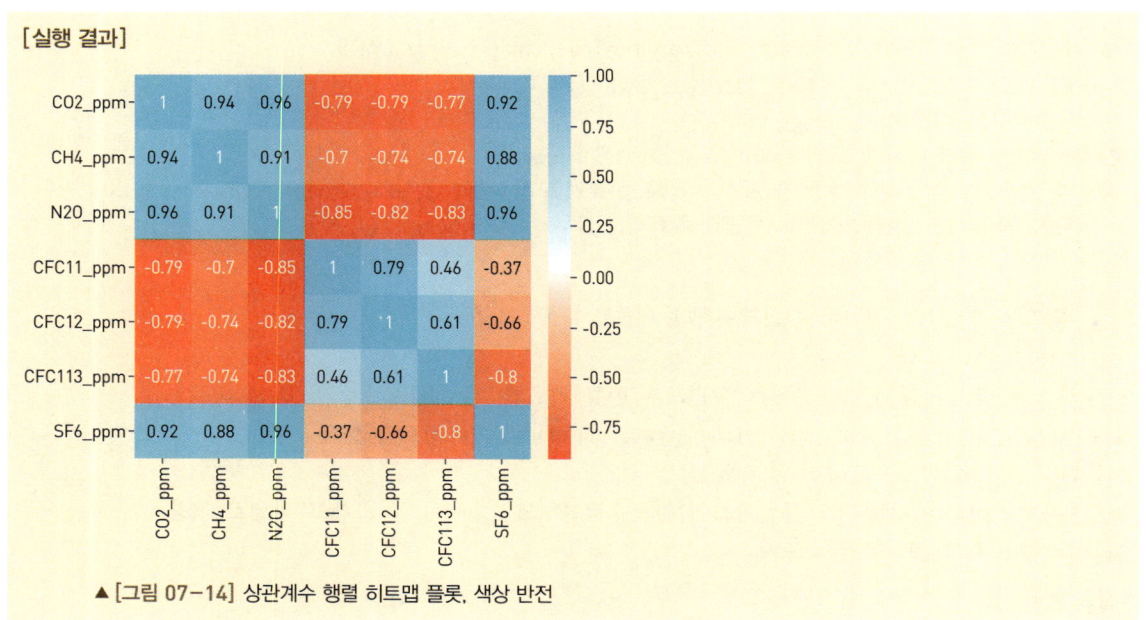

▲ [그림 07-14] 상관계수 행렬 히트맵 플롯, 색상 반전

💛 산점도 행렬(산포행렬): scatter_matrix(df, 옵션)
- 여러 수량형 변수의 모든 산점도 경우의 수를 시각화
- pandas.plotting 라이브러리의 scatter_matrix( ) 함수를 사용해서 플롯, 옵션으로 그래프의 크기 등을 지정
- 산점도 행렬과 같이 그래프 영역에 플롯되는 내용이 많은 경우 plt.tight_layout( )을 사용하여 그래프 영역의 잘림을 방지

실습 코드 온실가스 데이터: 모든 온실가스의 관계 시각화 산점도 행렬 플롯

```
from pandas.plotting import scatter_matrix
scatter_matrix(df_ghgs2)   # 산점도 행렬 플롯
plt.tight_layout()   # 그래프 영역 잘림 방지
plt.savefig("plots/1999-2023_온실가스_산점도행렬.png")
plt.show()
```

[실행 결과]

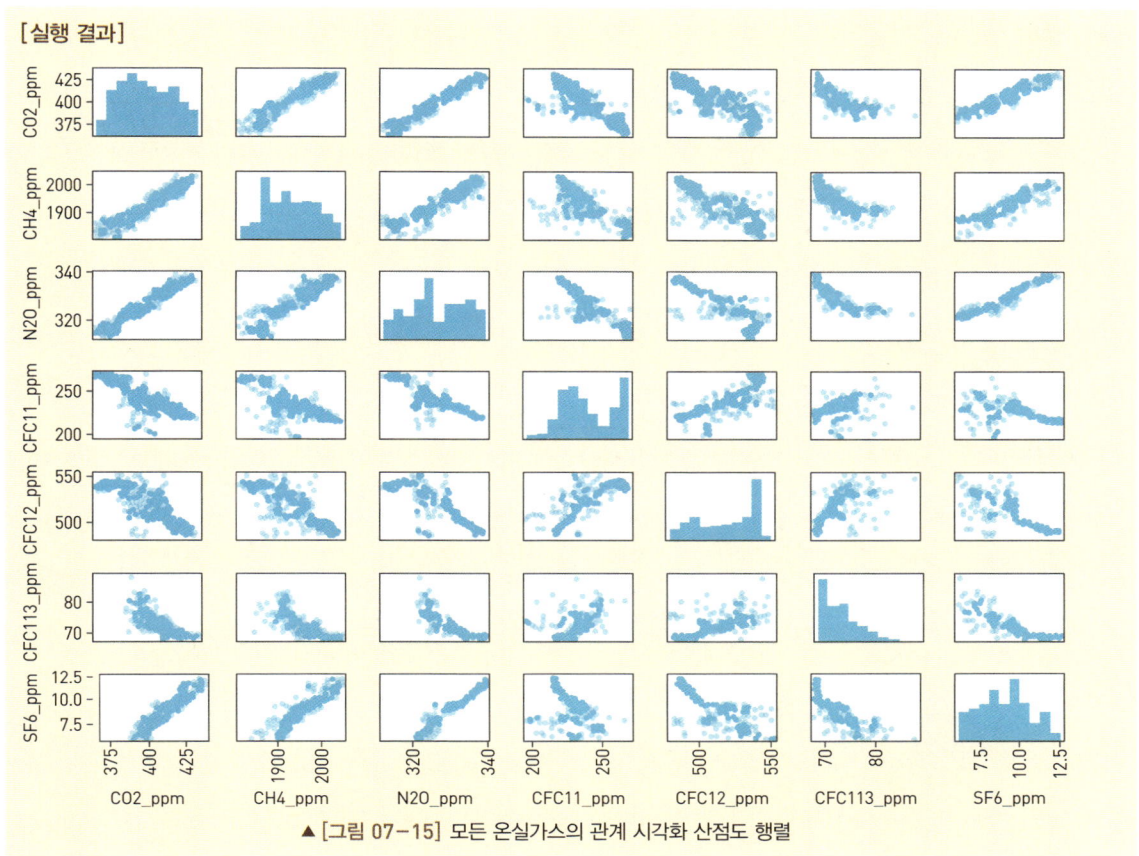

▲ [그림 07-15] 모든 온실가스의 관계 시각화 산점도 행렬

> ♥ **산점도 행렬에 선형 회귀선 추가: sns.pairplot(df, diag_kind="kde", kind="reg")**
> - 여러 수량형 변수의 모든 산점도 경우의 수에 회귀선 추가해서 시각화
> - seaborn 라이브러리의 pairplot( ) 함수를 사용해서 플롯
>   예) sns.pairplot(df_ghgs2, diag_kind="kde", kind="reg")
>   – df_ghgs2: 데이터프레임, diag_kind="kde": 산점도 행렬의 대각선 부분(자신과 자신을 비교)을 히스토그램 대신 확률밀도 함수로 표시, kind="reg": 산점도 행렬의 각각의 산점도에 선형 회귀선 추가

실습 코드 온실가스 데이터: 모든 온실가스의 관계 시각화 산점도 행렬 회귀선 추가

```python
import seaborn as sns
plt.figure(figsize=(8, 8))  # 그래프 크기 설정, 저장된 그래프 파일에서 확인
# df_ghgs2: df, diag_kind="kde": 대각선에 "kde" 사용, kind="reg": 산점도에 선형 회귀 추가
sns.pairplot(df_ghgs2, diag_kind="kde", kind="reg")  # 산점도 행렬에 선형 회귀선 추가
plt.tight_layout()  # 그래프 영역 잘림 방지
plt.savefig("plots/1999-2023_온실가스_산점도행렬_선형회귀선추가.png")
plt.show()
```

[실행 결과]

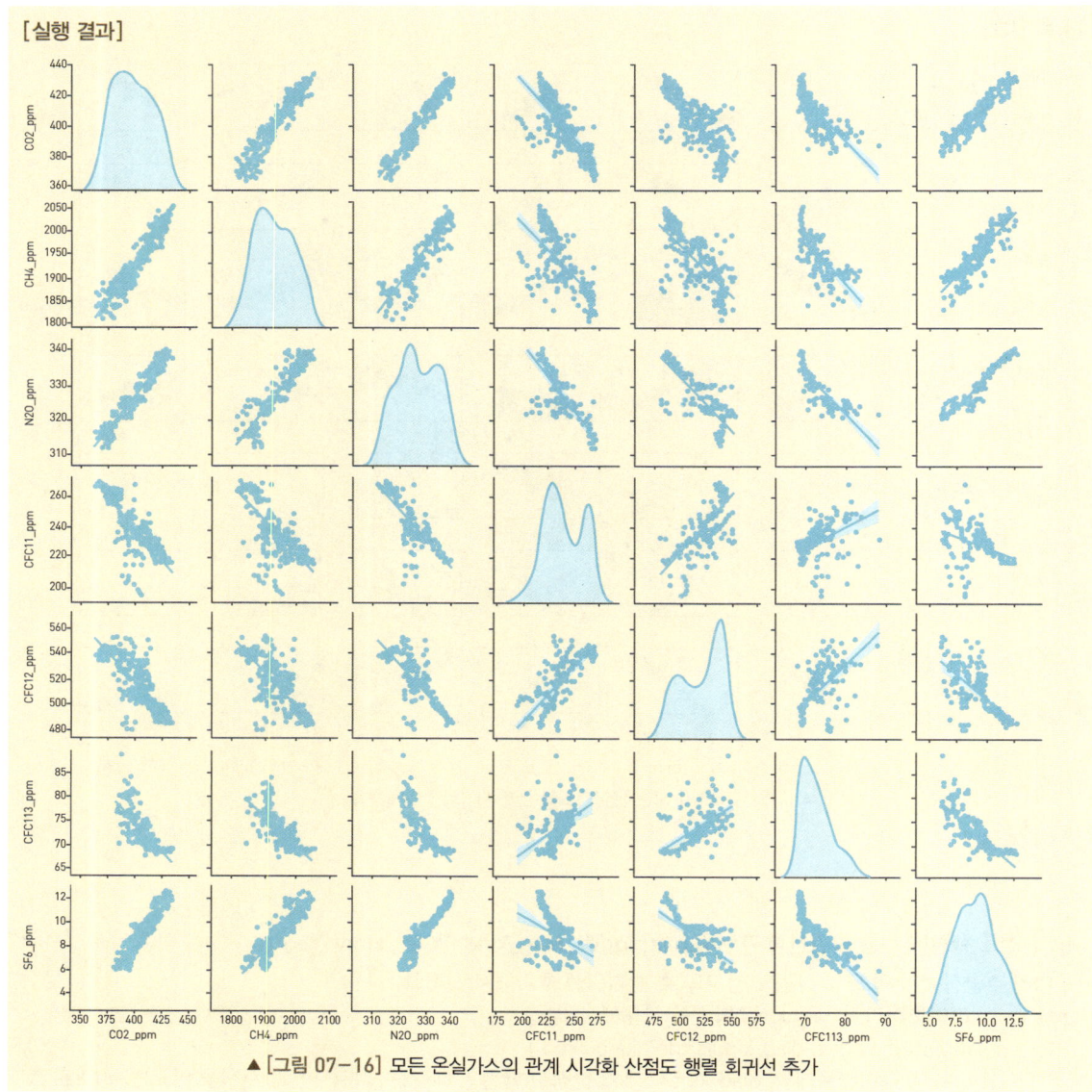

▲ [그림 07-16] 모든 온실가스의 관계 시각화 산점도 행렬 회귀선 추가

✅ 히트맵(hexbin): df.plot(kind="hexbin")/df.plot.hexbin( )
- 산점도에서 표시할 데이터의 개수가 많을 경우, 산점도 대신 히트맵을 사용해서 데이터가 주로 어디에 분포하는지 보기 위해서 사용

실습 코드　온실가스 데이터: CO2, CH4 관계 시각화 히트맵 플롯

```
df_ghgs.plot.hexbin(x="CO2_ppm", y="CH4_ppm")  # 히트맵 플롯
plt.savefig("plots/1999-2023_온실가스_CO2_CH4_히트맵.png")
plt.show()
```

[실행 결과]

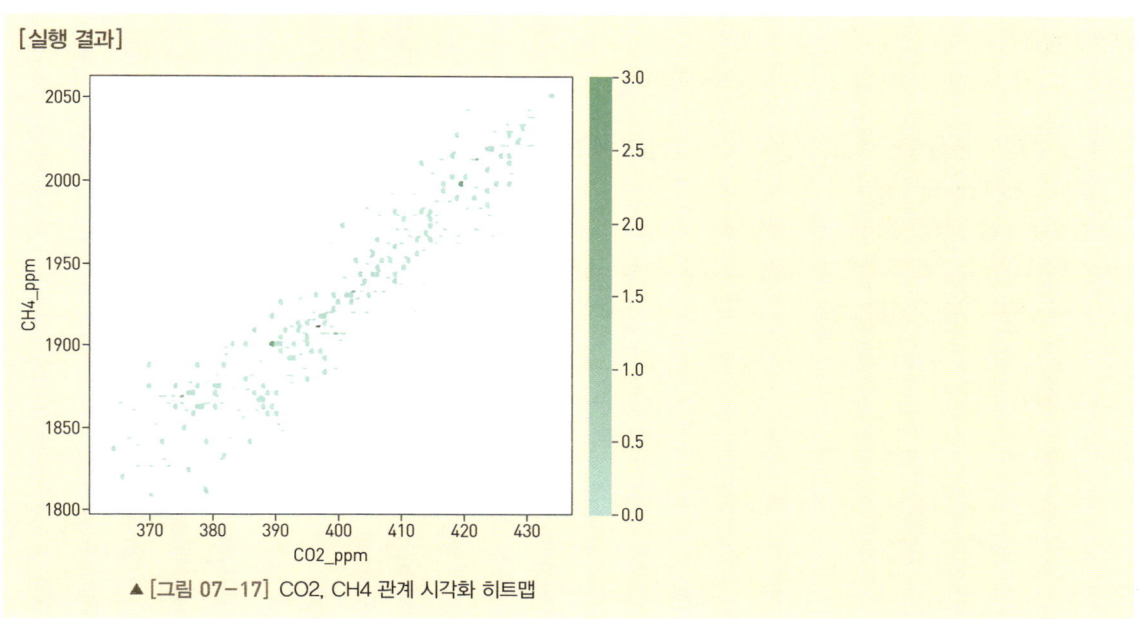

▲ [그림 07-17] CO2, CH4 관계 시각화 히트맵

> ✓ **선형 회귀식 구하기-기울기(a): model.coef_, 절편(b): model.intercept_**
> - model=LinearRegression( ): sklearn.linear_mode 라이브러리의 LinearRegression를 사용하여 선형 회귀 모델을 생성
> - model.fit(X.values.reshape(-1, 1), y): 모델 학습
> - X.values.reshape(-1, 1): 1차원 배열을 2차원 배열로 변환, 이 메서드가 2차원 배열 형태만 입력으로 요구하기 때문
> - 기울기(a)는 model.coef_로 구하고, 절편(b)은 model.intercept_을 사용해서 구함

실습 코드 ① 온실가스 데이터: CO2, CH4 산점도에 선형 회귀선 및 선형 회귀식 추가

```
# 온실가스 설명변수(X) CO2_ppm에 대한 반응변수(y) CH4_ppm의 선형 회귀식
from sklearn.linear_model import LinearRegression
model = LinearRegression()
df_air3 = df_ghgs[["CO2_ppm", "CH4_ppm"]].dropna()
df_air3
X = df_air3["CO2_ppm"]   # 설명변수(X)
y = df_air3["CH4_ppm"]   # 반응변수(y)
model.fit(X.values.reshape(-1, 1), y)   # 선형 회귀 모델 학습
# 기울기(a): model.coef_, 절편(b): model.intercept_
fml = "y = " + str(model.coef_[0]) + "X + " + str(model.intercept_)   # 선형 회귀식
fml
```

CHAPTER 07. 데이터 시각화: 탐색적 데이터 분석

[실행 결과]
y = 3.1923560089013545X + 651.2629802366969

실습 코드 ② 온실가스 데이터: CO2, CH4 산점도에 선형 회귀선 및 선형 회귀식 추가

```
import seaborn as sns
sns.regplot(x="CO2_ppm", y="CH4_ppm", data=df_ghgs)
plt.title(fml)  # 그래프 제목에 선형 회귀식 표시
plt.savefig("plots/1999-2023_온실가스_CO2_CH4_산점도_선형회귀선_선형회귀식추가.png")
plt.show()
```

[실행 결과]

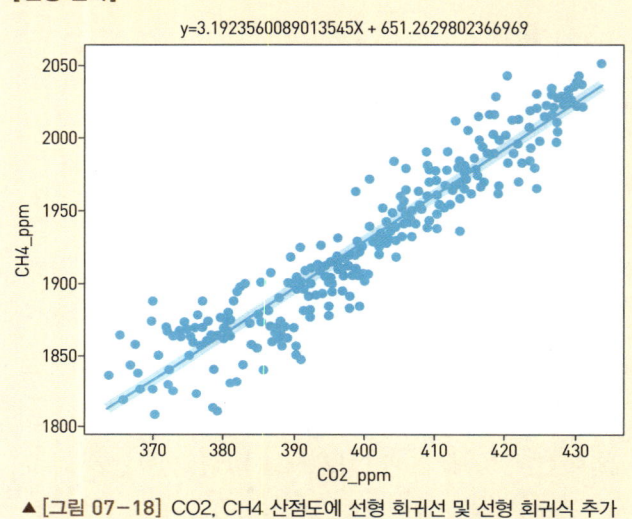

▲ [그림 07-18] CO2, CH4 산점도에 선형 회귀선 및 선형 회귀식 추가

❺ 선 그래프: df.plot(kind="line")/df.plot.line( )

x축이 시점(날짜/시간 값)이고 y축이 수량형인 경우 연속성을 갖는 선 그래프인 시계열로 표현합니다. 시계열은 시점에 따른 값의 추이 등을 파악할 때 사용됩니다. 시계열 그래프에 선형 회귀선을 추가할 때는 np.polyfit( )을 같이 사용합니다. 주기성이 있는 시계열 예측은 ARIMA를 사용하며, "CHAPTER 08. 통계적 데이터 분석"에서 학습합니다.

✔ 선 그래프: df.plot(kind="line")/df.plot.line( )
- 두 수량형 변수의 관계를 시각화로 표현
  예 df_ghgs.plot.line(x="시간", y="CO2_ppm"): 시간에 따른 CO2 배경농도 추이 시계열

실습 코드 ① 온실가스 데이터: CO2 시계열 그래프

```
df_ghgs.plot.line(x="시간", y="CO2_ppm", figsize=(8, 5))  # 시계열 그래프 플롯
plt.savefig("plots/1999-2023_온실가스_CO2_시계열.png")  # 그래프 저장
```

```
plt.show()   # 그래프 화면 표시
```

[실행 결과]

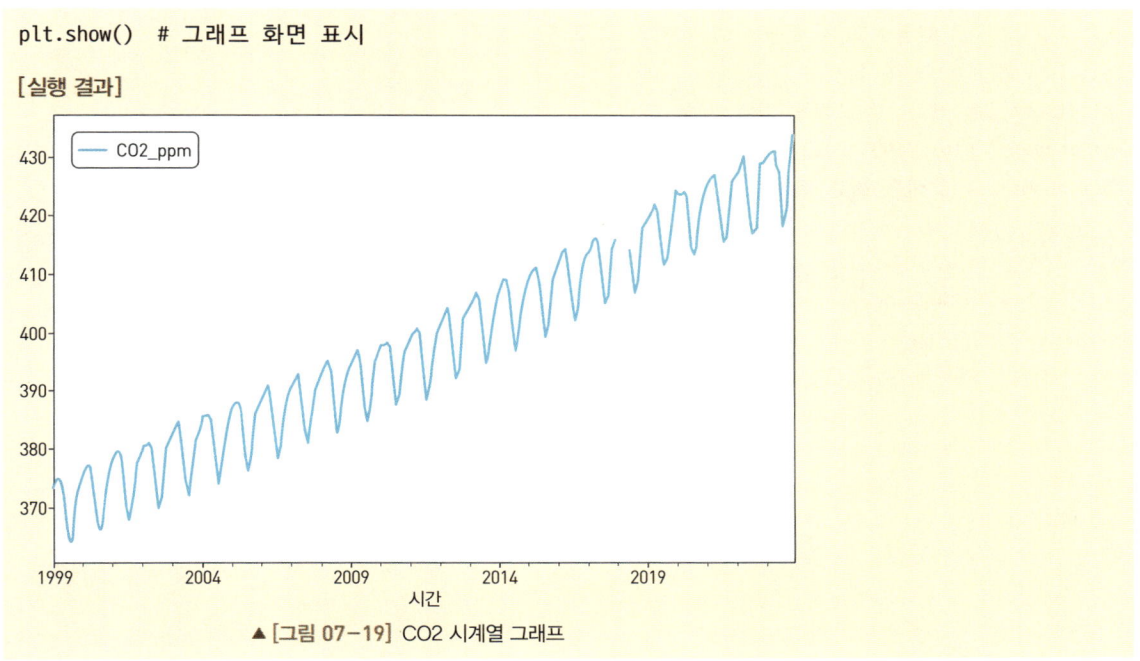

▲ [그림 07-19] CO2 시계열 그래프

실습 코드 ② 온실가스 데이터: CO2 시계열 그래프에 선형 회귀선 플롯

```
import numpy as np
import matplotlib.pyplot as plt

# x와 y 설정
df_air2 = df_ghgs[["시간", "CO2_ppm"]].dropna()   # 결측치 제거
x = pd.to_datetime(df_air2["시간"])
y = df_air2["CO2_ppm"]

# x를 숫자로 변환: 시간을 선형 회귀용 숫자로 변환
x_numeric = np.arange(len(x))   # 또는 x.map(lambda d: d.toordinal())도 가능

# 회귀선 계산
slope, intercept = np.polyfit(x_numeric, y, 1)
reg_line = slope * x_numeric + intercept

# 시계열 그래프와 선형 회귀선 시각화
plt.figure(figsize=(8, 5))   # 그래프의 크기 지정
plt.plot(x, y, label="CO2 농도")   # 시계열 그래프 플롯
plt.plot(x, reg_line, color="red", linestyle="--", label="선형 회귀선")   # 선형 회귀선 플롯
plt.xlabel("시간")   # x축 레이블
plt.ylabel("CO2_ppm")   # y축 레이블
```

```
plt.title("CO2 배경농도 시계열 + 회귀선")  # 그래프 제목
plt.legend()  # 범례 표시
plt.tight_layout()  # 그래프 영역 잘림 방지
plt.savefig("plots/1999-2023_온실가스_CO2_시계열_선형회귀선.png")  # 그래프 저장
plt.show()  # 그래프 화면 표시
```

[실행 결과]

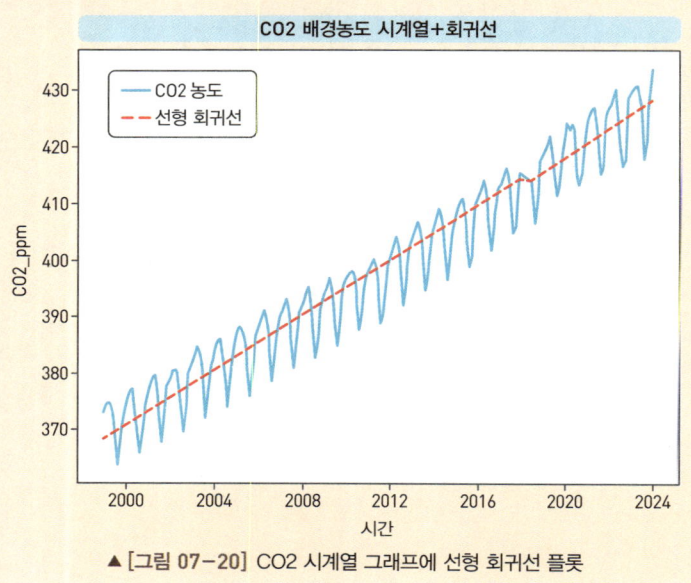

▲ [그림 07-20] CO2 시계열 그래프에 선형 회귀선 플롯

❻ 상자그림 그래프: df.boxplot( )

x축이 범주형, y축이 수량형 값인 경우 집단(그룹) 간의 값을 비교하는 상자그림 그래프로 시각화를 표현합니다. pandas의 boxplot( ) 또는 seaborn의 boxplot( )을 사용합니다.

> **pandas의 boxplot( )을 사용한 상자그림: df.boxplot(by="x", column=["y"])**
> - 기준변수(x)를 기준으로 값(y) 비교를 시각화로 표현
>   예 df_wr.boxplot(by="샘플_채취_지점", column=["c19바이러스_농도"]): 샘플 채취 지점별 c19바이러스 농도 비교

실습 코드 서울시 하수처리장 c19바이러스 농도 데이터: 상자그림-df.boxplot( )

```
# 샘플 채취 지점별 c19바이러스 농도 비교 상자그림 그래프 플롯
df_wr.boxplot(by="샘플_채취_지점", column=["c19바이러스_농도"], figsize=(8, 5))  # 상자그림 그래프
plt.savefig("plots/2024_서울시_하수처리장_c19바이러스농도_상자그림.png")
plt.show()
```

[실행 결과]

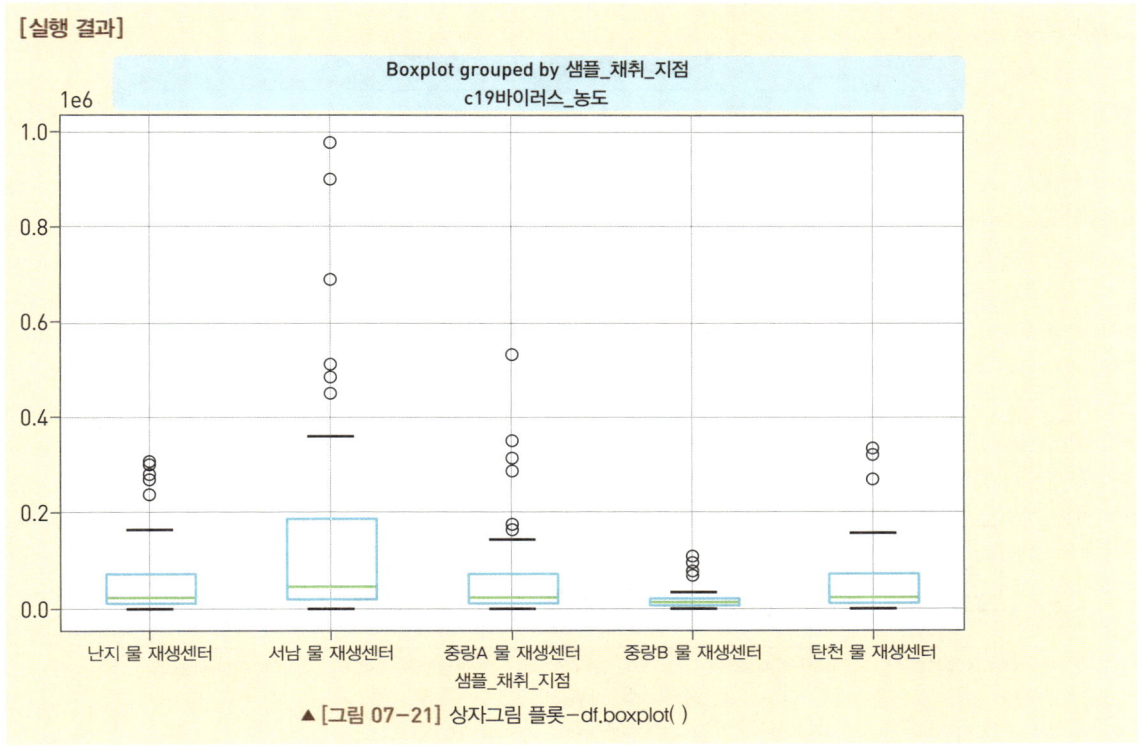

▲ [그림 07-21] 상자그림 플롯-df.boxplot( )

- **seaborn의 boxplot( )을 사용한 상자그림: sns.boxplot(y, x, data=df)**
  - 데이터프레임(df)의 기준변수(x)를 기준으로 값(y) 비교를 시각화로 표현
    - sns.boxplot(y="c19바이러스_농도", x="샘플_채취_지점", data=df_wr): 샘플 채취 지점별 c19바이러스 농도 비교, 샘플 채취 지점별로 상자의 색을 다르게 지정할 경우 hue="샘플_채취_지점", palette="colorblind" 속성을 같이 지정

실습 코드   서울시 하수처리장 c19바이러스 농도 데이터: 상자그림-sns.boxplot( )

```
# 샘플 채취 지점별 c19바이러스 농도 비교 상자그림 그래프 플롯
import seaborn as sns

fig, ax = plt.subplots(figsize=(8, 5))
sns.boxplot(y="c19바이러스_농도", x="샘플_채취_지점", data=df_wr,
            hue="샘플_채취_지점", ax=ax, width=0.5, palette="colorblind")  # 상자그림 그래프
ax.grid(True, which='both',  axis='both', linestyle='--', alpha=0.7)  # 그리드 추가
plt.title("샘플채취지점별 c19바이러스농도")
plt.savefig("plots/2024_서울시_하수처리장_c19바이러스농도_상자그림_seaborn.png")
plt.show()
```

[실행 결과]

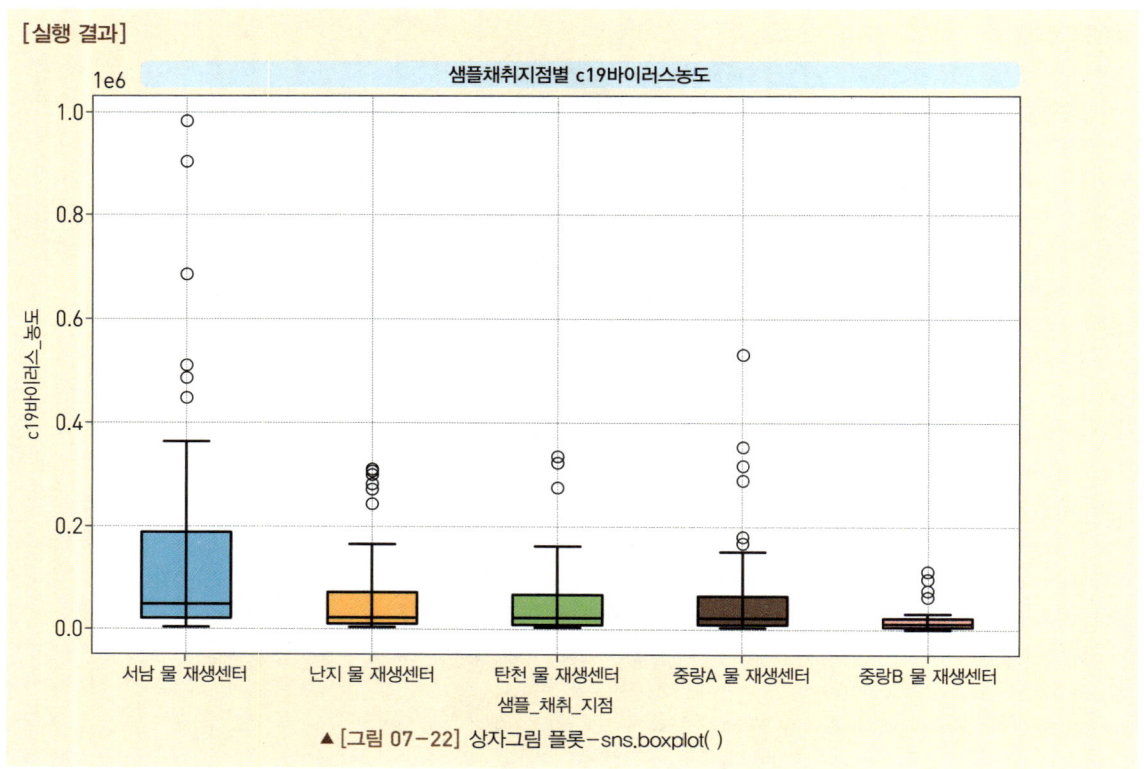

▲ [그림 07-22] 상자그림 플롯-sns.boxplot( )

> ♥ **seaborn의 boxplot( )을 사용한 상자그림에 산점도 추가: stripplot( )/swarmplot( )**
> - 상자그림을 그린 후 산점도 추가, 산점도는 stripplot( ) 함수 또는 swarmplot( ) 함수를 사용해서 추가
>   - swarmplot( ): 각 값에서 데이터의 분포를 확인할 수 있으나 표시할 점이 많은 경우 size를 사용해서 점의 크기를 줄이거나 stripplot( )로 전환
>   예 sns.stripplot(y="c19바이러스_농도", x="샘플_채취_지점", data=df_wr, jitter=True)
>   - jitter=True는 표시할 점들 사이의 간격을 임의의 난수로 지정해서 표현, 이 경우 np.random.seed(202503)을 사용하여 난수 시드 값을 고정해서 항상 같은 그래프 플롯, 난수 시드 값은 임의의 값으로 지정함
>   예 sns.swarmplot(y="c19바이러스_농도", x="샘플_채취_지점", data=df_wr)

실습 코드 서울시 하수처리장 c19바이러스 농도 데이터: 상자그림에 산점도 추가-sns.stripplot( )

```
# 샘플 채취 지점별 c19바이러스 농도 비교 상자그림 그래프 플롯
import numpy as np
import seaborn as sns

np.random.seed(202503)   # 난수 시드 값 고정
fig, ax = plt.subplots(figsize=(8, 5))
sns.boxplot(y="c19바이러스_농도", x="샘플_채취_지점", data=df_wr,
```

```
              hue="샘플_채취_지점", ax=ax, width=0.5, palette="colorblind")   # 상자그림 그래프
ax.grid(True, which='both',  axis='both', linestyle='--', alpha=0.7)   # 그리드 추가
sns.stripplot(y="c19바이러스_농도", x="샘플_채취_지점", data=df_wr,
              ax=ax, jitter=True, marker="o", alpha=0.5, color="black")   # 산점도 추가
plt.title("샘플채취지점별 c19바이러스농도")
plt.savefig("plots/2024_서울시_하수처리장_c19바이러스농도_상자그림_산점도_stripplot.png")
plt.show()
```

[실행 결과]

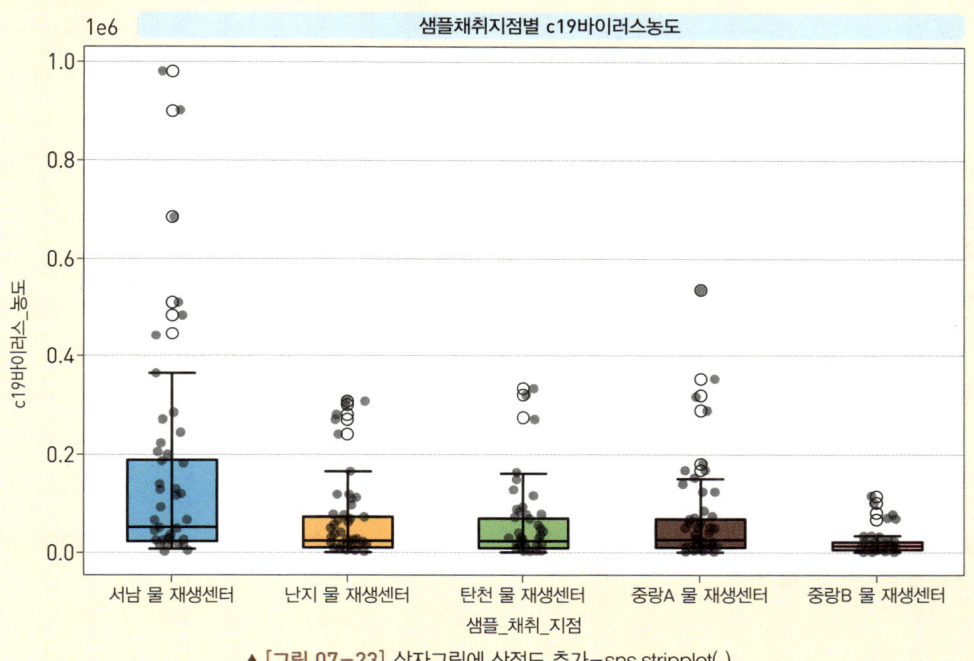

▲ [그림 07-23] 상자그림에 산점도 추가-sns.stripplot( )

| 예 | 서울시 하수처리장 c19바이러스 농도 데이터: 상자그림에 산점도 추가-sns.swarmplot( ) |

```
# 샘플 채취 지점별 c19바이러스 농도 비교 상자그림 그래프 플롯
import seaborn as sns

fig, ax = plt.subplots(figsize=(8, 5))
sns.boxplot(y="c19바이러스_농도", x="샘플_채취_지점", data=df_wr,
              hue="샘플_채취_지점", ax=ax, width=0.5, palette="colorblind")   # 상자그림 그래프
ax.grid(True, which='both',  axis='both', linestyle='--', alpha=0.7)   # 그리드 추가
sns.swarmplot(y="c19바이러스_농도", x="샘플_채취_지점", data=df_wr,
              ax=ax,size=2, alpha=0.5, color="black")   # 산점도 추가
plt.title("샘플채취지점별 c19바이러스농도")
plt.savefig("plots/2024_서울시_하수처리장_c19바이러스농도_상자그림_산점도_swarmplot.png")
plt.show()
```

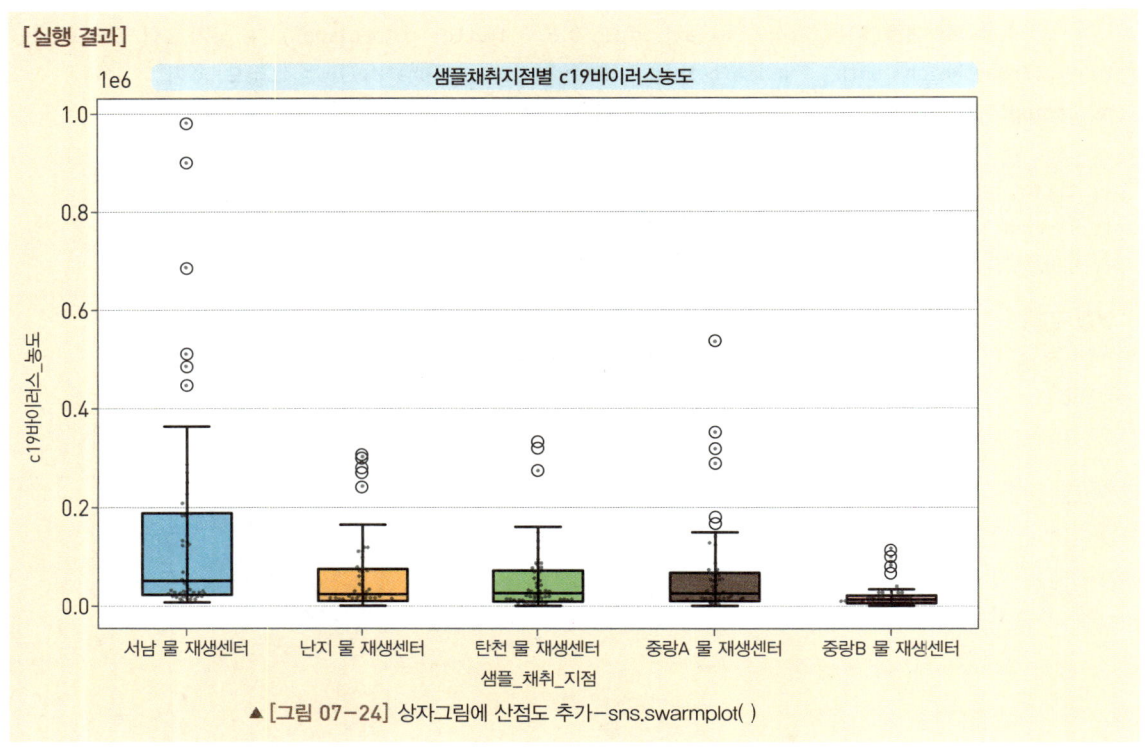

▲ [그림 07-24] 상자그림에 산점도 추가-sns.swarmplot( )

> **TIP**
>
> **재현성 확보를 위한 난수 seed 고정이 필요한 경우: np.random.seed(202505)**
> - 재현성 확보란 코드 실행 시 누가 실행해도 항상 같은 결과가 나오는 것을 보장하는 것
> - 시각화에서 jitter 옵션 등의 사용으로 랜덤한 간격을 자동으로 조정하는 기능을 사용한 경우 또는 머신러닝/딥러닝 등에서 머신 학습을 할 경우에 필요

❼ 워드클라우드(word cloud): WordCloud( )

텍스트에서 언급되는 단어의 빈도를 시각적으로 표현한 시각화 기법으로, 문서의 주요 키워드나 중요도를 한눈에 파악할 때 사용합니다. 워드클라우드는 WordCloud( ) 함수를 사용해서 단어의 빈도수를 시각화합니다.

> ✅ **워드클라우드: WordCloud(width, height, font_path=fontpath)**
> - 문장의 단어를 분할해서 단어 빈도표를 생성한 후 단어의 빈도수를 시각화, 단어의 위치는 실행 시 임의로 지정되며, 글자의 색상도 임의로 지정됨
>   - 예) `WordCloud(width=800, height=400, font_path=fontpath).generate_from_frequencies(frequency)`
>   - width=800, height=400: 가로 너비, 세로 높이
>   - font_path=fontpath: 워드클라우드 한글 깨짐 방지를 위한 폰트 설정
>   - generate_from_frequencies(frequency): 워드클라우드를 단어의 빈도수를 사용해서 생성

실습 코드 ① 서울시 강남구 건설공사 데이터: 워드클라우드-WordCloud( )

```python
# 건설공사 프로젝트명에 가장 많이 언급되는 단어를 중심으로 워드클라우드
import pandas as pd
from collections import Counter
from wordcloud import WordCloud
# 데이터 로드
df = pd.read_excel("data/20250330기준_강남구_건설공사.xlsx")
# [프로젝트_명] 열 데이터 나누기
project_names = df['프로젝트_명'].str.split(" ")
# 단어의 빈도표 생성
words = []
for word in project_names:
    words += word
frequency = Counter(words)
# 워드클라우드 생성
wordcloud = WordCloud(width=800, height=400, background_color='white',
                     font_path=fontpath).generate_from_frequencies(frequency)
# 워드클라우드 표시
plt.figure(figsize=(10, 5))
plt.imshow(wordcloud, interpolation='bilinear')
plt.axis('off')
plt.show()
```

[실행 결과]

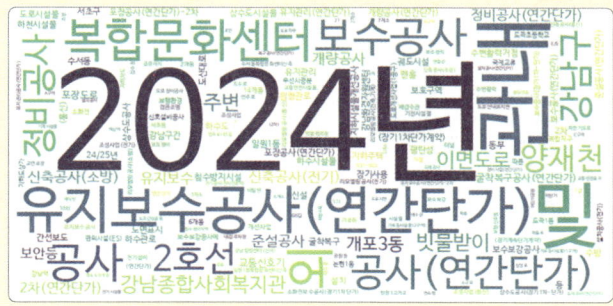

▲ [그림 07-25] 워드클라우드-WordCloud( )

실습 코드 ② 삼일운동 데이터: 한자어 워드클라우드-WordCloud( )

```python
# 삼일운동 시위 장소 워드클라우드
import pandas as pd
from collections import Counter
import matplotlib.pyplot as plt
from wordcloud import WordCloud
```

```python
# 데이터 로드
df_31 = pd.read_csv("data/삼일운동DB데이터_사건정보.csv", encoding="cp949")
# 결측치 제거 및 단어 분할
df = df_31['시위장소명'].dropna()  # 결측치 제거
dm_lo = df.str.split(" ")  # 단어 분할
# 한자 텍스트 생성
words = []
for word in dm_lo:
    words += word
# 빈도표 작성
frequency = Counter(words)
# 워드클라우드 생성
wordcloud = WordCloud(width=800, height=400, background_color='white',
                     font_path =fontpath).generate_from_frequencies(frequency)
# 워드클라우드 표시
plt.figure(figsize=(10, 5))
plt.imshow(wordcloud, interpolation='bilinear')
plt.axis('off')
plt.savefig("plots/삼일운동_시위장소_워드클라우드.png")
plt.show()
```

[실행 결과]

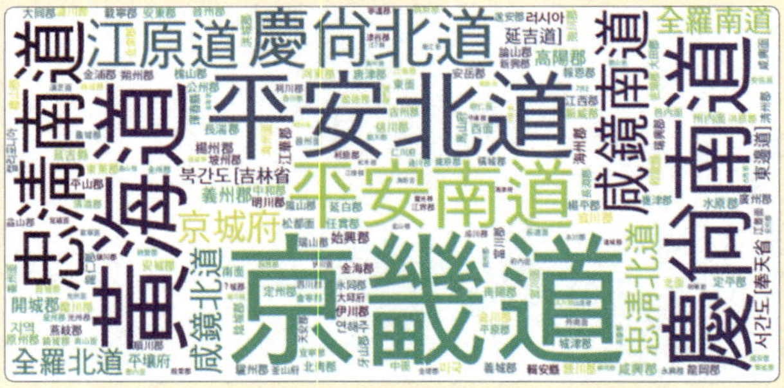

▲ [그림 07-26] 한자어 워드클라우드-WordCloud( )

02 folium 라이브러리를 사용한 공간 데이터 시각화

이번에는 위도, 경도 등의 위치 정보를 갖는 공간 데이터를 folium 라이브러리를 사용해서 시각화하는 방법과 GeoJSON 데이터를 사용한 행정구획 표시 방법을 살펴봅니다.

1 folium 라이브러리를 사용한 지도 표시

folium(포리움, https://python-visualization.github.io/folium)은 파이썬의 데이터 랭글링(data wrangling, 데이터 먼징)과 leaflet.js 라이브러리의 매핑 강점을 결합한 라이브러리입니다. 파이썬에서는 folium을 통해 사용자 동작에 반응하는 상호동작적인(interactive) 리플릿(Leaflet) 맵을 쉽게 작성할 수 있습니다. 또한 단계구획도(choropleth, 등치지도), 마커 및 맵 타일(OpenStreetMap, CartoDB positron등)을 제공합니다. 그리고 GeoJSON을 지도에 표시하는 것을 지원합니다. GeoJSON은 위치 정보를 기반으로 지형을 표현하기 위해 설계된 JSON 형식으로, 행정구획을 표시하는 데 사용합니다.

▼ [표 07-03] 공간 데이터 시각화 예시

공간 데이터 시각화 예시

- 지도에 마커 표시

 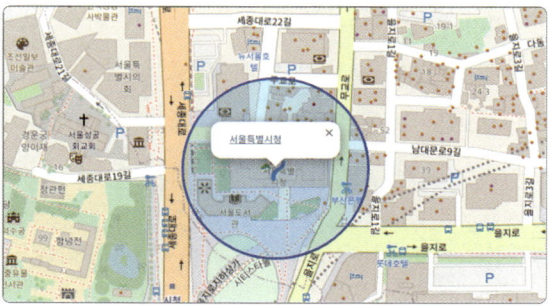

- 단계 구획도

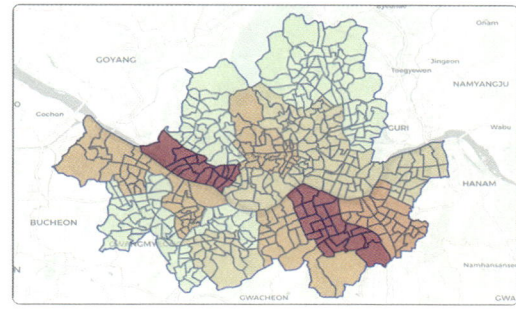 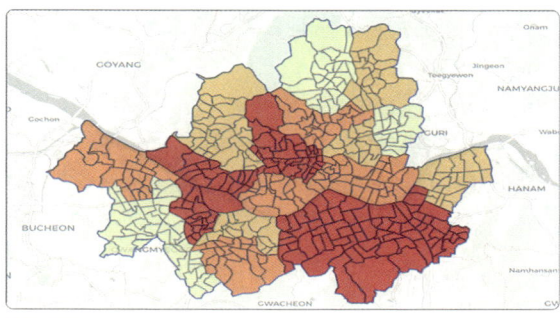

공간 데이터 시각화 예시

• 행정구획 표시

 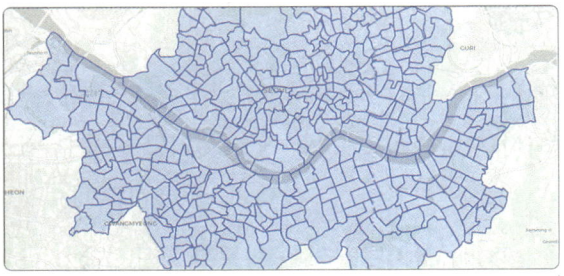

1) folium 라이브러리 설치 및 로드

folium 라이브러리가 없는 경우에는 설치 후 로드합니다. 구글 코랩에서 제공되는 라이브러리로 설치할 필요가 없습니다.

> ✓ **folium 설치**
> • pip install folium 또는 !pip install folium
>
> ✓ **folium 사용: 특별한 약어 없이 사용**
> • import folium

2) 기준 위치를 중심으로 한 지도 표시

folium.Map([위도, 경도], zoom_start) 메서드를 사용해서 지정한 [위도, 경도]를 기준으로 지도를 표시합니다. 지도의 확대 정도를 지정하는 zoom_start는 생략 가능하며 생략 시 10, 지도의 가로/세로는 픽셀 또는 퍼센트 단위로 지정하며 생략 시 100%로 표시됩니다. 지도를 파일로 저장할 때는 save( ) 메서드를 사용합니다.

> ✓ **기준 위치 중심 지도 표시: folium.Map([위도, 경도], zoom_start)**
> • 주어진 위도, 경도를 중심으로 지도 표시

실습 코드 기준 위치를 중심으로 지도 표시: folium.Map( )

```python
import folium
# 기준 위치: 서울특별시청
s_lct = [37.5666612, 126.9783785]   # 기준 위치 [위도, 경도]
s_map = folium.Map(location=s_lct, zoom_start=17)  # 지도 객체 생성
s_map   # 지도 화면에 표시
```

[실행 결과]

▲ [그림 07-27] 기준 위치를 중심으로 지도 표시: folium.Map( )

♥ 지도 파일로 저장: s_map.save("파일명.html")

실습 코드 지도 파일로 저장

s_map.save("htmls/기준위치_지도표시.html")   # 지도 저장

[저장 위치 확인]

▲ [그림 07-28] 지도 파일로 저장

3) 지도에 마커와 툴팁 표시

지도에 특정 위치를 표시하는 아이콘인 마커와 특정 위치에 마우스 포인터를 가져다대면 표시되는 설명문인 툴팁 및 마우스 클릭하면 표시되는 메시지 상자인 팝업은 folium.Marker([위도, 경도], popup, tooltip, icon)를 사용해서 시각화합니다. 또한 마커에 표시하는 아이콘 표시 및 마커와 웹 사이트의 연결도 가능합니다. 그리고 특정 위치를 기준으로 반경 원도 표시할 수 있습니다.

✅ 지도에 기본 마커와 툴팁 표시: folium.Marker([위도, 경도], popup, tooltip, icon)

- folium.Marker([위도, 경도], popup, tooltip, icon).add_to(s_map): folium.Marker( ) 메서드에 [위도, 경도], popup에 마커를 마우스 클릭 시 팝업으로 표시할 내용, tooltip에 마커에 마우스 포인트 위치 시 표시할 내용을 지정해서 마커 생성
- 마커 생성 후에는 add_to(s_map) 메서드를 사용해서 folium.Map( ) 메서드로 생성한 지도 객체에 마커 추가

실습 코드 지도에 기본 마커와 툴팁 표시

```
import folium
s_lct = [37.5666612, 126.9783785]  # 기준 위치 [위도, 경도]
s_map = folium.Map(location=s_lct, zoom_start=17)  # 지도 객체 생성
txt_str = "서울특별시청"  # 툴팁과 팝업에 표시할 내용
# 툴팁, 팝업을 갖는 마커 생성 후 지도 객체와 연결
folium.Marker(s_lct, popup=txt_str, tooltip=txt_str).add_to(s_map)
s_map   # 지도 화면에 표시
```

[실행 결과]

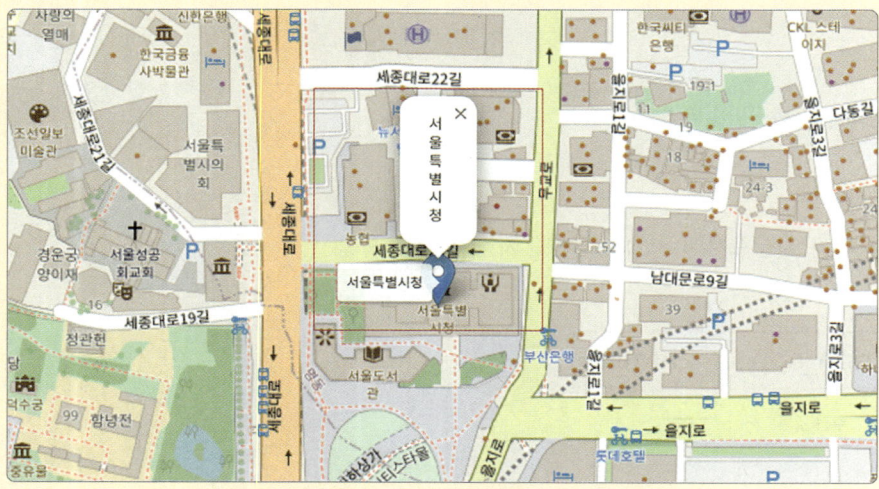

▲ [그림 07-29] 기준 위치를 중심으로 지도 표시: folium.Map( )

✅ 팝업상자 가로로 표시: folium.Popup(팝업내용, min_width, max_width)

- 팝업상자의 내용을 가로로 표시: 내용이 한글인 경우 min_width, max_width 속성을 사용해서 너비 확보
  folium.Popup(txt_str, min_width=100, max_width=100)

실습 코드 팝업상자 가로로 표시: folium.Popup(팝업내용, min_width, max_width)

```
import folium
s_lct = [37.5666612, 126.9783785]  # 기준 위치 [위도, 경도]
```

```
s_map = folium.Map(location=s_lct, zoom_start=17)  # 지도 객체 생성
txt_str = "서울특별시청"  # 툴팁과 팝업에 표시할 내용
popup = folium.Popup(txt_str, min_width=100, max_width=100)  # 팝업 가로로 표시
# 툴팁, 팝업을 갖는 마커 생성 후 지도 객체와 연결
folium.Marker(s_lct, popup=popup, tooltip=txt_str).add_to(s_map)
s_map  # 지도 화면에 표시
```

[실행 결과]

▲ [그림 07-30] 팝업상자의 내용 가로로 표시

✅ 마커의 색상과 아이콘 변경: folium.Icon("색", icon="종류")

- folium.Icon("색", icon="종류"): "색"은 마커의 색상 지정, icon="종류"는 마커 안에 표시되는 아이콘 지정
  - 예 icon=folium.Icon("red", icon="info-sign"): 마커 색상 빨강, 아이콘은 info 아이콘 사용

실습 코드 마커의 색상과 아이콘 변경: folium.Icon("색", icon="종류")

```
import folium
s_lct = [37.5666612, 126.9783785]  # 기준 위치 [위도, 경도]
s_map = folium.Map(location=s_lct, zoom_start=17)  # 지도 객체 생성
txt_str = "서울특별시청"  # 툴팁과 팝업에 표시할 내용
popup = folium.Popup("<b>" + txt_str + "</b>", min_width=100, max_width=100)
# icon=folium.Icon("red", icon="info-sign"): 마커 색과 아이콘 변경
folium.Marker(s_lct, popup=popup, tooltip=txt_str,
              icon=folium.Icon("red", icon="info-sign"),  # 마커 색과 아이콘 변경
              ).add_to(s_map)
s_map  # 지도 화면에 표시
```

[실행 결과]

▲ [그림 07-31] 마커의 색상과 아이콘 변경

> ❤️ **특수 마커 사용: folium.Icon(icon="landmark-flag", prefix="fa")**
> - 랜드마크 아이콘과 같이 특수한 아이콘은 prefix="fa" 속성과 같이 사용
>   - 예 folium.Icon(icon="landmark-flag", prefix="fa"): 공공기관을 표현하는 랜드마크 아이콘을 마커의 아이콘으로 사용

실습 코드 특수 마커 사용: folium.Icon(icon="landmark-flag", prefix="fa")

```
import folium
s_lct = [37.5666612, 126.9783785]  # 기준 위치 [위도, 경도]
s_map = folium.Map(location=s_lct, zoom_start=17)  # 지도 객체 생성
txt_str = "서울특별시청"  # 툴팁과 팝업에 표시할 내용
popup = folium.Popup("<b>" + txt_str + "</b>", min_width=100, max_width=100)
# icon=folium.Icon("green", icon="landmark-flag", prefix="fa"): 특수 마커 지정
folium.Marker(s_lct, popup=popup, tooltip=txt_str,
            icon=folium.Icon("green", icon="landmark-flag", prefix="fa")  # 특수 마커
            ).add_to(s_map)
s_map  # 지도 화면에 표시
```

[실행 결과]

▲ [그림 07-32] 마커의 색상과 아이콘 변경

✅ 커스텀 아이콘 마커: folium.CustomIcon("이미지", icon_size=(가로, 세로))
- 커스텀 아이콘 마커는 회사나 공공기관의 로그 등을 마커에 사용
- folium.CustomIcon("이미지", icon_size=(가로, 세로)): "이미지"는 마커의 아이콘으로 사용한 이미지 파일명, icon_size는 아이콘 이미지의 가로/세로 너비
  - 예) icon = folium.CustomIcon("img/s.png", icon_size=(42, 37))

실습 코드 커스텀 아이콘 마커: folium.CustomIcon("이미지", icon_size=(가로, 세로))

```
import folium
s_lct = [37.5666612, 126.9783785]    # 기준 위치 [위도, 경도]
s_map = folium.Map(location=s_lct, zoom_start=17)    # 지도 객체 생성
txt_str = "서울특별시청"    # 툴팁과 팝업에 표시할 내용
popup = folium.Popup("<b>" + txt_str + "</b>", min_width=100, max_width=100)
# 커스텀 아이콘 생성
icon = folium.CustomIcon("img/s.png", icon_size=(42, 37))
# 커스텀 아이콘 마커에 사용
folium.Marker(s_lct, popup=popup, tooltip=txt_str, icon=icon).add_to(s_map)
s_map    # 지도 화면에 표시
```

[실행 결과]

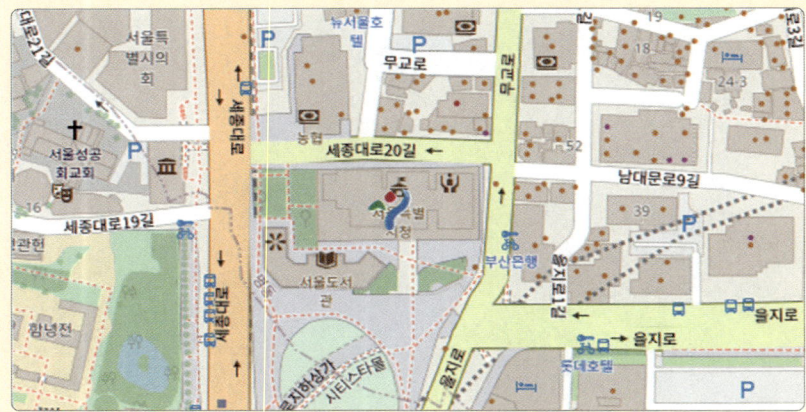

▲ [그림 07-33] 커스텀 아이콘 마커

❤ 마커에 웹 사이트 연동, 반경 원 표시: popup="<a></a>", folium.Circle( )

- 마커에 웹 사이트 연동: 마커를 클릭하면 표시되는 팝업의 내용에 하이퍼링크로 특정 웹 사이트를 연결
  - 예 pstr = "<a href='https://www.seoul.go.kr/' target='_blank'>서울특별시청</a>"
- 반경 원 표시: 특정 시설물을 중심으로 반경 원을 표시할 때 사용
  - 예 folium.Circle(location=s_lct, radius=100, tooltip=txt_str, color="#0055ff", fill=True, fill_color="#00aaff"):
    radius=100은 반경 원 지름 100m, color="#0055ff"는 반경 원 테두리 선 색, fill=True, fill_color="#00aaff": 반경 원 채우기 색 설정

실습 코드 마커에 웹 사이트 연동, 반경 원 표시: popup="<a></a>", folium.Circle( )

```python
import folium
s_lct = [37.5666612, 126.9783785]  # 기준 위치 [위도, 경도]
s_map = folium.Map(location=s_lct, zoom_start=17)  # 지도 객체 생성
txt_str = "서울특별시청"  # 툴팁과 팝업에 표시할 내용
pstr = "<a href='https://www.seoul.go.kr/' target='_blank'>서울특별시청</a>"
popup = folium.Popup(pstr, min_width=100, max_width=100)
# 커스텀 아이콘 생성
icon = folium.CustomIcon("img/s.png", icon_size=(42, 37))
# 커스텀 아이콘 마커에 웹 사이트 연결
folium.Marker(s_lct, popup=popup, tooltip=txt_str, icon=icon).add_to(s_map)
# 기준 위치를 중심으로 반경 원 마커 미터 단위 표시
folium.Circle(location=s_lct, radius=100, tooltip=txt_str,
    color="#0055ff", fill=True, fill_color="#00aaff").add_to(s_map)
s_map  # 지도 화면에 표시
```

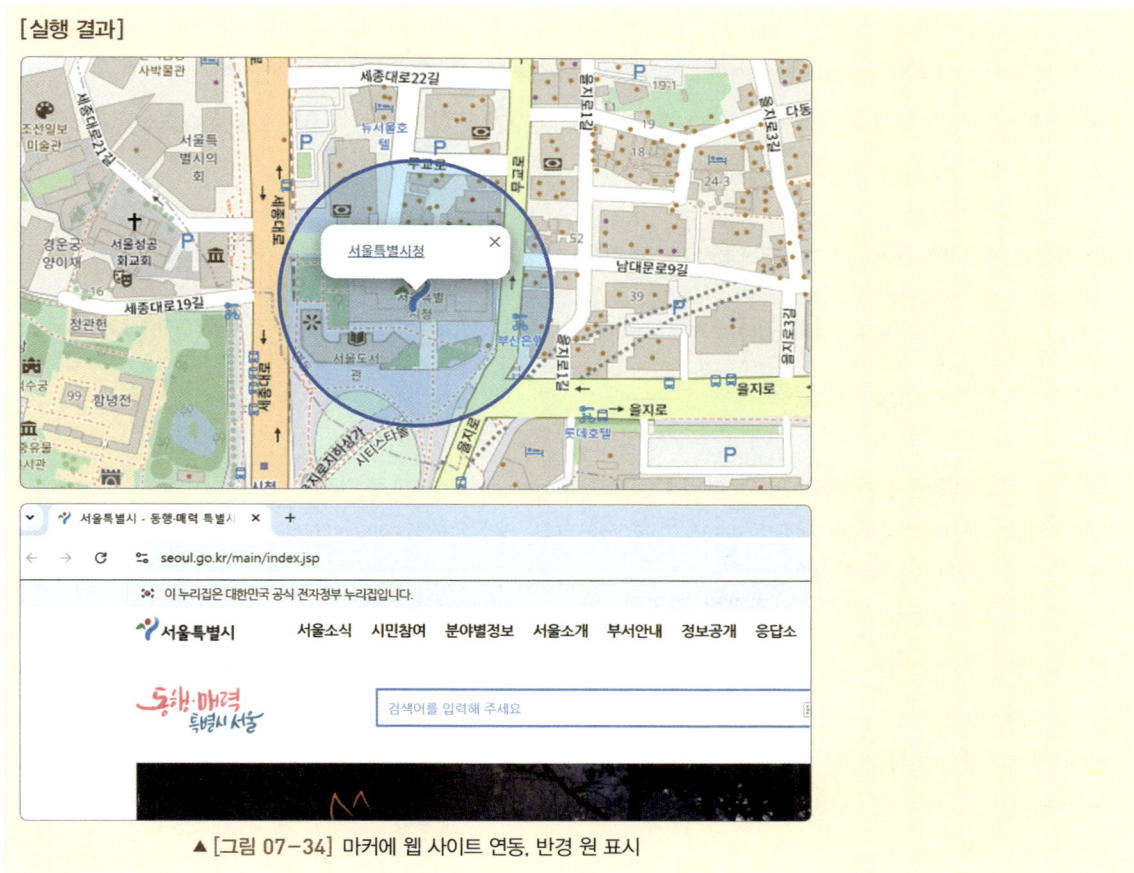

▲ [그림 07-34] 마커에 웹 사이트 연동, 반경 원 표시

2 GeoJSON 데이터를 사용한 행정구획 표시

1) 행정구획 GeoJSON 다운로드

행정구획 데이터는 GeoJSON으로 배포되며 깃허브의 https://github.com/vuski/admdongkor 에서 제공됩니다. 행정구획에 업데이트가 있기 때문에 최신 행정구획을 확인한 후 다운로드해 사용합니다. 이 책은 집필 시점에서 가장 최신 버전을 사용했습니다.

> ✅ 행정구획 사용 버전: HangJeongDong_ver20241001
> ✅ 행정구획 다운로드 위치
>   • https://github.com/vuski/admdongkor/blob/master/ver20241001/HangJeongDong_ver20241001.geojson

직접 행정구획 데이터를 깃허브의 해당 위치에서 다운로드한 후 구글 드라이브로 업로드해서 사용하는 불편을 해소하기 위해, 미리 다운로드한 HangJeongDong_ver20241001.geojson 파일을 특정 위치에 배치해서 다운로드/업로드 작업을 한 번에 할 수 있도록 일원화했습니다.
[웹상의 위치-https://drive.google.com/uc?id=14tVmVvUufsoFaCjlvuyUZYC33G0rkkev&export=download]

웹상에서 특정 파일을 다운로드해 특정 파일로 저장할 때는 urllib.request 라이브러리의 urlretrieve(url, data) 함수를 사용합니다.

> ✅ **웹상의 행정구획 GeoJSON 파일 다운로드 후 저장: req.urlretrieve(url, data)**
> - req.urlretrieve(url, data): 특정 url의 파일을 다운로드 후 data에 지정된 파일명으로 저장
>   예 url = https://drive.google.com/uc?id=14tVmVvUufsoFaCjlvuyUZYC33G0rkkev&export=download
>   예 data = "data/geojson.json"

실습 코드 웹상의 행정구획 GeoJSON 파일 다운로드 후 geojson.json으로 저장

```python
# https://github.com/vuski/admdongkor/blob/master/ver20241001/HangJeongDong_ver20241001.geojson
import urllib.request as req
data = "data/geojson.json"  # 저장될 파일명
# 지정된 위치의 다운로드 받을 파일
url = "https://drive.google.com/uc?id=14tVmVvUufsoFaCjlvuyUZYC33G0rkkev&export=download"
req.urlretrieve(url, data)  # 지정된 위치의 파일을 다운로드 후 저장
print("done")  # 다운로드 성공 시 표시됨
```

[실행 결과]
done

> ✅ **행정구획 GeoJSON 파일 로드: json.load(open("GeoJSON파일"))**
> - json.load(open("GeoJSON파일")): GeoJSON 파일도 json 파일이므로 json.load(open( )) 함수로 로드
>   예 json.load(open("data/geojson.json")): [data] 폴더에 있는 geojson.json 파일을 파이썬 프로그램 내로 로드

실습 코드 ① 행정구획 GeoJSON 파일 로드 후 첫 번째 데이터 확인

```python
import json
sk_geo = json.load(open("data/geojson.json"))  # JSON 파일 로드
sk_geo["features"][0]  # 첫 번째 데이터 확인
```

[실행 결과]

```
{'type': 'Feature',
 'properties': {'adm_nm': '서울특별시 종로구 사직동',
  'adm_cd2': '1111053000',
  'sgg': '11110',
  'sido': '11',
  'sidonm': '서울특별시',
  'sggnm': '종로구',
  'adm_cd': '11010530'},
 'geometry': {'type': 'MultiPolygon',
  'coordinates': [[[[126.97688884274817, 37.575650779448786],
     [126.9770344988775, 37.56919453005455],
     [126.97597472821249, 37.56933629942577],
     [126.97537470991254, 37.56931556702156],
     [126.97433193562325, 37.569261800051753],
```

▲ [그림 07-35] JSON 파일 로드 후 첫 번째 데이터 확인

실습 코드 ② 행정구획 GeoJSON의 첫 번째 데이터에서 시도명 변수(sidonm)의 값 확인

```
sk_geo["features"][0]["properties"]["sidonm"]
```

[실행 결과]
서울특별시

✔ 행정구획 GeoJSON 데이터를 지도에 표시: folium.GeoJson(GeoJSON, name)

- folium.GeoJson(GeoJSON, name).add_to(s_map): GeoJSON-행정구획 GeoJSON 데이터, name-지도에서 사용할 레이어 이름 값으로 공간 데이터를 지도에 올릴 때 사용할 folium.GeoJson( ) 객체 생성 후 add_to(s_map)로 지도에 추가
- 지도에 행정구획 경계가 표시된 후에는 스크롤링으로 지도를 확대/축소해서 각 지역 행정구역 경계 확인

실습 코드 전국 행정구획 표시

```
import folium
s_lct = [37.5666612, 126.9783785]  # 기준 위치 [위도, 경도]
s_map = folium.Map(location=s_lct, zoom_start=10)  # 지도 객체 생성
#  GeoJSON 형식의 공간 데이터를 지도 위에 시각화
folium.GeoJson(sk_geo, name='지역명').add_to(s_map)
s_map  # 지도 화면에 표시
```

[실행 결과]

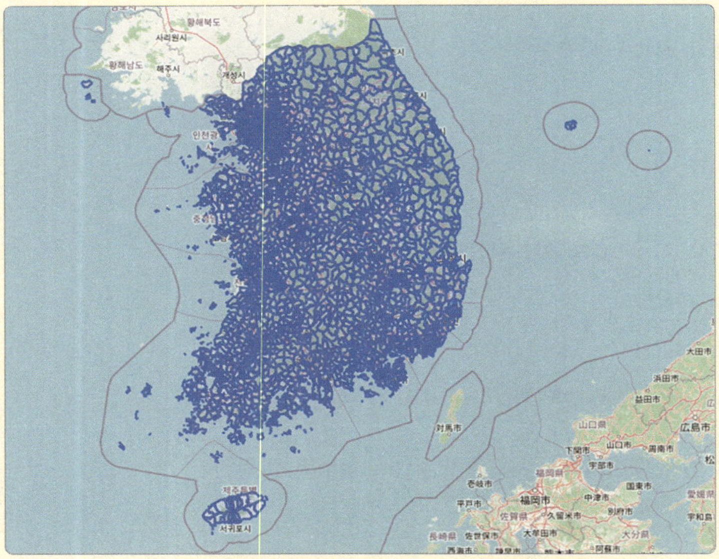

▲ [그림 07-36] 전국 행정구획 표시 후 스크롤링으로 확대/축소

2) 전국 행정구획 데이터에서 특정 지역 추출

조건을 지정하여 특정 지역 데이터만 추출한 GeoJSON 데이터 파일을 생성합니다.

> ✅ **특정 지역 데이터만 추출: req.urlretrieve(url, data)**
> - GeoJSON 파일에서 특정 지역 데이터만 추출할 때는 for문과 if문을 결합해서 사용
>   - for문: 반복 처리   예 for data in sk_geo["features"]:
>   - if문: 조건을 만족하는 데이터 선택   예 if data["properties"]["sidonm"] == "서울특별시": 만일 다른 지역을 선택할 경우 조건문에 추출할 지역명 기술   예 "경기도"
>   - 특정 지역 데이터를 추출 후 {"type": "FeatureCollection", "name": "123","crs": { "type": "name", "properties": { "name": "urn:ogc:def:crs:OGC:1.3:CRS84" } }}을 결합해서 GeoJSON 파일로 변환 후 저장

실습 코드 ①   전국 GeoJSON 데이터(sk_geo)에서 특정 지역 데이터만 추출

```
local_geo_raw = []
for data in sk_geo["features"]:
    if data["properties"]["sidonm"] == "서울특별시":  # 서울시 데이터만 추출
        local_geo_raw.append(data)
local_geo_raw  # 특정 지역 데이터
```

[실행 결과]

```
'sidonm': '서울특별시',
'sggnm': '강동구',
'adm_cd': '11250750'},
'geometry': {'type': 'MultiPolygon',
 'coordinates': [[[[127.18187832639636, 37.55885787455035],
    [127.17582594166396, 37.557502278764076],
    [127.17313841604835, 37.55719590228149],
    [127.17148691152155, 37.55732415752265],
    [127.17103229250567, 37.559328404136764],
    [127.17049298973677, 37.562399388074496],
    [127.17335787480891, 37.563708821074364],
    [127.16731303285748, 37.570911631753441,
```

▲ [그림 07-37] 특정 지역 데이터만 추출

실습 코드 ② 특정 지역 데이터(local_geo_raw)만 표시하는 GeoJSON 데이터 생성: geo_dict

```python
geo_dict = {"type": "FeatureCollection",
            "name": "123",
            "crs": { "type": "name", "properties": { "name": "urn:ogc:def:crs:OGC:1.3:CRS84" } }}
geo_dict["features"] = local_geo_raw
geo_dict["features"]   # 특정 지역 GeoJSON 데이터
```

[실행 결과]

{"type": "FeatureCollection", "name": "123", "crs": {"type": "name", "properties": {"name": "urn:ogc:def:crs:OGC:1.3:CRS84"}}, "features": [{"type": "Feature", "properties": {"adm_nm": "서울특별시 종로구 사직동", "adm_cd2": "1111053000", "sgg": "11110", "sido": "11", "sidonm": "서울특별시", "sggnm": "종로구", "adm_cd": "11010530"}, "geometry": {"type": "MultiPolygon", "coordinates": [[[[126.97688884274817, 37.57565077944878861, [126.9770344988775, 37.569194530054551, [126.97597472821249,

▲ [그림 07-38] 특정 지역 GeoJSON 데이터 생성

실습 코드 ③ 특정 지역 GeoJSON 데이터 파일로 저장

```python
from google.colab import files   # 구글 드라이브의 파일 pc로 다운로드
with open("data/seoul_geojson.json", "w") as f:   # GeoJSON 데이터 파일 저장
    json.dump(geo_dict, f, ensure_ascii=False)
files.download("data/seoul_geojson.json")   # GeoJSON 데이터 파일 pc로 다운로드
```

3) 특정 지역만 GeoJSON 파일을 사용한 행정구획 지도에 표시

조건을 지정해서 추출한 GeoJSON 데이터 파일을 로드하여 지도에 표시합니다. 또한 지도에서 행정구획을 쉽게 인지하기 위해 맵 타일 변경 folium.Map(tiles)을 사용합니다.

♥ 행정구획 특정 지역만 지도에 표시
- 특정 지역 GeoJSON 데이터 파일을 로드한 후 지도에 행정구획을 표시

CHAPTER 07. 데이터 시각화: 탐색적 데이터 분석   **211**

실습 코드 ① 조건을 지정해서 추출한 GeoJSON 데이터 파일 로드: seoul_geojson.json 파일 로드

```
import json
seoul_geo = json.load(open("data/seoul_geojson.json"))
seoul_geo
```

[실행 결과]

```
'sidonm': '서울특별시',
'sggnm': '강동구',
'adm_cd': '11250750'},
'geometry': {'type': 'MultiPolygon',
 'coordinates': [[[[127.18187832639636, 37.55885787455035],
    [127.17582594166396, 37.557502278764076],
    [127.17313841604835, 37.55719590228149],
    [127.17148691152155, 37.55732415752265],
```

▲ [그림 07-39] 조건을 지정해서 추출한 GeoJSON 데이터 파일 로드

실습 코드 ② 특정 지역 GeoJSON 데이터 파일을 지도에 추가

```
import folium
s_lct = [37.5666612, 126.9783785]   # 기준 위치 [위도, 경도]
s_map = folium.Map(location=s_lct, zoom_start=10)   # 지도 객체 생성
# 지도에 특정 지역 행정구획 추가
folium.GeoJson(seoul_geo, name='지역명').add_to(s_map)
s_map   # 지도 화면에 표시
```

[실행 결과]

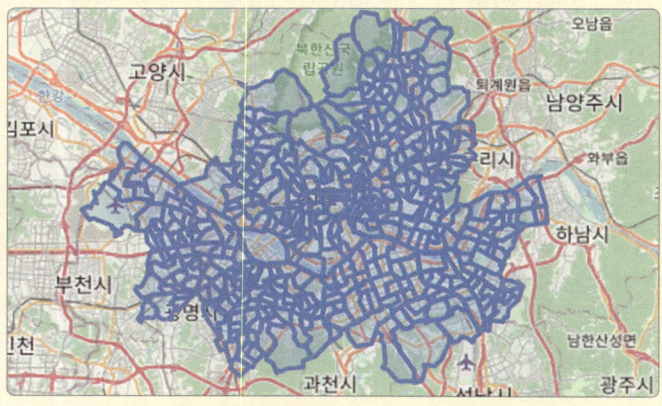

▲ [그림 07-40] 특정 지역 GeoJSON 데이터 파일을 지도에 추가

> ✔ **지도의 맵 타일 변경: folium.Map(tiles)**
> - 특정 지역의 타일을 변경해서 지도 맵 스타일 변경, 지도의 tiles를 변경
>   예) tiles="OpenStreetMap"
> - folium.Map(location, zoom_start, tiles): tiles 속성 값을 지정하여 지도의 스타일을 변경
>   - tiles 속성 값: 기본값인 "OpenStreetMap", "CartoDB"(positron and dark_matter) 등이 있음

실습 코드 ① 지도의 맵 타일: 기본값 tiles="OpenStreetMap"

```
import folium
s_lct = [37.5666612, 126.9783785]  # 기준 위치 [위도, 경도]
# 지도의 tiles를 기본값 "OpenStreetMap"로 지정
seoul_map = folium.Map(location=s_lct, zoom_start=11, tiles="OpenStreetMap")
# 지도에 특정 지역 행정구획 추가
folium.GeoJson(seoul_geo, name='지역명').add_to(seoul_map)
seoul_map  # 지도 화면에 표시
```

[실행 결과]

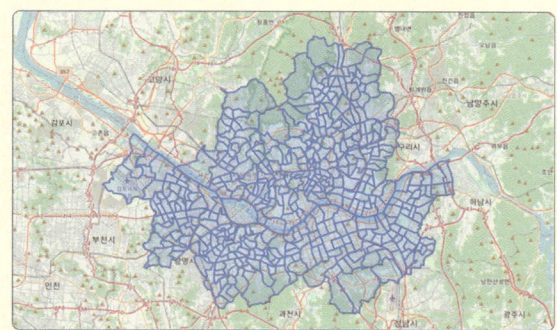 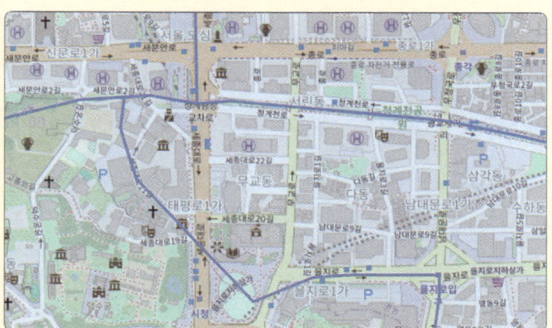

▲ [그림 07-41] 지도의 맵 타일: 기본값 tiles="OpenStreetMap"   ▲ [그림 07-42] 스크롤링으로 지도 확대/축소

실습 코드 ② 지도의 맵 타일: tiles="CartoDB positron"

```
import folium
s_lct = [37.5666612, 126.9783785]  # 기준 위치 [위도, 경도]
# 지도의 tiles를 "CartoDB positron"로 지정
seoul_map = folium.Map(location=s_lct, zoom_start=11, tiles="CartoDB positron")
# 지도에 특정 지역 행정구획 추가
folium.GeoJson(seoul_geo, name='지역명').add_to(seoul_map)
seoul_map  # 지도 화면에 표시
```

[실행 결과]

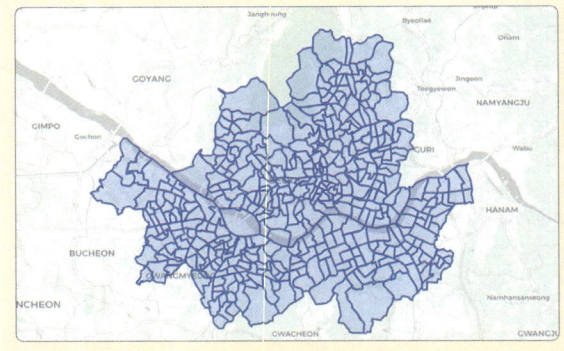

▲ [그림 07-43] 지도의 맵 타일: tiles="CartoDB positron"

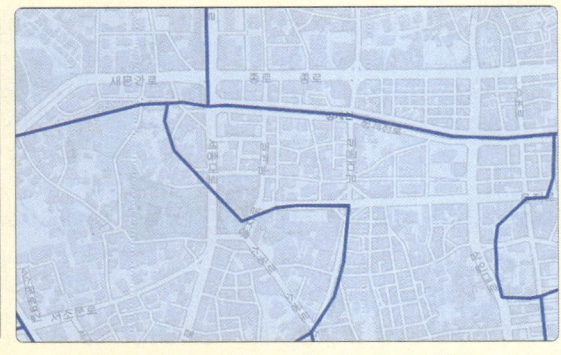

▲ [그림 07-44] 스크롤링으로 지도 확대/축소

3 지도에 공간 데이터 추가

지도에 추가적으로 상권 데이터, CCTV 위치 데이터 등 각종 공간 데이터를 추가하여 주어진 공간의 특징을 분석할 때 사용할 수 있습니다. 비슷한 위치에 많은 공간 데이터가 있는 경우 마커 클러스터를 사용해서 표시합니다. 마커 클러스터는 MarkerCluster( ).add_to(map)를 사용하여 표시하며, 사용 시 그 지역에 몇 건의 데이터가 있는지 파악하기 쉽습니다. 또한 같은 위치의 여러 건의 데이터는 마커로 1개밖에 표시되지 않는데, 마커 클러스터를 사용하면 데이터 건수를 볼 수 있습니다.

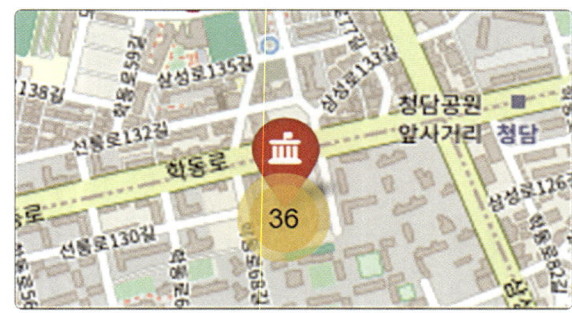

▲ [그림 07-45] 마커 클러스터 사용

▲ [그림 07-46] 마커 클러스터 사용 안 함

> ♥ 지도에 공간 데이터 표시
> - MarkerCluster( ).add_to(map): 마커 클러스터 생성 후 지도에 추가
> - folium.Marker([lat, long], popup, icon)).add_to(marker_cluster): 마커 생성 후 for문을 사용하여 표시할 공간 데이터의 수만큼 마커 클러스터에 추가

실습 코드 ① 서울시 강남구 건설공사 데이터 파일 로드

```python
import pandas as pd
df_ct = pd.read_excel("data/20250330기준_강남구_건설공사.xlsx")
df_ct
```

[실행 결과]

	프로젝트_코드	프로젝트_명	사업착수일(계약일)	사업기간	프로젝트_종료여부(진행:0_종료:1)	사무실주소	프로젝트_주소	위도	경도	자치구_구분	사업금액(억원)
0	7552024061998	2024년 2호선 강남구간 궤도시설 보수보강공사	202406	2024-06-19~2025-06-25	0	NaN	서울특별시 강남구 강남대로 지하 396	37.498086	127.028001	강남구	NaN
1	7552024092396	2024년 2호선 강남구간 궤도시설 보수보강공사에 따른 신호설비공사	202409	2024-09-23~2025-09-26	0	NaN	서울특별시 강남구 강남대로 지하 396	37.498086	127.028001	강남구	NaN
2	7022024052398	강남역 지하상가 편의시설(ES) 설치공사(전기)	202405	2024-05-23~2025-05-23	0	NaN	서울 강남구 역삼동 858	37.497736	127.027842	강남구	NaN
3	1112021112298	국제교류 복합지구 도로개선사업(1공구) 우선시공분	202111	2021-11-22~2026-10-10	0	NaN	서울 강남구 테헤란로115길 30(삼성동)	37.511458	127.067796	강남구	400.42069
4	6332024003006	2024년 도곡초등학교 브해헌공 개선시연 공사	202409	2024-09-30~2025-	NaN	NaN	서울특별시 강남구 선릉로64	37.499500	127.054486	강남구	NaN

▲ [그림 07-47] 건설공사 데이터 파일 로드

실습 코드 ② 특정 위치를 기준으로 건설 정보 위치 표시: 마커 클러스터 사용

```python
import folium
from folium.plugins import MarkerCluster

gn_lct = [37.5175066, 127.0473753]    # 기준 위치 [위도, 경도]
gn_map = folium.Map(location=gn_lct, zoom_start=15)   # 지도 객체 생성

# 기준 위치에 마커 표시
txt_gu="강남구청"
popup = folium.Popup(txt_gu, min_width=100, max_width=100)
folium.Marker(gn_lct, popup=popup, tooltip=txt_gu,
    icon=folium.Icon("red", icon="landmark-flag", prefix="fa")).add_to(gn_map)

# 작업 데이터에서 위도, 경도, 상호명만 추출
c_data = df_ct[['프로젝트_명', '사업기간', '위도', '경도']]

# 마커 클러스터를 지도에 추가
marker_cluster = MarkerCluster().add_to(gn_map)

# 마커를 마커 클러스터에 추가
for lat, long, c_name, c_cp in zip(c_data['위도'], c_data['경도'], c_data['프로젝트_명'], c_data['사업기간']):
    popup = folium.Popup("<b>"+c_name+"</b><br>"+c_cp, min_width=150, max_width=100)
    folium.Marker([lat, long], popup=popup, icon=folium.Icon(color="blue")).add_to(marker_cluster)
gn_map
```

[실행 결과]

▲ [그림 07-48] 건설 정보 위치 표시: 마커 클러스터 사용

실습 코드 ③ 특정 위치를 기준으로 건설 정보 위치 표시: 마커 클러스터 사용 안 함

```
# 마커를 지도에 직접 추가: 같은 위치 1개만 표시됨
for lat, long, c_name, c_cp in zip(c_data['위도'], c_data['경도'], c_data['프로젝트_명'], c_data['사업기간']):
    popup = folium.Popup("<b>"+c_name+"</b><br>"+c_cp, min_width=150, max_width=100)
    folium.Marker([lat, long], popup=popup, icon=folium.Icon(color="blue")).add_to(gn_map)
```

[실행 결과]

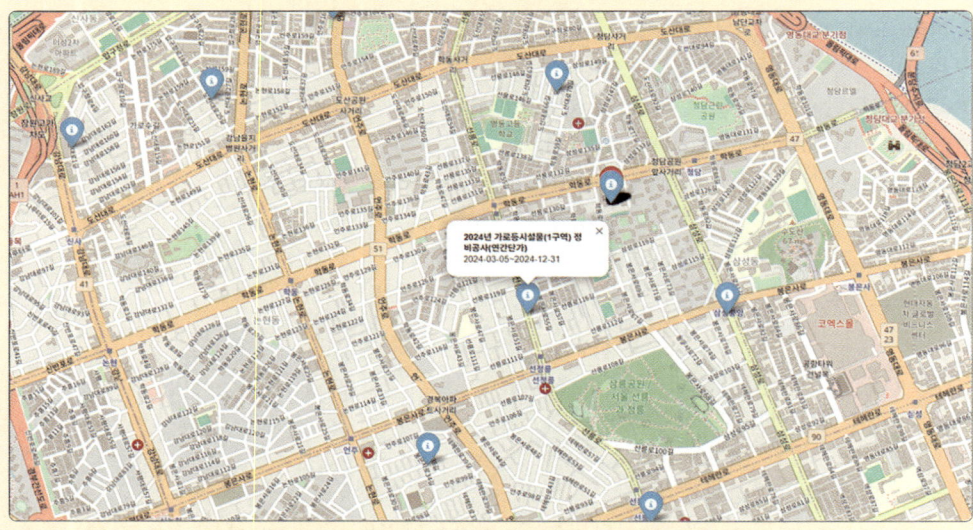

▲ [그림 07-49] 건설 정보 위치 표시: 마커 클러스터 사용 안 함

정리 CHAPTER 07

- ☑ folium 라이브러리는 공간 데이터를 지도에 표시할 때 사용한다.

- ☑ folium.Map([위도, 경도], zoom_start) 메서드를 사용해서 지정한 [위도, 경도]를 기준으로 지도를 표시하는데, 지도의 확대 정도를 지정하는 zoom_start는 생략 가능하며, 생략 시 10이다. 지도를 파일로 저장할 때는 save( ) 메서드를 사용한다.

- ☑ 마커를 지도에 표시할 때는 folium.Marker([위도, 경도], popup, tooltip, icon).add_to(s_map)를 사용한다.
  - folium.Marker( ) 메서드에 [위도, 경도], popup에 마커를 마우스 클릭 시 팝업으로 표시할 내용, tooltip에 마커에 마우스 포인트 위치 시 표시할 내용을 지정해서 마커를 생성한다.
  - 마커 생성 후에는 add_to(s_map) 메서드를 사용하여 folium.Map( ) 메서드로 생성한 지도 객체에 마커를 추가한다.

- ☑ 특정 시설물을 중심으로 반경 원을 표시할 때는 folium.Circle(location, radius)를 사용하며, radius는 반경 원 지름으로 m 단위이다.

- ☑ GeoJSON 데이터는 지도상에 행정구획을 표시할 때 사용한다.

- ☑ 웹상의 특정 파일을 다운로드 받아 저장할 때는 urllib.request 라이브러리의 urlretrieve(url, data) 함수를 사용한다.

- ☑ 다운로드 받은 GeoJSONn 파일은 json.load(open("GeoJSON파일"))를 사용하여 로드하며, 지도에 표시할 때는 folium.GeoJson(GeoJSON, name).add_to(map)를 사용한다.

- ☑ 지도에 상권 데이터, CCTV 위치 데이터 등 각종 공간 데이터를 추가할 수 있으며, 비슷한 위치에 많은 공간 데이터가 있는 경우 마커 클러스터 MarkerCluster( ).add_to(map)를 사용하여 표시한다.

CHAPTER 07 연습문제

01 지도를 다음 〈위치〉를 기준으로 표시하는 코드를 작성하시오.

> **위치**
> sch_lct = [37.4835872, 127.0326987]
> zoom_start=16
> tooltip, popup 내용 "서초구청"

```
# sch_lct = [37.4835872, 127.0326987]을 기준으로 지도 표시
```

02 정형 데이터인 "서초구_CCTV정보.xlsx" 파일을 읽는 코드를 작성하시오.
(단, 이 파일은 [data] 폴더에 있으며 [df_cctv] 변수에 저장한다.)

```
# 정형 데이터인 "data/서초구_CCTV정보.xlsx" 파일을 읽는 코드
```

03 "서초구_CCTV정보.xlsx" 파일을 데이터프레임으로 저장한 df_cctv 데이터프레임의 [위도], [경도] 변수의 값을 읽어서 지도에 표시하는 코드를 작성하시오. 이때 마커 클러스터를 사용해서 지도에 표시하시오.

```
# df_cctv 데이터프레임의 [위도], [경도] 변수의 값을 읽어서 지도에 표시하는 코드
```

정답 373쪽

CHAPTER 08 통계적 데이터 분석

통계적 데이터 분석은 통계 기법을 활용해서 데이터를 해석하고 의미 있는 정보를 얻어내기 위한 과정입니다. 통계 기법은 현 상태 파악 시 검증에 사용되며, 미래 예측과 인과관계 파악에도 사용됩니다. 통계 분석 기법으로 해결해야 하는 문제들은 대부분 선형 모형, 일반화 선형 모형, 라쏘 모형, 랜덤 포레스트 등으로 해결되기 때문에 필요한 몇 가지만 잘 다루면 어렵지 않습니다. 여기서는 통계적 기법을 사용해서 현 상태 파악을 검증 및 예측하고 인과관계를 파악하는 방법에 대해서 학습합니다.

여기서 할 일

❶ 통계적 데이터 분석의 개요를 알아보자.
❷ 실무 데이터를 기반으로 통계 분석을 하는 방법을 알아보자.

이 CHAPTER의 핵심

❶ **통계적 데이터 분석 개요**
- 통계적 데이터 분석의 개념: 현 상황을 이해하거나 미래를 예측하기 위해 통계 기법을 사용
- 통계적 데이터 분석의 목적: 현 상황을 파악, 다음 값의 예측, 원인과 결과를 탐색하는 인과관계 파악
- 통계 분석 단계: 문제 정의 → 데이터 수집 → 데이터 전처리 → 탐색적 데이터 분석(EDA) → 통계 분석 기법 적용

❷ **실무 데이터를 기반으로 통계 분석을 하는 방법**
- 온실가스 데이터 분석: 값 예측과 인과관계 파악에 사용하는 회귀분석, 시계열 데이터 예측에는 ARIMA, 주기성을 갖는 시계열 데이터 예측에는 SARIMA
- 서울시 하수처리장 데이터 분석: 집단 비교에 사용하는 분산분석(ANOVA)

01 통계적 데이터 분석 개요

통계적 데이터 분석은 통계 기법을 사용하여 현 상황을 이해하고, 미래를 예측하며 인과관계 등을 파악합니다. 이때 목적에 따라 사용되는 통계 기법이 다릅니다. 또한 변수의 종류와 개수에 따라 탐색적 데이터 분석 및 통계적 데이터 분석에서 사용하는 분석 기법이 달라집니다.

1 통계적 데이터 분석 개요

통계적 데이터 분석은 데이터를 바탕으로 현상을 이해하거나 미래를 예측하기 위해 통계 기법을 활용하는 분석 과정입니다. 통계적 분석의 목적은 현 상황에 대한 파악, 미래 예측, 인과관계를 파악하고 그에 따른 의사결정을 지원하는 것입니다.

데이터 분석의 단계는 문제 정의 → 데이터 수집 → 데이터 전처리 → 탐색적 데이터 분석(EDA) → 통계 분석 기법 적용 순으로 처리됩니다.

> **데이터 분석의 단계**
> - 문제 정의: 무엇을 알고 싶은지, 어떤 의사결정을 내리기 위한 분석인지를 정의
> - 데이터 수집: 설문, 실험, 공공 데이터, 센서 등에서 데이터를 수집
> - 데이터 전처리: 데이터 먼징, 결측치/이상치 처리
> - 요약 통계량 파악: 기술 통계량인 평균, 중앙값, 표준편차 등 기본적인 수치로 데이터 특성을 파악
> - 탐색적 데이터 분석(EDA): 시각화를 통해 데이터의 분포와 패턴을 이해
> - 통계 분석 기법 적용: 어떤 사건 전과 후에 대한 변화를 파악하는 가설 검정, 다음 값을 예측하거나 인과관계 파악에 사용되는 회귀분석, 집단 비교에 사용하는 분산분석(ANOVA), 집단을 나누는 군집분석 등
> - 해석 및 의사결정: 통계 결과를 바탕으로 의미 있는 결론 도출 및 통찰력 제공

2 변수 종류에 따른 데이터 분석 기법

탐색적 데이터 분석(EDA)은 모든 데이터 분석에서 공통으로 수행하는 분석 기법입니다.

> **탐색적 데이터 분석(EDA)에서 수행해야 할 작업**
> - 데이터 내용 및 구조 파악
>   - 내용 파악: head( ), tail( )
>   - 구조 파악: shape, columns, info( )
> - 요약 통계량/빈도표
>   - 요약 통계량: describe( )
>   - 빈도표: value_counts( )
> - 기본 시각화: plot( ), scatter_matrix( ) 등의 시각화 함수를 사용하여 형태나 특징을 파악
> - 필요한 경우 데이터 전처리

변수의 종류(범주형/수량형)와 변수의 수에 따라 데이터 분석 기법에 차이가 있습니다.

> ✔ **1개의 수량형 변수에서 수행하는 분석 기법**
> - 시각화: 히스토그램, 분포를 시각화함. plot.hist( )
> - 요약 통계량: mean( ), median( )
> - t-검정: 비교 대상 그룹에 따라 크게 3가지 유형으로 구분됨
>   - 유형1) 독립 표본 t-test: 서로 다른 두 개의 그룹 간의 평균 비교. scipy.stats.ttest_ind( )
>   - 예 남녀 간의 소득 차이 비교, 소형차와 suv차 간의 연비 차이 비교
>   - 유형2) 대응 표본 t-test: 하나의 집단에서 비교. scipy.stats.ttest_rel( )
>   - 예 약을 투여하기 전과 후의 수면시간 차이, 코로나19 사태 전과 후의 지하철 이용객 수 차이
>   - 유형3) 단일 표본 t-test: 특정 그룹의 평균이 어떤 값과 같은지를 비교. scipy.stats.ttest_1samp( )
>   - 예 A 사의 평균 임금이 도시 근로자 평균 임금과 같은지 비교
>
> ✔ **1개의 범주형 변수에서 수행하는 분석 기법**
> - 범주별 데이터 분포 파악: crosstab( )
> - 시각화: 막대 그래프, 집단(범주)별 값 비교. plot.pie( ), plot.bar( )
> - 이항 검정: scipy.stats.binom_test( )
>
> ✔ **2개의 수량형 변수에서 수행하는 분석 기법**
> - 시각화: 산점도, 두 수량형 변수의 관계 시각화. plot( ), plot.scatter( )
> - 상관계수: corr( )
> - 통계 분석: 단순 회귀분석, 라쏘/릿지 회귀분석
>   - 단순 회귀분석: sklearn.linear_model.LinearRegression
>   - 라쏘/릿지 회귀분석: sklearn.linear_model.Lasso( ), sklearn.linear_model.Ridge( )
>
> ✔ **2개의 변수, 1개의 범주형 변수와 1개의 수량형 변수에서 수행하는 분석 기법**
> - 시각화: 병렬상자그림, 집단(범주)별 값 비교. boxplot( )
> - 통계 분석: 분산분석(ANOVA)
>   - statsmodels.formula.api.ols( ), sm.stats.anova_lm( ) 사용

02 온실가스 데이터 분석: 회귀분석, 주기성을 갖는 시계열 데이터 예측

온실가스 데이터 분석을 통해서 회귀분석과 주기성을 갖는 시계열 데이터 예측에 사용하는 ARIMA(AutoRegressive Integrated Moving Average)/SARIMA(Seasonal ARIMA)를 학습합니다. 이를 위해 데이터 분석 순서에 맞춰서 목표 설정, 데이터 로드부터 통계적 분석까지 전 과정을 체계적으로 분석하는 방법에 맞춰 진행합니다. 회귀분석(Regression Analysis)은 하나 또는 여러 개의 독립변수(x)가 종속변수(y)에 어떤 영향을 미치는지를 분석하는 통계 기법으로, 값을 예측하거나 인과관계 파악에 사용됩니다.

1 목표 설정

기후변화에 큰 영향을 미치는 지구온난화의 원인인 온실가스 배경농도 데이터 분석을 통해서 온실가스의 현 상황, 미래 값 예측, 온실가스들 간의 관계를 파악합니다. 이를 위한 첫 번째 목표는 탐색적 데이터 분석, 상관분석, 회귀분석, 다중 회귀분석을 사용한 온실가스 배경농도의 현 상황과 값 예측, 온실가스들 간의 관계 분석을 수행합니다. 두 번째 목표는 탐색적 데이터 분석, SARIMA를 사용한 주기성을 갖는 시계열 데이터인 온실가스 CO2 배경농도의 추이를 파악하고 예측을 수행합니다.

✅ **목표**

0. 공통 사항
   ① 데이터 로드: 1999-2023년 온실가스 배경농도 데이터
   ② 데이터 탐색 함수를 사용한 데이터 탐색
   ③ 요약 통계량 파악

1. 온실가스 배경농도 값 예측과 온실가스들 간의 관계 분석 데이터 분석 순서
   ① 데이터 로드: 1999-2023년 온실가스 배경농도 데이터
   ② 데이터 탐색 함수를 사용한 데이터 탐색
   ③ 요약 통계량 파악
   ④ 작업 대상 데이터 선택/전처리: 현 상태 파악에 사용, 상관분석에 사용, 예측에 사용
   ⑤ 온실가스 배경농도 값 현 상태와 예측: 상관계수, 산점도, 회귀분석, 값 예측용 다중 회귀
   ⑥ 온실가스들 간의 관계 분석: 상관계수 행렬, 상관계수 행렬 히트맵, 산점도 행렬, 인과관계 파악을 위한 다중 회귀분석-최소제곱법, 라쏘 회귀/릿지 회귀

2. 주기성을 갖는 시계열 온실가스 CO2 배경농도 추이 파악과 예측 분석 순서
   ① 데이터 로드: 1999-2023년 온실가스 배경농도 데이터
   ② 데이터 탐색 함수를 사용한 데이터 탐색
   ③ 요약 통계량 파악
   ④ 작업 대상 데이터 선택/전처리: 현 상태 파악/예측에 사용
   ⑤ 온실가스 CO2 배경농도 추이 파악과 예측: 시계열 그래프, ARIMA/SARIMA

2 온실가스 배경농도 데이터 로드 및 데이터 탐색/전처리

기상청 기상자료 개방포털(https://data.kma.go.kr)에서 제공하는 온실가스 배경농도 데이터는 7종의 온실가스를 안면도, 고산, 울릉도독도 세 지점에서 관측한 자료입니다. 안면도에서 측정한 자료는 1999년부터, 고산과 울릉도독도는 2018년부터의 관측 자료가 제공됩니다. 여기서는 안면도 지점에서 매달 측정한 1999~2023년의 7종의 온실가스 데이터를 분석에 사용했습니다. 1개의 관측치는 1개월의 평균값입니다. 예를 들어 1월 측정치는 1.1~1.31일에 매일 측정한 값의 평균입니다. 측정되는 7종의 온실가스는 이산화탄소(CO_2), 메탄(CH_4), 아산화질소(N_2O), 프레온가스(염화불화탄소11(CFC_{11}), 염화불화탄소12(CFC_{12}), 염화불화탄소113(CFC_{113})), 육불화황(SF_6)입니다.

❤ 온실가스 배경농도 데이터 로드
- 온실가스 배경농도 데이터: 1999-2023_ghgs.csv
- 데이터를 로드해서 변수에 저장: df_ghgs 변수에 저장, 인코딩 cp949
  - df_ghgs = pd.read_csv("data/1999-2023_ghgs.csv", encoding="cp949")

실습 코드 1999-2023 온실가스 배경농도 데이터 로드: 1999-2023_ghgs.csv

```
df_ghgs = pd.read_csv("data/1999-2023_ghgs.csv", encoding="cp949")   # 데이터 변수에 저장
df_ghgs   # 로드된 온실가스 데이터가 저장된 변수
```

[실행 결과]

	지점	시간	CO2_ppm	CH4_ppm	N2O_ppm	CFC11_ppm	CFC12_ppm	CFC113_ppm	SF6_ppm
0	안면도	1999-01-01	373.10	NaN	NaN	NaN	NaN	NaN	NaN
1	안면도	1999-02-01	374.00	NaN	315.2	266.9	534.1	NaN	NaN
2	안면도	1999-03-01	374.90	NaN	314.6	267.5	535.1	NaN	NaN
3	안면도	1999-04-01	375.10	1869.00	314.2	266.7	534.7	NaN	NaN
4	안면도	1999-05-01	374.00	1863.00	314.6	268.6	535.1	NaN	NaN
...	...	...	...	...	...	...	...	...	...
295	안면도	2023-08-01	418.23	2001.76	338.7	216.4	485.3	68.6	11.9
296	안면도	2023-09-01	420.16	2043.21	338.3	218.5	484.5	68.7	12.0
297	안면도	2023-10-01	426.38	2030.17	337.8	217.8	483.9	68.7	11.9
298	안면도	2023-11-01	429.71	2034.67	337.6	216.9	483.8	68.9	11.9
299	안면도	2023-12-01	433.66	2050.87	337.2	216.2	484.3	69.2	11.9

300 rows × 9 columns

▲ [그림 08-01] 온실가스 배경농도 데이터 로드 후 변수에 저장

❤ 데이터 탐색 함수를 사용한 데이터 탐색
- 데이터프레임의 구조 파악: df_ghgs.info( )
  - 데이터프레임의 각 변수의 타입과 결측치 등을 파악
- 데이터프레임의 변수명 파악: df_ghgs.columns
  - 데이터 분석에 필요한 변수명 확인

실습 코드 ① 온실가스 배경농도 데이터(df_ghgs)의 구조 파악

```
df_ghgs.info()   # 데이터프레임의 구조 확인
```

[실행 결과]

```
<class 'pandas.core.frame.DataFrame'>
RangeIndex: 300 entries, 0 to 299
Data columns (total 9 columns):
 #   Column      Non-Null Count  Dtype
---  ------      --------------  -----
 0   지점         300 non-null    object
 1   시간         300 non-null    object
 2   CO2_ppm    295 non-null    float64
 3   CH4_ppm    264 non-null    float64
 4   N2O_ppm    228 non-null    float64
 5   CFC11_ppm  280 non-null    float64
 6   CFC12_ppm  275 non-null    float64
 7   CFC113_ppm 186 non-null    float64
 8   SF6_ppm    188 non-null    float64
dtypes: float64(7), object(2)
memory usage: 21.2+ KB
```

- 각 변수의 인덱스는 0~299로 데이터 값이 300개라는 의미
- 지점과 시간은 300개의 값이 있으며 값의 타입은 문자열. 따라서 시간 변수는 나중에 날짜 타입으로 변환 필요
- CO2~SF6은 모두 수량형 변수이고, 데이터 값 모두 300보다 작기 때문에 결측치가 있다는 것을 알 수 있음. 따라서 회귀분석 전에 결측치의 처리가 필요

▲ [그림 08-02] df_ghgs 데이터프레임의 구조 확인

실습 코드 ② 온실가스 배경농도 데이터(df_ghgs)의 각 변수명 파악

```
''' 이산화탄소(CO2), 메탄(CH4), 아산화질소(N2O), 프레온가스(염화불화탄소11(CFC11),
염화불화탄소12(CFC12), 염화불화탄소113(CFC113)), 육불화황(SF6)'''
df_ghgs.columns   # 데이터프레임의 각 변수명 확인
```

[실행 결과]

```
Index(['지점', '시간', 'CO2_ppm', 'CH4_ppm', 'N2O_ppm', 'CFC11_ppm', 'CFC12_ppm',
       'CFC113_ppm', 'SF6_ppm'],
      dtype='object')
```

▲ [그림 08-03] 온실가스 배경농도 데이터(df_ghgs)의 각 변수명 파악

> **TIP**
> - ''' ~ ''' : 여러 줄 주석

❤ 요약 통계량 파악

- 요약 통계량 파악: df_ghgs.describe( )
  - 수량형 변수들의 최솟값, 최댓값, 중위수, 평균, 분위수를 통해 분포하는 값의 범위를 파악

실습 코드 온실가스 배경농도 데이터(df_ghgs)의 수량형 변수 요약 통계량 파악

```
df_ghgs.describe()   # 데이터프레임의 각 수량형 변수의 요약 통계량 확인
```

[실행 결과]

	CO2_ppm	CH4_ppm	N2O_ppm	CFC11_ppm	CFC12_ppm	CFC113_ppm	SF6_ppm
count	295.000000	264.000000	228.000000	280.000000	275.000000	186.000000	188.000000
mean	398.035288	1928.163182	326.596930	239.687857	520.183273	72.775806	9.063298
std	17.457052	58.762021	7.576833	18.905651	20.076920	3.922259	1.660965
min	363.800000	1809.000000	312.100000	194.700000	480.100000	67.800000	6.000000
25%	383.500000	1877.000000	321.300000	224.150000	500.650000	69.100000	7.875000
50%	396.900000	1921.000000	325.600000	236.100000	524.900000	71.950000	9.200000
75%	412.600000	1977.000000	333.325000	259.550000	539.050000	75.200000	10.300000
max	433.660000	2050.870000	340.000000	270.700000	552.600000	88.500000	12.700000

▲ [그림 08-04] 온실가스 배경농도 데이터(df_ghgs)의 수량형 변수 요약 통계량 파악

[설명] 위의 결과에서 온실가스 CO2의 배경농도는 데이터 값의 개수(count)가 295개, 평균(mean) 398.035288, 표준편차(std) 17.457052, 최솟값(min) 363.8, 1사분위수(25%) 383.5, 2사분위수(중위수, 50%) 396.9, 3사분위수(75%) 412.6, 최댓값(max) 433.66임을 설명해 줌

3 온실가스 배경농도 값 현 상태와 예측: 회귀분석, 다중 회귀분석

1) 온실가스 배경농도 값 현 상태와 예측

온실가스 CO2와 CH4의 관계 분석을 통해서 배경농도 값의 현 상태와 예측을 수행합니다.

> ✔ **수량형 변수들로만 이루어진 작업 데이터프레임 생성: df_ghgs2**
> - df_ghgs2 = df_ghgs.iloc[:, 2:]: 수량형 변수들로만 이루어진 데이터프레임 df_ghgs2 생성

실습 코드 수량형 변수들로만 이루어진 작업 데이터프레임 생성: df_ghgs2

```
df_ghgs2 = df_ghgs.iloc[:, 2:]   # 수량형 변수들로만 이루어진 데이터프레임
df_ghgs2   # C02~SF6 변수로 이루어진 데이터프레임
```

[실행 결과]

	CO2_ppm	CH4_ppm	N2O_ppm	CFC11_ppm	CFC12_ppm	CFC113_ppm	SF6_ppm
0	373.10	NaN	NaN	NaN	NaN	NaN	NaN
1	374.00	NaN	315.2	266.9	534.1	NaN	NaN
2	374.90	NaN	314.6	267.5	535.1	NaN	NaN
3	375.10	1869.00	314.2	266.7	534.7	NaN	NaN
4	374.00	1863.00	314.6	268.6	535.1	NaN	NaN
...	...	...	...	...	...	...	...
295	418.23	2001.76	338.7	216.4	485.3	68.6	11.9
296	420.16	2043.21	338.3	218.5	484.5	68.7	12.0
297	426.38	2030.17	337.8	217.8	483.9	68.7	11.9
298	429.71	2034.67	337.6	216.9	483.8	68.9	11.9
299	433.66	2050.87	337.2	216.2	484.3	69.2	11.9

300 rows × 7 columns

◀ [그림 08-05] 수량형 변수들로만 이루어진 데이터프레임 생성: df_ghgs2

❤ 결측치를 제거한 데이터프레임 생성: df_ghgs2_nonan

- df_ghgs2_nonan = df_ghgs2.dropna( ): 결측치 제거한 데이터프레임 df_ghgs2_nonan 생성
  - 결측이 제거된 df_ghgs2_nonan 데이터프레임은 산점도/산점도 행렬, 상관계수/상관계수 행렬, 단순/다중 회귀분석 등에 사용

실습 코드 산점도, 상관계수에 사용할 결측치를 제거한 데이터프레임 생성: df_ghgs2_nonan

```
df_ghgs2_nonan = df_ghgs2.dropna()   # df_ghgs2에서 결측치 제거
df_ghgs2_nonan    # 결측치 제거된 데이터프레임
```

[실행 결과]

	CO2_ppm	CH4_ppm	N2O_ppm	CFC11_ppm	CFC12_ppm	CFC113_ppm	SF6_ppm
98	392.20	1892.00	322.4	237.0	550.6	82.3	6.2
99	393.00	1892.00	321.3	232.5	539.0	73.9	6.4
106	390.20	1900.00	321.9	214.9	507.6	82.8	6.4
107	391.60	1897.00	321.8	202.9	489.2	80.4	6.8
108	392.50	1900.00	322.3	208.2	489.1	75.6	6.6
...	...	...	...	...	...	...	...
295	418.23	2001.76	338.7	216.4	485.3	68.6	11.9
296	420.16	2043.21	338.3	218.5	484.5	68.7	12.0
297	426.38	2030.17	337.8	217.8	483.9	68.7	11.9
298	429.71	2034.67	337.6	216.9	483.8	68.9	11.9
299	433.66	2050.87	337.2	216.2	484.3	69.2	11.9

135 rows × 7 columns

▲ [그림 08-06] 결측치를 제거한 데이터프레임 생성: df_ghgs2_nonan

❤ CO2, CH4 상관계수 구함: corr( )

- df_ghgs2_nonan["CO2_ppm"].corr(df_ghgs2_nonan["CH4_ppm"])
  - 상관계수를 사용해서 현재 관측된 CO2, CH4의 관계를 값으로 표현

실습 코드 결측이 제거된 df_ghgs2_nonan을 사용해서 CO2, CH4 상관계수 구함

```
print("피어슨 상관계수: ", end="")
print(df_ghgs2_nonan["CO2_ppm"].corr(df_ghgs2_nonan["CH4_ppm"]))
print("스피어만 상관계수: ", end="")
print(df_ghgs2_nonan["CO2_ppm"].corr(df_ghgs2_nonan["CH4_ppm"], method="spearman"))
print("캔달 상관계수: ", end="")
print(df_ghgs2_nonan["CO2_ppm"].corr(df_ghgs2_nonan["CH4_ppm"], method="kendall"))
```

[실행 결과]
```
피어슨 상관계수: 0.9421509144865352
스피어만 상관계수: 0.9363215098784179
캔달 상관계수: 0.7858740954171064
```
▲ [그림 08-07] 결측치를 제거한 df_ghgs2_nonan을 사용해서 CO2, CH4 상관계수 구함

✓ CO2, CH4 선형 회귀선 포함 산점도를 구함
- sns.regplot(x="CO2_ppm", y="CH4_ppm", data=df_ghgs2_nonan): 선형 회귀선 포함 산점도
  - 산점도를 사용해서 현재 관측된 CO2, CH4의 관계를 그림으로 표현

실습 코드 결측이 제거된 df_ghgs2_nonan을 사용해서 CO2, CH4 선형 회귀선 포함 산점도를 구함

```python
import seaborn as sns
sns.regplot(x="CO2_ppm", y="CH4_ppm", data=df_ghgs2_nonan)  # 선형 회귀선 포함 산점도
```

[실행 결과]

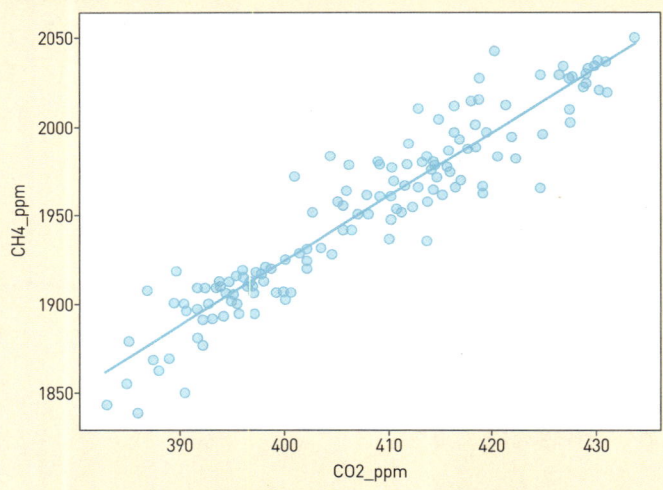

▲ [그림 08-08] 결측치를 제거 CO2, CH4 선형 회귀선 포함 산점도

✓ CO2, CH4 선형 회귀식 구하기
- sklearn.linear_model 라이브러리의 LinearRegression을 사용해서 CO2, CH4 선형 회귀식을 구함

실습 코드 결측이 제거된 df_ghgs2_nonan을 사용해서 CO2, CH4 선형 회귀식 구하기

```python
from sklearn.linear_model import LinearRegression
```

```
model = LinearRegression()

X = df_ghgs2_nonan["CO2_ppm"]   # 설명변수(X)
y = df_ghgs2_nonan["CH4_ppm"]   # 반응변수(y)
model.fit(X.values.reshape(-1, 1), y)   # 선형 회귀 모델 학습

# 기울기(a): model.coef_, 절편(b): model.intercept_
fml = "y = " + str(model.coef_[0]) + "X + " + str(model.intercept_)
fml
```

[실행 결과]
y = 3.6423899681414267X + 467.878214930058

✓ CO2, CH4 산점도에 선형 회귀선 및 선형 회귀식 추가
- 산점도를 사용해서 현재 관측된 CO2, CH4의 관계를 표현하고, 그래프의 제목으로 선형 회귀식을 추가

실습 코드 결측이 제거된 df_ghgs2_nonan 사용 CO2, CH4 산점도에 선형 회귀선 및 선형 회귀식 추가

```
import seaborn as sns

sns.regplot(x="CO2_ppm", y="CH4_ppm", data=df_ghgs2_nonan)   # 선형 회귀선 포함 산점도
plt.title("결측제거 선형회귀식: " + fml)   # 그래프 제목에 선형 회귀식 표시
plt.savefig("plots/1999-2023_온실가스_CO2_CH4_산점도_선형회귀선_선형회귀식추가_결측제거.png")
plt.show()
```

[실행 결과]

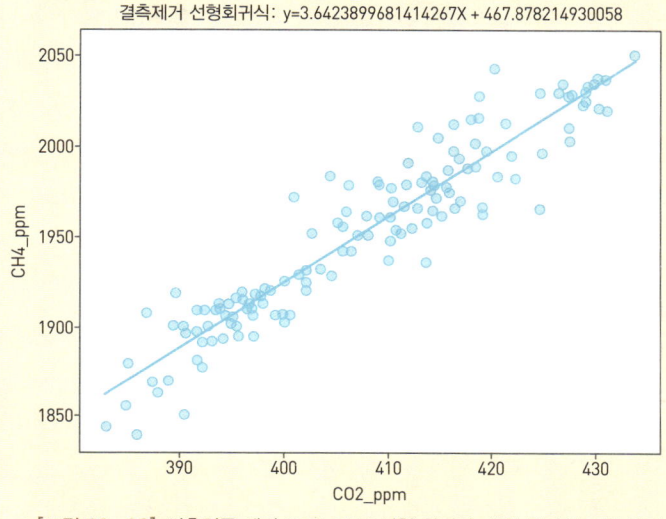

▲ [그림 08-09] 결측치를 제거 CO2, CH4 선형 회귀선, 선형 회귀식 포함 산점도

✅ CO2 설명변수(x), CH4 종속변수(y)에 대한 선형 회귀분석: 최소제곱법 ols( ) 사용

- statsmodels.formula.api 라이브러리의 ols( )를 사용해서 선형 회귀분석 수행
- model = ols("CH4_ppm ~ CO2_ppm", data=df_ghgs2_nonan): 선형 회귀 모델 생성
- result = model.fit( ): 선형 회귀 모델 학습 결과를 result 변수에 저장
- result.summary( ): 선형 회귀분석 결과를 상세히 화면에 표시

실습 코드 CO2 설명변수(x), CH4 종속변수(y)에 대한 선형 회귀분석: 최소제곱법 ols( )

```python
import statsmodels.api as sm
import statsmodels.formula.api as smf
from statsmodels.formula.api import ols

model = ols("CH4_ppm ~ CO2_ppm", data=df_ghgs2_nonan)   # 선형 회귀 모델 생성
result = model.fit()   # 선형 회귀 모델 학습

result.summary()   # 선형 회귀분석 결과 화면에 표시
```

[실행 결과]

```
                            OLS Regression Results
==============================================================================
Dep. Variable:              CH4_ppm   R-squared:                       0.888
Model:                          OLS   Adj. R-squared:                  0.887
Method:               Least Squares   F-statistic:                     1051.
Date:              Wed, 02 Apr 2025   Prob (F-statistic):           5.35e-65
Time:                      03:10:14   Log-Likelihood:                -571.77
No. Observations:               135   AIC:                             1148.
Df Residuals:                   133   BIC:                             1153.
Df Model:                         1
Covariance Type:          nonrobust
              coef    std err      t    P>|t|    [0.025   0.975]
Intercept   467.8782  45.823   10.211  0.000   377.242  558.514
CO2_ppm       3.6424   0.112   32.416  0.000     3.420    3.865
Omnibus:           3.312    Durbin-Watson:      1.346
Prob(Omnibus):     0.191    Jarque-Bera (JB):   2.959
Skew:              0.224    Prob(JB):           0.228
Kurtosis:          3.570    Cond. No.        1.29e+04
```

◀ [그림 08-10] 최소제곱법 ols( )를 사용한 CO2 설명변수(x), CH4 종속변수(y)에 대한 선형 회귀분석

[결과 해석]

■ 모델 요약

항목	해석
Dep. Variable: CH4_ppm	예측하고자 하는 대상(종속변수) CH4_ppm
Model: OLS	일반적인 최소제곱법(Ordinary Least Squares) 사용
R-squared: 0.888	설명력: CO2가 CH4의 변동을 88.8% 설명함, 설명력이 굉장히 높음, 예측 모형(회귀 모델)이 적합함
Adj. R-squared: 0.887	설명력 보정 값(변수 수를 고려한 것): 여전히 높음
F-statistic: 1051	회귀식 전체의 유의성 검정 지표
Prob (F-statistic): 5.35e-65	p-value ≈ 0: 회귀 모델이 통계적으로 유의미함

- **회귀 계수(coef)**

변수	계수(coef)	해석
Intercept(절편)	467.8782	CO2 농도가 0일 때 CH4는 약 467.88ppm
CO2_ppm	3.6424	CO2가 1ppm 증가하면 CH4는 평균적으로 3.64ppm 증가

- **기타 통계량(잔차 진단)**

항목	설명
Durbin-Watson: 1.346	잔차의 자기상관 확인, 2에 가까우면 독립, 1.346이면 약간의 양(+)의 자기상관 가능성 있음
Omnibus / Jarque-Bera (JB): 0.191	잔차가 정규분포를 따르는지 테스트, p-value>0.05는 정규성 가정이 문제 없음
Cond. No.: 1.29e+04	조건수: 다중공선성 위험 지표, 10,000이 넘으면 잠재적 위험이 있지만 단순 회귀이므로 신경쓰지 않아도 됨, 다만, 다중회귀분석의 경우 주의 필요

- **최종 판정**: 이 모델은 CO2_ppm이 CH4_ppm을 높은 설명력(R^2=0.888)으로 예측하고 있으며, CO2가 증가할수록 CH4도 유의미하게 증가(p-value ≈ 0). 잔차의 정규성도 만족함. 다중공선성은 문제가 없으나 Durbin-Watson 지수가 낮아 잔차 자기상관이 약간 있으며, 시계열 데이터라서 주의해야 함. 시간에 따른 관측 값 분석의 경우 ARIMA 분석, 주기성이 있는 시계열의 경우 SARIMA분석이 필요함.

✅ **CO2 설명변수(x), CH4 종속변수(y)에 대한 선형 회귀분석 값 예측: 최소제곱법 값 예측 OLS( ) 사용**
- 값을 예측하는 선형 회귀분석을 수행할 때는 statsmodels 라이브러리의 OLS( )를 사용
- model = sm.OLS(y, X): 예측을 위한 선형 회귀 모델 생성
- result = model.fit( ): 예측을 위한 선형 회귀 모델 학습
- result.summary( ): 선형 회귀분석 결과를 상세히 화면에 표시

실습 코드 ① CO2 설명변수(x), CH4 종속변수(y)에 대한 선형 회귀분석 값 예측: 최소제곱법 값 예측 OLS( )

```
import statsmodels.api as sm

X = df_ghgs2_nonan["CO2_ppm"]
X = sm.add_constant(X)   # 설명변수
y = df_ghgs2_nonan["CH4_ppm"].values   # 종속변수

model = sm.OLS(y, X)   # 예측을 위한 선형 회귀 모델 생성
result = model.fit()   # 예측을 위한 선형 회귀 모델 학습
result.summary()   # 선형 회귀분석 결과 화면에 표시
```

[실행 결과]

```
                            OLS Regression Results
==============================================================================
Dep. Variable:                      y   R-squared:                       0.888
Model:                            OLS   Adj. R-squared:                  0.887
Method:                 Least Squares   F-statistic:                     1051.
Date:                Wed, 02 Apr 2025   Prob (F-statistic):           5.35e-65
Time:                        03:10:19   Log-Likelihood:                -571.77
No. Observations:                 135   AIC:                             1148.
Df Residuals:                     133   BIC:                             1153.
Df Model:                           1
Covariance Type:            nonrobust
==============================================================================
                 coef    std err          t      P>|t|      [0.025      0.975]
------------------------------------------------------------------------------
const        467.8782     45.823     10.211      0.000     377.242     558.514
CO2_ppm        3.6424      0.112     32.416      0.000       3.420       3.865
==============================================================================
Omnibus:                        3.312   Durbin-Watson:                   1.346
Prob(Omnibus):                  0.191   Jarque-Bera (JB):                2.959
Skew:                           0.224   Prob(JB):                        0.228
Kurtosis:                       3.570   Cond. No.                     1.29e+04
```

▲ [그림 08-11] 최소제곱법 값 예측 OLS( ) 사용한 CO2 설명변수(x), CH4 종속변수(y)에 대한 선형 회귀분석

[결과 해석]
결과가 위의 최소제곱법 ols( )를 사용한 CO2 설명변수(x), CH4 종속변수(y)에 대한 선형 회귀분석과 같아서 설명 생략함

실습 코드 ② CO2가 450일 경우 CH4 값 예측

```python
X_new = np.array([[1, 450]])
print(result.predict(X_new))
```

[실행 결과]

```
[2106.95370059]
```

[결과 해석]
온실가스 CO2의 배경농도 값이 450일 경우 CH4 값은 2106.95370059로 예측됨

> **참고**
>
> ✓ **정규화 스케일링 데이터프레임 생성: df_ghgs2_nonan_scaled**
> - df_ghgs2_nonan_scaled = pd.DataFrame(scaler.fit_transform(df_ghgs2_nonan),)
>   – 정규화 스케일링된 df_ghgs2_nonan_scaled 데이터프레임은 다중 회귀분석/머신러닝 등에 사용

실습 코드 ① 정규화 스케일링 데이터프레임 생성: df_ghgs2_nonan_scaled

```python
import pandas as pd
from sklearn.preprocessing import StandardScaler

# 정규화 스케일링 데이터프레임 df_ghgs2_nonan_scaled 생성
scaler = StandardScaler()
```

```python
df_ghgs2_nonan_scaled = pd.DataFrame(scaler.fit_transform(df_ghgs2_nonan),
              columns=df_ghgs2_nonan.columns, index=df_ghgs2_nonan.index)
df_ghgs2_nonan_scaled   # 스케일링된 데이터프레임
```

[실행 결과]

	CO2_ppm	CH4_ppm	N2O_ppm	CFC11_ppm	CFC12_ppm	CFC113_ppm	SF6_ppm
98	-1.193981	-1.213612	-1.333528	0.538556	2.112299	2.473876	-1.730651
99	-1.131964	-1.213612	-1.528018	0.134439	1.494342	0.316393	-1.616765
106	-1.349025	-1.053196	-1.421933	-1.446105	-0.178402	2.602298	-1.616765
107	-1.240494	-1.113352	-1.439614	-2.523749	-1.158609	1.985874	-1.388992
108	-1.170725	-1.053196	-1.351209	-2.047790	-1.163937	0.753026	-1.502878
...	...	...	...	...	...	...	...
295	0.823914	0.987300	1.548449	-1.311400	-1.366371	-1.044876	1.515111
296	0.973532	1.818457	1.477726	-1.122812	-1.408988	-1.019192	1.572054
297	1.455718	1.556979	1.389321	-1.185675	-1.440952	-1.019192	1.515111
298	1.713866	1.647213	1.353960	-1.266498	-1.446279	-0.967823	1.515111
299	2.020078	1.972056	1.283236	-1.329360	-1.419643	-0.890770	1.515111

135 rows × 7 columns

▲ [그림] 정규화 스케일링된 데이터프레임 생성: df_ghgs2_nonan_scaled

실습 코드 ② 정규화 스케일링된 df_ghgs2_nonan_scaled를 사용한 CO2, CH4 선형 회귀식 구하기

```python
from sklearn.linear_model import LinearRegression

model = LinearRegression()

X = df_ghgs2_nonan_scaled["CO2_ppm"]   # 설명변수(X)
y = df_ghgs2_nonan_scaled["CH4_ppm"]   # 반응변수(y)
model.fit(X.values.reshape(-1, 1), y)  # 선형 회귀 모델 학습

# 기울기(a): model.coef_, 절편(b): model.intercept_
fml = "y = " + str(model.coef_[0]) + "X + " + str(model.intercept_)
fml
```

[실행 결과]
y = 0.9421509144865351X + -7.529548197494826e-16

2) 온실가스들 간의 관계 분석

7개의 온실가스 배경농도 값의 관계 분석을 통해 온실가스 CO_2와 가장 연관이 있는 온실가스들을 찾아내는 작업을 수행합니다.

✔ 작업 데이터: df_ghgs2_nonan
- 수량형 변수들로만 이루어진 결측이 제거된 df_ghgs2_nonan 사용

> **실습 코드** 작업 데이터: 수량형 변수들로만 이루어진 결측이 제거된 df_ghgs2_nonan 사용

```
df_ghgs2_nonan
```

[실행 결과]

	CO2_ppm	CH4_ppm	N2O_ppm	CFC11_ppm	CFC12_ppm	CFC113_ppm	SF6_ppm
98	392.20	1892.00	322.4	237.0	550.6	82.3	6.2
99	393.00	1892.00	321.3	232.5	539.0	73.9	6.4
106	390.20	1900.00	321.9	214.9	507.6	82.8	6.4
107	391.60	1897.00	321.8	202.9	489.2	80.4	6.8
108	392.50	1900.00	322.3	208.2	489.1	75.6	6.6
...	...	...	...	...	...	...	...
295	418.23	2001.76	338.7	216.4	485.3	68.6	11.9
296	420.16	2043.21	338.3	218.5	484.5	68.7	12.0
297	426.38	2030.17	337.8	217.8	483.9	68.7	11.9
298	429.71	2034.67	337.6	216.9	483.8	68.9	11.9
299	433.66	2050.87	337.2	216.2	484.3	69.2	11.9

135 rows × 7 columns

▲ [그림 08-12] 결측이 제거된 df_ghgs2_nonan

✔ 상관계수 행렬을 구함
- df_ghgs2_nonan.corr( ): 결측이 제거된 수량형 변수들로만 이루어진 df_ghgs2_nonan을 사용해서 상관계수 행렬을 구함

> **실습 코드** 결측이 제거된 df_ghgs2_nonan을 사용한 상관계수 행렬을 구함

```
df_ghgs2_nonan_corr = df_ghgs2_nonan.corr()
df_ghgs2_nonan_corr
```

[실행 결과]

	CO2_ppm	CH4_ppm	N2O_ppm	CFC11_ppm	CFC12_ppm	CFC113_ppm	SF6_ppm
CO2_ppm	1.000000	0.942151	0.923019	-0.610076	-0.637193	-0.807981	0.928771
CH4_ppm	0.942151	1.000000	0.880042	-0.565898	-0.583537	-0.763695	0.888515
N2O_ppm	0.923019	0.880042	1.000000	-0.651057	-0.725973	-0.849333	0.962211
CFC11_ppm	-0.610076	-0.565898	-0.651057	1.000000	0.756343	0.563678	-0.590431
CFC12_ppm	-0.637193	-0.583537	-0.725973	0.756343	1.000000	0.643995	-0.664805
CFC113_ppm	-0.807981	-0.763695	-0.849333	0.563678	0.643995	1.000000	-0.844238
SF6_ppm	0.928771	0.888515	0.962211	-0.590431	-0.664805	-0.844238	1.000000

▲ [그림 08-13] df_ghgs2_nonan 데이터프레임의 상관계수 행렬

✅ 상관계수 행렬 히트맵을 구함
• 상관계수 행렬 df_ghgs2_nonan_corr을 사용한 히트맵 작성
  − sns.heatmap(df_ghgs2_nonan_corr, annot=True, cmap="coolwarm")

실습 코드 상관계수 행렬 df_ghgs2_nonan_corr을 사용한 히트맵 작성

```
import seaborn as sns

sns.heatmap(df_ghgs2_nonan_corr, annot=True, cmap="coolwarm")
plt.tight_layout()  # 그래프 영역 잘림 방지
plt.savefig("plots/1999-2022_온실가스배경농도_상관계수히트맵_seaborn_결측제거.png")
plt.show()  # 시각화 결과 화면에 표시
```

[실행 결과]

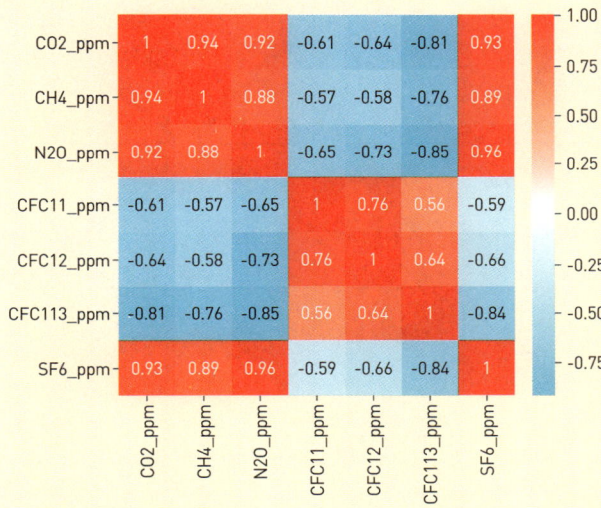

▲ [그림 08-14] df_ghgs2_nonan 데이터프레임의 상관계수 행렬 히트맵

✅ 산점도 행렬 구함
• df_ghgs2_nonan 데이터프레임을 사용해서 산점도 행렬 구함
  − sns.pairplot(df_ghgs2_nonan, diag_kind="kde", kind="reg"): diag_kind="kde"는 자신과 자신을 비교하는 대각선에 확률밀도 함수를 표시, kind="reg"는 각 산점도에 선형 회귀선 추가

실습 코드 결측이 제거된 df_ghgs2_nonan을 사용한 산점도 행렬 작성

```
import seaborn as sns

plt.figure(figsize=(8, 8))  # 그래프 크기 설정
```

```
sns.pairplot(df_ghgs2_nonan, diag_kind="kde", kind="reg")
plt.tight_layout()   # 그래프 영역 잘림 방지
plt.savefig("plots/1999-2022_온실가스배경농도_산점도행렬_seaborn_결측제거.png")
plt.show()   # 시각화 결과 화면에 표시
```

[실행 결과]

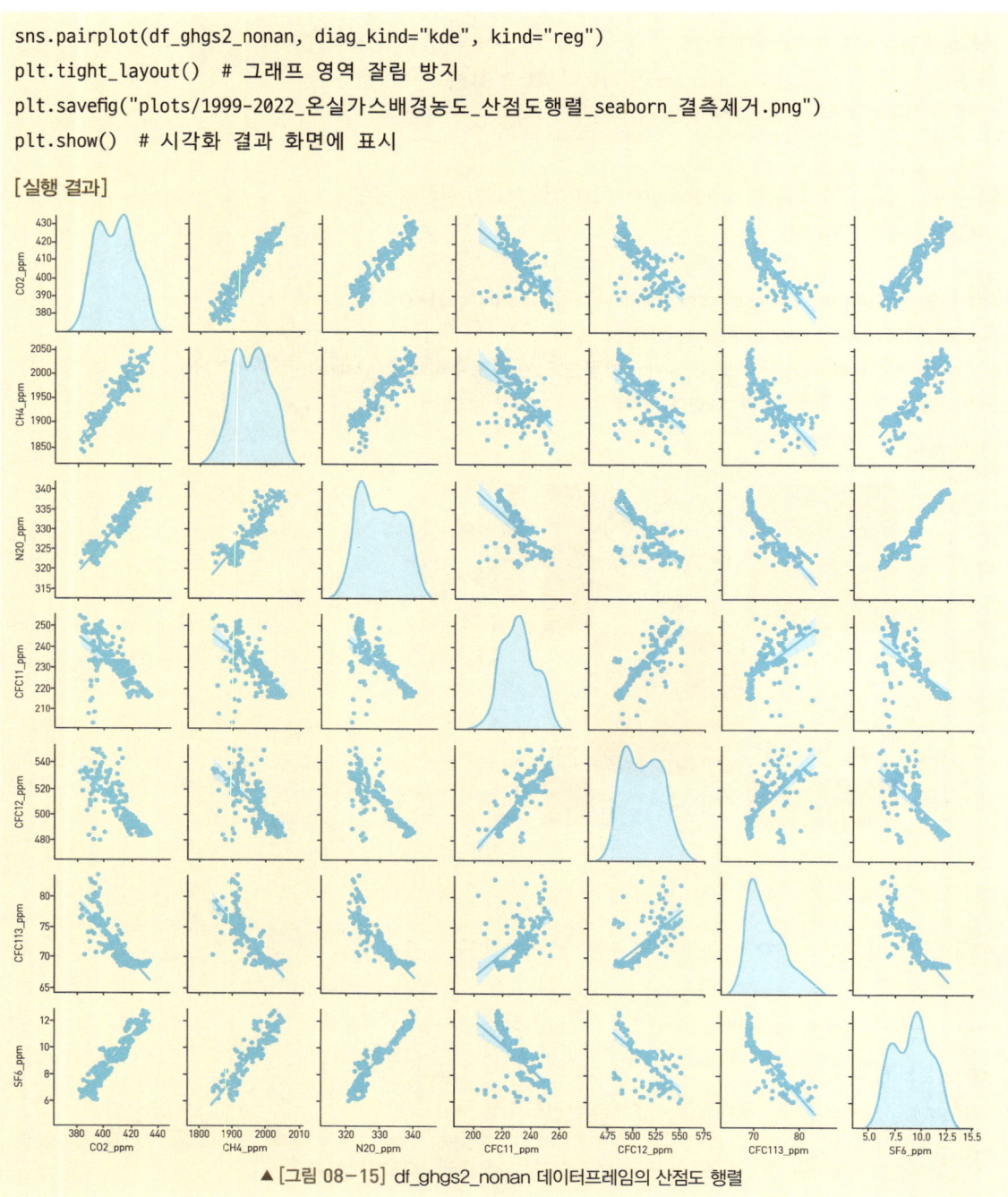

▲ [그림 08-15] df_ghgs2_nonan 데이터프레임의 산점도 행렬

✓ 다중 회귀분석: 최소제곱법 sm.OLS(y, X)

- statsmodels.api 라이브러리의 sm.OLS(y, X)를 사용한 다중 회귀분석 구함
- X = df_ghgs2_nonan[["CH4_ppm", "N2O_ppm","CFC11_ppm","CFC12_ppm", "CFC113_ppm","SF6_ppm"]]
  - 설명변수(X) 6개: "CH4_ppm", "N2O_ppm","CFC11_ppm","CFC12_ppm", "CFC113_ppm","SF6_ppm"
- y = df_ghgs2_nonan["CO2_ppm"].values
  - 종속변수(y) 1개: CO2_ppm

실습 코드 ① 온실가스 다중 회귀분석: 최소제곱법

```
import statsmodels.api as sm

X = df_ghgs2_nonan[["CH4_ppm", "N2O_ppm","CFC11_ppm","CFC12_ppm", "CFC113_ppm","SF6_ppm"]]
X = sm.add_constant(X)
y = df_ghgs2_nonan["CO2_ppm"].values
model = sm.OLS(y, X)
result = model.fit()
result.summary()
```

[실행 결과]

```
                            OLS Regression Results
==============================================================================
Dep. Variable:                      y   R-squared:                       0.932
Model:                            OLS   Adj. R-squared:                  0.929
Method:                 Least Squares   F-statistic:                     292.9
Date:                Wed, 02 Apr 2025   Prob (F-statistic):           3.24e-72
Time:                        04:31:04   Log-Likelihood:                -355.22
No. Observations:                 135   AIC:                             724.4
Df Residuals:                     128   BIC:                             744.8
Df Model:                           6
Covariance Type:            nonrobust
==============================================================================
                coef    std err       t    P>|t|    [0.025    0.975]
------------------------------------------------------------------------------
const         8.5819    76.616    0.112    0.911  -143.016   160.180
CH4_ppm       0.1352     0.013   10.048    0.000     0.109     0.162
N2O_ppm       0.3964     0.225    1.765    0.080    -0.048     0.841
CFC11_ppm    -0.0555     0.042   -1.309    0.193    -0.139     0.028
CFC12_ppm     0.0142     0.028    0.505    0.615    -0.041     0.070
CFC113_ppm   -0.1031     0.148   -0.696    0.488    -0.396     0.190
SF6_ppm       1.8838     0.680    2.770    0.006     0.538     3.229
==============================================================================
Omnibus:           10.648   Durbin-Watson:       1.031
Prob(Omnibus):      0.005   Jarque-Bera (JB):   11.237
Skew:              -0.704   Prob(JB):           0.00363
Kurtosis:           3.123   Cond. No.          5.31e+05
```

◀ [그림 08-16] 온실가스 다중 회귀분석: sm.OLS(y, X)

[결과 해석]

■ 모델 요약

항목	해석
R-squared: 0.932	이 모델은 y의 변동을 약 93.2% 설명함, 설명력이 매우 뛰어남
Adj. R-squared: 0.929	변수 수를 고려한 설명력도 매우 높음, 모델이 과하게 복잡하지 않음
F-statistic: 292.9 / Prob(F): 3.24e-72	전체 회귀 모델이 통계적으로 매우 유의함, p-value 거의 0에 수렴

- 회귀 계수 해석

변수	계수(coef)	p-value	유의성	해석
CH4_ppm	0.1352	0	매우 유의함	CH4 1 증가: y가 0.135 증가
N2O_ppm	0.3964	0.08	약간 애매함	p < 0.1: 약한 유의성 가능성 있음
CFC11_ppm	−0.0555	0.193	유의하지 않음	CFC11은 통계적으로 의미 없음
CFC12_ppm	0.0142	0.615	유의하지 않음	영향 거의 없음
CFC113_ppm	−0.1031	0.488	유의하지 않음	영향 거의 없음
SF6_ppm	1.8838	0.006	유의함	SF6 1 증가: y가 1.88 증가

- 기타 진단 통계

항목	해석
Durbin-Watson: 1.031	매우 낮음: 잔차에 강한 양의 자기상관 있음, 시계열이면 ARIMA 또는 잔차 모형 필요
Omnibus / JB Test p-value < 0.01	잔차가 정규분포를 따르지 않을 가능성 있음, 이상치나 비정규성 고려 필요
Cond. No: 5.31e+05	매우 큼: 다중공선성 존재 가능성 높음, 따라서 VIF 점검 권장

- **최종 판정**: 이 회귀 모델은 설명력(R^2)이 93.2% 매우 뛰어남. 그러나 잔차에 자기상관이 존재해서 시계열이면 OLS 단독으론 부적절하고 잔차의 정규성 문제도 약간 있음. SF6, CH4만이 주요 예측 변수로 타당하고 나머지는 영향력 낮음. 다중공선성의 위험이 있어서 VIF 분석이 필요함.

알아두기 다중공선성(multicollinearity)

회귀분석에서 독립변수들 간에 높은 상관관계가 있을 때 발생하는 문제를 의미함, 이는 독립변수들이 서로 중복된 정보를 가지고 있어, 각 독립변수가 종속변수에 미치는 영향을 정확히 추정하기 어렵게 함

- 다중공선성의 문제점
  - 회귀 계수의 불안정성: 다중공선성이 존재하면 회귀 계수의 표준오차가 커지게 되어 회귀 계수의 추정치가 불안정해지며 이는 모델의 해석을 어렵게 만들고, 통계적 검정의 신뢰성을 떨어지게 함
  - 계수의 해석이 어려움: 독립변수 간에 높은 상관관계가 있으면, 특정 독립변수가 종속변수에 미치는 순수한 효과를 분리해내기가 어려워지며, 이는 회귀 계수의 해석을 복잡하게 만듦
  - 모델의 예측력 감소: 다중공선성은 모델의 예측력을 감소시킬 수 있으며, 새로운 데이터에 대한 예측 성능이 저하될 수 있음

- 다중공선성 탐지 방법
  - 상관계수 행렬: 독립변수들 간의 상관계수를 계산하여 상관관계가 높은 변수를 식별할 수 있음, 상관계수가 0.8 이상인 변수들은 다중공선성 문제가 있을 가능성이 높음
  - 분산팽창계수(Variance Inflation Factor, VIF): VIF는 특정 독립변수가 다른 독립변수들로 얼마나 잘 설명되는지를 나타내며, 일반적으로 VIF 값이 10 이상이면 다중공선성이 높다고 판단함
  - 조건수(Condition Number): 조건수가 높으면(일반적으로 30 이상) 다중공선성이 존재할 가능성이 큼

- 다중공선성 해결 방법
  - 변수 제거: 상관관계가 높은 독립변수들 중 하나를 제거하여 다중공선성을 줄일 수 있음

- 주성분 분석(PCA): 독립변수들을 몇 개의 주성분으로 변환하여 다중공선성을 완화할 수 있음
- 정규화 회귀(Regularization): 릿지 회귀(Ridge Regression)나 라쏘 회귀(Lasso Regression)와 같은 방법을 사용하여 다중공선성을 줄일 수 있음. 이 기법들은 회귀 계수에 페널티를 부과하여 계수를 작게 만듦
- 변수 변환: 변수들을 로그 변환하거나 제곱근 변환 등으로 변환하여 다중공선성을 줄일 수 있음

실습 코드 ② CH4_ppm 값 2100, N2O_ppm 값 400, CFC11_ppm 값 216, CFC12_ppm 값 480, CFC113_ppm 값 69, SF6_ppm 값 12일 때 CO2_ppm 값 예측

```
X_new = np.array([[1, 2100, 400, 216, 480, 69, 12]])
print(result.predict(X_new))
```

[실행 결과]

[461.27456794]

[결과 해석]

온실가스 배경농도 CH4 값 2100, N2O 값 400, CFC11 값 216, CFC12 값 480, CFC113 값 69, SF6 값 12일 때, CO2_ppm 값은 461.27456794로 예측됨

✓ 분산팽창계수(VIF) 구함

- variance_inflation_factor(X.values, i): 다중공선성을 진단하기 위해 각 설명변수의 분산팽창계수(VIF)를 계산

실습 코드 다중공선성을 진단하기 위해 분산팽창계수(VIF)를 계산

```
from statsmodels.stats.outliers_influence import variance_inflation_factor

# 독립변수 설정
X = df_ghgs2_nonan[["CH4_ppm", "N2O_ppm", "CFC11_ppm", "CFC12_ppm", "CFC113_ppm", "SF6_ppm"]]
X = sm.add_constant(X)

# VIF 계산
vif_data = pd.DataFrame()
vif_data["feature"] = X.columns
vif_data["VIF"] = [variance_inflation_factor(X.values, i) for i in range(X.shape[1])]

print(vif_data)
```

[실행 결과]

```
   feature           VIF
0    const    66502.498546
1  CH4_ppm        5.098450
2  N2O_ppm       18.283211
3  CFC11_ppm      2.521917
4  CFC12_ppm      3.147947
5  CFC113_ppm     3.769721
6  SF6_ppm       16.155450
```

▲ [그림 08-17] 분산팽창계수(VIF) 구함

[결과 해석]
VIF 값이 10 이상인 N2O, SF6에서 다중공선성이 높음

✅ 다중공선성 해결 방법: 라쏘 회귀(Lasso Regression)

- make_pipeline(StandardScaler( ), Lasso(alpha=0.1)): 정규화 회귀(Regularization)인 라쏘 회귀는 다중공선성을 줄일 수 있음, alpha 값은 라쏘의 정규화 강도로 alpha 값이 클수록 규제가 강해지고 과적합 방지에 효과적이나 너무 크면 과소적합(underfitting) 위험, alpha 값이 작을수록 규제가 약해지고 과적합 위험 증가

실습 코드 라쏘 회귀: 온실가스 CO_2와 가장 관련 높은 온실가스 찾기

```python
from sklearn.linear_model import Lasso
from sklearn.preprocessing import StandardScaler
from sklearn.pipeline import make_pipeline
import pandas as pd
import numpy as np

# 독립변수와 종속변수 설정
X = df_ghgs2_nonan[["CH4_ppm", "N2O_ppm", "CFC11_ppm", "CFC12_ppm", "CFC113_ppm", "SF6_ppm"]]
y = df_ghgs2_nonan["CO2_ppm"].values

# 데이터 스케일링과 라쏘 회귀 모델을 파이프라인으로 설정
lasso_pipeline = make_pipeline(StandardScaler(), Lasso(alpha=0.1))  # alpha 값 라쏘의 정규화 강도

# 모델 적합
lasso_pipeline.fit(X, y)

# 결과 출력
lasso_coef = lasso_pipeline.named_steps['lasso'].coef_
intercept = lasso_pipeline.named_steps['lasso'].intercept_
```

```
print("Intercept:", intercept)
print("Coefficients:", lasso_coef)
```

[실행 결과]
```
Intercept: 407.60185185185185
Coefficients: [ 6.75092148  2.13398902 -0.42687069 -0.         -0.3288602   3.29943599]
```

▲ [그림 08-18] 라쏘 회귀 결과

[결과 해석] **가장 큰 값이 가장 관련이 높은 변수(요인)- CH4_ppm, SF6_ppm**
- Coefficients: [6.75092148 2.13398902 −0.42687069 −0.   −0.3288602   3.29943599] 값은 ["CH4_ppm", "N2O_ppm", "CFC11_ppm", "CFC12_ppm", "CFC113_ppm", "SF6_ppm"] 순서
- 결론: 온실가스 CO2와 가장 관련이 높은 온실가스는 CH4, SF6

✅ **다중공선성 해결 방법: 릿지 회귀(Ridge Regression)**
- make_pipeline(StandardScaler( ), Ridge(alpha=1.0)): 정규화 회귀인 릿지 회귀는 다중공선성을 줄일 수 있음, alpha 값 릿지의 정규화 강도로 과적합 방지 및 일반화 성능 향상시킴

실습 코드 릿지 회귀: 온실가스 CO2와 가장 관련이 높은 온실가스 찾기

```python
from sklearn.linear_model import Ridge
from sklearn.preprocessing import StandardScaler
from sklearn.pipeline import make_pipeline
import pandas as pd
import numpy as np

# 독립변수와 종속변수 설정
X = df_ghgs2_nonan[["CH4_ppm", "N2O_ppm", "CFC11_ppm", "CFC12_ppm", "CFC113_ppm", "SF6_ppm"]]
y = df_ghgs2_nonan["CO2_ppm"].values

# 데이터 스케일링과 릿지 회귀 모델을 파이프라인으로 설정
ridge_pipeline = make_pipeline(StandardScaler(), Ridge(alpha=1.0))  # alpha 값 릿지의 정규화 강도

# 모델 적합
ridge_pipeline.fit(X, y)

# 결과 출력
ridge_coef = ridge_pipeline.named_steps['ridge'].coef_
intercept = ridge_pipeline.named_steps['ridge'].intercept_
```

```
print("Intercept:", intercept)
print("Coefficients:", ridge_coef)
```

[실행 결과]
```
Intercept: 407.60185185185185
Coefficients: [ 6.59570596  2.33512735 -0.6212679   0.26010994 -0.45318024  3.27275577]
```

▲ [그림 08-19] 릿지 회귀 결과

[결과 해석] 가장 큰 값이 가장 관련이 높은 변수(요인)- CH4_ppm, SF6_ppm
- Coefficients: [6.59570596 2.33512735 −0.6212679   0.26010994 −0.45318024 3.27275577] 값은 ["CH4_ppm", "N2O_ppm", "CFC11_ppm", "CFC12_ppm", "CFC113_ppm", "SF6_ppm"] 순서
- 결론: 온실가스 CO_2와 가장 관련이 높은 온실가스는 CH4, SF6

4 주기성을 갖는 시계열 온실가스 CO_2 배경농도 추이 파악과 예측

비계절적 시계열 데이터의 추이나 예측에는 ARIMA(Autoregressive Integrated Moving Average) 모델을 사용합니다. 그러나 주기성(Seasonality)이라는 데이터가 시간이 지남에 따라 일정한 주기로 반복되는 패턴으로 월, 연도, 계절 등과 관련된 반복 현상이 있을 때는 SARIMA(Seasonal ARIMA, Seasonal Autoregressive Integrated Moving Average) 모델을 사용합니다. 온실가스 CO_2 배경농도는 주기성을 갖는 데이터로, 시간(시점)에 따른 추이를 파악하고 예측하기 위해 SARIMA 모델을 사용합니다.

여기서는 ARIMA 모델과 SARIMA 모델을 비교하기 위해 두 가지 모델을 사용하여 주기성을 갖는 시계열 온실가스 CO_2 배경농도 추이 파악과 예측을 수행합니다.

1) 파일 데이터 로드 및 작업 데이터 생성

✓ **온실가스 배경농도 데이터: 1999-2023_ghgs.csv**
- 데이터를 로드하여 변수에 저장: df_ghgs 변수에 저장, 인코딩 cp949
  - df_ghgs = pd.read_csv("data/1999-2023_ghgs.csv", encoding="cp949")

✓ **작업 데이터 생성: df_ghgs3**
- 시간과 CO2 변수만 갖는 df_ghgs3 데이터프레임을 생성하여 사용: df_ghgs.iloc[:, [1, 2]]

실습 코드 작업 데이터: 시간과 CO2 변수만 갖고 있는 df_ghgs3 생성
```
df_ghgs3 = df_ghgs.iloc[:, [1, 2]]
df_ghgs3
```

[실행 결과]

	시간	CO2_ppm
0	1999-01-01	373.10
1	1999-02-01	374.00
2	1999-03-01	374.90
3	1999-04-01	375.10
4	1999-05-01	374.00
...	...	...
295	2023-08-01	418.23
296	2023-09-01	420.16
297	2023-10-01	426.38
298	2023-11-01	429.71
299	2023-12-01	433.66

300 rows × 2 columns

◀ [그림 08-20] 시간과 CO2 변수만 갖고 있는 df_ghgs3

2) ARIMA 모델 사용 주기성을 갖는 시계열 온실가스 CO2 배경농도 추이 파악과 예측

✔ ARIMA 모델 사용 시계열 온실가스 CO2 배경농도 추이 파악과 예측

- df_ghgs3.copy( ): 원본 데이터 복사본을 사용, 권장 ⓞ df = df_ghgs3.copy( )
- pd.to_datetime(df["시간"]): 시간 문자열을 datetime 형식으로 변환
  ⓞ df["시간"] = pd.to_datetime(df["시간"])
- df.set_index("시간", inplace=True): 시계열 인덱스 설정
- df.index.freq = "MS": freq가 MS(Month Start)는 매월 수집된 데이터, ARIMA, SARIMA, seasonal_decompose 등의 시계열 분석 함수들은 freq가 있어야 계절성이나 추세를 제대로 계산
- ARIMA(df["CO2_ppm"], order=(1, 1, 1)): ARIMA(p,d,q)는 ARIMA(1,1,1) 모델을 사용
  - p=1: AR(자기회귀)로 이전 관측치와의 관계, d=1: 차분으로 추세 제거, q=1: MA(이동평균)로 이전 오차값과의 관계
- model.fit( ): ARIMA 모델 학습 결과 ⓞ results = model.fit( )
- results.forecast(steps=12): ARIMA 모델을 사용한 향후 12개월 예측
  ⓞ forecast = results.forecast(steps=12)

실습 코드 ARIMA 모델을 사용한 시계열 온실가스 CO2 배경농도 추이 파악과 예측

```
# 필요 라이브러리 로드
from statsmodels.tsa.arima.model import ARIMA

df = df_ghgs3.copy()  # 원본 데이터 복사본을 사용, 권장
# 시간 변수 날짜 타입으로 변환, 시계열 인덱스 설정
df["시간"] = pd.to_datetime(df["시간"])  # 시간 문자열을 datetime 형식으로 변환
df.set_index("시간", inplace=True)  # 시계열 인덱스 설정
# ARIMA, SARIMA, seasonal_decompose 등 시계열 분석 함수들은 freq가 있어야 계절성이나 추세를 제
대로 계산
```

```python
df.index.freq = "MS"   # freq가 MS(Month Start)는 매월 수집된 데이터

# ARIMA 모델 설정(order=(p, d, q) 튜닝 가능)
# df["CO2_ppm"]: 종속변수 y, order=(1, 1, 1): 일반 ARIMA 구성으로 자기회귀, 차분, 이동평균
model = ARIMA(df["CO2_ppm"], order=(1, 1, 1))
results = model.fit()   # 모델 학습

# 향후 12개월 예측
forecast = results.forecast(steps=12)

# CO2 배경농도 추이와 예측 시각화
plt.figure(figsize=(12, 6))   # 그래프 크기
plt.plot(df["CO2_ppm"], label="실제 CO2 배경농도")   # 관측치 추이 선 그래프: 파랑, 실선
# 예측치 추이 선 그래프: 오렌지색, 점선
plt.plot(forecast.index, forecast.values, label="ARIMA 예측 CO2 배경 농도", linestyle="--", color="orange")
plt.title("ARIMA 기반 CO2 배경농도 농도 추이와 향후 12개월 예측")   # 그래프 제목
plt.xlabel("시간")   # x축 레이블
plt.ylabel("CO2 배경농도 (ppm)")   # y축 레이블
plt.legend()   # 범례 표시
plt.grid(True)   # 그래프에 그리드선 표시
plt.tight_layout()   # 그래프 잘림 방지
plt.savefig("plots/1999-2023_온실가스_CO2_배경농도_추이와_향후_12개월_예측.png")
plt.show()
```

[실행 결과]

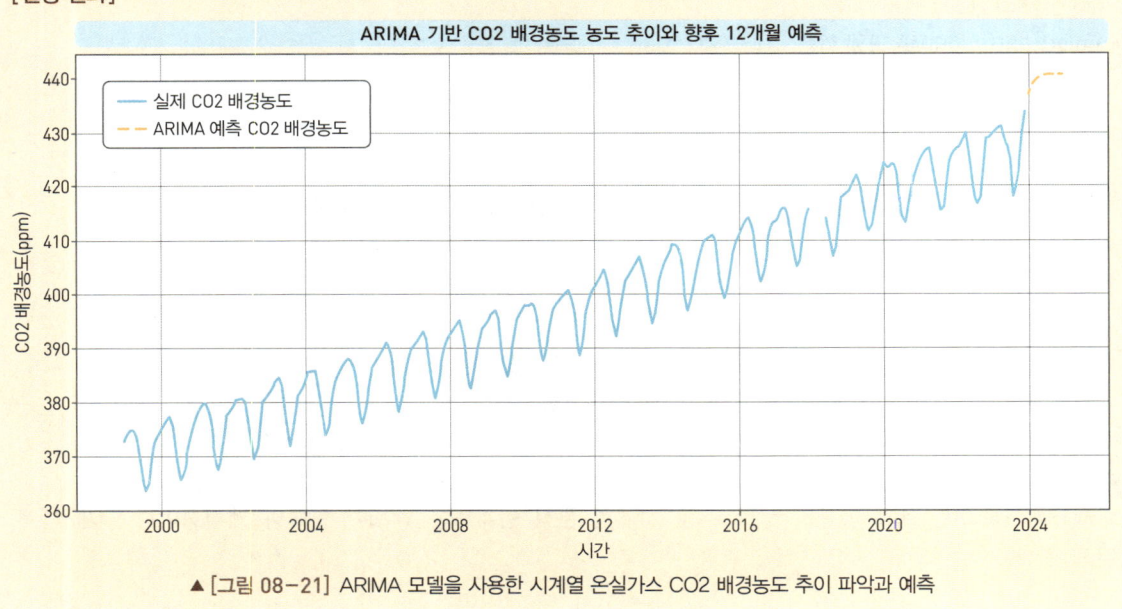

▲ [그림 08-21] ARIMA 모델을 사용한 시계열 온실가스 CO2 배경농도 추이 파악과 예측

✅ ARIMA 모델 성능 평가

- 모델 성능을 평가할 때는 모델.summary( ) 메서드 사용
  - 예 results.summary( )

실습 코드 ARIMA 모델 성능 평가

```
results.summary()
```

[실행 결과]

```
                         SARIMAX Results
==============================================================
Dep. Variable:      CO2_ppm      No. Observations:    300
Model:            ARIMA(1, 1, 1)  Log Likelihood    -525.419
Date:          Mon, 07 Apr 2025   AIC              1056.837
Time:                01:07:26    BIC              1067.939
Sample:            01-01-1999    HQIC             1061.281
                  - 12-01-2023
Covariance Type:        opg
==============================================================
            coef   std err     z    P>|z|   [0.025  0.975]
ar.L1     0.5008   0.053    9.444  0.000   0.397   0.605
ma.L1     0.8524   0.024   35.781  0.000   0.806   0.899
sigma2    2.0298   0.138   14.671  0.000   1.759   2.301
==============================================================
Ljung-Box (L1) (Q):        6.97   Jarque-Bera (JB):   54.63
Prob(Q):                   0.01   Prob(JB):            0.00
Heteroskedasticity (H):    2.00   Skew:                0.43
Prob(H) (two-sided):       0.00   Kurtosis:            4.91
```

▲ [그림 08-22] ARIMA 모델을 성능 평가

[결과 해석]

■ 모델 요약

항목	해석
Dep. Variable: CO2_ppm	종속변수 CO2_ppm
No. Observations: 300	관측 값 300개
Model: ARIMA(1,1,1)	1차 자기회귀, 1차 차분, 1차 이동평균 사용
Log Likelihood −525.419	모델 적합도로 높을수록 좋음, 비교용 지표
AIC 1056.837	모델의 품질 + 복잡도를 고려한 지표로 낮을수록 좋음
BIC 1067.939	AIC보다 더 복잡도에 패널티를 많이 줌
HQIC 1061.281	AIC, BIC 사이의 균형적 지표

■ 계수 해석(모델 구성 요소)

계수	값	p-value	해석
ar.L1	0.5008	0	1시차 자기회귀 항, 유의미함
ma.L1	0.8524	0	1시차 이동평균 항, 강하게 유의함
sigma2	2.0298	0	오차의 분산(σ^2), 안정적임

■ 잔차 진단(Residual Diagnostics)

항목	결과	해석
Ljung-Box(Q)	6.97(p=0.01)	잔차에 자기상관 존재 가능성 있음

항목	결과	해석
Jarque–Bera(JB)	54.63(p=0.00)	잔차의 정규성 만족 안 함, 이상치 또는 비대칭 분포 가능
Skew	0.43	잔차가 약간 오른쪽으로 치우침
Kurtosis	4.91	잔차가 뾰족함, 정규분포의 첨도=3보다 큼
Heteroskedasticity(H)	2.00(p=0.00)	이분산성 존재 가능성 있음, 즉 오차 분산이 시간에 따라 달라질 수 있음

- **최종 판정**: 모델 적합도는 AIC/BIC가 낮고, 계수도 유의해서 좋음. 예측 신뢰성은 유의한 계수와 안정된 분산으로 매우 높음. 잔차 진단에서 자기상관, 정규성, 이분산 문제가 존재할 가능성이 있음. 계절성을 고려한 SARIMA 또는 SARIMAX 사용을 고려할 필요가 있음. SARIMA 모델, SARIMAX 모델은 둘 다 계절성을 포함하나 SARIMAX 모델은 계절성에 외부 변수(기온, 에너지 사용량) 반영이 가능함.

3) SRIMA 모델 사용 주기성을 갖는 시계열 온실가스 CO_2 배경농도 추이 파악과 예측

SRIMA 모델, SARIMAX 모델을 사용한 주기성을 갖는 시계열 분석은 모두 SARIMAX( )를 사용합니다. SRIMA 모델은 SARIMAX(y, order=(1, 1, 1), seasonal_order=(1, 1, 1, 12))와 같이 사용하고, SARIMAX 모델은 외부 변수를 추가하여 exog=X 옵션을 사용한 SARIMAX(y, exog=X, order=(1, 1, 1), seasonal_order=(1, 1, 1, 12))와 같이 사용합니다. 온실가스 CO_2 배경농도 추이 파악과 예측은 외부변수 추가가 없어서 SRIMA 모델과 SRIMAX 모델을 사용한 결과가 같습니다.

> ♥ **SRIMA 모델을 사용한 주기성을 갖는 시계열 온실가스 CO_2 배경농도 추이 파악과 예측**
> - df_ghgs3.copy( ): 원본 데이터 복사본을 사용, 권장 ⓔ df = df_ghgs3.copy( )
> - pd.to_datetime(df["시간"]): 시간 문자열을 datetime 형식으로 변환
>   ⓔ df["시간"] = pd.to_datetime(df["시간"])
> - df.set_index("시간", inplace=True): 시계열 인덱스 설정
> - df.asfreq("MS"): 시간 빈도(freq) 정보 지정으로 필수, 빈도 정보 값 MS(Month Start)는 매월 수집된 데이터
> - SARIMAX(df["CO2_ppm"], order=(1, 1, 1), seasonal_order=(1, 1, 1, 12), enforce_stationarity=False, enforce_invertibility=False): 주기성(계절성)을 추가한 SARIMA 모델
>   - df["CO2_ppm"]: 종속변수 y, order=(1, 1, 1): 일반 ARIMA 구성: 자기회귀, 차분, 이동평균
>   - seasonal_order=(1, 1, 1, 12): 계절성 요소 구성으로 순서대로 계절 AR, 차분, MA, 주기 값
>   - enforce_stationarity=False: 모델이 정상성(stationarity) 조건을 만족하도록 강제할 것인지 여부를 설정하는 것으로, 보통 False로 설정해서 더 유연한 모델 학습을 허용
>   - enforce_invertibility=False): 모델이 가역성(invertibility) 조건을 강제로 만족하게 할지 여부를 설정하는 것으로, 보통 False로 설정하여 자유롭게 모델이 적합되도록 허용
> - model.fit( ): SARIMA 모델 학습 결과 ⓔ results = model.fit( )
> - results.get_forecast(steps=12): SARIMA 모델을 사용하여 향후 12개월을 예측
>   ⓔ forecast = results.get_forecast(steps=12)
> - pd.date_range(start=df.index[-1] + pd.offsets.MonthBegin( ), periods=12, freq="MS"): 관측선과 예측선을 이어줌

- forecast.predicted_mean: 향후 12개월의 각 예측 값 평균
  - ⓓ forecast_values = forecast.predicted_mean
- forecast.conf_int( ): 향후 12개월의 각 예측치의 95% 신뢰구간
  - ⓓ conf_int = forecast.conf_int( )

실습 코드 SARIMA 모델을 사용한 시계열 온실가스 CO2 배경농도 추이 파악과 예측

```python
# 필요 라이브러리 로드
from statsmodels.tsa.statespace.sarimax import SARIMAX

df = df_ghgs3.copy()  # 원본 데이터 복사본을 사용, 권장
# 시간 변수 날짜 타입으로 변환, 시계열 인덱스 설정
df["시간"] = pd.to_datetime(df["시간"])  # 시간 문자열을 datetime 형식으로 변환
df.set_index("시간", inplace=True)  # 시계열 인덱스 설정

# 시간 빈도 정보 지정: 필수
df = df.asfreq("MS")  # freq가 MS(Month Start)는 매월 수집된 데이터

# SARIMA 모델 설정 및 학습
# order = (p, d, q), seasonal_order = (P, D, Q, s)
model = SARIMAX(df["CO2_ppm"],  # 종속변수 y
                order=(1, 1, 1),  # 일반 ARIMA 구성: 자기회귀, 차분, 이동평균
                seasonal_order=(1, 1, 1, 12),  # 계절성 요소 구성: 계절 AR, 차분, MA, 주기
                enforce_stationarity=False,  # 보통 False로 설정해서 더 유연한 모델 학습을 허용
                enforce_invertibility=False)  # False로 설정해서 자유롭게 모델이 적합되도록 허용
results = model.fit()  # 모델 학습

# 향후 12개월 예측
forecast = results.get_forecast(steps=12)  # 향후 12개월 예측
forecast_index = pd.date_range(start=df.index[-1] + pd.offsets.MonthBegin(),
                               periods=12, freq="MS")  # 관측선과 예측선이 이어짐
forecast_values = forecast.predicted_mean  # 향후 12개월 각 예측 값 평균
conf_int = forecast.conf_int()  # 향후 12개월 각 예측치의 95% 신뢰구간

# 결과 시각화
plt.figure(figsize=(12, 6))     # 그래프 크기
plt.plot(df["CO2_ppm"], label="실제 CO2 배경농도")  # 관측치 추이 선 그래프: 파랑, 실선
# 예측치 추이 선 그래프: 초록색, 점선
plt.plot(forecast_index, forecast_values, label="SARIMA 예측", linestyle="--", color="green")
# 예측치 추이 선 그래프의 95% 신뢰구간 영역 채움: 밝은 초록색, 투명도 0.3
```

```
plt.fill_between(forecast_index, conf_int.iloc[:, 0], conf_int.iloc[:, 1],
                color='lightgreen', alpha=0.3, label="95% 신뢰구간")
plt.title("SARIMA 기반 CO2 배경농도 농도 추이와 향후 12개월 예측_계절성 반영")  # 그래프 제목
plt.xlabel("시간")  # x축 레이블
plt.ylabel("CO2 배경농도 (ppm)")  # y축 레이블
plt.legend()  # 범례 표시
plt.grid(True)  # 그래프에 그리드선 표시
plt.tight_layout()  # 그래프 잘림 방지
plt.savefig("plots/1999-2023_온실가스_CO2_배경농도_추이와_향후_12개월_예측_계절성반영.png")
plt.show()
```

[실행 결과]

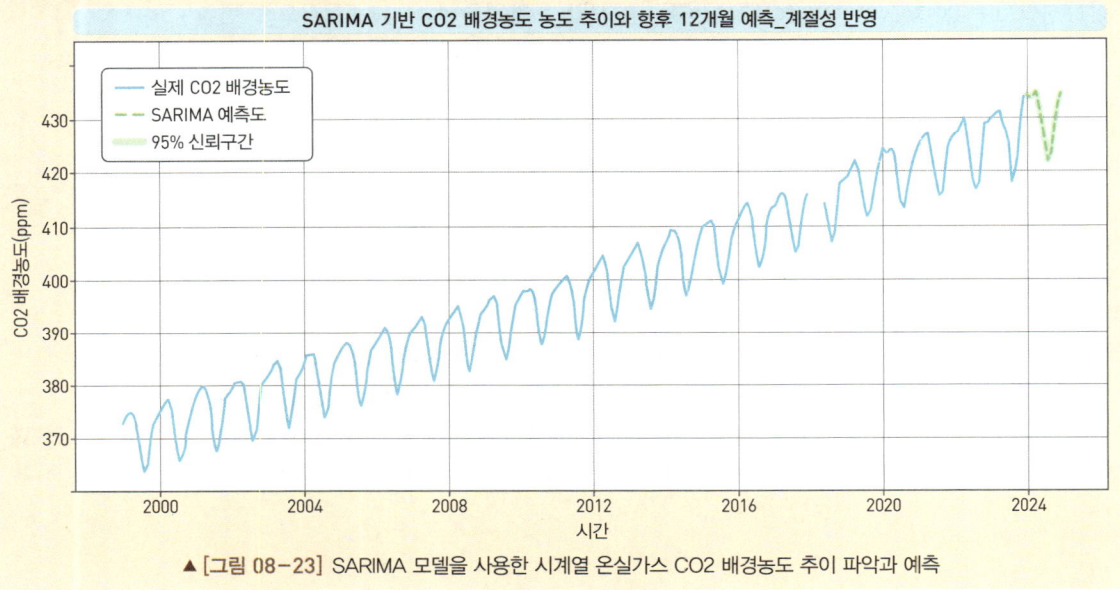

▲ [그림 08-23] SARIMA 모델을 사용한 시계열 온실가스 CO2 배경농도 추이 파악과 예측

✔ SRIMA 모델의 성능 평가

- 모델 성능을 평가할 때는 모델.summary( ) 메서드를 사용
  예 results.summary( )

실습 코드 SARIMA 모델 성능 평가

```
results.summary()
```

[실행 결과]

```
                          SARIMAX Results
Dep. Variable:      CO2_ppm           No. Observations:   300
      Model:    SARIMAX(1, 1, 1)x(1, 1, 1, 12)  Log Likelihood  -226.351
       Date:    Mon, 07 Apr 2025              AIC            462.702
       Time:    05:56:41                      BIC            480.749
     Sample:    01-01-1999                    HQIC           469.947
              - 12-01-2023
Covariance Type: opg
              coef    std err      z      P>|z|   [0.025  0.975]
    ar.L1    0.4370   0.050     8.819   0.000   0.340   0.534
    ma.L1   -0.9247   0.023   -40.141   0.000  -0.970  -0.880
  ar.S.L12  -0.1938   0.081    -2.393   0.017  -0.353  -0.035
  ma.S.L12  -0.6659   0.072    -9.311   0.000  -0.806  -0.526
    sigma2   0.3068   0.015    20.240   0.000   0.277   0.337
Ljung-Box (L1) (Q):      5.06   Jarque-Bera (JB):  466.33
           Prob(Q):      0.02           Prob(JB):    0.00
Heteroskedasticity (H):  7.62               Skew:    0.12
   Prob(H) (two-sided):  0.00           Kurtosis:    9.40
```

▲ [그림 08-24] SARIMA 모델 성능 평가

[결과 해석]

- **모델 요약**: SARIMA 모델 AIC/BIC(462.702/480.749)가 ARIMA모델 AIC/BIC(1056.837/1067.939)보다 작으므로 SARIMA 모델이 온실가스 배경농도 예측에 더 좋은 모델

항목	해석
Dep. Variable: CO2_ppm	종속변수 CO2_ppm
No. Observations: 300	관측 값 300개
Model: SARIMAX(1,1,1)x(1,1,1,12)	계절성 포함
Log Likelihood -226.351	모델 적합도로 높을수록 좋음, 비교용 지표
AIC 462.702	모델의 품질 + 복잡도를 고려한 지표로 낮을수록 좋음
BIC 480.749	AIC보다 더 복잡도에 패널티를 많이 줌, 낮을수록 좋음
HQIC 469.947	AIC, BIC 사이의 균형적 지표

- **계수 해석(모델 구성 요소)**

계수	값	p-value	해석
ar.L1	0.4370	0.000	1시점 전 CO_2 값의 양의 자기회귀 영향, 유의함
ma.L1	-0.9247	0.000	1시점 전 오차를 보정하는 음의 이동평균 효과, 강하게 유의함
ar.S.L12	-0.1938	0.017	12개월 전(계절) CO_2가 현재에 약간 음의 영향, 유의함
ma.S.L12	-0.6659	0.000	12개월 전의 오차도 강하게 음의 영향, 매우 유의함
sigma2	0.3068	0.000	오차의 분산(σ^2), 안정적임

- **잔차 진단(Residual Diagnostics)**

항목	결과	해석
Ljung-Box(Q)	5.06 (p=0.02)	잔차에 약간의 자기상관 존재 가능성 있음
Jarque-Bera(JB)	466.33 (p=0.00)	잔차가 정규분포 따르지 않음, 왜도, 첨도 있음
Skew	0.12	거의 대칭이지만 약간 오른쪽 치우침

항목	결과	해석
Kurtosis	9.40	잔차가 뾰족함. 정규분포의 첨도=3보다 큼. 판정: 이상치 가능성 있음이나 실제로 이상치 없음
Heteroskedasticity(H)	7.62(p=0.00)	이분산성 존재가능성 있음. 즉 오차 분산이 시간에 따라 달라질 수 있음

- **최종 판정**: 모델 적합도는 AIC/BIC가 낮고, 계수도 유의해서 좋음. 예측 신뢰성은 유의한 계수와 안정된 분산으로 매우 높음. 계절성 반영은 12개월 주기를 반영하여 성공적임. 잔차 진단에서 자기상관, 정규성, 이분산 문제가 존재할 가능이 있음. 1999년~2023년까지 24년간의 자료여서 CO_2 배경농도의 패턴이 달라졌을 가능성을 고려하여 최근 5년 또는 10년 정도의 데이터로 다시 분석하는 것을 고려해 볼 수 있음.

03 서울시 하수처리장 데이터 분석: 분산분석(ANOVA)

서울시 하수처리장 데이터 분석을 통해 집단을 비교할 때 사용하는 분산분석(ANOVA, Analysis of Variance)을 학습합니다. 이를 위해 데이터 분석 순서에 맞춰 목표 설정, 데이터 로드부터 통계적 분석까지의 전 과정을 체계적으로 분석해 봅니다. 분산분석(ANOVA)은 두 개 이상의 그룹 간의 평균 차이를 비교하는 데 사용되는 통계 기법으로 집단을 비교할 때 사용합니다.

1 목표 설정

서울시 하수처리장 c19바이러스 농도 데이터는 하수에 존재하는 c19바이러스의 농도를 통해 질병의 유행 추이 등을 파악하는 데 활용됩니다. 질병의 확산과 전파를 파악하기 위한 첫 번째 목표는 탐색적 데이터 분석, 상관분석, 다중 회귀분석을 사용하여 서울시 하수처리장의 c19바이러스 농도 데이터의 현 상황과 하수처리장들 간의 관계 분석을 수행합니다. 두 번째 목표는 탐색적 데이터 분석, 분산분석을 사용하여 하수처리장 집단 비교 분석을 수행합니다.

> **목표**
> 0. 공통 사항
>   ① 데이터 로드: 2024년 서울시 하수처리장 코로나바이러스 농도 데이터
>   - '서울 열린데이터 광장(https://data.seoul.go.kr/)'에서 2024년부터 제공하는 서울시 하수처리장 c19 농도 데이터는 서울시 5곳의 하수처리장인 난지, 서남, 탄천, 중랑A, 중랑B에서 매주 측정한 값
>   - 이 데이터 파일은 엑셀로 제공되며, 첫 번째 시트는 집단 비교에 사용되고 두 번째 시트는 관계 파악에 사용됨
>   ② 데이터 탐색 함수를 사용한 데이터 탐색

③ 요약 통계량 파악
1. 서울시 하수처리장의 c19바이러스 농도의 현 상황과 하수처리장들 간의 관계 분석 순서
   ① 데이터 로드: 2024년 서울시 하수처리장 코로나바이러스 농도 데이터, 두 번째(1번) 시트
   ② 데이터 탐색 함수를 사용한 데이터 탐색
   ③ 요약 통계량 파악
   ④ 작업 대상 데이터 선택/전처리: 현 상태 파악에 사용, 상관분석에 사용, 다중 회귀분석에 사용
   ⑤ 하수처리장의 c19바이러스 농도 값의 현 상태: 상관계수, 산점도
   ⑥ 하수처리장들 간의 관계 분석: 상관계수 행렬, 상관계수 행렬 히트맵, 산점도 행렬, 인과관계 파악을 위한 다중 회귀분석-최소제곱법, 라쏘 회귀/릿지 회귀

2. 서울시 하수처리장 집단 비교 분석
   ① 데이터 로드: 2024년 서울시 하수처리장 코로나바이러스 농도 데이터, 첫 번째(0번) 시트
   ② 데이터 탐색 함수를 사용한 데이터 탐색
   ③ 요약 통계량 파악
   ④ 작업 대상 데이터 선택/전처리: 집단 비교에 사용
   ⑤ 하수처리장별 C19 농도 집단 비교: 병렬상자그림, 분산분석(ANOVA)

2 서울시 하수처리장 c19 농도의 현 상황과 하수처리장들 간의 관계 분석: 다중 회귀분석

2024년 서울시 하수처리장 코로나바이러스 농도 데이터 파일의 두 번째 시트(1번 시트)를 사용하여 데이터의 현 상태, 예측, 관계 파악을 수행합니다.

1) 데이터 파일 로드 및 작업 데이터 설정

✅ **서울시 하수처리장 코로나바이러스 농도 데이터 파일 로드**
- 하수처리장 데이터: 2024년 서울시_하수처리장_코로나바이러스농도.xlsx, 1번 시트
- 데이터를 로드하여 변수에 저장: df_wr1 변수에 저장
  - df_wr1 = pd.read_excel("data/2024년서울시_하수처리장_코로나바이러스농도.xlsx", sheet_name=1)
- 이 데이터는 질병의 확산(이상치)의 중요점을 갖고 있어서 이상치를 보정하지 않음, 향후 데이터가 더 축적되면 이상치만을 가지고 분석하는 것도 고려해 봄

실습 코드 서울시 하수처리장 코로나바이러스 농도 데이터 로드: 2024년서울시_하수처리장_코로나바이러스농도.xlsx, 1번 시트

```
import pandas as pd
df_wr1 = pd.read_excel("data/2024년서울시_하수처리장_코로나바이러스농도.xlsx", sheet_name=1)
df_wr1   # 로드된 하수처리장 데이터가 저장된 변수
```

[실행 결과]

	샘플_채취_날짜	샘플_채취_주차	난지_물_재생센터_코로나19_농도	서남_물_재생센터_코로나19농도	중앙A_물_재생센터_코로나19_농도	중앙B_물_재생센터_코로나19_농도	탄천_물_재생센터_코로나19_농도
0	2024-01-02	1주차	68242.156443	246453.100994	65538.290177	23026.440802	52544.326514
1	2024-01-09	2주차	94253.317315	203899.994405	35834.387441	11411.658468	67652.200515
2	2024-01-16	3주차	110769.091992	183520.889930	121559.187849	13224.314093	73598.217012
3	2024-01-23	4주차	115534.390776	270002.902856	83205.808225	26311.986855	160428.649431

▲ [그림 08-25] 하수처리장 코로나바이러스 농도 데이터 로드 후 변수에 저장

✓ **데이터 탐색 함수를 사용한 데이터 탐색**
- 데이터프레임의 구조 파악: df_wr1.info( )
  - 데이터프레임의 각 변수의 타입과 결측치 등을 파악
- 데이터프레임의 변수명 파악: df_wr1.columns
  - 데이터 분석을 위해서는 변수명 확인

실습 코드 ① 데이터 탐색 함수를 사용한 데이터 탐색: 데이터프레임의 구조 확인

```
df_wr1.info()   # 데이터프레임의 구조 확인
```

[실행 결과]

```
<class 'pandas.core.frame.DataFrame'>
RangeIndex: 52 entries, 0 to 51
Data columns (total 7 columns):
 #   Column                        Non-Null Count  Dtype
---  ------                        --------------  -----
 0   샘플_채취_날짜                      52 non-null     datetime64[ns]
 1   샘플_채취_주차                      52 non-null     object
 2   난지_물_재생센터_코로나19_농도             52 non-null     float64
 3   서남_물_재생센터_코로나19_농도             52 non-null     float64
 4   중앙A_물_재생센터_코로나19_농도            52 non-null     float64
 5   중앙B_물_재생센터_코로나19_농도            52 non-null     float64
 6   탄천_물_재생센터_코로나19_농도             52 non-null     float64
dtypes: datetime64[ns](1), float64(5), object(1)
memory usage: 3.0+ KB
```

- 각 변수의 인덱스는 0~51로 데이터 값이 52개라는 의미
- 샘플_채취_날짜는 날짜 타입으로 로드되어 변환이 필요 없음
- 샘플_채취_주차는 "1주차"와 같이 특정 연도의 해당 주 값으로 문자열
- 난지_물_재생센터_코로나19_농도~탄천_물_재생센터_코로나19_농도는 모두 수량형 변수이고, 데이터 값의 수는 모두 52이기 때문에 결측치 없음

▲ [그림 08-26] df_wr1 데이터프레임의 구조 확인

실습 코드 ② # 데이터 탐색 함수를 사용한 데이터 탐색: 데이터프레임의 각 변수명 확인

```
df_wr1.columns   # 데이터프레임의 각 변수명 확인
```

[실행 결과]

```
Index(['샘플_채취_날짜', '샘플_채취_주차', '난지_물_재생센터_코로나19_농도', '서남_물_재생센터_코로나19_농도',
       '중앙A_물_재생센터_코로나19_농도', '중앙B_물_재생센터_코로나19_농도', '탄천_물_재생센터_코로나19_농도'],
      dtype='object')
```

▲ [그림 08-27] df_wr1 데이터프레임의 각 변수명 파악

✅ 요약 통계량 파악

- 요약 통계량 파악: df_wr1.describe( )
  - 수량형 변수들의 최솟값, 최댓값, 중위수, 평균, 분위수를 통해 분포하는 값의 범위를 파악

실습 코드 요약 통계량 파악: 수량형 변수 요약 통계량 파악

```
df_wr1.describe()   # 데이터프레임의 각 수량형 변수 요약 통계량 확인
```

[실행 결과]

	샘플_채취_날짜	난지_물_재생센터_코로나19_농도	서남_물_재생센터_코로나19농도	중앙A_물_재생센터_코로나19_농도	중앙B_물_재생센터_코로나19_농도	단천_물_재생센터_코로나19_농도
count	52	52.000000	52.000000	52.000000	52.000000	52.000000
mean	2024-06-28 13:23:04.615384576	64637.340260	152162.701343	67571.713689	17429.259995	52038.936452
min	2024-01-02 00:00:00	2364.214564	4231.461410	1543.285680	91.156531	1506.062181
25%	2024-03-31 06:00:00	9628.169890	18449.053746	7982.626700	3059.922529	7691.652984
50%	2024-06-28 12:00:00	21193.367909	48353.499973	22802.227719	9754.460475	22313.855191
75%	2024-09-26 00:00:00	73463.731143	189851.096098	68006.693486	20164.755225	69009.990680
max	2024-12-24 00:00:00	306543.256276	982525.980664	530923.186503	112525.565579	332931.661505
std	NaN	88366.431950	219386.553845	104473.548527	24420.603647	75501.751894

▲ [그림 08-28] df_wr1 데이터프레임의 수량형 변수 요약 통계량 파악

[설명] 위의 결과에서 난지_물_재생센터_코로나19_농도 데이터 값의 개수(count)는 52개, 평균(mean) 64637.340260, 표준편차(std) 88366.431950, 최솟값(min) 2364.214564, 1사분위수(25%) 9628.169890, 2사분위수(중위수, 50%) 21193.367909, 3사분위수(75%) 73463.731143, 최댓값(max) 306543.256276임을 설명해 줌

2) 하수처리장 바이러스 농도 값 현 상태와 예측

하수처리장 서남 물 재생센터와 난지 물 재생센터의 관계 분석을 통해서 배경농도 값의 현 상태와 예측을 수행합니다.

✅ 시점에 따른 하수처리장 코로나바이러스 농도 추이 파악: 시계열 그래프

- 샘플_채취_날짜에 따른 모든 하수처리장 코로나바이러스 농도 추이 파악
  - df_wr1.plot.line(x="샘플_채취_날짜", figsize=(9, 4))

실습 코드 시점에 따른 하수처리장 코로나바이러스 농도 추이 파악: 시계열 그래프

```
df_wr1.plot.line(x="샘플_채취_날짜", figsize=(9, 4))   # 시계열 그래프
plt.title("2024년 서울시 하수처리장 바이러스 농도 추이")   # 그래프 제목
plt.ylabel("c19바이러스농도")   # y축 레이블
plt.tight_layout()   # 그래프 잘림 방지
plt.savefig("plots/2024_서울시_하수처리장_바이러스농도_추이.png")   # 그래프 저장
plt.show()   # 그래프 화면 출력
```

[실행 결과]

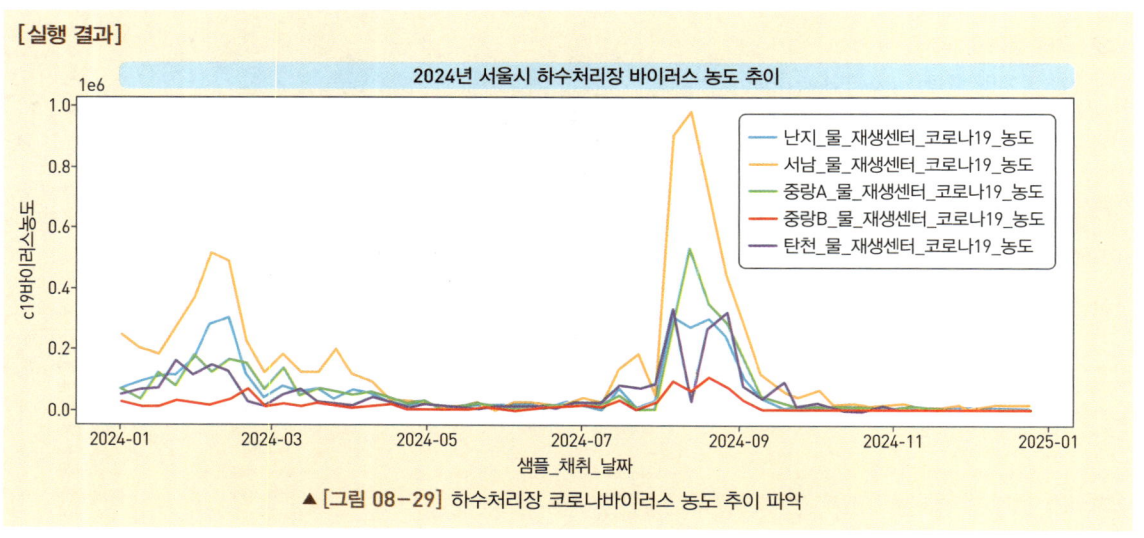

▲ [그림 08-29] 하수처리장 코로나바이러스 농도 추이 파악

✅ 서남 물 재생센터와 난지 물 재생센터 상관계수 구함: corr( )
- df_wr1["서남_물_재생센터_코로나19농도"].corr(df_wr1["난지_물_재생센터_코로나19_농도"])
  - 상관계수를 사용하여 현재 관측된 서남 물 재생센터, 난지 물 재생센터의 관계를 값으로 표현

실습 코드   서남 물 재생센터와 난지 물 재생센터 상관계수 구함: corr( )

```
print(df_wr1["서남_물_재생센터_코로나19농도"].corr(df_wr1["난지_물_재생센터_코로나19_농도"]))
```

[실행 결과]
0.9340378017904426

✅ 서남 물 재생센터와 난지 물 재생센터 선형 회귀선 포함 산점도를 구함
- sns.regplot(x="CO2_ppm", y="CH4_ppm", data=df_ghgs2_nonan): 선형 회귀선 포함 산점도
  - 산점도를 사용하여 현재 관측된 CO2, CH4의 관계를 그림으로 표현

실습 코드   서남 물 재생센터와 난지 물 재생센터 선형 회귀선 포함 산점도를 구함

```
import seaborn as sns

sns.regplot(x="서남_물_재생센터_코로나19농도", y="난지_물_재생센터_코로나19_농도", data=df_wr1)
plt.tight_layout()   # 그래프 잘림 방지
plt.savefig("plots/2024_서울시_하수처리장_서남_난지_선형회귀선추가_산점도.png")
plt.show()   # 그래프 화면 출력
```

[실행 결과]

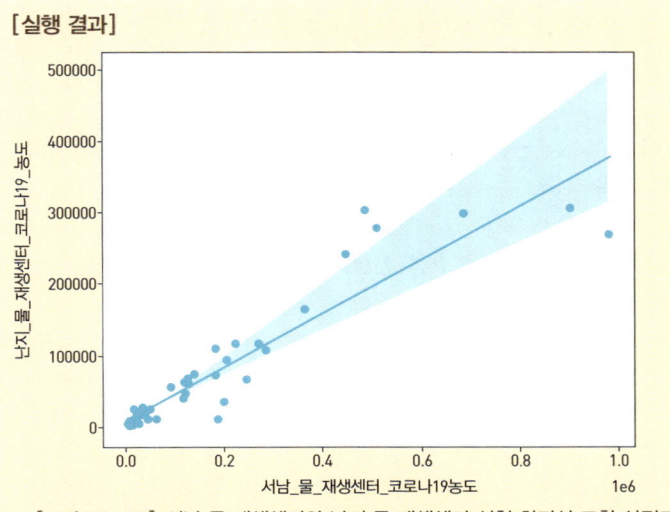

▲ [그림 08-30] 서남 물 재생센터와 난지 물 재생센터 선형 회귀선 포함 산점도

✅ 서남 물 재생센터와 난지 물 재생센터 선형 회귀식 구하기
- sklearn.linear_model 라이브러리의 LinearRegression을 사용해서 서남 물 재생센터, 난지 물 재생센터 선형 회귀식을 구함

실습 코드 서남 물 재생센터와 난지 물 재생센터 선형 회귀식 구하기

```
from sklearn.linear_model import LinearRegression

model = LinearRegression()

X = df_wr1["서남_물_재생센터_코로나19농도"]   # 설명변수(X)
y = df_wr1["난지_물_재생센터_코로나19_농도"]  # 반응변수(y)
model.fit(X.values.reshape(-1, 1), y)   # 선형 회귀 모델 학습

# 기울기(a): model.coef_, 절편(b): model.intercept_
fml = "y = " + str(model.coef_[0]) + "X + " + str(model.intercept_)
fml
```

[실행 결과]
y = 0.3762199022872168X + 7390.703628928764

✅ 서남 물 재생센터와 난지 물 재생센터 산점도에 선형 회귀선 및 선형 회귀식 추가
- 산점도 그래프의 제목으로 선형 회귀식 추가
  - 예 plt.title("선형회귀식: "+ fml)

실습 코드 서남 물 재생센터와 난지 물 재생센터 산점도에 선형 회귀선 및 선형 회귀식 추가

```python
import seaborn as sns

sns.regplot(x="서남_물_재생센터_코로나19농도", y="난지_물_재생센터_코로나19_농도", data=df_wr1)
plt.title("선형회귀식: "+ fml)   # 그래프 제목
plt.tight_layout()  # 그래프 잘림 방지
plt.savefig("plots/2024_서울시_하수처리장_서남_난지_선형회귀선_선형회귀식추가_산점도.png")
plt.show()  # 그래프 화면 출력
```

[실행 결과]

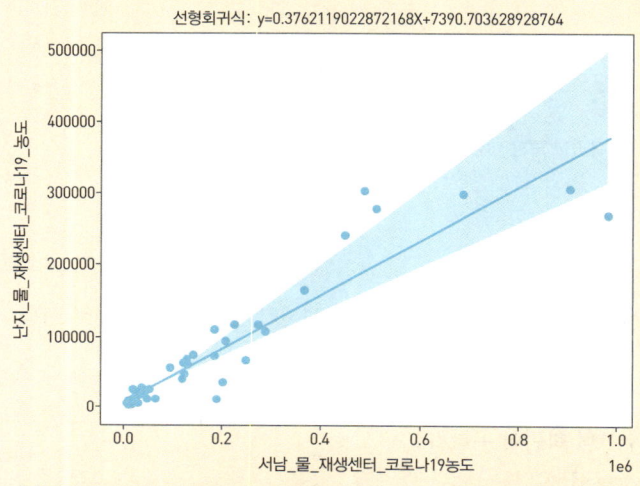

▲ [그림 08-31] 서남, 난지 물 재생센터 선형 회귀선, 선형 회귀식 포함 산점도

✅ **서남 물 재생센터 설명변수(x), 난지 물 재생센터 종속변수(y)에 대한 선형 회귀분석: 최소제곱법 ols( ) 사용**

- statsmodels.formula.api 라이브러리의 ols( )를 사용해서 선형 회귀분석 수행
- model = ols("CH4_ppm ~ CO2_ppm", data=df_ghgs2_nonan): 선형 회귀 모델 생성
- result = model.fit( ): 선형 회귀 모델 학습 결과를 result 변수에 저장
- result.summary( ): 선형 회귀분석 결과를 화면에 상세하게 표시

실습 코드 서남 물 재생센터 설명변수(x), 난지 물 재생센터 종속변수(y)에 대한 선형 회귀분석: 최소제곱법 ols( )

```python
import statsmodels.api as sm
import statsmodels.formula.api as smf
from statsmodels.formula.api import ols

model = ols("CH4_ppm ~ CO2_ppm", data=df_ghgs2_nonan)  # 선형 회귀 모델 생성
result = model.fit()  # 선형 회귀 모델 학습
```

```
result.summary()   # 선형 회귀분석 결과 화면에 표시
```

[실행 결과]

```
                            OLS Regression Results
========================================================================
Dep. Variable:      난지_물_재생센터_코로나19_농도    R-squared:        0.872
Model:                          OLS                Adj. R-squared:   0.870
Method:                 Least Squares              F-statistic:      341.9
Date:                   Tue, 08 Apr 2025           Prob (F-statistic): 5.28e-24
Time:                        04:12:15              Log-Likelihood:   -611.99
No. Observations:               52                 AIC:              1228.
Df Residuals:                   50                 BIC:              1232.
Df Model:                        1
Covariance Type:            nonrobust
========================================================================
                            coef    std err       t      P>|t|   [0.025    0.975]
Intercept                7390.7036  5396.724   1.369   0.177  -3448.936  1.82e+04
서남_물_재생센터_코로나19농도  0.3762    0.020   18.491   0.000    0.335     0.417
========================================================================
Omnibus:           14.903   Durbin-Watson:    1.370
Prob(Omnibus):      0.001   Jarque-Bera (JB): 52.343
Skew:               0.412   Prob(JB):         4.30e-12
Kurtosis:           7.845   Cond. No.         3.24e+05
```

▲ [그림 08-32] 최소제곱법 ols( )를 사용한 서남 설명변수(x), 난지 종속변수(y)에 대한 선형 회귀분석

[결과 해석]

■ 모델 요약

항목	해석
Dep. Variable: CH4_ppm	예측하고자 하는 대상(종속변수) 난지_물_재생센터_코로나19_농도
Model: OLS	일반적인 최소제곱법(Ordinary Least Squares) 사용
R-squared: 0.872	설명력: 서남 농도가 난지 농도의 변동을 87.2% 설명함, 설명력이 굉장히 높음, 예측 모형(회귀 모델)이 적합함
Adj. R-squared: 0.870	설명력 보정 값(변수 수를 고려한 것): 여전히 높음
F-statistic: 341.9	회귀식 전체의 유의성 검정 지표
Prob (F-statistic): 5.28e-24	p-value < 0.001: 회귀 모델이 통계적으로 유의미함

■ 회귀 계수(coef)

변수	계수(coef)	P-Value	해석
Intercept(절편)	7390.7	0.177	서남 농도가 0일 때 난지 농도 추정치로 통계적으로 유의하지 않음
서남 농도	0.3762	0	서남 농도 1단위 증가하면 난지 농도 0.3762단위 증가, 통계적으로 유의함

■ 기타 통계량(잔차 진단, 모델 가정 확인)

항목	설명
Durbin-Watson: 1.370	잔차의 자기상관 확인, 2에 가까우면 독립, 1.346이면 약간의 양(+) 자기상관 가능성 있음
Omnibus / Jarque-Bera (JB): 52.343	잔차가 정규분포를 따르는지 테스트, 잔차가 정규분포를 따르지 않음(왜도: 0.412, 첨도: 7.845 있음)
Cond. No.: 33.24e+05 (324,000)	조건수: 일반적으로 30,000 이상이면 경고 수준 다만 여기선 독립변수가 1인 단순 회귀이므로 신경쓰지 않아도 됨 다만, 다중 회귀분석의 경우 주의 필요

- **최종 판정**: 이 모델은 서남 농도가 난지 농도를 높은 설명력(R²=0.872)으로 예측하고 있으며, 서남 농도가 증가할수록 난지 농도도 유의미하게 증가(p-value ≈ 0). 다만 정규성과 자기상관 문제 존재 가능성 있음. 실무적/예측용으로 매우 유용하나, 잔차 진단 결과는 고려 필요. 이상치(질병의 확산 시점)는 일부러 보정하지 않은 것에 따라 결과에 약간의 주의점이 발생함.

✅ **서남 물 재생센터 설명변수(x), 난지 물 재생센터 종속변수(y)에 대한 선형 회귀분석 값 예측: 최소제곱법 값 예측 OLS( ) 사용**
- 값을 예측하는 선형 회귀분석을 수행할 때는 statsmodels 라이브러리의 OLS( )를 사용
- model = sm.OLS(y, X) : 예측을 위한 선형 회귀 모델 생성
- result = model.fit( ) : 예측을 위한 선형 회귀 모델 학습
- result.summary( ): 선형 회귀분석 결과를 상세히 화면에 표시

실습 코드 ① 서남 물 재생센터 설명변수(x), 난지 물 재생센터 종속변수(y)에 대한 선형 회귀분석 값 예측: 최소제곱법 값 예측 OLS( )

```python
import statsmodels.api as sm

X = df_wr1["서남_물_재생센터_코로나19농도"]
X = sm.add_constant(X)   # 설명변수
y = df_wr1["난지_물_재생센터_코로나19_농도"].values   # 종속변수

model = sm.OLS(y, X)   # 예측을 위한 선형 회귀 모델 생성
result = model.fit()   # 예측을 위한 선형 회귀 모델 학습
result.summary()   # 선형 회귀분석 결과 화면에 표시
```

[실행 결과]
최소제곱법 ols()를 사용한 서남 설명변수(x), 난지 종속변수(y)에 대한 선형 회귀분석과 같음

[결과 해석]
결과가 위의 최소제곱법 ols( )를 사용한 서남 물 재생센터 설명변수(x), 난지 물 재생센터 종속변수(y)에 대한 선형 회귀분석과 같아서 설명 생략함

실습 코드 ② 서남 물 재생센터 설명변수(x)가 1000000일 경우 난지 물 재생센터 값 예측

```python
X_new = np.array([[1, 1000000]])
print(result.predict(X_new))
```

[실행 결과]
[383610.60591615]

[결과 해석]
서남 물 재생센터 코로나바이러스 농도 값이 1000000일 경우 난지 물 재생센터의 값은 83610.60591615로 예측됨

3) 하수처리장들 간의 관계 분석

5개의 하수처리장 바이러스 농도 값의 관계 분석을 통해서 서남 물 재생센터와 가장 연관 있는 하수처리장들을 찾아내는 작업을 수행합니다.

❤️ **수량형 변수들로만 이루어진 작업 데이터프레임 생성: df_wr1_2**
- df_wr1_2 = df_wr1.iloc[:, 2:]: 수량형 변수들로만 이루어진 데이터프레임 df_ghgs2 생성

실습 코드 수량형 변수들로만 이루어진 작업 데이터프레임 생성: df_wr1_2

```
df_wr1_2 = df_wr1.iloc[:, 2:]   # df_wr1 데이터프레임의 하수처리장 변수만 추출
df_wr1_2   # 상관계수 행렬, 산점도 행렬, 다중 회귀분석에 사용
```

[실행 결과]

	난지_물_재생센터_코로나19_농도	서남_물_재생센터_코로나19농도	중랑A_물_재생센터_코로나19_농도	중랑B_물_재생센터_코로나19_농도	탄천_물_재생센터_코로나19_농도
0	68242.156443	246453.100994	65538.290177	23026.440802	52544.326514
1	94253.317315	203899.994405	35834.387441	11411.658468	67652.200515
2	110769.091992	183520.889930	121559.187849	13224.314093	73598.217012
3	115534.390776	270002.902856	83205.808225	26311.986855	160428.649431
4	165271.924213	362591.161757	178842.493629	19731.206578	114535.591759

▲ [그림 08-33] 작업 데이터프레임 df_wr1_2 생성

❤️ **상관계수 행렬 구함**
- df_wr1_2.corr( ): 수량형 변수들로만 이루어진 df_wr1을 사용해서 상관계수 행렬을 구함

실습 코드 df_wr1_2를 사용한 상관계수 행렬 구함

```
df_wr1_2_corr = df_wr1_2.corr()
df_wr1_2_corr
```

[실행 결과]

	난지_물_재생센터_코로나19_농도	서남_물_재생센터_코로나19농도	중랑A_물_재생센터_코로나19_농도	중랑B_물_재생센터_코로나19_농도	탄천_물_재생센터_코로나19_농도
난지_물_재생센터_코로나19_농도	1.000000	0.934038	0.871667	0.814006	0.808329
서남_물_재생센터_코로나19농도	0.934038	1.000000	0.939084	0.826163	0.744452
중랑A_물_재생센터_코로나19_농도	0.871667	0.939084	1.000000	0.856419	0.666318
중랑B_물_재생센터_코로나19_농도	0.814006	0.826163	0.856419	1.000000	0.799749
탄천_물_재생센터_코로나19_농도	0.808329	0.744452	0.666318	0.799749	1.000000

▲ [그림 08-34] df_wr1_2 데이터프레임의 상관계수 행렬

✔ 상관계수 행렬의 히트맵 구함
- 상관계수 행렬 df_wr1_2_corr을 사용한 히트맵 작성
  - sns.heatmap(df_wr1_2_corr, annot=True, cmap="coolwarm")

실습 코드 상관계수 행렬 df_wr1_2_corr을 사용한 히트맵 작성

```
import seaborn as sns

plt.figure(figsize=(6, 6))   # 그래프 크기 설정

sns.heatmap(df_wr1_2_corr, annot=True, cmap="coolwarm")   # 상관계수 히트맵
plt.tight_layout()   # 그래프 영역 잘림 방지
plt.savefig("plots/2024_서울시_하수처리장_c19농도_상관계수히트맵_seaborn.png")
plt.show()   # 시각화 결과 화면에 표시
```

[실행 결과]

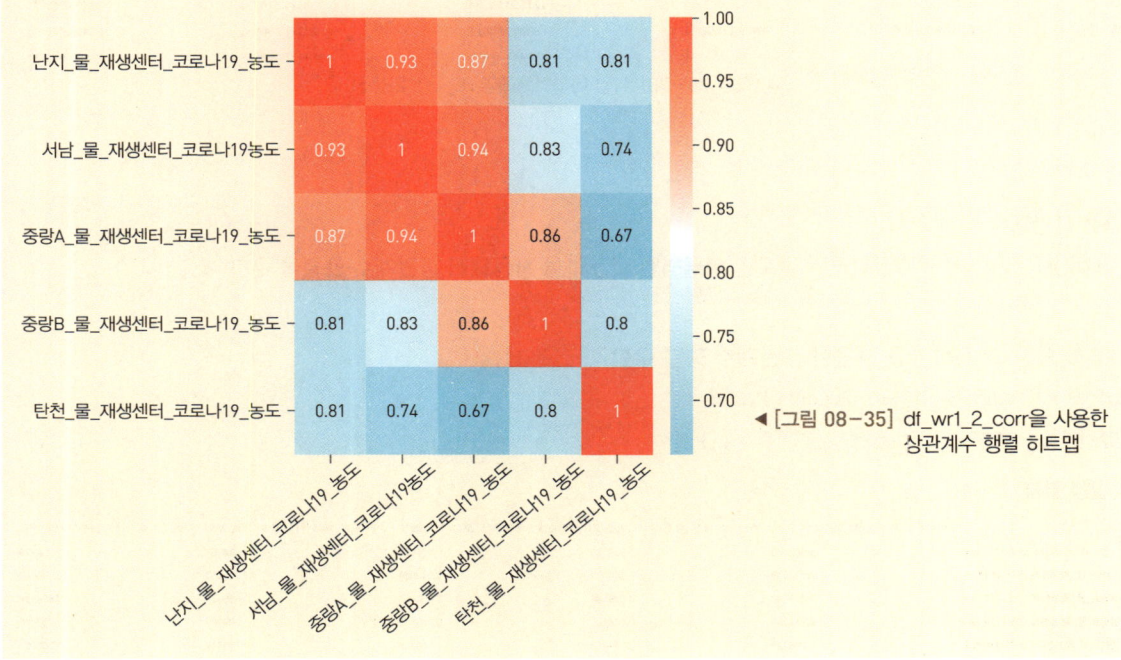

◀ [그림 08-35] df_wr1_2_corr을 사용한 상관계수 행렬 히트맵

✔ 산점도 행렬 구함
- df_wr1_2 데이터프레임을 사용하여 산점도 행렬을 구함
  - sns.pairplot(df_wr1_2, diag_kind="kde", kind="reg"): diag_kind="kde"는 자신과 자신을 비교하는 대각선에 확률밀도 함수를 표시, kind="reg"는 각 산점도에 선형 회귀선을 추가

실습 코드 df_wr1_2를 사용한 산점도 행렬 작성

```
import seaborn as sns

plt.figure(figsize=(6, 6))   # 그래프 크기 설정

sns.pairplot(df_wr1_2, diag_kind="kde", kind="reg")   # 산점도 행렬
plt.tight_layout()   # 그래프 영역 잘림 방지
plt.savefig("plots/2024_서울시_하수처리장_c19농도_산점도행렬_seaborn.png")
plt.show()   # 시각화 결과 화면에 표시
```

[실행 결과]

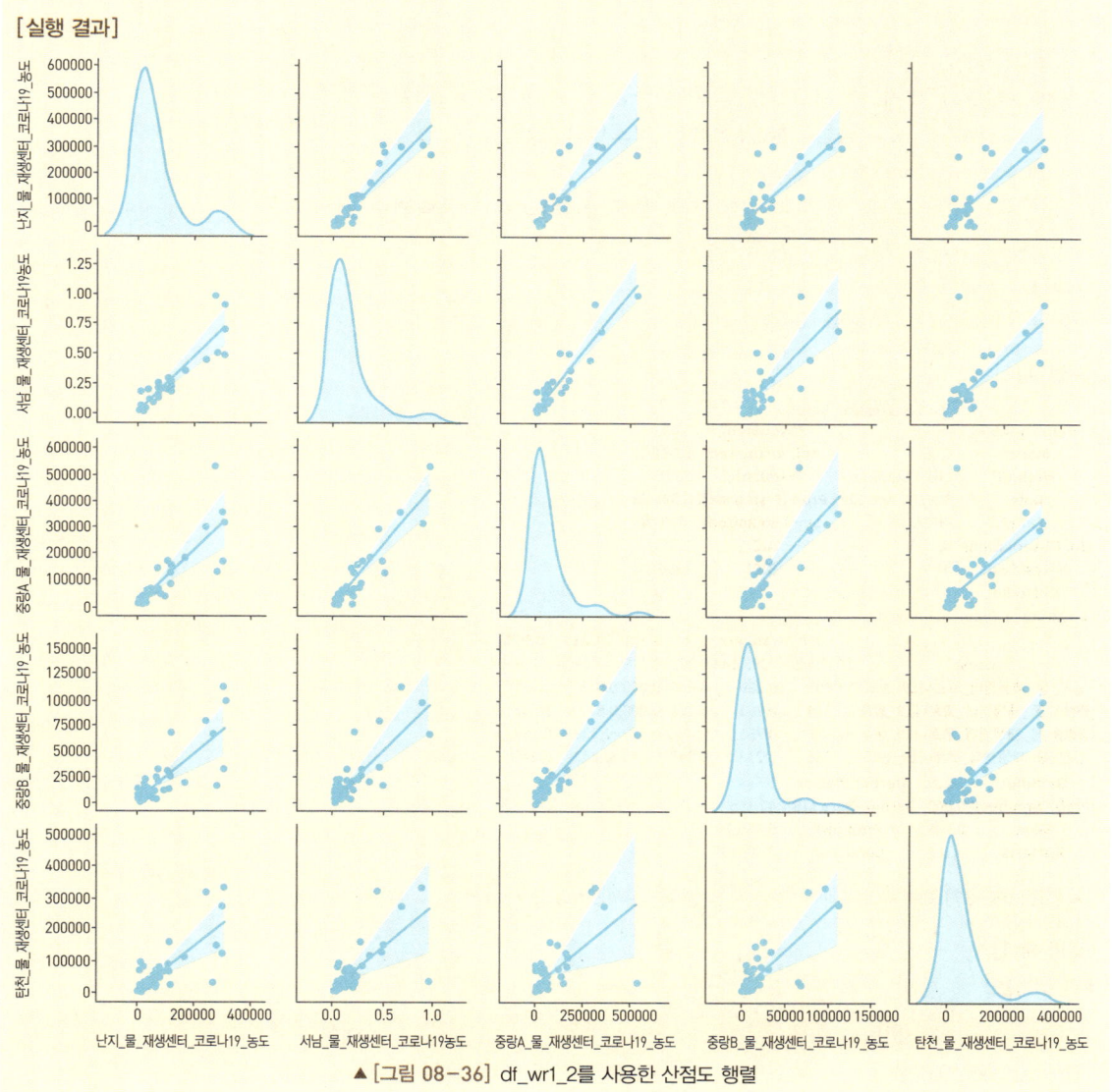

▲ [그림 08-36] df_wr1_2를 사용한 산점도 행렬

✔ 다중 회귀분석: 최소제곱법 sm.OLS(y, X)

- statsmodels.api 라이브러리의 sm.OLS(y, X)를 사용한 다중 회귀분석을 구함
- X = df_ghgs2_nonan[["CH4_ppm", "N2O_ppm","CFC11_ppm","CFC12_ppm", "CFC113_ppm","SF6_ppm"]]
  - 설명변수(X) 6개: "CH4_ppm", "N2O_ppm","CFC11_ppm","CFC12_ppm", "CFC113_ppm","SF6_ppm"
- y = df_ghgs2_nonan["CO2_ppm"].values
  - 종속변수(y) 1개: CO2_ppm

실습 코드 | 하수처리장 바이러스 농도 다중 회귀분석: 최소제곱법

```python
import statsmodels.api as sm

# 설명변수(x)
X = df_wr1_2[["난지_물_재생센터_코로나19_농도", "중랑A_물_재생센터_코로나19_농도",
              "중랑B_물_재생센터_코로나19_농도", "탄천_물_재생센터_코로나19_농도"]]
X = sm.add_constant(X)
y = df_wr1_2["서남_물_재생센터_코로나19농도"].values   # 종속변수(y)
model = sm.OLS(y, X)   # 다중 회귀분석
result = model.fit()   # 모델 학습
result.summary()   # 모델 요약
```

[실행 결과]

```
                            OLS Regression Results
==============================================================================
Dep. Variable:                      y   R-squared:                       0.939
Model:                            OLS   Adj. R-squared:                  0.934
Method:                 Least Squares   F-statistic:                     180.9
Date:                Tue, 08 Apr 2025   Prob (F-statistic):           6.58e-28
Time:                        06:58:38   Log-Likelihood:                -640.09
No. Observations:                  52   AIC:                             1290.
Df Residuals:                      47   BIC:                             1300.
Df Model:                           4
Covariance Type:            nonrobust
===================================================================================
                                      coef    std err    t    P>|t|  [0.025  0.975]
-----------------------------------------------------------------------------------
const                             1898.5895  9903.144  0.192  0.849  -1.8e+04 2.18e+04
난지_물_재생센터_코로나19_농도       1.0891     0.236  4.606  0.000   0.613   1.565
중랑A_물_재생센터_코로나19_농도      1.2314     0.201  6.121  0.000   0.827   1.636
중랑B_물_재생센터_코로나19_농도     -0.8083     0.791 -1.022  0.312  -2.399   0.783
탄천_물_재생센터_코로나19_농도       0.2066     0.218  0.947  0.348  -0.232   0.645
===================================================================================
Omnibus:                       16.295   Durbin-Watson:                   1.584
Prob(Omnibus):                  0.000   Jarque-Bera (JB):               42.195
Skew:                           0.705   Prob(JB):                     6.88e-10
Kurtosis:                       7.182   Cond. No.                     2.30e+05
```

▲ [그림 08-37] 하수처리장 바이러스 농도 다중 회귀분석 sm.OLS(y, X)

[결과 해석]

■ 모델 요약

항목	해석
R-squared: 0.939	이 모델은 y의 변동을 약 93.9% 설명함, 설명력이 매우 뛰어남

항목	해석
Adj. R-squared: 0.934	변수 수를 고려한 설명력도 매우 높음, 모델이 과하게 복잡하지 않음
F-statistic: 180.9 / Prob(F): 6.58e-28	전체 회귀 모델이 통계적으로 매우 유의함, p-value 거의 0에 수렴

■ 회귀 계수 해석

변수	계수(coef)	p-value	유의성	해석
const(절편)	1,898.59	0.849	유의하지 않음	통계학적으로 유의하지 않음, 영향 거의 없음
난지 농도	1.0891	0.000	매우 유의함	난지 농도 1 증가 시 y가 평균 1.09 증가
중랑A 농도	1.2314	0.000	매우 유의함	중랑A 농도 1 증가 시 y가 평균 1.23 증가
중랑B 농도	-0.8083	0.312	유의하지 않음	통계학적으로 유의하지 않음, 영향 거의 없음
탄천 농도	0.2066	0.348	유의하지 않음	통계학적으로 유의하지 않음, 영향 거의 없음

■ 기타 진단 통계

항목	해석
Durbin-Watson: 1.584	매우 낮음: 잔차에 약한 양의 자기상관 있음, 이상적인 값: 2
Omnibus / JB Test p-value < 0.05 0.000 / 6.88e-10	잔차가 정규분포를 따르지 않음, 왜도, 첨도가 있음
Cond. No: 2.30e+05	조건수가 200,000 이상이면 다중공선성 가능성 높음, 따라서 VIF 점검 권장

■ **최종 판정**: 이 회귀 모델은 설명력(R^2)이 93.9% 매우 뛰어남. 모델 전체의 유의성은 F=180.9, p < 0.001로 매우 유의함. 난지, 중랑A는 서남에 유의한 영향을 미치는 변수로 판정됨. 잔차의 정규성과 이상치 의심되며, 다중공선성의 위험도 있어서 VIF 분석이 필요함.

✓ 분산팽창계수(VIF) 구함

- variance_inflation_factor(X.values, i): 다중공선성을 진단하기 위해 각 설명변수의 분산팽창계수(VIF)를 계산, 분산팽창계수(VIF) 값이 10 이상이면 다중공선성 있음

실습 코드 다중공선성을 진단하기 위해 분산팽창계수(VIF)를 계산

```
from statsmodels.stats.outliers_influence import variance_inflation_factor

# 독립변수 설정
X = df_wr1_2[["난지_물_재생센터_코로나19_농도", "중랑A_물_재생센터_코로나19_농도",
              "중랑B_물_재생센터_코로나19_농도", "탄천_물_재생센터_코로나19_농도"]]
X = sm.add_constant(X)

# VIF 계산
```

```
vif_data = pd.DataFrame()
vif_data["feature"] = X.columns
vif_data["VIF"] = [variance_inflation_factor(X.values, i) for i in range(X.shape[1])]

vif_data
```
[실행 결과]

	feature	VIF
0	const	1.600788
1	난지_물_재생센터_코로나19_농도	6.988536
2	중랑A_물_재생센터_코로나19_농도	7.070870
3	중랑B_물_재생센터_코로나19_농도	5.971525
4	탄천_물_재생센터_코로나19_농도	4.341891

▲ [그림 08-38] 분산팽창계수(VIF) 구함

[결과 해석]
VIF 값이 10 이상인 변수 없음

다중공선성 해결 방법: 라쏘 회귀(Lasso Regression), 릿지 회귀(Ridge Regression)
- make_pipeline(StandardScaler( ), Lasso(alpha=0.1)): 정규화 회귀(Regularization)인 라쏘 회귀는 다중공선성을 줄일 수 있음, alpha 값은 라쏘의 정규화 강도
- 릿지 회귀는 라쏘 회귀와 사용법과 결과가 거의 같아서 생략함

실습 코드 라쏘 회귀: 서남 물 재생센터와 가장 관련 높은 하수처리장 찾기

```
from sklearn.linear_model import Lasso
from sklearn.preprocessing import StandardScaler
from sklearn.pipeline import make_pipeline
import pandas as pd
import numpy as np

# 독립변수와 종속변수 설정
X = df_wr1_2[["난지_물_재생센터_코로나19_농도", "중랑A_물_재생센터_코로나19_농도",
              "중랑B_물_재생센터_코로나19_농도", "탄천_물_재생센터_코로나19_농도"]]
y = df_wr1_2["서남_물_재생센터_코로나19농도"].values

# 데이터 스케일링과 라쏘 회귀 모델을 파이프라인으로 설정
lasso_pipeline = make_pipeline(StandardScaler(), Lasso(alpha=0.1))  # alpha 값 라쏘의 정규화 강도
```

```
# 모델 적합
lasso_pipeline.fit(X, y)

# 결과 출력
lasso_coef = lasso_pipeline.named_steps['lasso'].coef_
intercept = lasso_pipeline.named_steps['lasso'].intercept_

print("Intercept:", intercept)
print("Coefficients:", lasso_coef)
```

[실행 결과]

```
Intercept: 152162.7013428976
Coefficients: [ 95307.45455269  127404.26877439  -19547.58743671   15446.24026425]
```

▲ [그림 08-39] 라쏘 회귀 결과

[결과 해석] 가장 큰 값이 가장 관련이 높은 변수(요인)는 중랑A 물 재생센터, 난지 물 재생센터
- Coefficients: [95307.45455269 127404.26877439 -19547.58743671 15446.24026425] 값은 ["난지_물_재생센터_코로나19_농도", "중랑A_물_재생센터_코로나19_농도", "중랑B_물_재생센터_코로나19_농도", "탄천_물_재생센터_코로나19_농도"] 순서
- 결론: 서남 물 재생센터와 가장 관련이 높은 하수처리장은 중랑A 물 재생센터, 난지 물 재생센터

3 서울시 하수처리장 집단 비교 분석: 분산분석(ANOVA)

2024년 서울시 하수처리장 코로나바이러스 농도 데이터 파일의 첫 번째 시트(0번 시트)를 사용해서 하수처리장 집단의 비교분석을 수행합니다.

1) 데이터 파일 로드 및 작업 데이터 설정

✔ 서울시 하수처리장 코로나바이러스 농도 데이터 파일 로드
- 하수처리장 데이터: 2024년 서울시_하수처리장_코로나바이러스농도.xlsx, 0번 시트
- 데이터 로드해서 변수에 저장: df_wr2 변수에 저장
  - df_wr2 = pd.read_excel("data/2024년서울시_하수처리장_코로나바이러스농도.xlsx", sheet_name=0)
- 이 데이터는 질병의 확산(이상치)이 중요점을 갖고 있어서 이상치를 보정하지 않음, 향후 데이터가 더 축적되면 이상치만을 가지고 분석하는 것도 고려해 봄

[실습 코드] 서울시 하수처리장 코로나바이러스 농도 데이터 로드: 2024년서울시_하수처리장_코로나바이러스농도.xlsx, 0번 시트

```
import pandas as pd
```

```
df_wr2 = pd.read_excel("data/2024년서울시_하수처리장_코로나바이러스농도.xlsx", sheet_name=0)
df_wr2   # 로드된 하수처리장 데이터가 저장된 변수
```

[실행 결과]

	채취_날짜	샘플 채취 주차_1	샘플 채취 주차_2	샘플_채취_지점	c19바이러스_농도
0	2024-01-02	1	1주차	서남 물 재생센터	246453.100994
1	2024-01-02	1	1주차	난지 물 재생센터	68242.156443
2	2024-01-02	1	1주차	탄천 물 재생센터	52544.326514
3	2024-01-02	1	1주차	중랑A 물 재생센터	65538.290177
4	2024-01-02	1	1주차	중랑B 물 재생센터	23026.440802
...	...	...	...	...	...
255	2024-12-24	52	52주차	서남 물 재생센터	16517.860699
256	2024-12-24	52	52주차	난지 물 재생센터	11553.439078
257	2024-12-24	52	52주차	탄천 물 재생센터	7784.980645
258	2024-12-24	52	52주차	중랑A 물 재생센터	11819.324813
259	2024-12-24	52	52주차	중랑B 물 재생센터	3135.979072

260 rows × 5 columns

▲ [그림 08-40] 하수처리장 코로나바이러스 농도 데이터 로드 후 변수에 저장

✔ 데이터 탐색 함수를 사용한 데이터 탐색
- 데이터프레임의 구조 파악: df_wr2.info( )
  - 데이터프레임의 각 변수의 타입과 결측치 등을 파악
- 데이터프레임의 변수명 파악: df_wr2.columns
  - 데이터 분석을 위해서 변수명 확인

실습 코드 ① 데이터 탐색 함수를 사용한 데이터 탐색: 데이터프레임의 구조 확인

```
df_wr2.info()   # 데이터프레임의 구조 확인
```

[실행 결과]

```
<class 'pandas.core.frame.DataFrame'>
RangeIndex: 260 entries, 0 to 259
Data columns (total 5 columns):
 #   Column           Non-Null Count  Dtype
---  ------           --------------  -----
 0   채취_날짜           260 non-null    datetime64[ns]
 1   샘플 채취 주차_1     260 non-null    int64
 2   샘플 채취 주차_2     260 non-null    object
 3   샘플_채취_지점       260 non-null    object
 4   c19바이러스_농도     260 non-null    float64
dtypes: datetime64[ns](1), float64(1), int64(1), object(2)
memory usage: 10.3+ KB
```

- 각 변수의 인덱스는 0~259로 데이터 값이 260개라는 의미

- 채취_날짜는 날짜 타입으로 로드되어 변환이 필요 없음
- 샘플_채취_주차1, 2는 1, "1주차"와 같이 특정 연도의 해당 주 값으로 문자열
- 샘플_채취_지점은 5개의 채취 지점의 데이터가 각각 52개씩 있음, 데이터에 결측치 없음
- c19바이러스_농도는 수량형 변수이고, 데이터 값의 수는 모두 260이기 때문에 결측치 없음

▲ [그림 08-41] df_wr2 데이터프레임의 구조 확인

> **실습 코드 ②**   데이터 탐색 함수를 사용한 데이터 탐색: 데이터프레임의 각 변수명 확인

`df_wr2.columns   # 데이터프레임의 각 변수명 확인`

[실행 결과]

```
ndex(['채취_날짜', '샘플 채취 주차_1', '샘플 채취 주차_2', '샘플_채취_지점', 'c19바이러스_농도'], dtype='object')
```

▲ [그림 08-42] df_wr2 데이터프레임의 각 변수명 파악

2) 하수처리장 집단 비교 분석

  두 개 이상의 그룹 간의 평균 차이를 비교하는 데 사용하는 분산분석(ANOVA)을 사용해서 하수처리장별 C19바이러스 농도 집단 비교를 수행합니다. 모델 학습과 요약은 statsmodels.formula.api.ols( )를 사용하며 ANOVA 테이블 생성은 statsmodels.stats.anova_lm( )을 사용합니다.

> ✅ **병렬상자그림으로 집단 비교 시각화**
> - sns.boxplot(y="c19바이러스_농도", x="샘플_채취_지점", data=df_wr2, hue="샘플_채취_지점", ax=ax, width=0.5, palette="colorblind"): 집단별 상자그림으로 집단 비교

> **실습 코드**   서울시 하수처리장 c19바이러스 농도 비교: 상자그림에 산점도 추가

```python
import numpy as np
import seaborn as sns

np.random.seed(202503)  # 난수 시드 값 고정
fig, ax = plt.subplots(figsize=(8, 5))  # 그래프 크기 지정

sns.boxplot(y="c19바이러스_농도", x="샘플_채취_지점", data=df_wr2,
            hue="샘플_채취_지점", ax=ax, width=0.5, palette="colorblind")  # 상자그림 그래프
ax.grid(True, which='both',  axis='both', linestyle='--', alpha=0.7)  # 그리드 추가
sns.stripplot(y="c19바이러스_농도", x="샘플_채취_지점", data=df_wr2,
              ax=ax, jitter=True, marker="o", alpha=0.5, color="black")  # 산점도 추가
plt.title("하수처리장별 c19바이러스농도")  # 그래프 제목
plt.savefig("plots/2024_서울시_하수처리장_c1농도_상자그림_산점도.png")  # 그래프 저장
plt.show()  # 그래프 화면 출력
```

[실행 결과]

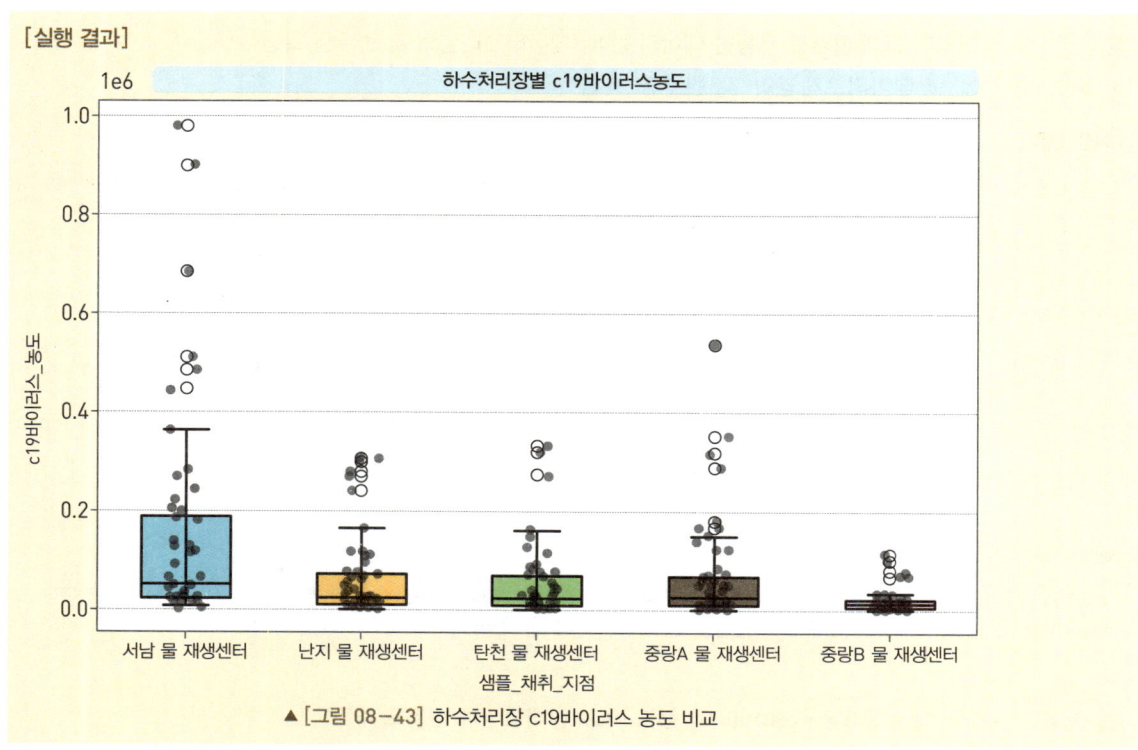

▲ [그림 08-43] 하수처리장 c19바이러스 농도 비교

✓ 하수처리장별 C19바이러스 농도 집단 비교: 분산분석 smf.ols(y~X, df)

- smf.ols("c19바이러스_농도 ~ C(샘플_채취_지점)", data=df_wr2).fit( ): 분산분석 OLS 모델 생성 후 학습
  - statsmodels.formula.api 라이브러리의 smf는 R처럼 수식 방식으로 회귀식을 작성
  - df_wr2 데이터프레임을 사용해서 y는 c19바이러스_농도, x가 샘플_채취_지점
- sm.stats.anova_lm(model, typ=2): 회귀 모형(모델)을 기반으로 ANOVA 분석 수행, 회귀 모형(모델)이 유의미한지, 각 독립변수(또는 그룹)가 종속변수에 영향을 주는지를 분산분석 방식으로 보여줌
  - model은 회귀 모델로 smf.ols("c19바이러스_농도 ~ C(샘플_채취_지점)", data=df_wr2).fit( )로 생성
  - typ=2는 분산 기여 방식을 선택하는 옵션으로 추천되는 옵션 값, 독립적 분산을 수행해서 각 변수를 다른 변수들과 무관하게 독립적으로 평가

실습 코드 ① 하수처리장별 C19바이러스 농도 집단 비교

```
import pandas as pd
import statsmodels.api as sm
import statsmodels.formula.api as smf

# 분산분석 OLS 모델 생성 후 학습: 샘플_채취_지점이 범주형 변수이므로 이를 반영
model = smf.ols("c19바이러스_농도 ~ C(샘플_채취_지점)", data=df_wr2).fit()

# ANOVA 테이블 생성: 결과를 표 형태로 표현
```

```
anova_table = sm.stats.anova_lm(model, typ=2)

# 결과 출력
model.summary()   # 모델 요약
```

[실행 결과]

```
                            OLS Regression Results
========================================================================
Dep. Variable:         c19바이러스_농도   R-squared:              0.121
Model:                           OLS   Adj. R-squared:         0.107
Method:                Least Squares   F-statistic:            8.769
Date:              Tue, 08 Apr 2025   Prob (F-statistic):   1.20e-06
Time:                       08:38:23   Log-Likelihood:        -3409.2
No. Observations:                260   AIC:                    6828.
Df Residuals:                    255   BIC:                    6846.
Df Model:                          4
Covariance Type:           nonrobust
========================================================================
                                         coef    std err     t    P>|t|   [0.025   0.975]
Intercept                             6.464e+04  1.68e+04  3.854  0.000  3.16e+04  9.77e+04
C(샘플_채취_지점)[T.서남 물 재생센터]      8.753e+04  2.37e+04  3.690  0.000  4.08e+04  1.34e+05
C(샘플_채취_지점)[T.중랑A 물 재생센터]    2934.3734   2.37e+04  0.124  0.902 -4.38e+04  4.96e+04
C(샘플_채취_지점)[T.중랑B 물 재생센터]    -4.721e+04  2.37e+04 -1.990  0.048 -9.39e+04  -493.576
C(샘플_채취_지점)[T.탄천 물 재생센터]     -1.26e+04   2.37e+04 -0.531  0.596 -5.93e+04  3.41e+04
========================================================================
Omnibus:              214.714   Durbin-Watson:        1.055
Prob(Omnibus):          0.000   Jarque-Bera (JB):  3214.171
Skew:                   3.301   Prob(JB):              0.00
Kurtosis:              18.910   Cond. No.              5.83
```

▲ [그림 08-44] 하수처리장별 C19바이러스 농도 집단 비교

[결과 해석]

■ 모델 요약

항목	해석
R-squared: 0.121	이 모델은 y의 변동을 약 12.1% 설명함, 설명력이 낮음
Adj. R-squared: 0.107	변수 수를 고려한 설명력도 낮음
F-statistic: 8.769 / Prob(F): 1.20e-06	전체 모델은 통계적으로 유의함 p-value < 0.001

■ 회귀 계수 해석: 서남 물은 난지보다 유의하게 높음, 중랑B는 난지보다 유의하게 낮음

변수	계수(coef)	p-value	유의성	해석
const(절편)	64,640	0.000	매우 유의함	난지 평균농도 추정 값
서남 농도	+87,530	0.000	매우 유의함	난지 대비 평균 87,530 더 높음
중랑A 농도	+2,934	0.902	유의하지 않음	난지와 차이 거의 없음(유의하지 않음)
중랑B 농도	−47,210	0.048	유의함	난지보다 평균 47,210 낮음(유의함)
탄천 농도	−12,600	0.596	유의하지 않음	난지보다 평균 12,600 낮으나 통계학적으로 유의하지 않음

■ 잔차 진단(모형 가정 확인): 잔차가 정규적이지 않고, 이상치가 많은 분포

항목	해석
Durbin-Watson: 1.055	잔차에 양의 자기상관 존재 가능성 있음

항목	해석
Omnibus / JB Test p-value < 0.05 0.000 / 3214.171	잔차가 정규분포를 따르지 않음
Cond. No: 5.83	조건수가 30 미만으로 다중공선성 가능성 없음

- **최종 판정**: 이 모델은 전체적으로 통계적으로 유의함. 설명력(R^2)이 12.1% 로 매우 낮아서 실무적 설명력이 약함. 난지와 비교해서 서남은 높음으로 유의, 중랑B는 낮음으로 유의함. 중랑A, 탄천은 유의하지 않음.

실습 코드 ② ANOVA 테이블 출력

anova_table

[실행 결과]

	sum_sq	df	F	PR(>F)
C(샘플_채취_지점)	5.131723e+11	4.0	8.769095	0.000001
Residual	3.730685e+12	255.0	NaN	NaN

▲ [그림 08-45] 하수처리장별 C19바이러스 농도 집단 비교 ANOVA 테이블

[결과 해석]

F = 8.77, p-value = 0.000001 샘플 채취 지점에 따라 C19바이러스 농도 평균에 통계적으로 유의미한 차이가 있다

- [C(샘플_채취_지점)   5.131723e+11   4.0   8.769095   0.000001]에 대한 설명
  - C(샘플_채취_지점): 독립변수(그룹 효과), 5개의 채취 지점이 바이러스 농도에 주는 영향
  - sum_sq(제곱합): 그룹 간 제곱합(SSR), 5.13×10^{11} 값은 전체 변동 중 이만큼을 샘플 지점이 설명
  - df(자유도): 그룹 수-1, 4개의 그룹 차이 평가
  - F: F-통계량, 8.77 값은 그룹 간 변동이 오차보다 훨씬 크다는 의미
  - PR(>F): p-value, 0.000001 값은 통계적으로 매우 유의미한 차이 존재함을 의미
- [Residual   3.730685e+12   255.0   NaN   NaN]에 대한 설명
  - Residual: 그룹 내 오차, 설명되지 않은 데이터의 변동(잔차)
  - sum_sq: 잔차 제곱합(SSE), 3.73×10^{12} 값은 대부분의 변동이 여전히 오차로 남아 있음을 의미
  - df: 총 df-그룹 수, 260-5=255
  - F, PR(>F): 없음, 오차는 F 값 계산 대상이 아님

정리 CHAPTER 08

- ☑ 통계적 데이터 분석은 현 상황을 이해하거나 미래를 예측하기 위해 통계 기법을 사용한다.

- ☑ 통계적 데이터 분석의 목적은 현 상황을 파악, 다음 값의 예측, 원인과 결과를 탐색하는 인과관계 파악 등이다.

- ☑ 통계 분석 단계는 '문제 정의 → 데이터 수집 → 데이터 전처리 → 탐색적 데이터 분석(EDA) → 통계 분석 기법 적용'이다.

- ☑ 회귀분석은 값 예측과 인과관계 파악에 사용하며, 시계열 데이터 예측에는 ARIMA, 주기성을 갖는 시계열 데이터 예측에는 SARIMA를 사용한다.

- ☑ 분산분석(ANOVA)은 집단을 비교할 때 사용하며, 주로 집단의 평균 값을 갖고 이들 집단 기준 집단보다 높거나 낮음을 판정한다.

CHAPTER 08 연습문제

💡 1999~2023년 온실가스 데이터 중 2014~2023년 데이터만 추출해서 다음의 온실가스 데이터 분석을 수행하시오. 데이터 파일은 "1999-2023_ghgs.csv"를 사용하시오.

01 "1999-2023_ghgs.csv" 데이터 파일을 로드해서 2014~2023년 데이터만 추출한 후 df_ghgs_2014_2023 데이터프레임에 저장하는 코드를 생성하시오.

```
# 작업 데이터 생성: df_ghgs_2014_2023
```

02 df_ghgs_2014_2023 데이터프레임을 갖고 온실가스들 추이를 파악하는 시계열 그래프를 작성하시오. (단, df_ghgs_2014_2023.plot.line( )을 사용해서 처리한다.)

```
# 온실가스들 추이를 파악하는 시계열 그래프를 작성
```

03 df_ghgs_2014_2023 데이터프레임을 갖고 온실가스들 간의 관계 파악을 위한 상관계수 행렬, 상관계수 행렬 히트맵, 산점도 행렬, 다중 회귀분석을 수행하시오.

```
# 온실가스들 간의 관계 파악을 위한 상관계수 행렬, 상관계수 행렬 히트맵, 산점도
  행렬, 다중 회귀분석을 수행
```

정답 374쪽

CHAPTER 09
데이터 분석 프로젝트

이번 CHAPTER는 앞에서 학습한 것을 종합적으로 적용하는 방법을 배우는 데이터 분석 프로젝트로, 이를 통해 데이터 분석을 실무에 적용하는 방법을 학습합니다.

여기서 할 일

❶ 상권 데이터 분석으로 공간 데이터를 다루는 방법을 알아보자.
❷ 보안 데이터 분석으로 보안 데이터를 다루는 방법을 알아보자.
❸ 삼일운동 데이터로 군집분석을 하는 방법을 알아보자.

이 CHAPTER의 핵심

❶ 상권 데이터 분석
　· 상권 데이터 파악을 통한 행정구역, 업종 특징 파악
　· 행정구역 내에 특정 분류 상권 데이터의 시각화를 통한 지역의 상권 파악

❷ 보안 데이터 분석
　· 인터넷 방화벽 보안 데이터를 사용한 정상적 접근과 비정상적 접근 파악
　· 보안 로그 데이터 처리와 사용자 접근 추이 파악

❸ 삼일운동 데이터 군집분석
　· 삼일운동 데이터로 삼일운동 빈도 및 발생지 파악
　· 삼일운동 데이터의 군집분석으로 데이터의 특징과 그에 따른 군집 파악

01 상권 데이터 분석

상권 데이터는 공공데이터포털(data.go.kr)에서 분기별로(1년에 4번) 배포하는 소상공인시장진흥공단 상가(상권) 정보 데이터를 사용했습니다. 이 데이터는 특정 업종의 상가(점포)가 위치한 행정구역과 지도상에 표시할 수 있는 위도, 경도 데이터를 갖고 있습니다. 상권 데이터를 지역별, 업종별로 분류해서 파악하는 것으로 지역의 상권 특징도 알 수 있습니다. 또한 지도에 상권 데이터 정보를 표시해서 상권이 발달한 곳을 확인함으로써 상권의 발달 정도도 파악할 수 있습니다. 상권이 발달한 곳을 파악하는 것은 유동인구의 흐름이나 공공 주차장 건설 여부 등의 여러 문제를 해결하는 데 필요합니다.

이 책에서 분석하는 상권 데이터는 책을 집필하는 시점의 최신 데이터인 2024년 4사분기 데이터 중 서울시 데이터를 사용했으며, 지도의 상권 표시는 리소스 문제를 고려해서 특정 구나 동을 사용했습니다.

상권 데이터는 'https://www.data.go.kr/data/15083033/fileData.do'에서 직접 다운로드하여 압축을 해제한 후 해당하는 지역의 데이터를 선택해서 사용하기 바랍니다. 데이터를 다운로드하는 시점에 따라 데이터가 업데이트되어 책의 내용과 결과가 다를 수 있습니다.

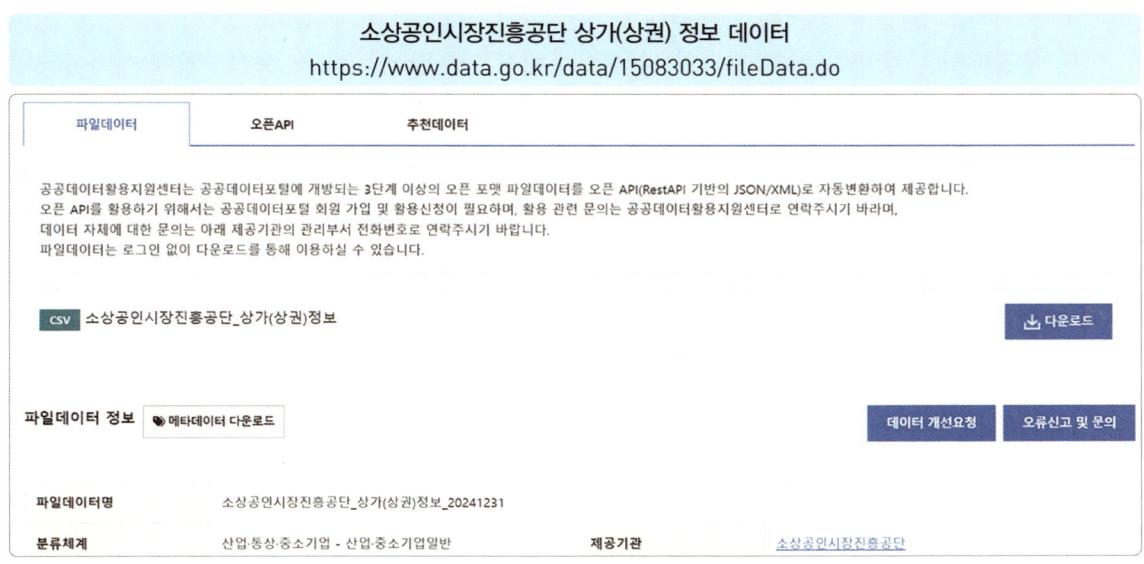

▲ [그림 09-01] 소상공인시장진흥공단 상가(상권) 정보 데이터 소스 위치

▲ [그림 09-02] 상권 데이터 압축 해제 후 폴더 내용

1 목표 설정

첫 번째 목표에서는 상권 데이터 파악을 통한 행정구역, 업종별 상권 특징 파악을 수행하며, 두 번째 목표에서는 상권 데이터 시각화 분석을 통해서 지도상에서 특정 행정구역에 상가 표시, 상권 클러스터링, 단계구획도를 표시해서 이를 파악하는 작업을 수행합니다.

> ✔ **목표**
>
> 1. 상권 데이터 파악
>   ① 데이터 로드: 소상공인시장진흥공단_상가(상권)정보_서울_202412.csv
>   ② 데이터프레임 탐색 함수를 사용한 데이터 탐색
>   ③ 작업 대상 데이터 선택: 현 상권 데이터 파악에 사용
>   ④ 전처리/시각화: 그래프를 사용한 행정구역별, 업종별 특징 파악
>
> 2. 상권 데이터 지도 표시
>   ① 데이터 로드: 소상공인시장진흥공단_상가(상권)정보_서울_202412.csv
>   ② 데이터프레임 탐색 함수를 사용한 데이터 탐색
>   ③ 행정구역 구획 표시
>   ④ 전처리/시각화: 특정 행정구역에 상가 표시, 상권 클러스터링, 단계구획도

2 상권 데이터 파악

상권 데이터 파악을 통한 행정구역별 특징과 업종별 특징을 파악합니다.

1) 상권 데이터 로드

❶ 공공데이터포털에서 상가(상권) 정보 데이터를 다운로드하여 로드

- 상권 정보 데이터, https://www.data.go.kr/data/15083033/fileData.do
- 해당 상권 파일을 구글 드라이브의 [pda_app]-[data] 폴더로 업로드

```python
# 9-1-01
# 서울시 전체 상권 데이터 로드
import pandas as pd

df_cd = pd.read_csv("data/소상공인시장진흥공단_상가(상권)정보_서울_202412.csv")
df_cd   # 상권 데이터 저장 데이터프레임
```

[실행 결과]

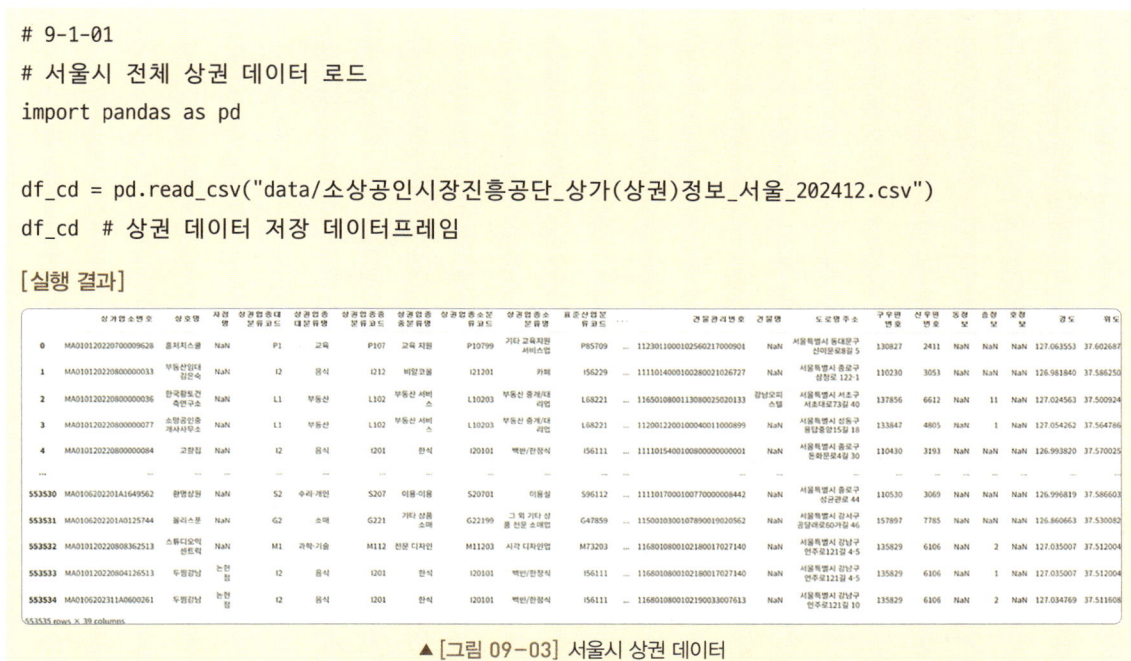

▲ [그림 09-03] 서울시 상권 데이터

만일 경고 메시지가 발생하면 pd.read_csv("data/소상공인시장진흥공단_상가(상권)정보_서울_202412.csv", low_memory=False)과 같이 작성해서 읽을 수 있습니다. low_memory=False는 pandas가 파일을 한 번에 모두 읽어 변수의 전체 데이터를 기반으로 변수의 데이터 타입을 추론하는 방식을 사용합니다. low_memory=True는 기본값으로 파일을 여러 번 나눠 읽어 변수의 데이터 타입을 추론하고 이후 이들을 병합합니다. 기본값인 low_memory=True는 읽는 속도가 빠르나 타입 추론 정확도가 떨어진다는 경고 메시지가 나올 수 있습니다.

2) 데이터프레임 탐색 함수를 사용한 데이터 탐색

❶ 상권 데이터 차원 확인: 데이터 건수가 553,535개, 변수의 개수는 39개

```
# 9-1-02
# 상권 데이터의 차원 파악(데이터 건수, 변수 개수)
df_cd.shape    # 데이터프레임의 차원
```

[실행 결과]

(553535, 39)

❷ 데이터 분석에 필요한 변수명을 확인

```
# 9-1-03
# 상권 데이터의 변수명 파악
df_cd.columns
```

[실행 결과]

```
Index(['상가업소번호', '상호명', '지점명', '상권업종대분류코드', '상권업종대분류명', '상권업종중분류코드',
       '상권업종중분류명', '상권업종소분류코드', '상권업종소분류명', '표준산업분류코드', '표준산업분류명', '시도코드',
       '시도명', '시군구코드', '시군구명', '행정동코드', '행정동명', '법정동코드', '법정동명', '지번코드',
       '대지구분코드', '대지구분명', '지번본번지', '지번부번지', '지번주소', '도로명코드', '도로명', '건물본번지',
       '건물부번지', '건물관리번호', '건물명', '도로명주소', '구우편번호', '신우편번호', '동정보', '층정보',
       '호정보', '경도', '위도'],
      dtype='object')
```

▲ [그림 09-04] 서울시 상권 데이터 변수

3) 작업 대상 데이터 선택: 현 상권 데이터 파악에 사용

❶ df_cd 데이터프레임에서 필요한 변수명을 추출해서 df_cd2 데이터프레임에 저장

```
# 9-1-04
# 데이터에서 분석에 필요한 데이터프레임 생성: df_cd2
df_cd2 = df_cd[['시군구명', '행정동명', '상호명', '상권업종대분류명',
                '상권업종중분류명', '상권업종소분류명', '표준산업분류명', '경도', '위도']]
df_cd2
```

[실행 결과]

	시군구명	행정동명	상호명	상권업종대분류명	상권업종중분류명	상권업종소분류명	표준산업분류명	경도	위도
0	동대문구	이문2동	홈쳐치스쿨	교육	교육 지원	기타 교육지원 서비스업	기타 교육지원 서비스업	127.063553	37.602687
1	종로구	삼청동	부동산임대김은숙	음식	비알코올	카페	기타 비알코올 음료점업	126.981840	37.586250
2	서초구	서초4동	한국황토건축연구소	부동산	부동산 서비스	부동산 중개/대리업	부동산 중개 및 대리업	127.024563	37.500924
3	성동구	용답동	소망공인중개사사무소	부동산	부동산 서비스	부동산 중개/대리업	부동산 중개 및 대리업	127.054262	37.564786
4	종로구	종로1.2.3.4가동	고향집	음식	한식	백반/한정식	한식 일반 음식점업	126.993820	37.570025
...	...	...	...	...	...	...	...	...	...
553530	종로구	혜화동	환명상원	수리·개인	이용·미용	미용실	두발 미용업	126.996819	37.586603
553531	강서구	화곡4동	올리스푼	소매	기타 상품 소매	그 외 기타 상품 전문 소매업	그 외 기타 분류 안된 상품 전문 소매업	126.860663	37.530082
553532	강남구	논현2동	스튜디오익센트릭	과학·기술	전문 디자인	시각 디자인업	시각 디자인업	127.035007	37.512004
553533	강남구	논현2동	두찜강남	음식	한식	백반/한정식	한식 일반 음식점업	127.035007	37.512004
553534	강남구	논현2동	두찜강남	음식	한식	백반/한정식	한식 일반 음식점업	127.034769	37.511608

53535 rows × 9 columns

▲ [그림 09-05] df_cd2 데이터프레임 생성

❷ 데이터 분석에 필요한 변수만을 추출해서 재구성한 df_cd2 데이터프레임을 파일로 저장

```
# 9-1-05
# 특정 변수를 추출해서 재구성한 df_cd2를 파일로 저장
df_cd2.to_csv("data/소상공인시장진흥공단_상가상권정보_서울_변수추출.csv", index=False)
```

[실행 결과]
[data] 폴더에서 "소상공인시장진흥공단_상가상권정보_서울_변수추출.csv" 파일 확인

❸ df_cd2 데이터프레임에서 특정 지역 데이터만 추출하여 파일로 저장

```
# 9-1-06
# df_cd2에서 특정 지역 데이터만 추출해서 파일로 저장
df_cd2_gu = df_cd2[df_cd2['시군구명'].isin(["강남구"])]

df_cd2_gu.to_csv("data/소상공인시장진흥공단_상가상권정보_서울_강남구.csv", index=False)
```

[실행 결과]
[data] 폴더에서 "소상공인시장진흥공단_상가상권정보_서울_강남구.csv" 파일 확인

4) 전처리/시각화를 통한 행정구역별, 업종별 특징 파악

A 상권업종 대/중/소분류별 특징 파악

❶ 상권업종 대분류별 점포 수 빈도표: value_counts( ), 상권업종 대분류 내림차순 정렬로 표시

• 내림차순 정렬: 가장 빈도가 큰 값을 위에 표시

상권업종 대분류별 점포 수는 가장 많은 음식점부터 소매, 과학·기술 순임을 알 수 있습니다.

```
# 9-1-07
# 상권업종 대분류별 점포 수 빈도표
df_cd2["상권업종대분류명"].value_counts()   # 빈도표 구함
```

[실행 결과]

◀ [그림 09-06] 상권업종 대분류별 점포 수 빈도표

❷ 상권업종대분류별 점포 수 시각화: 가장 점포 수 많은 상권업종 대분류 위에 표시

- 상권업종 대분류 가로 빈도막대 그래프를 빈도별 내림차순 정렬: sns.countplot(y=df_cd2["상권업종대분류명"], order=df_cd2["상권업종대분류명"].value_counts( ).index)
  - 내림차순 정렬: order=df_cd2["상권업종대분류명"].value_counts( ).index
  - Top10만 표시할 경우: head(10) 사용
    예 order=df_cd2["상권업종대분류명"].value_counts( ).head(10).index

```
# 9-1-08
# 상권업종 대분류별 점포 수 시각화
import seaborn as sns

plt.figure(figsize=(10, 5))   # 그래프 크기
sns.countplot(y=df_cd2["상권업종대분류명"],   # 상권업종 대분류 가로 빈도막대 그래프
              order=df_cd2["상권업종대분류명"].value_counts().index)   # 빈도별 내림차순 정렬
plt.title("상권업종대분류별 점포수")   # 그래프 제목
plt.savefig("plots/서울시_상권업종대분류별_점포수_가로막대.png")   # 그래프 저장
plt.show()   # 그래프 화면에 표시
plt.close()   # 그래프 닫기, 리소스 해제로 생략 가능
```

[실행 결과]

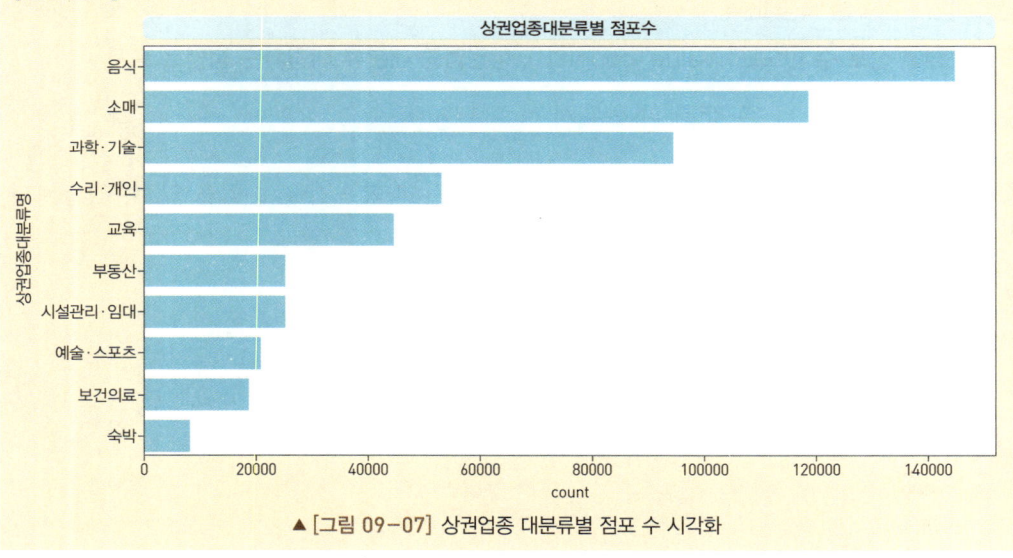

▲ [그림 09-07] 상권업종 대분류별 점포 수 시각화

❸ 상권업종 중분류별 점포 수 빈도표: 상권업종 중분류 내림차순 정렬로 표시

상권업종 중분류별 점포 수는 가장 많은 한식부터 이용·미용, 기타 간이 순임을 알 수 있습니다.

9-1-09

```
# 상권업종 중분류별 점포 수 빈도표
df_cd2["상권업종중분류명"].value_counts()   # 빈도표 구함
```

[실행 결과]

◀ [그림 09-08] 상권업종 중분류별 점포 수 빈도표

❹ 상권업종 중분류별 점포 수 시각화: 가장 점포 수 많은 상권업종 중분류 20개만 시각화

```
# 9-1-10
# 상권업종 중분류별 Top20 점포 수 시각화: value_counts().head(20).index
import seaborn as sns

plt.figure(figsize=(10, 5))  # 그래프 크기
sns.countplot(y=df_cd2["상권업종중분류명"],  # 상권업종 중분류 가로 빈도막대 그래프
              order=df_cd2["상권업종중분류명"].value_counts().head(20).index)  # Top20
plt.title("상권업종중분류별 점포수 Top20")  # 그래프 제목
plt.savefig("plots/서울시_상권업종중분류별_점포수top20_가로막대.png")  # 그래프 저장
plt.show()  # 그래프 화면에 표시
```

[실행 결과]

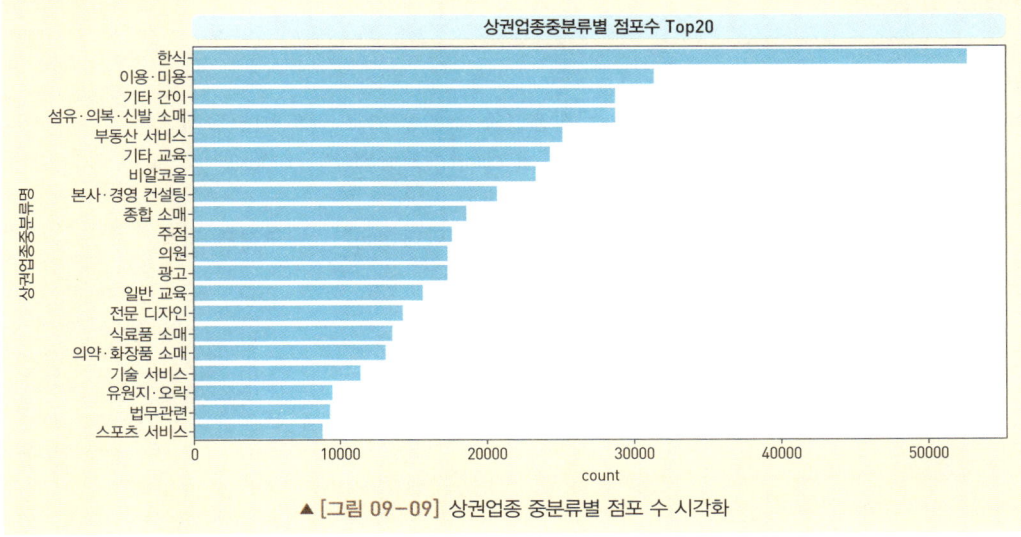

▲ [그림 09-09] 상권업종 중분류별 점포 수 시각화

❺ **상권업종 소분류별 점포 수 빈도표: 상권업종 소분류 내림차순 정렬로 표시**

상권업종 소분류별 점포 수는 가장 많은 백반/한정식부터 부동산 중개/대리업, 카페 순임을 알 수 있습니다.

```
# 9-1-11
# 상권업종 소분류별 점포 수 빈도표
df_cd2["상권업종소분류명"].value_counts()   # 빈도표 구함
```

[실행 결과]

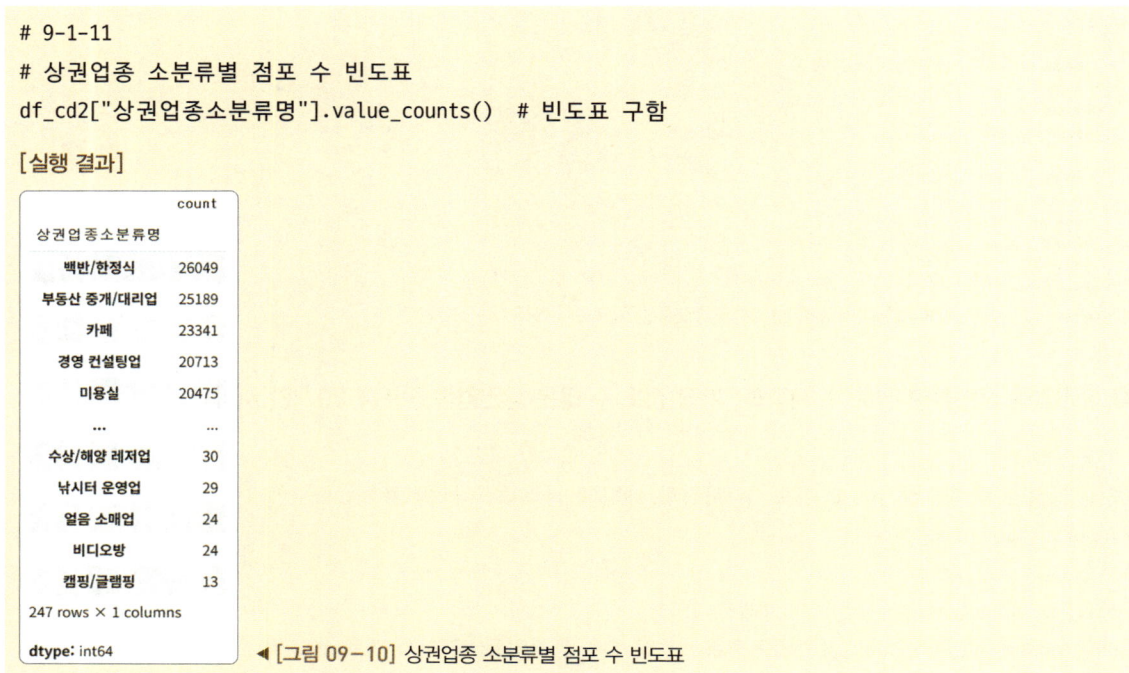

◀ [그림 09-10] 상권업종 소분류별 점포 수 빈도표

❻ **상권업종 소분류별 점포 수 시각화: 가장 점포 수 많은 상권업종 소분류 20개만 시각화**

```
# 9-1-12
# 상권업종 소분류별 Top20 점포 수 시각화: value_counts().head(20).index
import seaborn as sns

plt.figure(figsize=(10, 5))   # 그래프 크기
sns.countplot(y=df_cd2["상권업종소분류명"],   # 상권업종 소분류 가로 빈도막대 그래프
            order=df_cd2["상권업종소분류명"].value_counts().head(20).index)   # Top20
plt.title("상권업종소분류별 점포수 Top20")   # 그래프 제목
plt.savefig("plots/서울시_상권업종소분류별_점포수top20_가로막대.png")   # 그래프 저장
plt.show()   # 그래프 화면에 표시
```

[실행 결과]

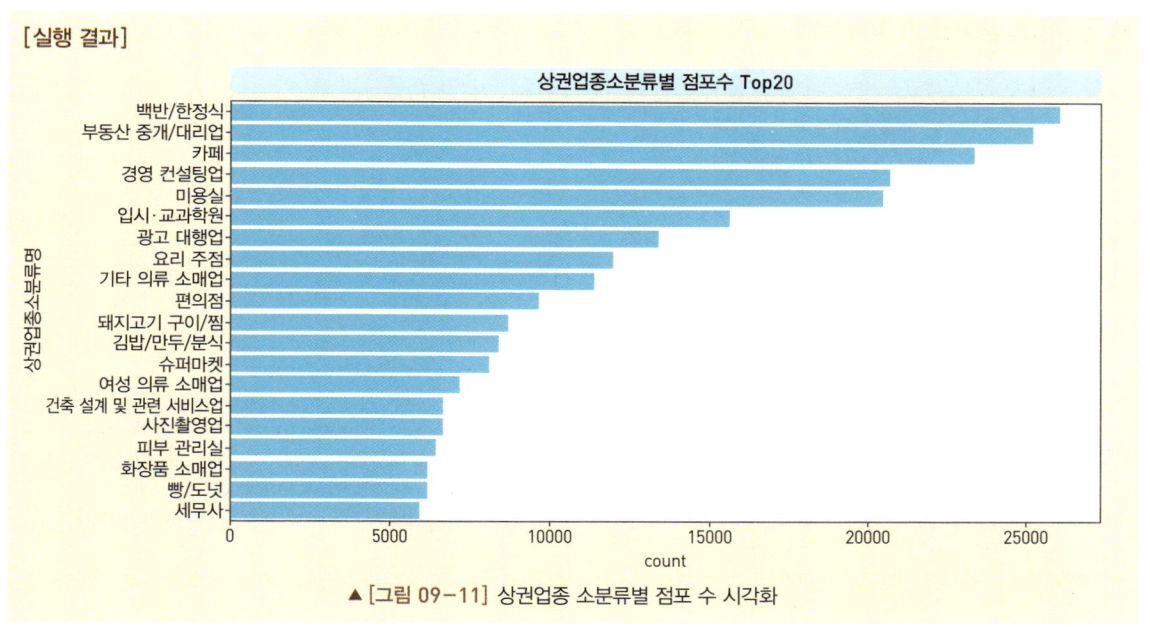

▲ [그림 09-11] 상권업종 소분류별 점포 수 시각화

B 상권업종 대/중/소분류 중 특정 분류 점포 수 파악

❶ 상권업종 중분류 중 "한식" 데이터 추출: 52733 rows × 9 columns

```
# 9-1-13
# 상권업종 중분류 중 "한식" 데이터 추출
df_cd2[df_cd2["상권업종중분류명"] == "한식"]
```

[실행 결과]

	시군구명	행정동명	상호명	상권업종대분류명	상권업종중분류명	상권업종소분류명	표준산업분류명	경도	위도
4	종로구	종로1.2.3.4가동	고향집	음식	한식	백반/한정식	한식 일반 음식점업	126.993820	37.570025
26	서초구	방배4동	양모리양대창	음식	한식	곱창 전골/구이	한식 일반 음식점업	126.993057	37.489178
27	종로구	종로1.2.3.4가동	우미관	음식	한식	백반/한정식	한식 일반 음식점업	126.986711	37.569826
30	종로구	종로1.2.3.4가동	최가네곱창	음식	한식	곱창 전골/구이	한식 일반 음식점업	126.993853	37.570133
35	종로구	종로1.2.3.4가동	마산아구원조	음식	한식	백반/한정식	한식 일반 음식점업	126.988544	37.572817
...	...	...	...	...	...	...	...	...	...
553501	영등포구	신길5동	쿠시쿠시노량진점	음식	한식	백반/한정식	한식 일반 음식점업	126.908291	37.503684
553505	종로구	가회동	이일	음식	한식	백반/한정식	한식 일반 음식점업	126.986630	37.579241
553523	중구	명동	하이디라오명동지점	음식	한식	백반/한정식	한식 일반 음식점업	126.983735	37.565347
553533	강남구	논현2동	두찜강남	음식	한식	백반/한정식	한식 일반 음식점업	127.035007	37.512004
553534	강남구	논현2동	두찜강남	음식	한식	백반/한정식	한식 일반 음식점업	127.034769	37.511608

2733 rows × 9 columns

▲ [그림 09-12] 상권업종 중분류 중 "한식" 데이터 추출

❷ 상권업종 중분류 중 "비알코올" 데이터 추출: 23341 rows × 9 columns

상권업종 중분류명 중 "비알코올"은 입력 데이터에 "비알코올 "과 같이 공백이 들어가 있음을 주의합니다.

```
# 9-1-14
# 상권업종 중분류 중 "비알코올" 데이터 추출
df_cd2[df_cd2["상권업종중분류명"] == "비알코올 "]
```

[실행 결과]

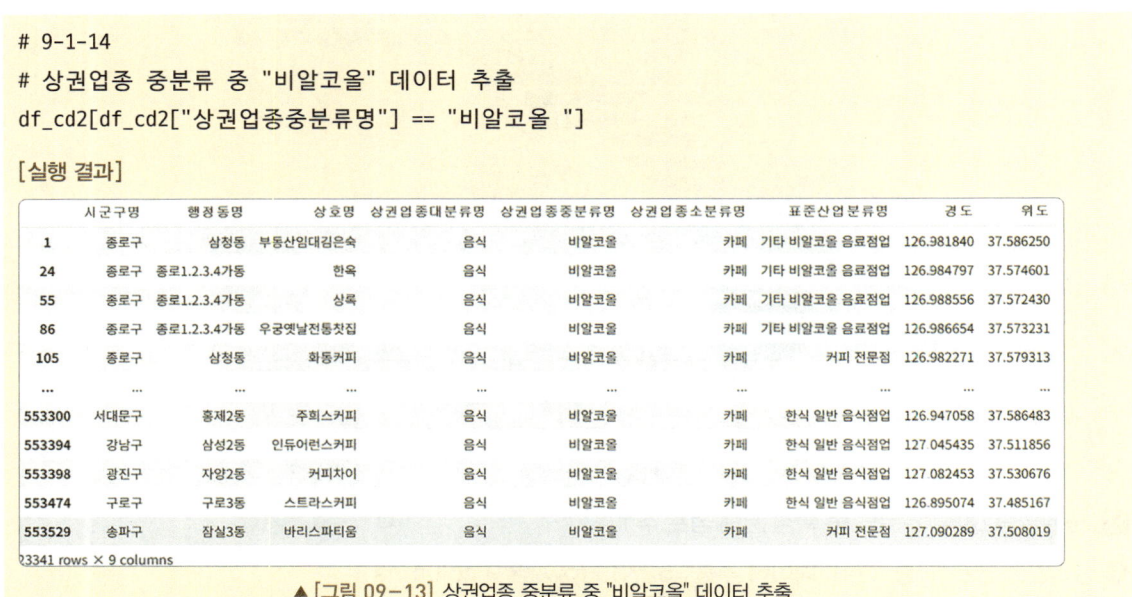

▲ [그림 09-13] 상권업종 중분류 중 "비알코올" 데이터 추출

❸ 상권업종 소분류명 중 "카페" 데이터 추출 : 23341 rows × 9 columns

상권업종 소분류명 중 "카페" 데이터와 상권업종 중분류명 중 "비알코올"은 데이터의 개수가 같습니다. 카페 데이터를 분석할 때 둘 중 어느 것이나 사용해도 됩니다.

```
# 9-1-15
# 상권업종 소분류명 중 "카페" 데이터 추출
df_cd2[df_cd2["상권업종소분류명"] == "카페"]
```

[실행 결과]

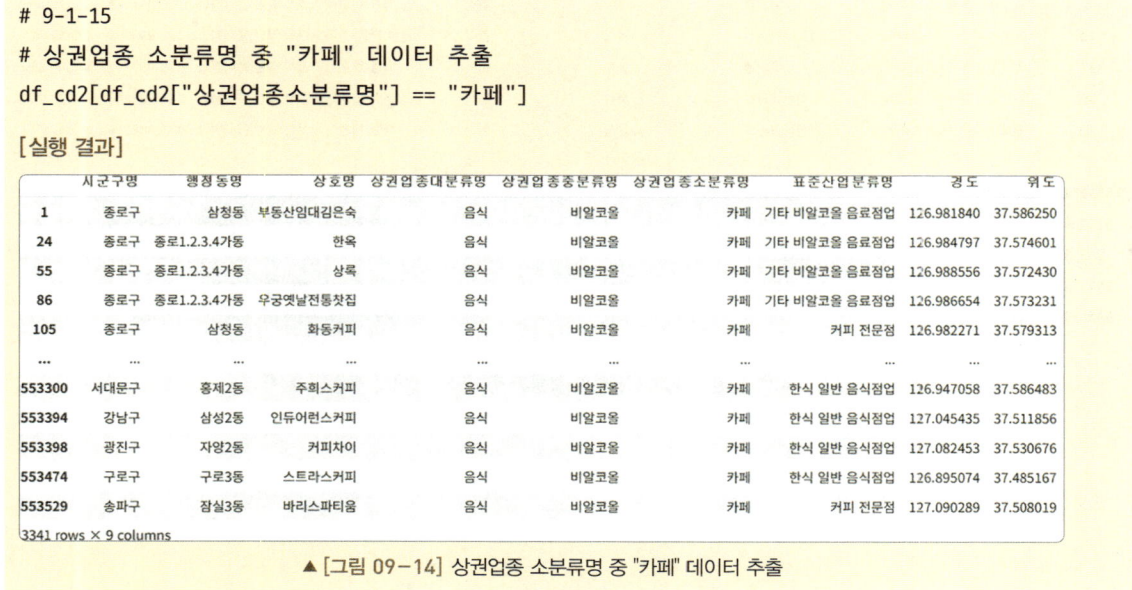

▲ [그림 09-14] 상권업종 소분류명 중 "카페" 데이터 추출

❹ "카페" 데이터 추출 후 df_cd2_coffee 데이터프레임으로 생성하고 파일로 저장

카페 데이터를 행정구역별 시각화나 지도에 표시할 목적으로 사용하기 위해서 별도의 데이터 프레임으로 생성하고 파일로 저장합니다.

```
# 9-1-16
# "카페" 데이터 추출 후 df_cd2_coffee 데이터프레임으로 생성하고 파일로 저장
df_cd2_coffee = df_cd2[df_cd2["상권업종소분류명"] == "카페"]
df_cd2_coffee.to_csv("data/소상공인시장진흥공단_상가상권정보_서울_카페.csv", index=False)
```

[실행 결과]
[data] 폴더에서 "소상공인시장진흥공단_상가상권정보_서울_카페.csv" 파일 확인

C 상권업종 분류 카페의 행정구역별(시군구별) 점포 수 파악 및 시각화

서울에 위치한 카페는 유동인구의 흐름과 연관이 높은 상권업종 분류입니다. 서울에서 카페는 유동인구가 많은 곳인 승하차 인원수가 많은 역 근처 또는 상업지구나 회사들이 많이 분포한 곳에 많습니다. 따라서 카페의 수는 유동인구 흐름, 상권 발달을 파악할 때도 유용합니다.

❶ 상권업종 소분류가 "카페"인 데이터를 "시군구명"별로 그룹화해서 점포 수 확인

카페 데이터에서 시군구명과 상호명 변수만 선택, 그룹화한 후 df_cd2_coffee_group 데이터프레임에 저장해서 시각화에 활용합니다.

서울시의 행정구역 중에서 카페가 가장 많은 지역은 강남구, 마포구, 송파구 순입니다.

```
# 9-1-17
# "카페" 데이터에서 "시군구명"별로 그룹화한 점포 수 내림차순 정렬로 표시

# 시군구명과 상호명 변수만 선택 후 그룹화 후 df_cd2_coffee_group에 저장
df_cd2_coffee_group = df_cd2_coffee[["시군구명", "상호명"]].groupby("시군구명").count()
df_cd2_coffee_group.sort_values(by="상호명", ascending=False)   # 내림차순 정렬
```

[실행 결과]

◀ [그림 09-15] "카페" 데이터 그룹화한 점포 수 내림차순 정렬

❷ **행정구역별 카페 점포 수 시각화: 세로 빈도막대**

행정구역별 카페 점포 수를 세로 빈도막대로 시각화합니다.

```
# 9-1-18
# 행정구역별 "카페" 점포 수 시각화: 세로 빈도막대

# 세로 빈도막대, rot=45: x축 레이블명 45도 기울임, figsize=(8,5): 그래프 크기
df_cd2_coffee_group.sort_values(by="상호명", ascending=False).plot.bar(rot=45, figsize=(8,5))
plt.title('서울시 행정구역별 카페 점포수')  # 그래프 제목
plt.xlabel("행정구역")  # x축 레이블
plt.ylabel("카페 점포수")  # y축 레이블
plt.savefig("plots/서울시_행정구역별_카페_세로막대.png")  # 그래프 저장
plt.show()  # 그래프 화면 표시
```

[실행 결과]

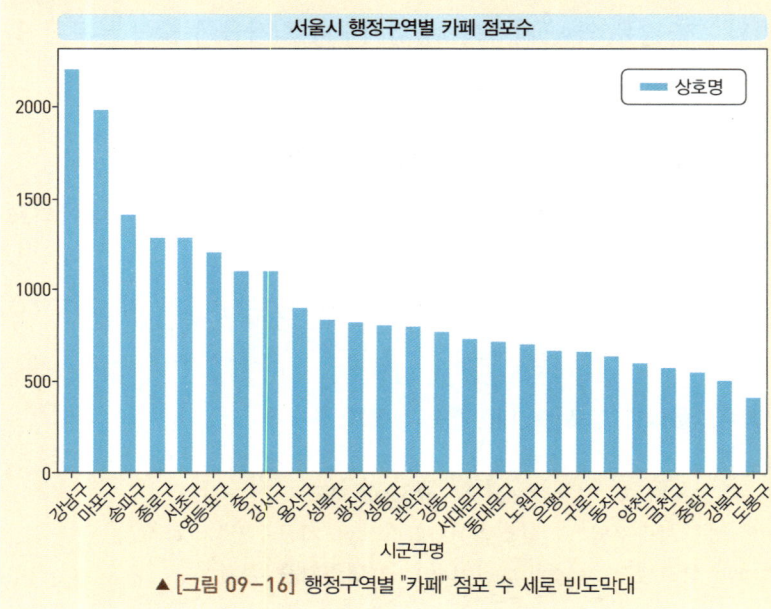

▲ [그림 09-16] 행정구역별 "카페" 점포 수 세로 빈도막대

❸ **행정구역별 카페 점포 수 시각화: 가로 빈도막대**

행정구역별 카페 점포 수를 가로 빈도막대로 시각화합니다.

```
# 9-1-19
# 시군구별 "카페" 점포 수 시각화: 가로 빈도막대

# 가로 빈도막대, rot=45: y축 레이블명 45도 기울임, figsize=(8,5): 그래프 크기
df_cd2_coffee_group.sort_values(by="상호명", ascending=True).plot.barh(rot=45, figsize=(8,5))
```

```python
plt.title('서울시 행정구역별 카페 점포수')   # 그래프 제목
plt.xlabel("카페 점포수")   # x축 레이블
plt.ylabel("행정구역")   # y축 레이블
plt.savefig("plots/서울시_행정구역별_카페_가로막대.png")   # 그래프 저장
plt.show()   # 그래프 화면 표시
```

[실행 결과]

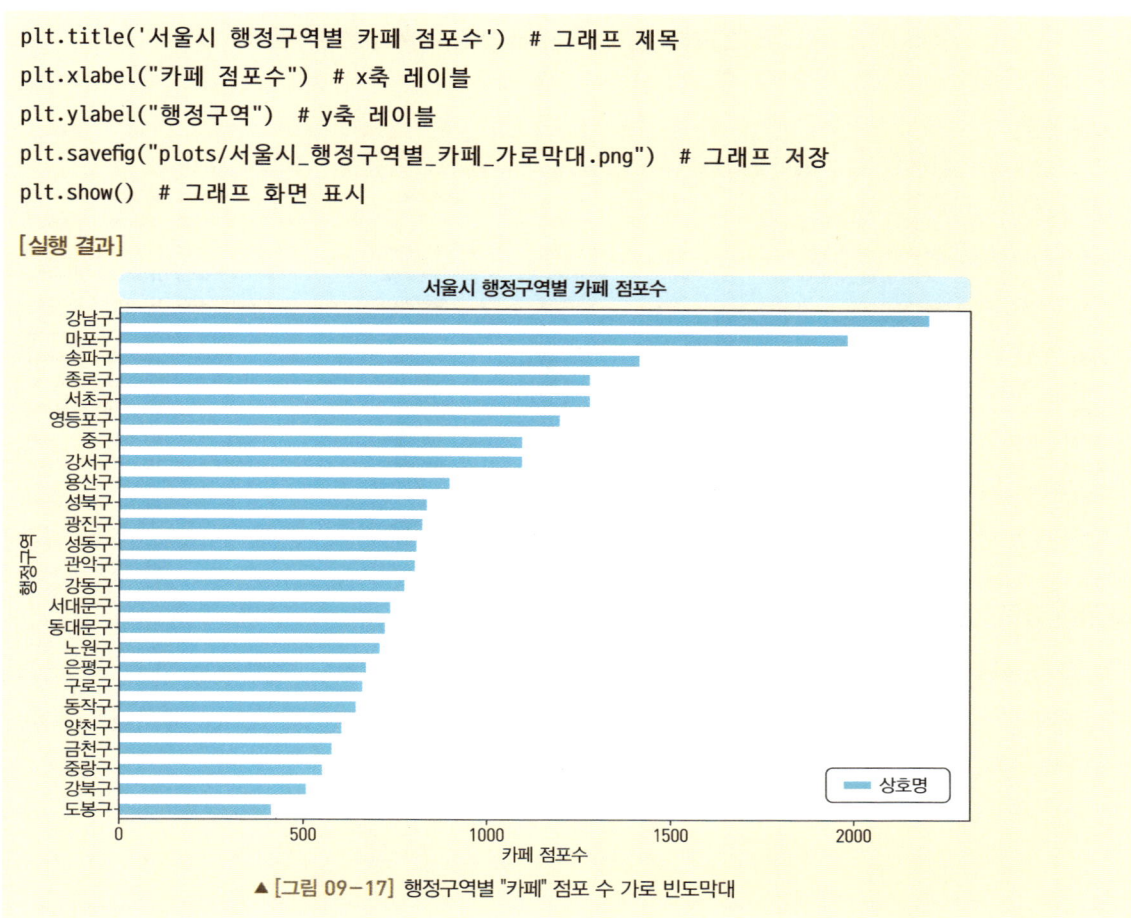

▲ [그림 09-17] 행정구역별 "카페" 점포 수 가로 빈도막대

3 상권 데이터 지도에 표시

행정구역 내에 특정 분류 상권 데이터를 지도에 표시해서 지역의 상권을 파악합니다.

1) 상권 데이터 로드

❶ **변수 추출 상권 데이터 로드: 553535 rows × 9 columns**

필요한 변수만 선택해서 재구성한 상권 데이터를 로드합니다. 여기서는 "data/소상공인시장진흥공단_상가상권정보_서울_카페.csv" 파일을 사용합니다. df_cd2 데이터프레임은 특정 행정구역의 상가 데이터를 지도에 표시할 때 사용합니다.

```python
# 9-1-20
# 변수 추출 상권 데이터 로드
import pandas as pd
```

```
df_cd2 = pd.read_csv("data/소상공인시장진흥공단_상가상권정보_서울_변수추출.csv")
df_cd2
```

[실행 결과]

	시군구명	행정동명	상호명	상권업종대분류명	상권업종중분류명	상권업종소분류명	표준산업분류명	경도	위도
0	동대문구	이문2동	홈처치스쿨	교육	교육 지원	기타 교육지원 서비스업	기타 교육지원 서비스업	127.063553	37.602687
1	종로구	삼청동	부동산임대김은숙	음식	비알코올	카페	기타 비알코올 음료점업	126.981840	37.586250
2	서초구	서초4동	한국황토건축연구소	부동산	부동산 서비스	부동산 중개/대리업	부동산 중개 및 대리업	127.024563	37.500924
3	성동구	용답동	소망공인중개사사무소	부동산	부동산 서비스	부동산 중개/대리업	부동산 중개 및 대리업	127.054262	37.564786
4	종로구	종로1.2.3.4가동	고향집	음식	한식	백반/한정식	한식 일반 음식점업	126.993820	37.570025
...	...	...	...	...	...	...	...	...	...
553530	종로구	혜화동	환명상원	수리·개인	이용·미용	미용실	두발 미용업	126.996819	37.586603
553531	강서구	화곡4동	올리스푼	소매	기타 상품 소매	그 외 기타 상품 전문 소매업	그 외 기타 분류 안된 상품 전문 소매업	126.860663	37.530082
553532	강남구	논현2동	스튜디오익센트릭	과학·기술	전문 디자인	시각 디자인업	시각 디자인업	127.035007	37.512004
553533	강남구	논현2동	두찜강남	음식	한식	백반/한정식	한식 일반 음식점업	127.035007	37.512004
553534	강남구	논현2동	두찜강남	음식	한식	백반/한정식	한식 일반 음식점업	127.034769	37.511608

553535 rows × 9 columns

▲ [그림 09-18] 변수 추출 상권 데이터 로드

❷ 카페 상권 데이터 로드: 23341 rows × 9 columns

필요한 변수만 선택해서 재구성한 카페 상권 데이터를 로드합니다. 여기서는 "data/소상공인시장진흥공단_상가상권정보_서울_카페.csv" 파일을 사용합니다. df_cd2_coffee 데이터프레임은 카페 데이터 단계구획도를 표시할 때 사용합니다.

```
# 9-1-21
# 카페 상권 데이터 로드
import pandas as pd

df_cd2_coffee = pd.read_csv("data/소상공인시장진흥공단_상가상권정보_서울_카페.csv")
df_cd2_coffee
```

[실행 결과]

	시군구명	행정동명	상호명	상권업종대분류명	상권업종중분류명	상권업종소분류명	표준산업분류명	경도	위도
0	종로구	삼청동	부동산임대김은숙	음식	비알코올	카페	기타 비알코올 음료점업	126.981840	37.586250
1	종로구	종로1.2.3.4가동	한옥	음식	비알코올	카페	기타 비알코올 음료점업	126.984797	37.574601
2	종로구	종로1.2.3.4가동	상록	음식	비알코올	카페	기타 비알코올 음료점업	126.988556	37.572430
3	종로구	종로1.2.3.4가동	우궁옛날전통찻집	음식	비알코올	카페	기타 비알코올 음료점업	126.986654	37.573231
4	종로구	삼청동	화동커피	음식	비알코올	카페	커피 전문점	126.982271	37.579313
...	...	...	...	...	...	...	...	...	...
23336	서대문구	홍제2동	주희스커피	음식	비알코올	카페	한식 일반 음식점업	126.947058	37.586483
23337	강남구	삼성2동	인듀어런스커피	음식	비알코올	카페	한식 일반 음식점업	127.045435	37.511856
23338	광진구	자양2동	커피차이	음식	비알코올	카페	한식 일반 음식점업	127.082453	37.530676
23339	구로구	구로3동	스트라스커피	음식	비알코올	카페	한식 일반 음식점업	126.895074	37.485167
23340	송파구	잠실3동	바리스파티움	음식	비알코올	카페	커피 전문점	127.090289	37.508019

23341 rows × 9 columns

▲ [그림 09-19] 카페 상권 데이터 로드

2) 데이터프레임 탐색 함수를 사용한 데이터 탐색

❶ columns 속성을 사용한 데이터프레임의 변수명들을 파악

```
# 9-1-22
# 데이터 탐색 함수 사용: 데이터프레임의 변수명 파악
df_cd2_coffee.columns
```

[실행 결과]

```
Index(['시군구명', '행정동명', '상호명', '상권업종대분류명', '상권업종중분류명', '상권업종소분류명', '표준산업분류명',
       '경도', '위도'],
      dtype='object')
```

▲ [그림 09-20] 변수 추출

3) 지도에 행정구역 구획 표시

❶ 지도에 표시할 행정구획 GeoJSON 파일 로드

서울시 행정구획이 있는 seoul_geojson.json 파일을 로드합니다.

```
# 9-1-23
# 행정구획 seoul_geojson.json 파일 로드
import json

seoul_geo = json.load(open("data/seoul_geojson.json"))
seoul_geo
```

[실행 결과]

```
      'sidonm': '서울특별시',
      'sggnm': '강동구',
      'adm_cd': '11250750'},
    'geometry': {'type': 'MultiPolygon',
     'coordinates': [[[[127.181878326396366, 37.55885787455035],
        [127.17582594166396, 37.557502278764076],
        [127.17313841604835, 37.55719590228149],
        [127.17148691152155, 37.55732415752265],
        [127.17103229250567, 37.559328404136764],
```

▲ [그림 09-21] 행정구획 GeoJSON 파일 로드

❷ 지도에 행정구획도 표시

기준 위치를 중심으로 한 지도에 행정구획을 표시합니다.

```
# 9-1-24
# 기준 위치를 중심으로 한 지도에 행정구획도 표시
import folium
```

```
s_lct = [37.5666612, 126.9783785]  # 기준 위치 [위도, 경도]
s_map = folium.Map(location=s_lct, zoom_start=11)  # 지도 객체 생성

txt_str = "서울특별시청"  # 툴팁과 팝업에 표시할 내용
popup = folium.Popup("<b>" + txt_str + "</b>", min_width=100, max_width=100)

# 커스텀 아이콘 생성
icon = folium.CustomIcon("img/s.png", icon_size=(42, 37))

# 커스텀 아이콘 마커에 사용
folium.Marker(s_lct, popup=popup, tooltip=txt_str, icon=icon).add_to(s_map)

# 지도에 행정구획 추가
folium.GeoJson(seoul_geo, name='지역명').add_to(s_map)

s_map
```

[실행 결과]

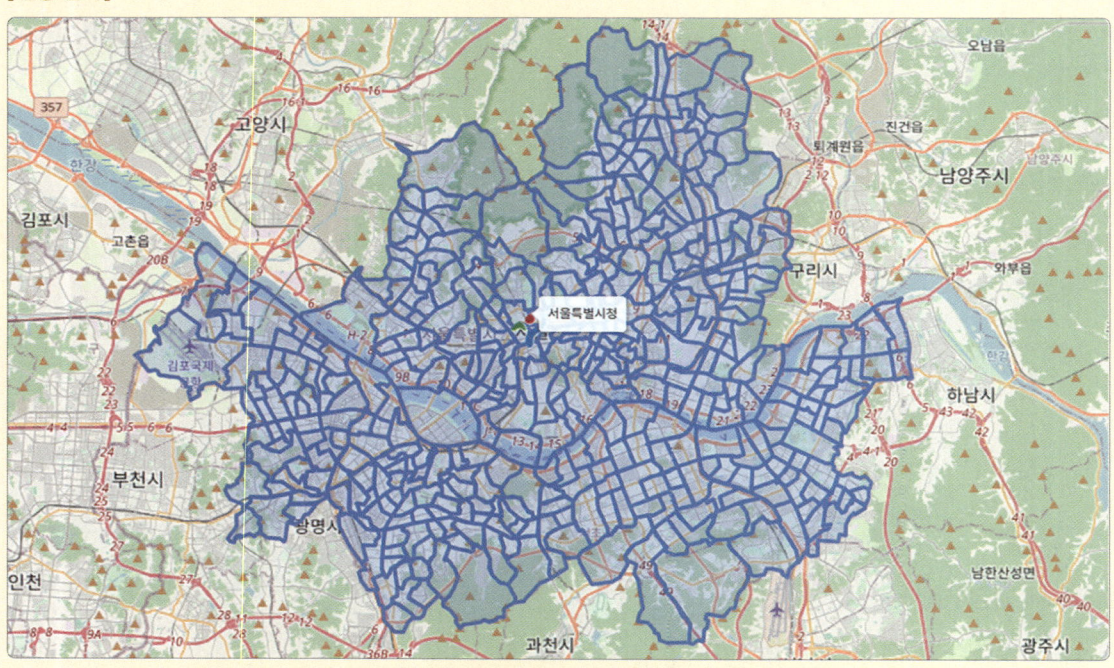

▲ [그림 09-22] 지도에 행정구획도 표시

실습 코드 9-1-24-1) tiles="CartoDB positron" 속성을 사용한 경우
```
s_map = folium.Map(location=s_lct, zoom_start=11, tiles="CartoDB positron")
```

[실행 결과]

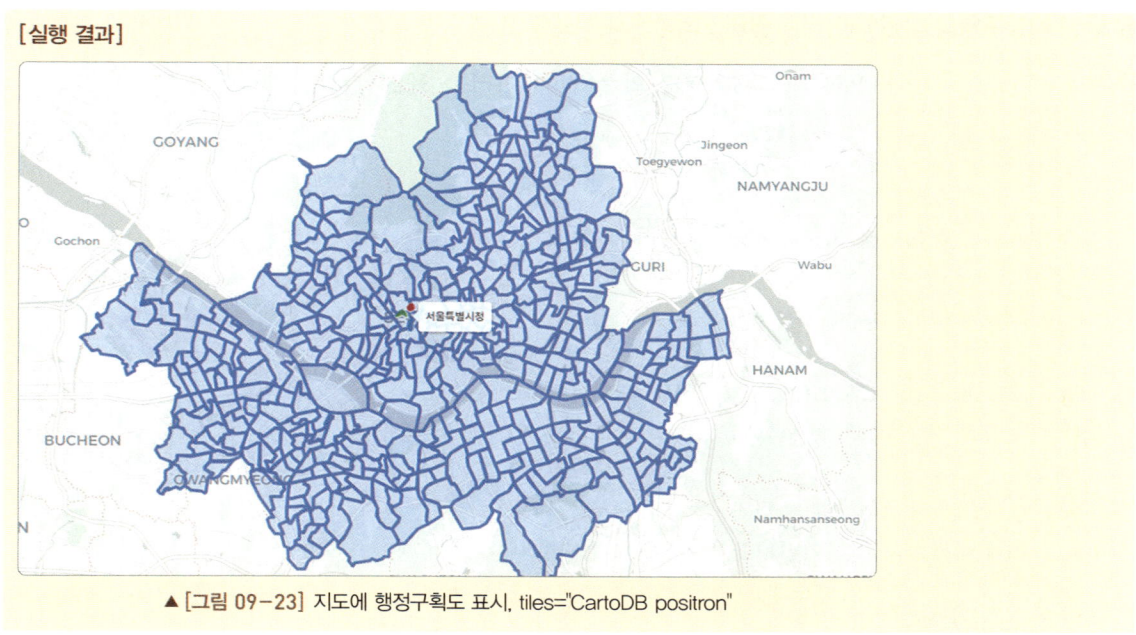

▲ [그림 09-23] 지도에 행정구획도 표시, tiles="CartoDB positron"

4) 지도에 상가 표시, 상권 클러스터링, 단계구획도

❶ 특정 행정구역의 상권 데이터 추출

　df_cd2 데이터프레임은 553,535건의 데이터로 이것을 지도에 모두 표시하려면 시간이 너무 많이 걸려서 특정 행정구역을 선택해서 df_cd2_dong 데이터프레임을 생성합니다. df_cd2_dong 데이터프레임의 차원은 13890 rows × 9 columns입니다.

```
# 9-1-25
# 특정 지역 상권 데이터
df_cd2_dong = df_cd2[df_cd2['행정동명'].isin(["역삼1동"])]
df_cd2_dong
```

[실행 결과]

	시군구명	행정동명	상호명	상권업종대분류명	상권업종중분류명	상권업종소분류명	표준산업분류명	경도	위도
128	강남구	역삼1동	한양법률사무소	과학·기술	법무관련	변호사	변호사업	127.044435	37.503559
487	강남구	역삼1동	순영이엔지	시설관리·임대	여행사·보조	기타 여행 보조/예약 서비스업	기타 여행 보조 및 예약 서비스업	127.045261	37.503801
1164	강남구	역삼1동	강남공인중개사사무소	부동산	부동산 서비스	부동산 중개/대리업	부동산 중개 및 대리업	127.035904	37.495660
1640	강남구	역삼1동	세무사김승일사무소	과학·기술	회계·세무	세무사	세무사업	127.030386	37.497130
1890	강남구	역삼1동	강남로얄	수라·개인	기타 개인	결혼 상담 서비스업	결혼 및 준비 서비스업	127.036144	37.500984
...	...	...	...	...	...	...	...	...	...
553341	강남구	역삼1동	제이에스키친	음식	한식	백반/한정식	한식 일반 음식점업	127.027414	37.502383
553354	강남구	역삼1동	일루와	음식	주점	일반 유흥 주점	일반 유흥 주점업	127.040049	37.507588
553382	강남구	역삼1동	하임스튜디오	과학·기술	사진 촬영	사진촬영업	인물 사진 및 행사용 영상 촬영업	127.035524	37.506156
553475	강남구	역삼1동	전주한옥찜닭	음식	한식	닭/오리고기 구이/찜	한식 일반 음식점업	127.040115	37.504029
553509	강남구	역삼1동	마룬브레드	음식	기타 간이	빵/도넛	제과점업	127.029289	37.497662

13890 rows × 9 columns

▲ [그림 09-24] 특정 지역 상권 데이터

❷ **특정 행정구역의 상권 데이터를 클러스터링해서 지도에 표시**

　df_cd2_dong 데이터프레임의 13,890건의 상권 데이터를 표시합니다. 이 정도 데이터도 시각화하는 데 시간이 조금 걸립니다.

```
# 9-1-26
# 특정 지역 상권 데이터 지도에 클러스터링해서 표시
import folium
from folium.plugins import MarkerCluster

s_lct = [37.5666612, 126.9783785]  # 기준 위치 [위도, 경도]
s_map = folium.Map(location=s_lct, zoom_start=11)  # 지도 객체 생성

txt_str = "서울특별시청"  # 툴팁과 팝업에 표시할 내용
popup = folium.Popup("<b>" + txt_str + "</b>", min_width=100, max_width=100)

# 커스텀 아이콘 생성
icon = folium.CustomIcon("img/s.png", icon_size=(42, 37))

# 커스텀 아이콘 마커에 사용
folium.Marker(s_lct, popup=popup, tooltip=txt_str, icon=icon).add_to(s_map)

# 지도에 행정구획 추가
folium.GeoJson(seoul_geo, name='지역명').add_to(s_map)

# 작업 데이터에서 위도, 경도, 상호명만 추출
c_data = df_cd2_dong[['위도', '경도', '상호명']]

# 마커 클러스터를 지도에 추가
marker_cluster = MarkerCluster().add_to(s_map)

# 상권 데이터를 마커로 지표에 표시
for lat, long, c_name in zip(c_data['위도'], c_data['경도'], c_data['상호명']):
    popup = folium.Popup("<b>"+c_name+"</b>", min_width=100, max_width=100)
    folium.Marker([lat, long], popup=popup, icon=folium.Icon(color="blue")
    ).add_to(marker_cluster)

s_map
```

[실행 결과]

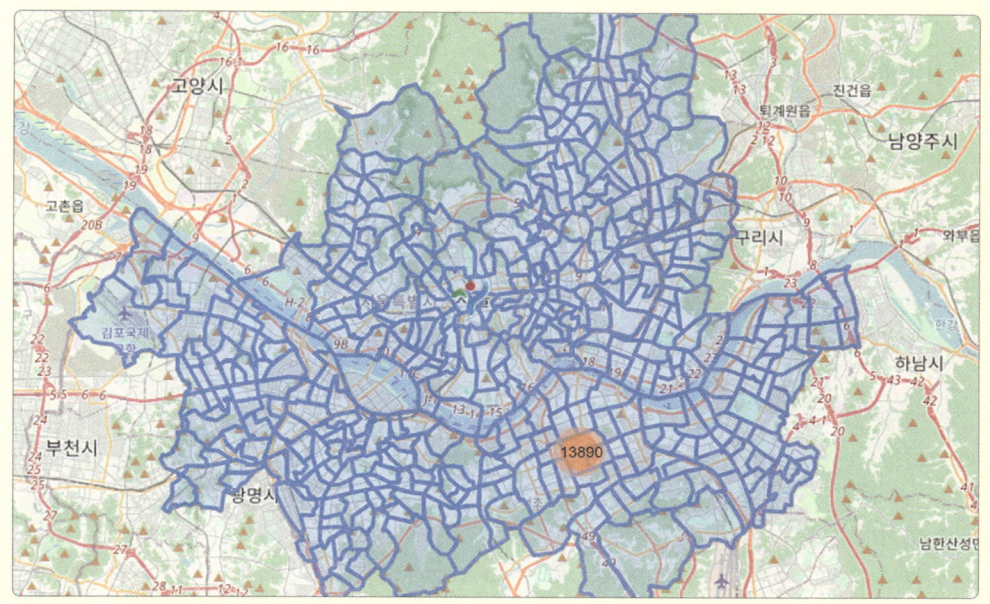

▲ [그림 09-25] 특정 지역 상권 데이터 지도에 클러스터링해서 표시

※ 스크롤링으로 지도를 확대해서 특정 구역을 확인합니다. 클러스터링된 곳을 클릭하면 상호명을 가진 마커가 표시되고 마커를 클릭하면 상호명이 표시됩니다.

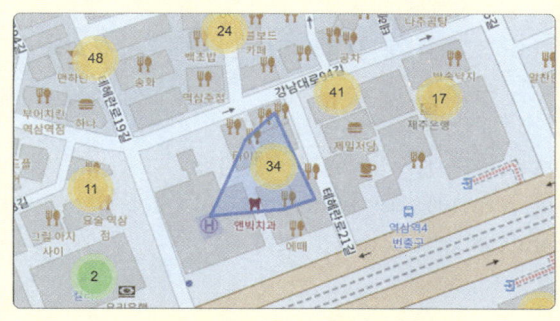

▲ [그림 09-26] 지도를 확대해서 특정 구역 확인

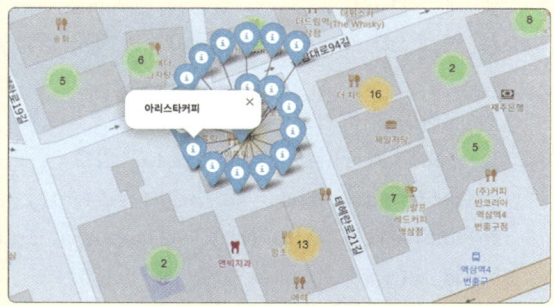

▲ [그림 09-27] 마커 클릭으로 상호명 확인

❸ 특정 행정구역의 상권 데이터를 지도 파일로 저장

```
# 9-1-27
# 지도 파일로 저장
s_map.save("htmls/서울시_상권 데이터_역삼1동.html")   # 지도 저장
```

[실행 결과]
[htmls] 폴더에서 "서울시_상권 데이터_역삼1동.html" 파일 확인, 지도를 보려면 해당 파일을 다운로드해서 확인

❹ 특정 지역 카페 상권 데이터를 지도에 표시

```
# 9-1-28
# 특정 지역 상권 데이터 지도에 표시
import folium

s_lct = [37.5666612, 126.9783785]  # 기준 위치 [위도, 경도]
s_map = folium.Map(location=s_lct, zoom_start=11)  # 지도 객체 생성

txt_str = "서울특별시청"  # 툴팁과 팝업에 표시할 내용
popup = folium.Popup("<b>" + txt_str + "</b>", min_width=100, max_width=100)

# 커스텀 아이콘 생성
icon = folium.CustomIcon("img/s.png", icon_size=(42, 37))

# 커스텀 아이콘 마커에 사용
folium.Marker(s_lct, popup=popup, tooltip=txt_str, icon=icon).add_to(s_map)

# 지도에 행정구획 추가
folium.GeoJson(seoul_geo, name='지역명').add_to(s_map)

# 작업 데이터에서 행정구역 조건을 만족하는 위도, 경도, 상호명만 추출
c_data = df_cd2_coffee[df_cd2_coffee['행정동명'].isin(["역삼1동"])][['위도', '경도', '상호명']]

# 상권 데이터를 마커로 지표에 표시
for lat, long, c_name in zip(c_data['위도'], c_data['경도'], c_data['상호명']):
    popup = folium.Popup("<b>"+c_name+"</b>", min_width=100, max_width=100)
    folium.Marker([lat, long], popup=popup, icon=folium.Icon(color="blue")
    ).add_to(s_map)

s_map
```

[실행 결과] 스크롤링으로 지도를 확대해서 특정 구역을 확인합니다. 마커를 클릭하면 상호명이 표시됩니다.

▲ [그림 09-28] 지도를 확대해서 특정 구역 확인

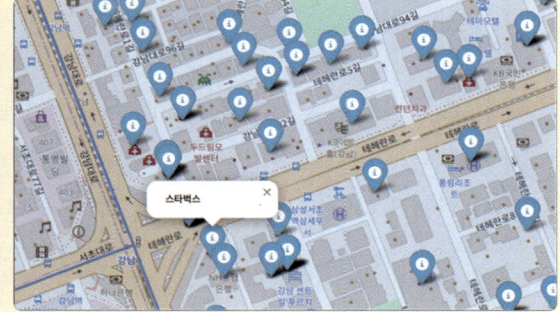

▲ [그림 09-29] 마커 클릭으로 상호명 확인

❺ **특정 행정구역의 카페 상권 데이터를 지도 파일로 저장**

```
# 9-1-29
# 지도 파일로 저장
s_map.save("htmls/서울시_상권 데이터_역삼1동_카페.html")   # 지도 저장
```

[실행 결과]
[htmls] 폴더에서 "서울시_상권 데이터_역삼1동_카페.html" 파일 확인, 지도를 보려면 해당 파일을 다운로드해서 확인

❻ **카페 상권 데이터 단계구획도로 지도에 표시**

folium.Choropleth( )을 사용해서 단계구획도를 표시합니다. 주요 속성에는 fill_color='YlOrRd', 색상 스케일은 Yellow→Orange→Red로 채워지며, 값이 클수록 진한 빨간색이며 fill_opacity =0.7은 채우기 색의 투명도, line_opacity=0.5은 행정구역 경계선의 투명도입니다. key_on='properties.sggnm'은 geo_data의 어떤 속성 값과 data의 어느 열을 매칭할지 지정하는 것으로, sggnm은 GeoJSON에서 자치구 이름(시군구명)을 나타냅니다. 참고로 채우기 색상 fill_color 의 값은 'https://github.com/python-visualization/folium/issues/403'을 참조합니다. 단계구획도에는 데이터프레임만 데이터로 사용 가능하기 때문에 구별 카페 수 df_cd2_coffee_group 데이터프레임을 생성한 후 사용합니다.

단계구획도의 결과를 보면 서울에서 카페가 가장 많은 곳은 강남구와 마포구입니다.

```
# 9-1-30
# 카페 상권 데이터 단계구획도로 지도에 표시
import folium

s_lct = [37.5666612, 126.9783785]   # 기준 위치 [위도, 경도]
s_map = folium.Map(location=s_lct, zoom_start=11)   # 지도 객체 생성

txt_str = "서울특별시청"   # 툴팁과 팝업에 표시할 내용
popup = folium.Popup("<b>" + txt_str + "</b>", min_width=100, max_width=100)

# 커스텀 아이콘 생성
icon = folium.CustomIcon("img/s.png", icon_size=(42, 37))

# 커스텀 아이콘 마커에 사용
folium.Marker(s_lct, popup=popup, tooltip=txt_str, icon=icon).add_to(s_map)

# 지도에 행정구획 추가
```

```
folium.GeoJson(seoul_geo, name='지역명').add_to(s_map)

# 단계구획도에 사용할 데이터프레임 생성: 구별 카페 수
df_cd2_coffee_group = df_cd2_coffee[["시군구명", "상호명"]].groupby("시군구명").count()

# 단계구획도 추가
folium.Choropleth(geo_data=seoul_geo, name='choropleth',
                  data=df_cd2_coffee_group["상호명"], fill_color='YlOrRd',
                  fill_opacity=0.7, line_opacity=0.5, key_on='properties.sggnm',
                  legend_name="자치구별 카페 점포수").add_to(s_map)

folium.LayerControl().add_to(s_map)

s_map
```

[실행 결과] 서울에서 카페가 가장 많은 곳 강남구, 마포구

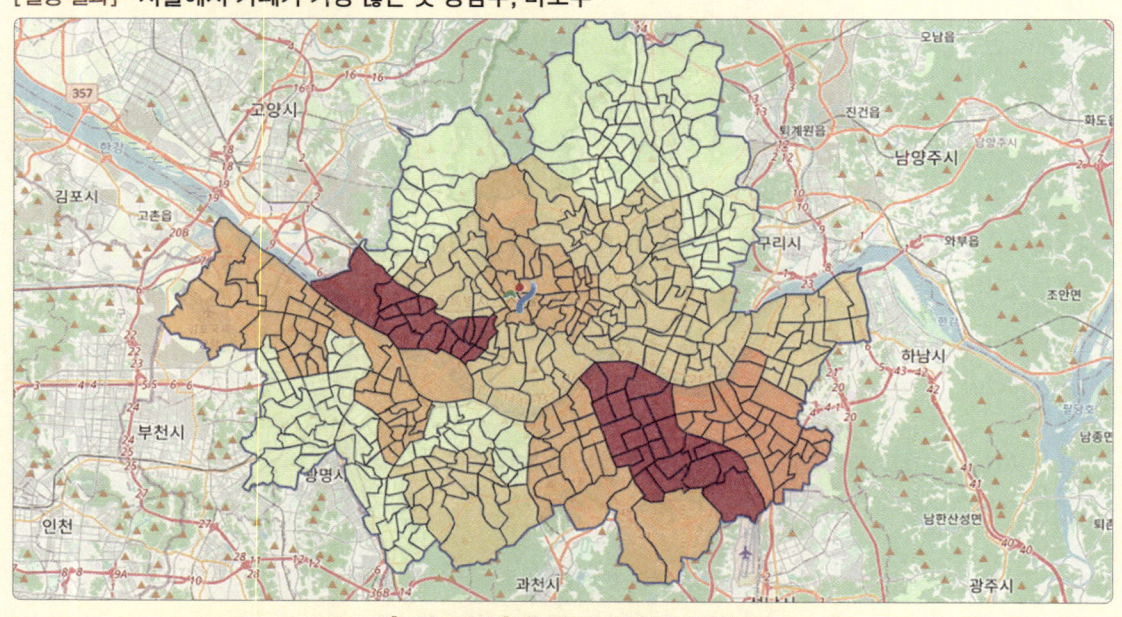

▲ [그림 09-30] 카페 상권 데이터 단계구획도

❼ 카페 상권 데이터 단계구획도 지도 파일로 저장

```
# 9-1-31
# 지도 파일로 저장
s_map.save("htmls/서울시_상권 데이터_카페_단계구획도.html")   # 지도 저장
```

[실행 결과]
[htmls] 폴더에서 "서울시_상권 데이터_카페_단계구획도.html" 파일을 확인, 지도를 보려면 해당 파일을 다운로드해서 확인

02 보안 데이터 분석

보안 데이터(Security data) 분석에서 사용하는 데이터는 캐글 사이트(www.kaggle.com)에서 제공하는 인터넷 방화벽 보안 데이터(Internet Firewall Data Set, log2.csv)와 보안 로그 데이터(Web Server Access Logs, access.log)입니다. 인터넷 방화벽 보안 데이터는 정상적 접근과 비정상적 접근을 파악하기 위한 분석에 사용하고, 보안 로그 데이터는 로그 데이터 처리 방법과 사용자 접근 추이를 파악하는 데 사용했습니다. 인터넷 방화벽 보안 데이터를 직접 다운로드할 경우 https://www.kaggle.com/datasets/tunguz/internet-firewall-data-set에서 합니다. 또한 보안 로그 데이터(액세스 로그 데이터)를 다운로드할 경우 https://www.kaggle.com/datasets/eliasdabbas/web-server-access-logs에서 합니다.

인터넷 방화벽 보안 데이터
https://www.kaggle.com/datasets/tunguz/internet-firewall-data-set

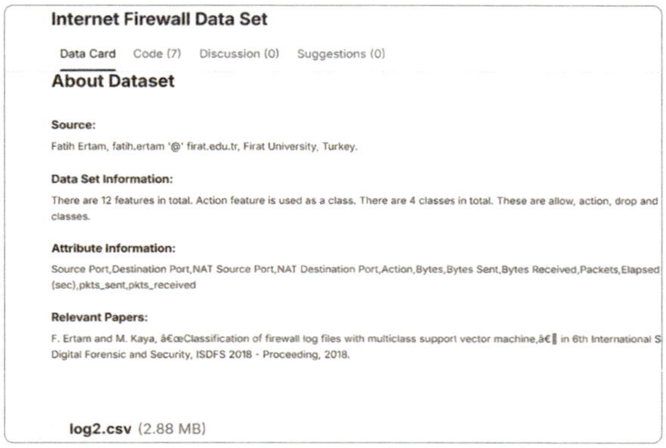

▲ [그림 09-31] 캐글 인터넷 방화벽 보안 데이터

보안 로그 데이터
https://www.kaggle.com/datasets/eliasdabbas/web-server-access-logs

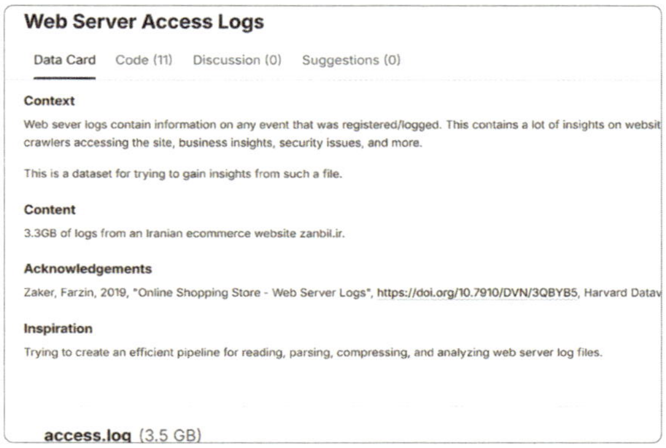

▲ [그림 09-32] 캐글 보안 로그 데이터

1 목표 설정

첫 번째 목표는 인터넷 방화벽 데이터 분석을 통한 사용자의 정상적 접근과 비정상적 접근을 파악하는 것을 수행하며, 두 번째 목표에서는 보안 액세스 로그 데이터 분석을 통한 로그 데이터

처리와 사용자 접근 추이 파악 및 시계열 예측을 수행합니다.

> **✓ 목표**
> 1. 인터넷 방화벽 데이터 분석
>   ① 데이터 로드: 인터넷 방화벽 보안 데이터(Internet Firewall Data Set, log2.csv)
>   ② 데이터프레임 탐색 함수, 기본 시각화를 사용한 데이터 탐색
>   ③ 전처리/시각화: 정상적 접근과 비정상적 접근 파악
>   ④ 머신러닝 분류기를 사용한 인터넷 방화벽 데이터 학습 모델링
>
> 2. 보안 로그 데이터(웹 서버 액세스 로그 데이터) 분석
>   ① 웹 서버 액세스 로그 데이터 정형화: 보안 로그 데이터(Web Server Access Logs, access.log)
>   ② 정형화된 웹 서버 액세스 로그 데이터 로드
>   ③ 작업 대상 데이터 선택
>   ④ 보안 로그 데이터 접속 사용자 추이 파악과 ARIMA 시계열 예측

2 인터넷 방화벽 데이터(Internet Firewall Data) 분석

인터넷 방화벽 보안 데이터를 사용한 정상적 접근과 비정상적 접근을 파악하기 위해서 인터넷 방화벽 보안 데이터(Internet Firewall Data Set, log2.csv)를 사용합니다. 인터넷 방화벽 데이터는 65,532건의 데이터와 12개의 변수로 이루어져 있습니다. 이 변수들 중 Action 변수는 트래픽에 대한 방화벽의 처리 결과인 "allow", "deny", "drop", "reset-both" 값 중 1개를 가집니다.

▼ [표 09-01] Action 변수의 값과 의미

Action 값	의미	설명
allow	허용	• 방화벽이 해당 트래픽 허용 • 내부 또는 외부 네트워크로 정상적으로 전달함
deny	차단	• 방화벽이 해당 트래픽 차단 • 방화벽이 정책에 따라 트래픽을 즉시 차단하고, 연결을 수립하지 않음
drop	무시	• 방화벽이 해당 트래픽 차단 • 트래픽을 차단하지만 응답 없이 조용히 폐기함으로써 공격자에게 "차단되었다"는 정보를 노출하지 않음(보안상 더 은밀함)
reset-both	연결 재설정	• 방화벽이 해당 트래픽 차단 • TCP 연결에서 강제로 양쪽 모두에 대해 RST 패킷을 보내 연결을 종료시킴. 일반적으로 비정상 연결 또는 보안 위협이 감지될 때 사용

1) 인터넷 방화벽 보안 데이터 로드

❶ 캐글 사이트에서 인터넷 방화벽 데이터(Internet Firewall Data Set)를 다운로드하여 로드

• Internet Firewall Data Set, https://www.kaggle.com/datasets/tunguz/internet-firewall-data-set

- 해당 인터넷 방화벽 데이터 파일을 구글 드라이브의 [pda_app]-[data] 폴더로 업로드

인터넷 방화벽 데이터는 로드 후 df_infds 데이터프레임에 저장하며 65532 rows×12 columns 차원을 가집니다.

```
# 9-2-01
# 인터넷 방화벽 보안 데이터 로드
import pandas as pd

# 인터넷 방화벽 보안 데이터 로드 후 df_infds 데이터프레임 생성
df_infds = pd.read_csv("data/log2.csv")
df_infds  # 인터넷 방화벽 데이터 저장 데이터프레임
```

[실행 결과]

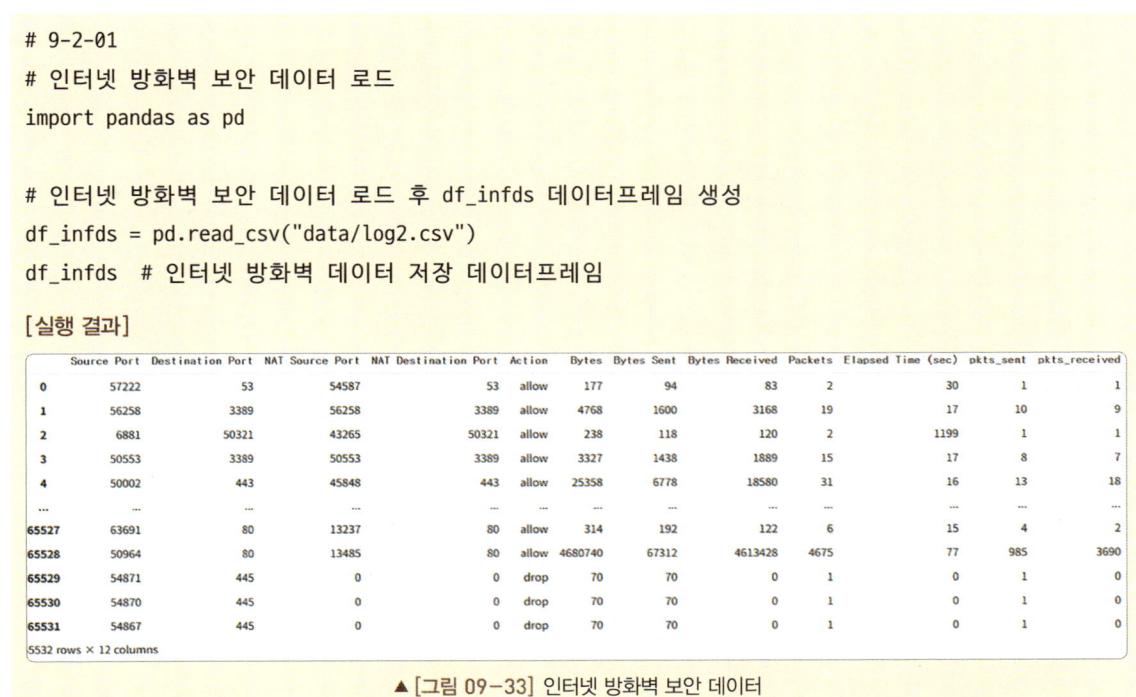

▲ [그림 09-33] 인터넷 방화벽 보안 데이터

2) 데이터프레임 탐색 함수, 기본 시각화를 사용한 데이터 탐색

❶ 데이터프레임의 구조 파악

info( ) 메서드를 사용하여 df_infds 데이터프레임의 구조를 파악합니다. df_infds 데이터프레임의 변수를 활용해서 다양한 분석을 수행할 수 있습니다. Bytes, Packets, Elapsed Time을 통해 세션의 규모와 특성을 분석할 수 있으며, Action을 기반으로 정상/비정상 트래픽 분류 또는 머신러닝 분류 모델의 타깃(label)으로 활용 가능합니다. 또한 Source/Destination Port는 어떤 서비스에 접근했는지 식별할 때 사용됩니다.

```
# 9-2-02
# 데이터프레임 탐색 함수: 구조 파악
df_infds.info()
```

[실행 결과]

```
<class 'pandas.core.frame.DataFrame'>
RangeIndex: 65532 entries, 0 to 65531
Data columns (total 12 columns):
 #   Column                Non-Null Count  Dtype
---  ------                --------------  -----
 0   Source Port           65532 non-null  int64
 1   Destination Port      65532 non-null  int64
 2   NAT Source Port       65532 non-null  int64
 3   NAT Destination Port  65532 non-null  int64
 4   Action                65532 non-null  object
 5   Bytes                 65532 non-null  int64
 6   Bytes Sent            65532 non-null  int64
 7   Bytes Received        65532 non-null  int64
 8   Packets               65532 non-null  int64
 9   Elapsed Time (sec)    65532 non-null  int64
 10  pkts_sent             65532 non-null  int64
 11  pkts_received         65532 non-null  int64
dtypes: int64(11), object(1)
memory usage: 6.0+ MB
```

▲ [그림 09-34] 데이터프레임의 구조 파악

[변수 설명]

- Source Port: 클라이언트(발신자)가 사용하는 포트 번호, 웹 브라우저가 임의로 지정한 포트
- Destination Port: 목적지 서버의 포트 번호 ⓓ HTTP(80), HTTPS(443), SSH(22) 등
- NAT Source Port: NAT(Network Address Translation) 적용 후 변환된 소스 포트, 사설 IP에서 공인 IP로 변환될 때 사용
- NAT Destination Port: NAT 이후 목적지 포트가 변환되었을 경우의 포트(주로 포트 포워딩)
- Action: 방화벽의 처리 결과 ⓓ allow, deny, drop, reset-both
- Bytes: 전체 세션 동안 송수신된 총 바이트 수(Bytes Sent + Bytes Received)
- Bytes Sent: 클라이언트(또는 내부에서 외부로)로 보낸 바이트 수
- Bytes Received: 서버(또는 외부에서 내부로)가 받은 바이트 수
- Packets: 세션에서 교환된 총 패킷 수(pkts_sent + pkts_received)
- Elapsed Time(sec): 세션이 유지된 전체 시간(초 단위)
- pkts_sent: 클라이언트 또는 내부 네트워크에서 보낸 패킷 수
- pkts_received: 외부 또는 목적지에서 받은 패킷 수

❷ 데이터프레임의 변수 파악

columns 속성을 사용하여 df_infds 데이터프레임의 변수들을 파악합니다.

```
# 9-2-03
# 데이터 탐색 함수: 데이터프레임의 변수들 파악
df_infds.columns
```

[실행 결과]
```
Index(['Source Port', 'Destination Port', 'NAT Source Port',
       'NAT Destination Port', 'Action', 'Bytes', 'Bytes Sent',
       'Bytes Received', 'Packets', 'Elapsed Time (sec)', 'pkts_sent',
       'pkts_received'],
      dtype='object')
```
▲ [그림 09-35] 데이터프레임의 변수들 파악

❸ Action 변수의 각 범주의 빈도 시각화

Action 변수에 히스토그램을 사용해서 빈도막대(히스토그램)를 작성합니다. 시각화 결과를 보면 접속 허용인 "allow"가 많으나 "deny", "drop", "reset-both"는 모두 접속 차단이기 때문에 이것만으로 판단할 수 없습니다.

```
# 9-2-04
# Action 변수의 각 범주 빈도 시각화
df_infds['Action'].hist()
```

[실행 결과]

▲ [그림 09-36] 각 범주 빈도 시각화

❹ Action 변수의 각 범주의 빈도표

Action 변수의 각 범주의 빈도표를 작성해서 "allow", "deny", "drop", "reset-both"의 접속 건수를 확인합니다.

```
# 9-2-05
# Action 변수의 각 범주 빈도표
df_infds['Action'].value_counts()
```

[실행 결과]

◀ [그림 09-37] 각 범주의 빈도표

❺ Action 변수의 각 범주별 세션 유지 시간 비교

Action 변수 각 범주의 "allow", "deny", "drop", "reset-both"의 세션 유지 시간을 비교합니다. 접속 허용인 "allow"의 세션 유지 시간이 다양한 것은 정상적 접속으로 판단되어 서비스가 이루어지기 때문입니다. 반면에 "deny", "drop", "reset-both"는 비정상적 접속으로 판단되어 차단되기 때문에 서비스 시간이 할당되지 않았습니다.

```
# 9-2-06
# Action 변수의 각 범주별 세션 유지 시간 비교
df_infds.boxplot(by="Action", column=["Elapsed Time (sec)"])
```

[실행 결과]

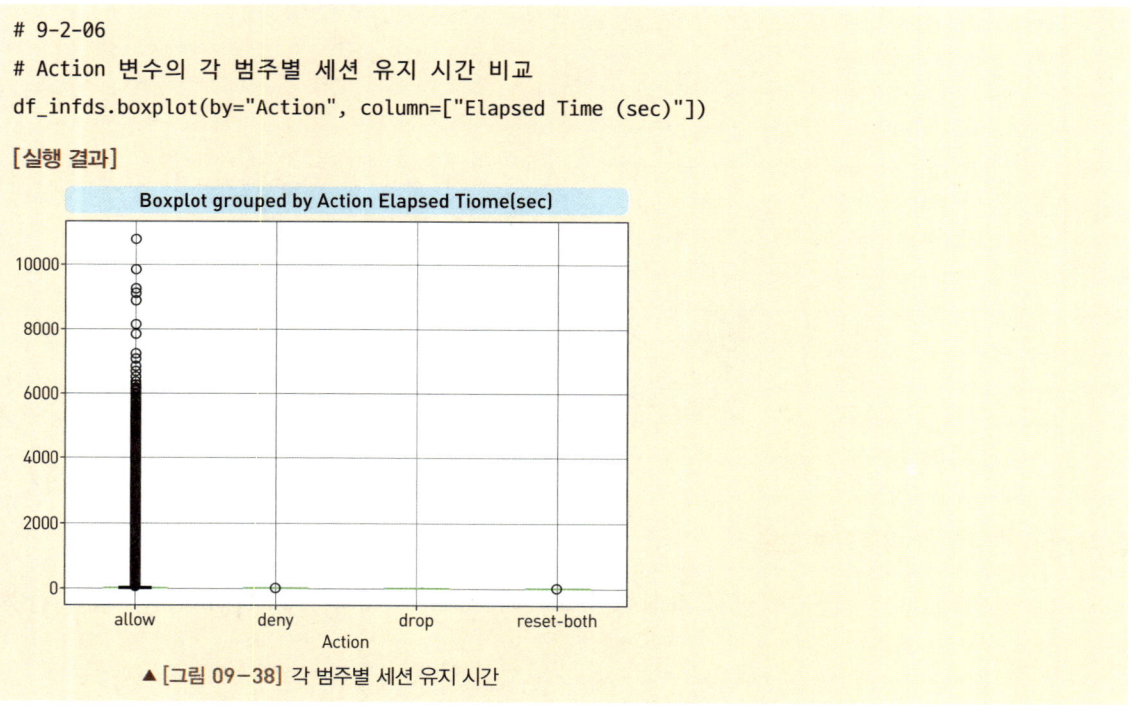

▲ [그림 09-38] 각 범주별 세션 유지 시간

3) 정상적 접근과 비정상적 접근 파악

❶ 정상적 접근 데이터프레임 생성

Action 변수 값이 "allow"인 정상적 접근 데이터를 갖는 df_infds_allow 데이터프레임을 생성합니다. df_infds_allow 데이터프레임은 37640 rows×12 columns 차원을 가집니다.

```
# 9-2-07
# 정상적 접근 데이터프레임 생성

# 정상적 접근인 데이터만으로 이루어진 df_infds_allow 데이터프레임 생성
df_infds_allow = df_infds[df_infds['Action']=="allow"]
df_infds_allow   # 정상적 접근 데이터
```

[실행 결과]

	Source Port	Destination Port	NAT Source Port	NAT Destination Port	Action	Bytes	Bytes Sent	Bytes Received	Packets	Elapsed Time (sec)	pkts_sent	pkts_received
0	57222	53	54587	53	allow	177	94	83	2	30	1	1
1	56258	3389	56258	3389	allow	4768	1600	3168	19	17	10	9
2	6881	50321	43265	50321	allow	238	118	120	2	1199	1	1
3	50553	3389	50553	3389	allow	3327	1438	1889	15	17	8	7
4	50002	443	45848	443	allow	25358	6778	18580	31	16	13	18
...	...	...	...	...	...	...	...	...	...	...	...	...
65512	56985	53	45052	53	allow	711	87	624	2	31	1	1
65525	65323	53	33275	53	allow	356	118	238	2	30	1	1
65526	51710	43069	65147	43069	allow	70	70	0	2	8	2	0
65527	63691	80	13237	80	allow	314	192	122	6	15	4	2
65528	50964	80	13485	80	allow	4680740	67312	4613428	4675	77	985	3690

37640 rows × 12 columns

▲ [그림 09-39] 정상적 접근 데이터프레임 생성

❷ 비정상적 접근 데이터프레임 생성

Action 변수의 값이 "deny", "drop", "reset-both"인 비정상적 접근 데이터를 갖는 df_infds_deny 데이터프레임을 생성합니다. df_infds_deny 데이터프레임은 27892 rows×12 columns 차원을 가집니다.

```
# 9-2-08
# 비정상적 접근 데이터프레임 생성

# 비정상적 접근인 데이터만으로 이루어진 df_infds_deny 데이터프레임 생성
df_infds_deny = df_infds[df_infds['Action']!="allow"]
df_infds_deny   # 비정상적 접근 데이터
```

[실행 결과]

	Source Port	Destination Port	NAT Source Port	NAT Destination Port	Action	Bytes	Bytes Sent	Bytes Received	Packets	Elapsed Time (sec)	pkts_sent	pkts_received
141	51048	445	0	0	drop	70	70	0	1	0	1	0
142	51045	445	0	0	drop	70	70	0	1	0	1	0
143	13394	23	0	0	deny	60	60	0	1	0	1	0
144	61078	57470	0	0	deny	62	62	0	1	0	1	0
145	55725	445	0	0	drop	70	70	0	1	0	1	0
...	...	...	...	...	...	...	...	...	...	...	...	...
65523	55142	26467	0	0	deny	66	66	0	1	0	1	0
65524	53848	36237	0	0	deny	62	62	0	1	0	1	0
65529	54871	445	0	0	drop	70	70	0	1	0	1	0
65530	54870	445	0	0	drop	70	70	0	1	0	1	0
65531	54867	445	0	0	drop	70	70	0	1	0	1	0

27892 rows × 12 columns

▲ [그림 09-40] 비정상적 접근 데이터프레임 생성

❸ 인터넷 방화벽 데이터 Source Port(소스 포트), Destination Port(목적지 포트) 산점도

df_infds 데이터프레임을 사용하여 Source Port(소스 포트), Destination Port(목적지 포트) 산점도 65,532건의 데이터를 시각화합니다. hue="Action" 속성을 사용해서 "allow", "deny", "drop", "reset-both" 범주에 따라 점의 색을 구분했습니다.

```
# 9-2-09
# 인터넷 방화벽 데이터 Source Port(소스 포트), Destination Port(목적지 포트) 산점도
import seaborn as sns

sns.scatterplot(x='Source Port', y='Destination Port', data=df_infds, hue="Action")
plt.title("인터넷 방화벽 데이터 Source Port, Destination Port 산점도")  # 그래프 제목
plt.savefig("plots/인터넷방화벽데이터_SourcePort_DestinationPort_산점도.png")  # 그래프 저장
plt.show()  # 그래프 화면에 표시
```

[실행 결과]

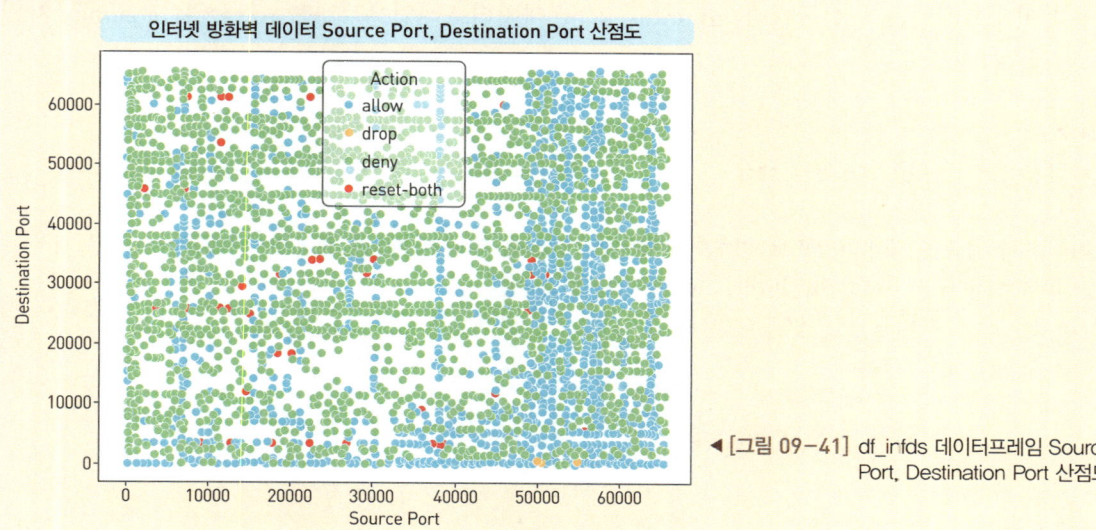

◀ [그림 09-41] df_irfds 데이터프레임 Source Port, Destination Port 산점도

❹ 인터넷 방화벽 데이터 정상적 접근 Source Port, Destination Port 산점도

df_infds_allow 데이터프레임을 사용하여 정상적인 접근 데이터의 Source Port(소스 포트), Destination Port(목적지 포트) 산점도 37,640건의 데이터를 시각화합니다. 정상적인 접근 데이터는 특정 포트를 사용해서 접속한 패턴을 볼 수 있습니다.

```
# 9-2-10
# 인터넷 방화벽 데이터 정상적 접근 Source Port, Destination Port 산점도
import seaborn as sns

sns.scatterplot(x='Source Port', y='Destination Port', data=df_infds_allow, alpha=0.5)
plt.title("인터넷 방화벽 데이터 정상접근 Source Port, Destination Port 산점도")  # 그래프 제목
plt.savefig("plots/인터넷방화벽데이터_정상접근_SourcePort_DestinationPort_산점도.png")  # 그래프 저장
plt.show()  # 그래프 화면에 표시
```

[실행 결과]

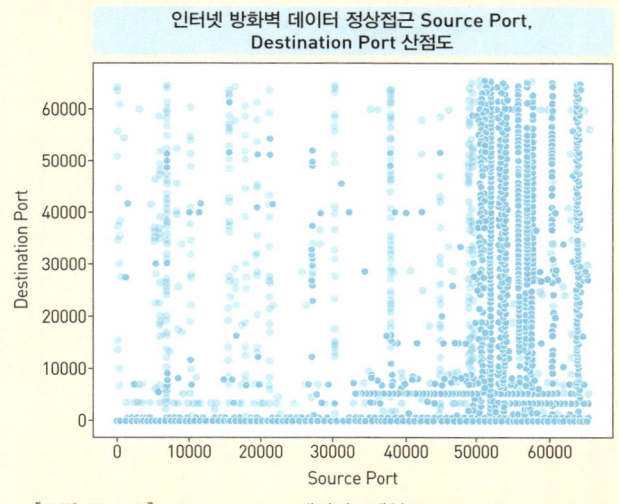

▲ [그림 09-42] df_infds_allow 데이터프레임 Source Port, Destination Port 산점도

❺ 인터넷 방화벽 데이터 비정상적 접근 Source Port, Destination Port 산점도

df_infds_deny 데이터프레임을 사용하여 비정상적인 접근 데이터의 Source Port(소스 포트), Destination Port(목적지 포트) 산점도 27,892건의 데이터를 시각화합니다. 비정상적인 접근 데이터는 무작위적인(랜덤) 포트를 사용하여 접속했음을 알 수 있습니다.

```
# 9-2-11
# 인터넷 방화벽 데이터 비정상적 접근 Source Port, Destination Port 산점도
import seaborn as sns
```

```
sns.scatterplot(x='Source Port', y='Destination Port', data=df_infds_deny, alpha=0.5)
plt.title("인터넷 방화벽 데이터 비정상접근 Source Port, Destination Port 산점도")  # 그래프 제목
plt.savefig("plots/인터넷방화벽데이터_비정상접근_SourcePort_DestinationPort_산점도.png")  # 그래프 저장
plt.show()  # 그래프 화면에 표시
```

[실행 결과]

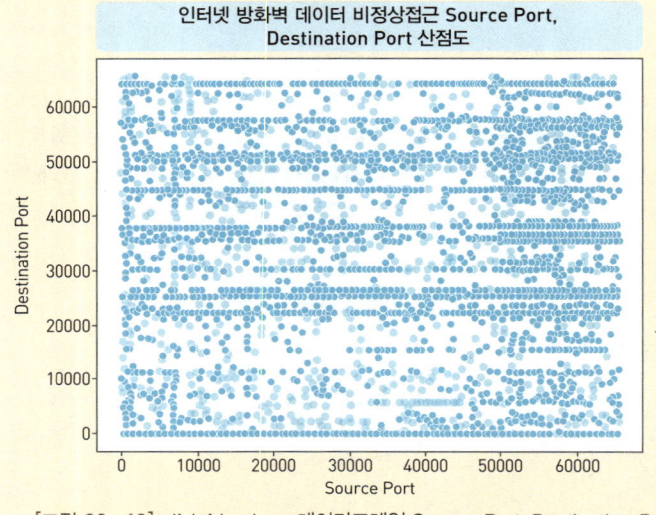

▲ [그림 09-43] df_infds_deny 데이터프레임 Source Port, Destination Port 산점도

4) 머신러닝 분류기를 사용한 인터넷 방화벽 데이터 학습 모델링

인터넷 방화벽 데이터의 정상적인 접근과 비정상적인 접근 학습 모델 선택을 위한 머신러닝 분류기 모델링을 수행합니다. 정답률(auc)의 값이 클수록 좋은 모델입니다. 머신러닝에 대한 자세한 학습은 "CHAPTER 10. 머신러닝"에서 합니다.

❶ df_infds 데이터프레임의 변수들 확인

```
# 9-2-12
# 인터넷 방화벽 데이터를 갖는 df_infds 데이터프레임 변수들 확인
df_infds.columns
```

[실행 결과]

```
Index(['Source Port', 'Destination Port', 'NAT Source Port',
       'NAT Destination Port', 'Action', 'Bytes', 'Bytes Sent',
       'Bytes Received', 'Packets', 'Elapsed Time (sec)', 'pkts_sent',
       'pkts_received'],
      dtype='object')
```

▲ [그림 09-44] df_infds 데이터프레임 변수들 확인

❷ 학습에 사용할 변수만 df_infds_mc로 복제

df_infds 데이터프레임 중 학습에 사용할 변수만 df_infds_mc로 복제합니다. df_infds_mc는 데이터 학습에 사용합니다.

```
# 9-2-13
# df_infds 데이터프레임 중 학습에 사용할 변수만 df_infds_mc로 복제
df_infds_mc = df_infds[['Source Port', 'Destination Port', 'Action']].copy()
df_infds_mc
```

[실행 결과]

	Source Port	Destination Port	Action
0	57222	53	allow
1	56258	3389	allow
2	6881	50321	allow
3	50553	3389	allow
4	50002	443	allow
...	...	...	...
65527	63691	80	allow
65528	50964	80	allow
65529	54871	445	drop
65530	54870	445	drop
65531	54867	445	drop

65532 rows × 3 columns

◀ [그림 09-45] 학습에 사용할 변수만 df_infds_mc로 복제

❸ df_infds_mc 데이터프레임에 label(정답) 변수 생성

df_infds_mc 데이터프레임에 Action 변수의 값이 "allow"이면 1, 그 외("deny", "drop", "reset-both")면 0 값을 갖는 label(정답) 변수를 생성합니다.

```
# 9-2-14
# df_infds_mc 데이터프레임에 label(정답) 변수 생성

# Action 변수의 값이 "allow"이면 1, 그 외("deny", "drop", "reset-both")이면 0
df_infds_mc["label"] = [1 if x=="allow" else 0 for x in df_infds_mc['Action']]
df_infds_mc
```

[실행 결과]

	Source Port	Destination Port	Action	label
0	57222	53	allow	1
1	56258	3389	allow	1
2	6881	50321	allow	1
3	50553	3389	allow	1
4	50002	443	allow	1
...	...	...	...	...
65527	63691	80	allow	1
65528	50964	80	allow	1
65529	54871	445	drop	0
65530	54870	445	drop	0
65531	54867	445	drop	0

65532 rows × 4 columns

◀ [그림 09-46] df_infds_mc 데이터프레임에 label(정답) 변수 생성

❹ 인터넷 방화벽 데이터 학습 모델링

인터넷 방화벽 데이터의 허용과 차단을 학습하는 머신러닝 모델을 선택하기 위한 모델링을 수행합니다. 정답률(auc)이 가장 큰 분류기가 인터넷 방화벽 데이터의 허용과 차단 학습에 맞는 모델입니다. 여기서는 랜덤 포레스트가 정답률=0.91833로 가장 좋습니다. 이렇게 학습한 모델은 새로 들어오는 인터넷 방화벽 데이터를 허용과 차단으로 분류할 수 있습니다.

```python
# 9-2-15
# 머신러닝 분류기를 사용한 인터넷 방화벽 데이터 학습 모델링
import numpy as np
from matplotlib import pyplot as plt
from sklearn.linear_model import LogisticRegression
from sklearn.preprocessing import StandardScaler
from sklearn.pipeline import make_pipeline
from sklearn.tree import DecisionTreeClassifier
from sklearn.ensemble import RandomForestClassifier
from sklearn.naive_bayes import GaussianNB
from sklearn.svm import SVC
import sklearn.metrics as metrics
from sklearn.model_selection import train_test_split


np.random.seed(202503)   # 재현성 확보에 필요


# 모델링할 분류기 이름: 분류기 인스턴스
```

```python
map_classifier = {
        '로지스틱 회귀': make_pipeline(StandardScaler(), LogisticRegression(max_iter=1000)),
        '나이브 베이즈': GaussianNB(),
        '디시전 트리': DecisionTreeClassifier(max_depth=5),
        '랜덤 포레스트': RandomForestClassifier(max_depth=5, n_estimators=10, max_features=1)
}

# 데이터프레임 행을 학습/시험셋으로 나눈다.
data, label = df_infds_mc[df_infds_mc.columns[:2]], df_infds_mc[df_infds_mc.columns[3]]
train_data, test_data, train_label, test_label = train_test_split(data, label, random_state=42)

# 분류기 모델링
print('분류기 성능 비교')
for c_name, model in map_classifier.items():
    model.fit(train_data, train_label)
    # 열마다 True/False 예측 값을 저장
    preds = model.predict_proba(test_data)
    pre = model.predict(test_data)
    pred = pd.Series(preds[:, 1])
    ac_score = metrics.accuracy_score(test_label, pre)
    print("분류기: {0:5s}, 정답률 = {1:.5f}".format(c_name, ac_score))
```

[실행 결과]

```
분류기 성능 비교
분류기: 로지스틱 회귀, 정답률 = 0.69065
분류기: 나이브 베이즈, 정답률 = 0.67601
분류기: 디시전 트리, 정답률 = 0.91143
분류기: 랜덤 포레스트, 정답률 = 0.91833
```

▲ [그림 09-47] 인터넷 방화벽 데이터 학습 모델링 결과

3 보안 로그 데이터(웹 서버 액세스 로그 데이터) 분석

보안 로그 데이터인 웹 서버 액세스 로그 데이터는 비정형 데이터로 정형화 처리 후 사용자 접속 추이 파악 및 예측에 사용합니다.

1) 웹 서버 액세스 로그 데이터 정형화

웹 서버 액세스 로그 데이터(Web Server Access Logs)는 https://www.kaggle.com/datasets/eliasdabbas/web-server-access-logs에서 다운로드한 비정형 데이터인 access.log(3.5G) 파일을 구글

드라이브의 [pda_app]-[data] 폴더로 업로드해도 되고, 예제로 제공되는 일부 데이터인 access_log10000.txt를 사용해도 됩니다. 여기서는 리소스와 처리 속도 문제로 access_log10000.txt를 사용합니다.

❶ 비정형 데이터 웹 액세스 로그 일부 데이터 로드

access_log10000.txt 파일의 일부 데이터를 화면에 출력해서 저장된 데이터의 모양을 파악합니다. 비정형 데이터인 것을 알 수 있습니다.

```
# 9-2-16
# access_log10000.txt 파일의 가장 먼저 저장된 4줄 화면 출력
!head -n 4 data/access_log10000.txt
```

[실행 결과]

```
54.36.149.41 - - [22/Jan/2019:03:56:14 +0330] "GET /filter/27|13%20%D9%85%DA%AF%D8%A7%D9%BE%D8%8C%DA%A9%D8%B3%D9%84,27|%DA%A9%D9%85%D6%AA%D8%B1%20%D8%A7%D8%B2%205%2
31.56.96.51 - - [22/Jan/2019:03:56:16 +0330] "GET /image/60844/productModel/200x200 HTTP/1.1" 200 5667 "https://www.zanbil.ir/m/filter/b113" "Mozilla/5.0 (Linux; Ar
31.56.96.51 - - [22/Jan/2019:03:56:16 +0330] "GET /image/61474/productModel/200x200 HTTP/1.1" 200 5379 "https://www.zanbil.ir/m/filter/b113" "Mozilla/5.0 (Linux; Ar
40.77.167.129 - - [22/Jan/2019:03:56:17 +0330] "GET /image/14925/productModel/100x100 HTTP/1.1" 200 1696 "-" "Mozilla/5.0 (compatible; bingbot/2.0; +http://www.bing
```

▲ [그림 09-48] access_log10000.txt 파일의 일부 출력

❷ 비정형 access_log10000.txt 파일을 읽어서 데이터프레임을 생성

로그 데이터는 정규 표현식을 사용하여 정형화합니다.

re.compile(r'(?P<ip>\d+\.\d+\.\d+\.\d+) - - \[(?P<access_date>[^\]]+)\] "(?:GET|POST) (?P<query>[^\s]+) [^"]+" \d+ \d+ "[^"]*" "(?P<agent>[^"]+)"')은 Apache/Nginx(엔진엑스) 웹 서버의 access log와 같은 형식을 파싱하기 위한 패턴으로 re.compile( )을 통해 이 패턴을 컴파일합니다.

정규식 부분	설명
(?P<ip>\d+\.\d+\.\d+\.\d+)	ip라는 그룹 이름으로 IPv4 주소를 추출 예 123.45.67.89
- -	로그 형식상 고정 문자열(보통 사용자 ID 관련 자리)
\[(?P<access_date>[^\]]+)\]	대괄호([ ])로 감싼 접근 시각(access date) 추출 예 [10/Oct/2020:13:55:36 +0900]
(?:GET|POST)	GET, POST 방식
(?P<query>[^\s]+)	요청 URL의 경로를 추출(공백 전까지)
[^"]+"	HTTP 버전(예 HTTP/1.1) 이후의 따옴표까지 건너뜀
\d+ \d+	응답 코드(예 200) 및 바이트 수(예 5120)

정규식 부분	설명
"[^\"]*"	참조 페이지(referrer)는 무시함
"(?P<agent>[^\"]+)"	사용자 에이전트(User-Agent)를 추출, 사용자 에이전트는 접속 웹 브라우저 예) "Mozilla/5.0 ..."

for match in log_pattern.finditer(log_data):을 사용하여 매칭 후 리스트에 저장하고 데이터프레임을 생성합니다.

```
# 9-2-17
# 비정형 access_log10000.txt 파일을 읽어서 데이터프레임으로 생성

import pandas as pd
import re

# 비정형 로그 파일 읽기
with open('data/access_log10000.txt', 'r') as file:
    log_data = file.read()

# 정규 표현식을 사용하여 로그 데이터를 파싱
log_pattern = re.compile(r'(?P<ip>\d+\.\d+\.\d+\.\d+) - - \[(?P<access_date>[^\]]+)\] "(?:GET|POST) (?P<query>[^\s]+) [^"]+" \d+ \d+ "[^"]*" "(?P<agent>[^"]+)"')

# 매칭된 결과를 리스트에 저장
log_entries = []
for match in log_pattern.finditer(log_data):
    log_entries.append(match.groupdict())

# 데이터프레임 생성
df = pd.DataFrame(log_entries)

# 데이터프레임 출력
df
```

[실행 결과]

	ip	access_date	query	agent
0	54.36.149.41	22/Jan/2019:03:56:14 +0330	/filter/27|13%20%D9%85%DA%AF%D8%A7%D9%BE%DB%8C...	Mozilla/5.0 (compatible; AhrefsBot/6.1; +http:...
1	31.56.96.51	22/Jan/2019:03:56:16 +0330	/image/60844/productModel/200x200	Mozilla/5.0 (Linux; Android 6.0; ALE-L21 Build...
2	31.56.96.51	22/Jan/2019:03:56:16 +0330	/image/61474/productModel/200x200	Mozilla/5.0 (Linux; Android 6.0; ALE-L21 Build...
3	40.77.167.129	22/Jan/2019:03:56:17 +0330	/image/14925/productModel/100x100	Mozilla/5.0 (compatible; bingbot/2.0; +http://...
4	91.99.72.15	22/Jan/2019:03:56:17 +0330	/product/31893/62100/%D8%B3%D8%B4%D9%88%D8%A7%...	Mozilla/5.0 (Windows NT 6.2; Win64; x64; rv:16...
...	...	...	...	...
9820	5.120.22.214	22/Jan/2019:04:36:57 +0330	/blog/home-appliances/%D9%86%DA%A9%D8%A7%D8%AA...	Mozilla/5.0 (Linux; Android 5.1.1; SAMSUNG SM-...
9821	192.15.6.66	22/Jan/2019:04:36:57 +0330	/product/28237/57015/%D9%87%D9%88%D8%AF-%D8%B2...	Mozilla/5.0 (Linux; Android 8.0.0; LG-H990 Bui...
9822	37.129.232.66	22/Jan/2019:04:36:57 +0330	/static/images/guarantees/warranty.png	Mozilla/5.0 (Linux; Android 7.0; RNE-L21 Build...
9823	37.129.232.66	22/Jan/2019:04:36:57 +0330	/static/images/guarantees/bestPrice.png	Mozilla/5.0 (Linux; Android 7.0; RNE-L21 Build...
9824	37.129.232.66	22/Jan/2019:04:36:57 +0330	/static/images/guarantees/goodShopping.png	Mozilla/5.0 (Linux; Android 7.0; RNE-L21 Build...

9825 rows × 4 columns

▲ [그림 09-49] 데이터프레임 생성

❸ 생성된 데이터프레임을 파일로 저장

```python
# 9-2-18
# df 데이터프레임의 내용을 파일로 저장: csv
df.to_csv("data/access_log10000.csv", index=False)
```

[실행 결과]
[data] 폴더에서 "access_log10000.csv" 파일 생성 확인

2) 정형화된 웹 서버 액세스 로그 데이터 로드

❶ 정형 데이터 로그 파일 로드

```python
# 9-2-19
# 정형 데이터 로그 파일 로드
import pandas as pd

df_log = pd.read_csv("data/access_log10000.csv")
df_log  # 정형 데이터 로그 파일
```

[실행 결과]

	ip	access_date	query	agent
0	54.36.149.41	22/Jan/2019:03:56:14 +0330	/filter/27|13%20%D9%85%DA%AF%D8%A7%D9%BE%DB%8C...	Mozilla/5.0 (compatible; AhrefsBot/6.1; +http:...
1	31.56.96.51	22/Jan/2019:03:56:16 +0330	/image/60844/productModel/200x200	Mozilla/5.0 (Linux; Android 6.0; ALE-L21 Build...
2	31.56.96.51	22/Jan/2019:03:56:16 +0330	/image/61474/productModel/200x200	Mozilla/5.0 (Linux; Android 6.0; ALE-L21 Build...
3	40.77.167.129	22/Jan/2019:03:56:17 +0330	/image/14925/productModel/100x100	Mozilla/5.0 (compatible; bingbot/2.0; +http://...
4	91.99.72.15	22/Jan/2019:03:56:17 +0330	/product/31893/62100/%D8%B3%D8%B4%D9%88%D8%A7%...	Mozilla/5.0 (Windows NT 6.2; Win64; x64; rv:16...
...	...	...	...	...
9820	5.120.22.214	22/Jan/2019:04:36:57 +0330	/blog/home-appliances/%D9%86%DA%A9%D8%A7%D8%AA...	Mozilla/5.0 (Linux; Android 5.1.1; SAMSUNG SM-...
9821	192.15.6.66	22/Jan/2019:04:36:57 +0330	/product/28237/57015/%D9%87%D9%88%D8%AF-%D8%B2...	Mozilla/5.0 (Linux; Android 8.0.0; LG-H990 Bui...
9822	37.129.232.66	22/Jan/2019:04:36:57 +0330	/static/images/guarantees/warranty.png	Mozilla/5.0 (Linux; Android 7.0; RNE-L21 Build...
9823	37.129.232.66	22/Jan/2019:04:36:57 +0330	/static/images/guarantees/bestPrice.png	Mozilla/5.0 (Linux; Android 7.0; RNE-L21 Build...
9824	37.129.232.66	22/Jan/2019:04:36:57 +0330	/static/images/guarantees/goodShopping.png	Mozilla/5.0 (Linux; Android 7.0; RNE-L21 Build...

9825 rows × 4 columns

▲ [그림 09-50] 정형 데이터 로그 파일 로드

❷ df_log 데이터프레임 구조 파악

```
# 9-2-20
# df_log 데이터프레임 구조 파악
df_log.info()
```

[실행 결과]

```
<class 'pandas.core.frame.DataFrame'>
RangeIndex: 9825 entries, 0 to 9824
Data columns (total 4 columns):
 #   Column       Non-Null Count  Dtype
---  ------       --------------  -----
 0   ip           9825 non-null   object
 1   access_date  9825 non-null   object
 2   query        9825 non-null   object
 3   agent        9825 non-null   object
dtypes: object(4)
memory usage: 307.2+ KB
```

▲ [그림 09-51] df_log 데이터프레임 구조 파악

❸ df_log 데이터프레임의 [access_date] 변수를 날짜 데이터로 표현

```
# 9-2-21
# df_log 데이터프레임의 [access_date] 변수를 년-월-일 시:분:초 형식의 날짜 데이터로 표현
from datetime import datetime

def convert_date(date_str):
    # 원래 형식: 22/Jan/2019:03:56:14 +0330
    # 변환할 형식: 2019-01-22 03:56:14
    date_format_in = "%d/%b/%Y:%H:%M:%S %z"
```

```
        date_format_out = "%Y-%m-%d %H:%M:%S"
        return datetime.strptime(date_str, date_format_in).strftime(date_format_out)

df_log['access_date'] = df_log['access_date'].apply(convert_date)
df_log['access_date']
```

[실행 결과]

	access_date
0	2019-01-22 03:56:14
1	2019-01-22 03:56:16
2	2019-01-22 03:56:16
3	2019-01-22 03:56:17
4	2019-01-22 03:56:17
...	...
9820	2019-01-22 04:36:57
9821	2019-01-22 04:36:57
9822	2019-01-22 04:36:57
9823	2019-01-22 04:36:57
9824	2019-01-22 04:36:57

9825 rows × 1 columns

dtype: object

◀ [그림 09-52] [access_date] 변수를 년-월-일 시:분:초 형식의 날짜 데이터로 표현

❹ df_log 데이터프레임의 내용을 파일로 저장

```
# 9-2-22
# df_log 데이터프레임의 내용을 파일로 저장: csv, [access_date] 변수가 날짜 형식을 가짐
df_log.to_csv("data/access_log10000.csv", index=False)
```

[실행 결과]
[data] 폴더에서 "access_log10000.csv" 파일 재생성 확인

3) 작업 대상 데이터 선택

❶ 작업에 사용할 로그 파일 로드

```
# 9-2-23
# 작업에 사용할 로그 파일 로드

import pandas as pd
df_log = pd.read_csv("data/access_log10000.csv")
df_log   # 로그 파일
```

[실행 결과]

	ip	access_date	query	agent
0	54.36.149.41	2019-01-22 03:56:14	/filter/27|13%20%D9%85%DA%AF%D8%A7%D9%BE%DB%8C...	Mozilla/5.0 (compatible; AhrefsBot/6.1; +http:...
1	31.56.96.51	2019-01-22 03:56:16	/image/60844/productModel/200x200	Mozilla/5.0 (Linux; Android 6.0; ALE-L21 Build...
2	31.56.96.51	2019-01-22 03:56:16	/image/61474/productModel/200x200	Mozilla/5.0 (Linux; Android 6.0; ALE-L21 Build...
3	40.77.167.129	2019-01-22 03:56:17	/image/14925/productModel/100x100	Mozilla/5.0 (compatible; bingbot/2.0; +http://...
4	91.99.72.15	2019-01-22 03:56:17	/product/31893/62100/%D8%B3%D8%B4%D9%88%D8%A7%...	Mozilla/5.0 (Windows NT 6.2; Win64; x64; rv:16...
...	...	...	...	...
9820	5.120.22.214	2019-01-22 04:36:57	/blog/home-appliances/%D9%86%DA%A9%D8%A7%D8%AA...	Mozilla/5.0 (Linux; Android 5.1.1; SAMSUNG SM-...
9821	192.15.6.66	2019-01-22 04:36:57	/product/28237/57015/%D9%87%D9%88%D8%AF-%D8%B2...	Mozilla/5.0 (Linux; Android 8.0.0; LG-H990 Bui...
9822	37.129.232.66	2019-01-22 04:36:57	/static/images/guarantees/warranty.png	Mozilla/5.0 (Linux; Android 7.0; RNE-L21 Build...
9823	37.129.232.66	2019-01-22 04:36:57	/static/images/guarantees/bestPrice.png	Mozilla/5.0 (Linux; Android 7.0; RNE-L21 Build...
9824	37.129.232.66	2019-01-22 04:36:57	/static/images/guarantees/goodShopping.png	Mozilla/5.0 (Linux; Android 7.0; RNE-L21 Build...

9825 rows × 4 columns

▲ [그림 09-53] 작업에 사용할 로그 파일 로드

❷ [access_date] 변수를 날짜 타입으로 변환

[access_date] 변수를 분 단위로 그룹화하기 위해서는 날짜 데이터 타입 변환이 필요합니다.

```
# 9-2-24
# df_log 데이터프레임의 [access_date] 변수 날짜 타입으로 변환
df_log['access_date'] = pd.to_datetime(df_log['access_date'])
df_log['access_date']
```

[실행 결과]

	access_date
0	2019-01-22 03:56:14
1	2019-01-22 03:56:16
2	2019-01-22 03:56:16
3	2019-01-22 03:56:17
4	2019-01-22 03:56:17
...	...
9820	2019-01-22 04:36:57
9821	2019-01-22 04:36:57
9822	2019-01-22 04:36:57
9823	2019-01-22 04:36:57
9824	2019-01-22 04:36:57

9825 rows × 1 columns

dtype: datetime64[ns]

◀ [그림 09-54] [access_date] 변수를 날짜 타입으로 변환

❸ df_log 데이터프레임의 구조 파악

```
# 9-2-25
# df_log 데이터프레임의 구조 파악
df_log.info()
```

[실행 결과]

```
<class 'pandas.core.frame.DataFrame'>
RangeIndex: 9825 entries, 0 to 9824
Data columns (total 4 columns):
 #   Column       Non-Null Count  Dtype
---  ------       --------------  -----
 0   ip           9825 non-null   object
 1   access_date  9825 non-null   datetime64[ns]
 2   query        9825 non-null   object
 3   agent        9825 non-null   object
dtypes: datetime64[ns](1), object(3)
memory usage: 307.2+ KB
```

▲ [그림 09-55] df_log 데이터프레임의 구조 파악

4) 보안 로그 데이터 접속 사용자 추이 파악과 ARIMA 시계열 예측

❶ 분 단위로 그룹화하여 분당 데이터 건수 데이터프레임 생성

```
# 9-2-26
# 분 단위로 그룹화해서 분당 데이터 건수 데이터프레임 생성

# 분 단위로 그룹화하여 카운트
df_log['minute'] = df_log['access_date'].dt.floor('min')
grouped = df_log.groupby('minute').size().reset_index(name='counts')

# 데이터프레임 출력
grouped   # 분 단위로 그룹화한 데이터프레임
```

[실행 결과]

	minute	counts
0	2019-01-22 03:56:00	239
1	2019-01-22 03:57:00	285
2	2019-01-22 03:58:00	326
3	2019-01-22 03:59:00	419
4	2019-01-22 04:00:00	228
5	2019-01-22 04:01:00	237
6	2019-01-22 04:02:00	161
7	2019-01-22 04:03:00	167

◀ [그림 09-56] grouped 데이터프레임 생성

❷ 관측된 로그 데이터 시계열 표시

```
# 9-2-27
# 로그 데이터 시계열 표시: 현 상태

grouped.plot.line(x='minute', y='counts', figsize=(8,5))  # 시계열 그래프
plt.title("웹서버 로그데이터 분당 시계열")  # 그래프 제목
plt.savefig("plots/웹서버_로그데이터_분당_시계열.png")  # 그래프 저장
plt.show()  # 그래프 화면 표시
```

[실행 결과]

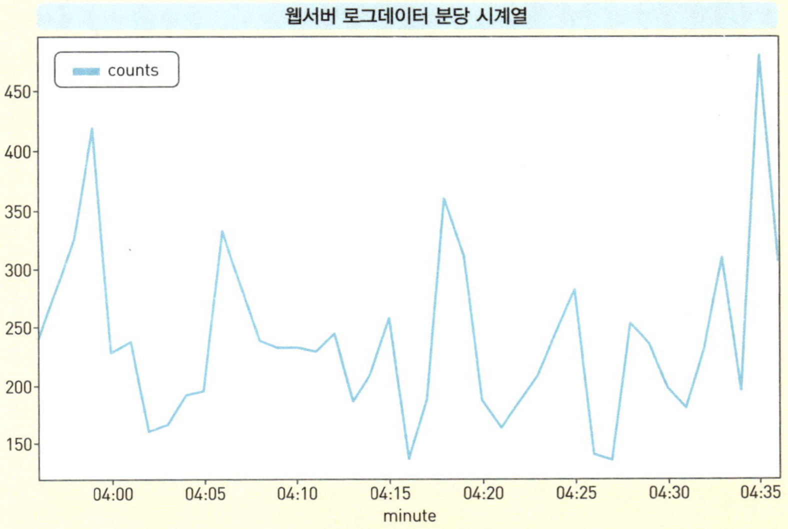

▲ [그림 09-57] 관측된 로그 데이터 시계열 표시

❸ 보안 로그 데이터 접속 사용자 수 추이 ARIMA 시계열 예측

```
# 9-2-28
# 보안 로그 데이터 접속 사용자 수 추이 ARIMA 시계열 예측
import pandas as pd
import matplotlib.pyplot as plt
from statsmodels.tsa.arima.model import ARIMA
import warnings

# ARIMA 모델을 위한 데이터 준비
log_counts = grouped['counts']

# 모델 생성 및 학습
model = ARIMA(log_counts, order=(5, 1, 0))  # (p, d, q) 설정
```

```python
warnings.filterwarnings("ignore")
model_fit = model.fit()

# 앞으로 5분간 예측
forecast_steps = 5
forecast = model_fit.forecast(steps=forecast_steps)

# 예측 결과를 기존 데이터프레임에 추가
forecast_series = pd.Series(forecast)
extended_log_counts = pd.concat([log_counts, forecast_series])

# 시간 인덱스 생성
start_time = grouped['minute'].iloc[0]
end_time = grouped['minute'].iloc[-1] + pd.Timedelta(minutes=forecast_steps)
time_index = pd.date_range(start=start_time, end=end_time, freq='T')

# extended_log_counts에 시간 인덱스 부여 후 데이터프레임으로 변환
extended_log_counts.index = time_index
df1 = pd.DataFrame(extended_log_counts)
df1.rename(columns={0: 'counts'}, inplace=True)
df1.index.name='minute'

# 관측 값과 예측 값의 경계를 위한 마지막 관측 시간 얻어내기
forecast_start_time = grouped['minute'].iloc[-1]  # 마지막 관측 시각

# 결과 출력 및 시각화
df1.plot.line(y='counts', label='Observed and Forecast', color='blue', figsize=(10, 5))
plt.axvline(x=forecast_start_time, color='red', linestyle='--', label='Forecast Start')
plt.xlabel('Time')  # x축 레이블
plt.ylabel('Log Counts')  # y축 레이블
plt.legend()  # 범례 표시
plt.title('ARIMA를 사용한 웹 서버 접속자수 ARIMA 시계열 예측')  # 그래프 제목
plt.savefig("plots/로그데이터_접속자수_ARIMA시계열예측.png")  # 그래프 저장
plt.show()  # 그래프 화면 표시
```

[실행 결과]

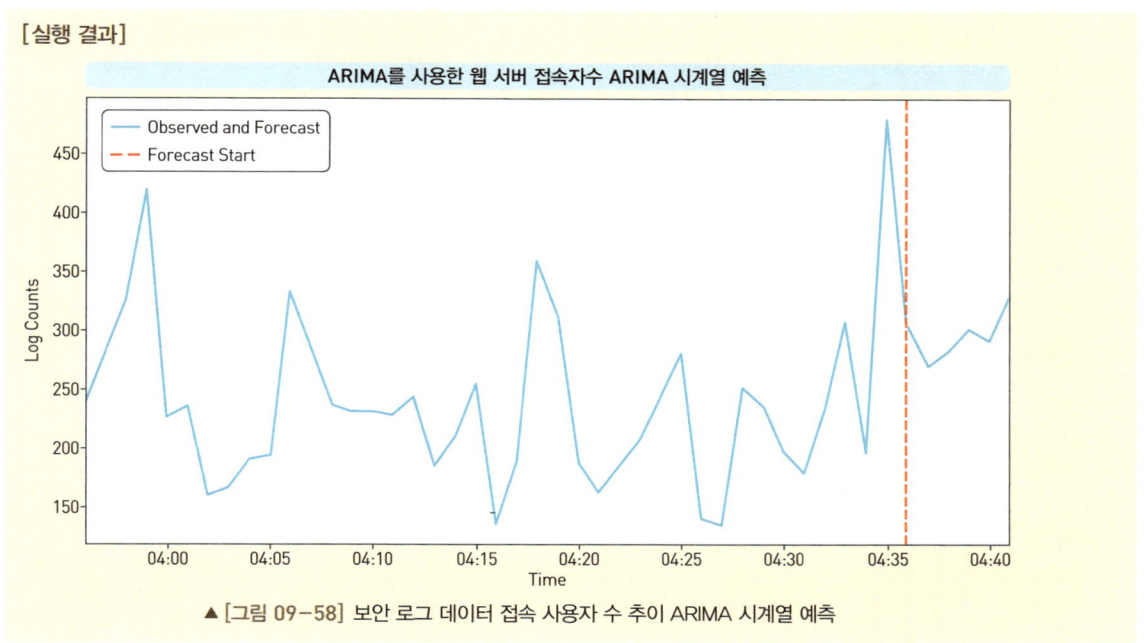

▲ [그림 09-58] 보안 로그 데이터 접속 사용자 수 추이 ARIMA 시계열 예측

> **알아두기** 비정형 로그 데이터 손실 없이 처리하는 방법
>
> • https://www.kaggle.com/code/eliasdabbas/webserver-log-file-analysis 사이트를 참조해서 파쿼드(parquet) 파일 처리 방법을 사용

03 삼일운동 데이터 군집분석

    삼일운동 데이터는 공공데이터포털(data.go.kr)에서 '교육부 국사편찬위원회_한국사데이터베이스 정보_삼일운동DB 데이터_ 사건 정보'를 다운로드하여 사용했습니다. 이 데이터는 사건명, 시위 장소명, 시위 참가자 수, 사망자 수가 기록된 2,619건의 데이터입니다. 시위의 연도와 월은 알 수 있으나 정확한 날짜를 알 수 없는 경우는 '1919-04-99'와 같이 표현되어 있습니다. 이 이상치 날짜는 보정하지 않고 사용합니다. 다만 월별로 추이를 파악할 때 보정해서 사용합니다. 삼일운동 데이터를 사용해서 삼일운동이 가장 많이 일어났던 지역 및 일별, 월별 추이 파악 및 사건의 시위 참가자 수, 사망자 수를 토대로 군집 분석을 수행합니다. 직접 이 데이터를 다운로드할 경우에는 https://www.data.go.kr/data/15064310/fileData.do에서 합니다.

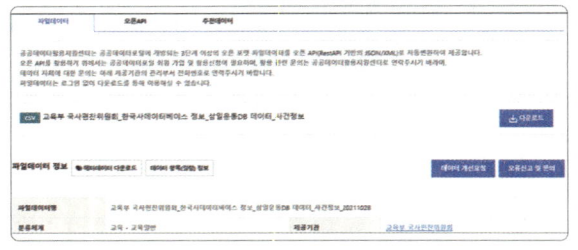
▲ [그림 09-59] 삼일운동 데이터 다운로드 위치

▲ [그림 09-60] 삼일운동 데이터 미리보기

1 목표 설정

삼일운동 데이터의 2,619건의 시위를 시위 참가자 수, 사망자 수를 토대로 군집분석을 수행합니다.

> ♥ 목표
> ▶ 삼일운동 데이터 군집분석
>   ① 데이터 로드: 삼일운동 데이터(한국사데이터베이스 정보 삼일운동DB 데이터, 삼일운동DB데이터_사건정보.csv)
>   ② 삼일운동 데이터 월별 추이 파악
>   ③ 삼일운동 데이터 지역별 빈도 파악
>   ④ 삼일운동 데이터 군집분석

2 삼일운동 데이터 군집분석

삼일운동 데이터로부터 삼일운동이 가장 많이 일어났던 지역 및 월별 추이를 파악하고, 사건의 사망자 수를 토대로 군집분석을 수행합니다.

1) 삼일운동 데이터 로드 및 데이터프레임 탐색

❶ 삼일운동 데이터 로드

```
# 9-2-29
# 삼일운동 데이터 로드
df_31 = pd.read_csv("data/삼일운동DB데이터_사건정보.csv", encoding="cp949")
df_31  # 삼일운동 데이터
```

[실행 결과]

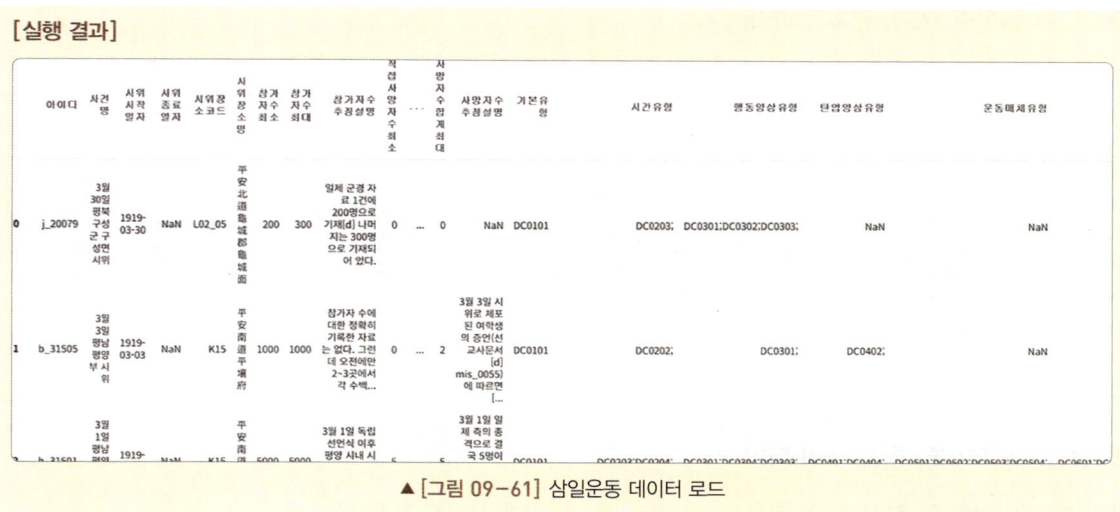

▲ [그림 09-61] 삼일운동 데이터 로드

❷ df_31 데이터프레임 구조 파악

```
# 9-2-30
# df_31 데이터프레임 구조 파악
df_31.info()
```

[실행 결과]

```
<class 'pandas.core.frame.DataFrame'>
RangeIndex: 2619 entries, 0 to 2618
Data columns (total 24 columns):
 #   Column      Non-Null Count  Dtype
---  ------      --------------  -----
 0   아이디         2619 non-null   object
 1   사건명         2619 non-null   object
 2   시위시작일자      2619 non-null   object
 3   시위종료일자      214 non-null    object
 4   시위장소코드      2618 non-null   object
 5   시위장소명       2523 non-null   object
 6   참가자수최소      2619 non-null   int64
 7   참가자수최대      2619 non-null   int64
 8   참가자수추정설명    1028 non-null   object
 9   직접사망자수최소    2619 non-null   int64
 10  직접사망자수최대    2619 non-null   int64
 11  사후사망자수최소    2619 non-null   int64
 12  사후사망자수최대    2619 non-null   int64
 13  사망자수합계최소    2619 non-null   int64
 14  사망자수합계최대    2619 non-null   int64
 15  사망자수추정설명    184 non-null    object
 16  기본유형        2619 non-null   object
 17  시간유형        1046 non-null   object
 18  행동양상유형      1998 non-null   object
 19  탄압양상유형      282 non-null    object
 20  운동매체유형      1537 non-null   object
 21  운동주체유형      1721 non-null   object
 22  제공          2614 non-null   object
 23  제공일시        2619 non-null   object
dtypes: int64(8), object(16)
memory usage: 491.2+ KB
```

▲ [그림 09-62] df_31 데이터프레임 구조 파악

❸ df_31 데이터프레임 변수들 파악

```
# 9-2-31
# df_31 데이터프레임 변수들 파악
df_31.columns
```

[실행 결과]
```
Index(['아이디', '사건명', '시위시작일자', '시위종료일자', '시위장소코드', '시위장소명', '참가자수최소', '참가자수최대',
       '참가자수추정설명', '직접사망자수최소', '직접사망자수최대', '사후사망자수최소', '사후사망자수최대', '사망자수합계최소',
       '사망자수합계최대', '사망자수추정설명', '기본유형', '시간유형', '행동양상유형', '탄압양상유형', '운동매체유형',
       '운동주체유형', '제공', '제공일시'],
      dtype='object')
```

▲ [그림 09-63] df_31 데이터프레임 변수들 파악

2) 삼일운동 데이터 월별 추이 파악

❶ 날짜 데이터의 일 값이 99인 경우 01로 변경 후 년-월 형식으로 표현

pd.to_datetime(df_31_cp['시위시작일자'].str.replace("99", "01")).dt.to_period('M')을 사용해서 날짜 데이터의 일 값이 99인 경우 01로 변경 후 년-월 형식으로 표현합니다.

```
# 9-2-32
# 데이터프레임 복제본 생성 후 날짜 데이터 일 값이 99인 경우 01로 변경 후 년-월 형식으로 표현

# df_31 데이터프레임 복제본 df_31_cp 생성
df_31_cp = df_31.copy()

# 날짜 데이터의 일 값이 99인 경우 01로 변경 후 년-월 형식 표현
df_31_cp['시위_년월'] = pd.to_datetime(df_31_cp['시위시작일자'].str.replace("99", "01")).dt.to_period('M')
df_31_cp['시위_년월']
```

[실행 결과]

	시위_년월
0	1919-03
1	1919-03
2	1919-03
3	1919-04
4	1919-03
...	...
2614	1919-04
2615	1919-03
2616	1919-03
2617	1919-03
2618	1919-03

2619 rows × 1 columns

dtype: period[M]

◀ [그림 09-64] 날짜 데이터의 일 값이 99인 경우 01로 변경 후 년-월 형식 표현

❷ 시위_년월로 그룹화한 df_31_cp_group 데이터프레임 생성

```
# 9-2-33
# 시위_년월로 그룹화한 df_31_cp_group 데이터프레임 생성

df_31_cp_group = df_31_cp.groupby('시위_년월').size()
df_31_cp_group.rename('시위건수', inplace=True)
df_31_cp_group
```

[실행 결과]

시위_년월	시위건수
1919-01	3
1919-02	10
1919-03	1527
1919-04	944
1919-05	48
1919-06	22
1919-07	6
1919-08	14
1919-09	9
1919-10	16
1919-11	14
1919-12	6

dtype: int64

◀ [그림 09-65] df_31_cp_group 데이터프레임 생성

❸ **삼일운동 월별 시위 건수 추이 시각화**

```
# 9-2-34
# 삼일운동 월별 시위 건수 추이 시각화

df_31_cp_group.plot.line(y="시위건수", figsize=(8,5))  # 시계열 그래프
plt.title("삼일운동 월별 시위건수")  # 그래프 제목
plt.xlabel("월")  # x축 레이블
plt.ylabel("시위건수")  # y축 레이블
plt.savefig("plots/삼일운동_월별_시위건수_추이.png")  # 그래프 제목
plt.show()  # 그래프 화면 표시
```

[실행 결과]

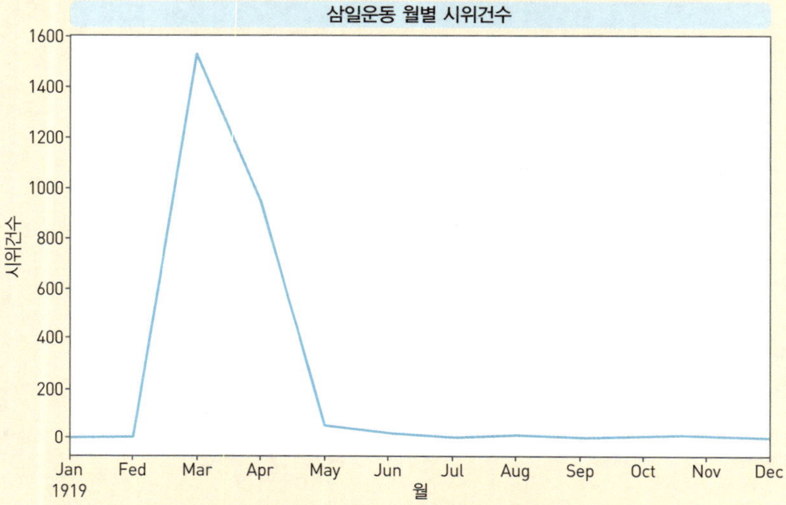

▲ [그림 09-66] 삼일운동 월별 시위 건수 추이 시각화

3) 삼일운동 데이터 지역별 빈도 파악

❶ **삼일운동 시위 장소 상위 10곳 빈도 구함**

삼일운동은 경기도에서 가장 많이 발생했으며 다음으로 황해도, 평안북도 순임을 알 수 있습니다.

```
# 9-2-35
# 삼일운동 시위 장소 상위 10곳 빈도 구함
import pandas as pd
from collections import Counter

df = df_31['시위장소명'].dropna()
dm_lo = df.str.split(" ")
```

```
# 텍스트 생성
words = []
for word in dm_lo:
    words += word

frequency = Counter(words)  # 시위 장소별 빈도

# 삼일운동 시위 장소별 빈도 데이터프레임 생성
df_31_lo = pd.DataFrame(frequency.items(), columns=['Word', 'Frequency'])
df_31_lo = df_31_lo.sort_values(by='Frequency', ascending=False)
df_31_lo.rename(columns={'Word':'시위장소', 'Frequency':'횟수'}, inplace=True)

# 삼일운동 시위 장소 상위 10곳
df_31_lo_top10 = df_31_lo.head(10)
df_31_lo_top10
```

[실행 결과]

	시위장소	횟수
5	京畿道	555
11	黃海道	226
0	平安北道	217
23	慶尙南道	194
3	平安南道	181
73	忠淸南道	176
31	慶尙北道	175
57	咸鏡南道	133
141	江原道	122
71	京城府	113

▲ [그림 09-67] 삼일운동 시위 장소 상위 10곳 빈도 구함

❷ 삼일운동 시위 장소 상위 10곳 시각화

```
# 9-2-36
# 삼일운동 시위 장소 상위 10곳 시각화

df_31_lo_top10.plot.bar(x='시위장소', y='횟수', rot=45)  # 막대 그래프
plt.title('삼일운동 시위장소 상위 10곳')  # 그래프 제목
plt.savefig("plots/삼일운동_시위장소_상위10_막대그래프.png")
plt.show()
```

[실행 결과]

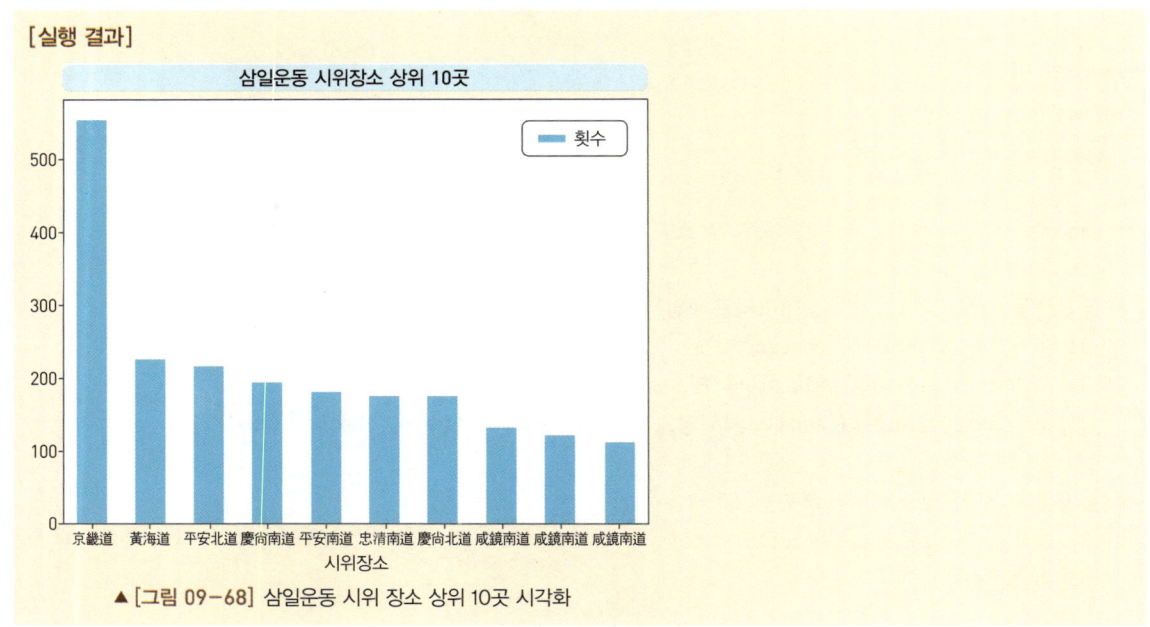

▲ [그림 09-68] 삼일운동 시위 장소 상위 10곳 시각화

4) 삼일운동 데이터 군집분석

❶ 삼일운동 데이터 군집분석

각 군집은 시위 참가자 수, 사망자 수로부터 생성된 특성 테이블 값을 통해서 3가지 군집으로 나뉨을 알 수 있습니다. 군집 0은 소규모 및 평화적 시위로 분류되고, 군집 1은 중간 규모의

군집	참가자수최소	참가자수최대	직접사망자수최소	직접사망자수최대
0	281.293057	358.836210	0.216341	0.285769
1	1633.333333	2066.666667	34.500000	62.166667
2	13791.666667	20000.000000	0.833333	3.500000

▲ [그림 09-69] 삼일운동 데이터 군집 특성 테이블

시위지만 사망자 수가 매우 높아 매우 격렬한 시위로 분류됩니다. 군집 2는 대규모 시위지만 사망자 수가 상대적으로 적은 경우로, 대규모 평화적 시위로 분류됩니다.

▼ [표 09-02] 삼일운동 데이터 군집 특징 설명

군집 0	군집 1	군집 2
• 참가자 수 최소: 평균 281.29명 • 참가자 수 최대: 평균 358.84명 • 직접사망자 수 최소: 평균 0.22명 • 직접사망자 수 최대: 평균 0.29명 • 특성: 군집 0은 비교적 작은 규모의 시위로 참가자 수가 몇 백 명 수준임, 사망자 수는 거의 없는 경우가 많아서 대체로 평화로운 시위일 가능성이 높음	• 참가자 수 최소: 평균 1,633.33명 • 참가자 수 최대: 평균 2,066.67명 • 직접사망자 수 최소: 평균 34.5명 • 직접사망자 수 최대: 평균 62.17명 • 특성: 군집 1은 중간 규모의 시위로 참가자 수가 수천 명 수준임. 그러나 사망자 수가 매우 높아 이 군집의 시위는 매우 격렬한 양상을 가짐	• 참가자 수 최소: 평균 13,791.67명 • 참가자 수 최대: 평균 20,000명 • 직접사망자 수 최소: 평균 0.83명 • 직접사망자 수 최대: 평균 3.5명 • 특성: 군집 2는 대규모 시위로 수천 명에서 만 명 이상이 참가, 사망자 수는 군집 0보다 다소 높지만 상대적으로 적은 편임. 이는 대규모 시위지만 상대적으로 평화적일 수 있음

```python
# 9-2-37
# 삼일운동 데이터 군집분석
import pandas as pd
import numpy as np
from sklearn.cluster import KMeans
import matplotlib.pyplot as plt
from sklearn.preprocessing import StandardScaler

# 데이터 로드
data = df_31

# 필요한 열 선택 및 결측 값 처리
columns_to_use = ['참가자수최소', '참가자수최대', '직접사망자수최소', '직접사망자수최대']
data_selected = data[columns_to_use].dropna()

# 데이터 정규화
scaler = StandardScaler()
data_scaled = scaler.fit_transform(data_selected)

# 최적의 군집 수 결정(엘보우 기법)
wcss = []
for i in range(1, 11):
    kmeans = KMeans(n_clusters=i, init='k-means++', max_iter=300, n_init=10, random_state=0)
    kmeans.fit(data_scaled)
    wcss.append(kmeans.inertia_)

# 엘보우 그래프
plt.plot(range(1, 11), wcss)
plt.title('엘보우 기법을 이용한 최적의 군집 수 찾기')
plt.xlabel('군집 수')
plt.ylabel('WCSS')
plt.savefig("plots/삼일운동_엘보우기법_최적군집수찾기.png")
plt.show()

# K-평균 군집화 수행(여기서는 군집 수를 3으로 가정)
kmeans = KMeans(n_clusters=3, init='k-means++', max_iter=300, n_init=10, random_state=0)
clusters = kmeans.fit_predict(data_scaled)

# 군집 결과를 데이터프레임에 추가
data_selected['군집'] = clusters
```

```python
# 각 군집의 특성 파악
cluster_summary = data_selected.groupby('군집').mean()

print(cluster_summary)  # 각 군집의 특성 테이블 출력

# 결과 시각화
plt.scatter(data_scaled[:, 0], data_scaled[:, 1], c=clusters, s=50, cmap='viridis')
centers = kmeans.cluster_centers_
plt.scatter(centers[:, 0], centers[:, 1], c='red', s=200, alpha=0.75)
plt.title('K-평균 군집화 결과')
plt.xlabel('참가자수최소 (정규화된 값)')
plt.ylabel('참가자수최대 (정규화된 값)')
plt.savefig("plots/삼일운동_K-평균군집화결과.png")
plt.show()
```

[실행 결과]

▲ [그림 09-70] 엘보우 기법을 이용한 최적의 군집 수 찾기

군집	참가자수최소	참가자수최대	직접 사망자수최소	직접 사망자수최대
0	281.293057	358.836210	0.216341	0.285769
1	1633.333333	2066.666667	34.500000	62.166667
2	13791.666667	20000.000000	0.833333	3.500000

▲ [그림 09-71] 각 군집의 특성 테이블 출력

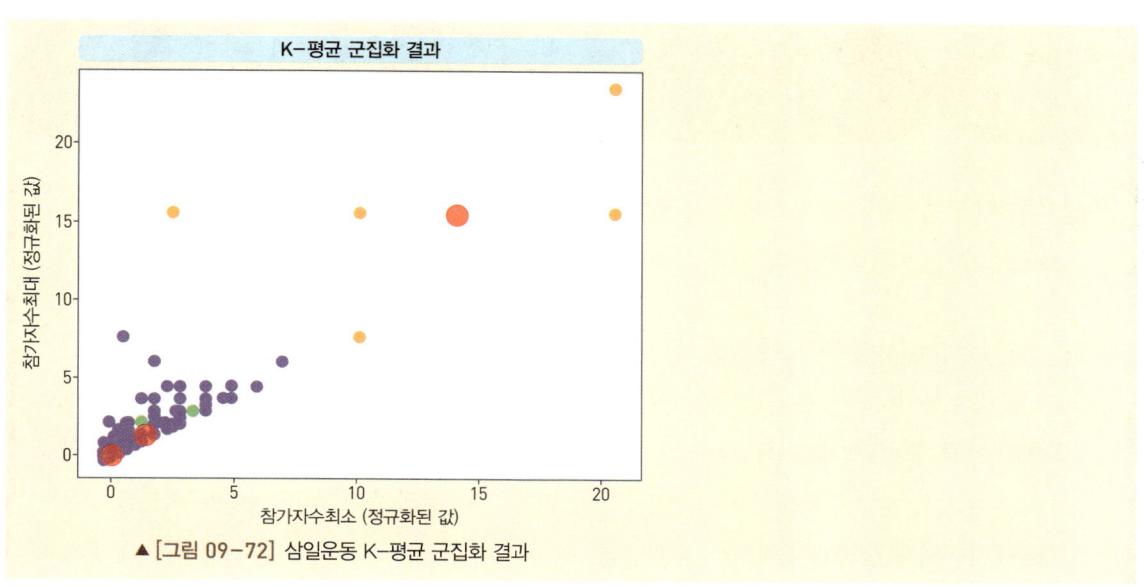

▲ [그림 09-72] 삼일운동 K-평균 군집화 결과

CHAPTER 09 정리

- ☑ 데이터 분석은 분석의 목표에 따라 분석하는 기법이 다르기 때문에 분석을 수행하기 전에 반드시 목표부터 설정해야 한다.

- ☑ 상권 데이터 분석은 지도에 상권 데이터 정보를 표시해서 상권이 발달한 곳을 확인하고, 유동인구의 흐름이나 공공 주차장 건설 여부 등의 여러 문제를 해결하는 데 필요하다. 이 CHAPTER에서 상권 데이터의 분석 목표는 상권 데이터를 통해 행정구역, 업종별 상권 특징 파악을 파악하고, 시각화 분석을 통해서 지도상에서 상가 위치 표시, 상권 클러스터링, 단계구획도를 사용해서 상권의 현 상태를 파악하는 데 있다.

- ☑ 보안 데이터 분석은 인터넷을 통해 서버로 접속하는 접속자들의 정보를 통해 보다 안전한 시스템을 유지하는 것이 목적이다. 이 CHAPTER에서는 인터넷 방화벽 보안 데이터를 사용하여 인터넷을 통해 접속하는 접속자들의 정상적 또는 비정상적 접근 판별, 웹 서버 로그 데이터를 사용한 사이트의 접속자 추이 등을 파악해서 보안 데이터의 현 상황 파악과 미래 추이를 예측하는 데 목적이 있다.

- ☑ 군집분석은 사건의 특징적 변수를 통해 군집을 분류하여 집단을 나누는 것이 목적이다. 여기서는 삼일운동 데이터를 통해 2,619건이나 있었던 삼일운동의 월별 시위 추이와 가장 많은 시위가 있었던 지역을 파악하고 2,619건의 시위를 시위 참가자 수, 사망자 수를 토대로 군집분석을 통해 데이터를 이해하고 파악하는 데 목적이 있다.

연습문제 — CHAPTER 09

01 "서울시_중구_공영주차장정보.csv" 데이터 파일을 로드하여 공영주차장의 위도, 경도 값을 사용해서 주차장의 위치를 지도에 표시하시오. 이때 마커를 추가하며, 마커 클릭 시 주차장명이 표시되도록 하시오.

```
# 작업 데이터 생성: df_jg_pl
# 기준 위치: s_lct = [37.5666612, 126.9783785]
```

02 "2012-2024_폭염일수.xlsx" 데이터를 로드하여 지점, 지속일수를 사용해서 지점별 폭염지속일수 분산분석을 수행하시오.

```
# 작업 데이터 생성: df_hw
```

03 "2024_seoul_gu_od2.xlsx" 데이터를 로드하여 2024년 서울시 노령화지수 데이터의 자치구, 노령화지수를 기반으로 군집분석을 수행하시오.

```
# 작업 데이터 생성: df_od
```

정답 377쪽

CHAPTER 10 머신러닝

머신러닝은 정형 데이터를 인공지능에 학습시켜 예측에 사용하는 것으로 데이터로부터 결과를 판별/분류하는 분류분석과 데이터로부터 결과 값을 예측하는 회귀분석이 있습니다. 분류분석과 회귀분석의 모델은 데이터에 따라서 최적의 성능을 발휘하는 것이 다르기 때문에 항상 여러 모델을 비교·평가하여 최적의 모델을 찾아내는 모델링을 수행합니다.

여기서는 머신러닝의 개요와 분류분석, 회귀분석 모델링을 하는 방법에 대해서 학습합니다.

여기서 할 일

❶ 머신러닝의 개요를 알아보자.
❷ 머신러닝 분류분석, 회귀분석 모델링을 알아보자.

이 CHAPTER의 핵심

❶ **머신러닝 개요**
  - 머신러닝 기본 개념, 학습 원리, 학습/시험 데이터, 과적합 문제
  - 분류분석 예측 모델, 회귀분석 예측 모델

❷ **머신러닝 분류분석/회귀분석 예측 모델링**
  - 머신러닝 분류분석 예측 모델링
  - 머신러닝 회귀분석 예측 모델링

01 머신러닝 개요

여기서는 머신러닝의 정의, 학습 원리, 학습/시험 데이터, 과적합 문제, 특징 값 및 분류분석/회귀분석 예측 모델에 대해서 살펴봅니다.

1 머신러닝 정의, 학습 원리, 과적합

1) 머신러닝 정의

머신러닝은 인공지능을 위한 연구과제 중 하나로 인간의 뇌가 자연스럽게 수행하는 학습을 컴퓨터 공학을 이용해서 구현한 것입니다. 여기서 머신은 인공지능을, 러닝은 학습을 의미하는 것으로 데이터를 사용하여 인공지능을 학습시켜 원하는 문제를 해결합니다. 이때의 문제는 주로 예측 문제입니다. 머신러닝은 인공지능에 데이터를 학습시켜 사람이 수행할 경우 비효율적인 일들, 예를 들어 스팸메일 걸러내기, 신용사기 판단, 사진에서 특정 이미지 판별 등과 같은 것을 인공지능을 이용하여 해결하게 하는 것입니다.

2) 머신러닝의 학습 원리 및 종류

머신러닝의 학습 원리는 먼저 기존 데이터를 사용하여 분석을 수행해서 데이터로부터 일정한 규칙을 찾아냅니다. 그리고 찾아낸 규칙을 기반으로 새로운 데이터를 분류하거나 값을 예측합니다. 이를 사용해서 스팸메일 판단, 이미지 판별, 안면 인식, 게임, 의료 진단, 기상 예측, 로봇 개발 등을 수행합니다.

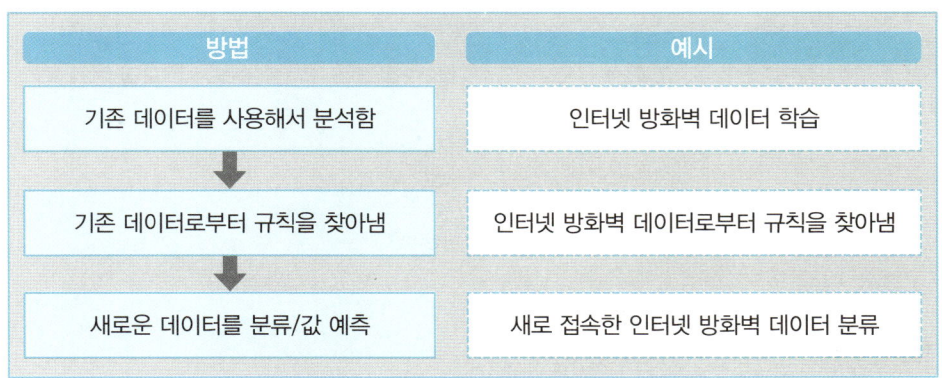

▲ [그림 10-01] 머신러닝 학습 원리 및 예시

머신러닝의 종류에는 지도학습, 비지도학습, 강화학습이 있습니다. 지도학습은 예측에 많이 사용하며, 비지도학습은 단순한 경향 파악용으로 사용합니다. 강화학습은 지도학습과 비지도학습을 결합해서 사용합니다.

▼ [표 10-01] 머신러닝 종류와 특징

구분	지도학습	비지도학습	강화학습
학습 방법	데이터와 정답을 같이 학습	데이터만 입력해서 학습	데이터와 부분적인 정답을 입력해서 학습
학습 결과	다른 데이터의 정답을 예측	다른 데이터의 규칙성을 찾음, 단순한 경향만 파악	데이터를 기반으로 최적의 답을 찾아냄
예시	환자의 혈액 정보를 입력받아 질병 여부 판단 등	군집 분류: 범죄 데이터를 기반으로 지역 군집화 등	로봇의 경로 추적, 자율주행자동차 주차 등

머신러닝은 데이터 수집, 전처리, 데이터 학습을 거쳐 모델을 평가합니다. 모델 평가 결과가 만족스럽지 않은 경우 모델을 변경해서 학습합니다. 이런 번거로운 과정을 피하기 위해 모델링을 통해 데이터에 맞는 모델을 찾아서 학습합니다.

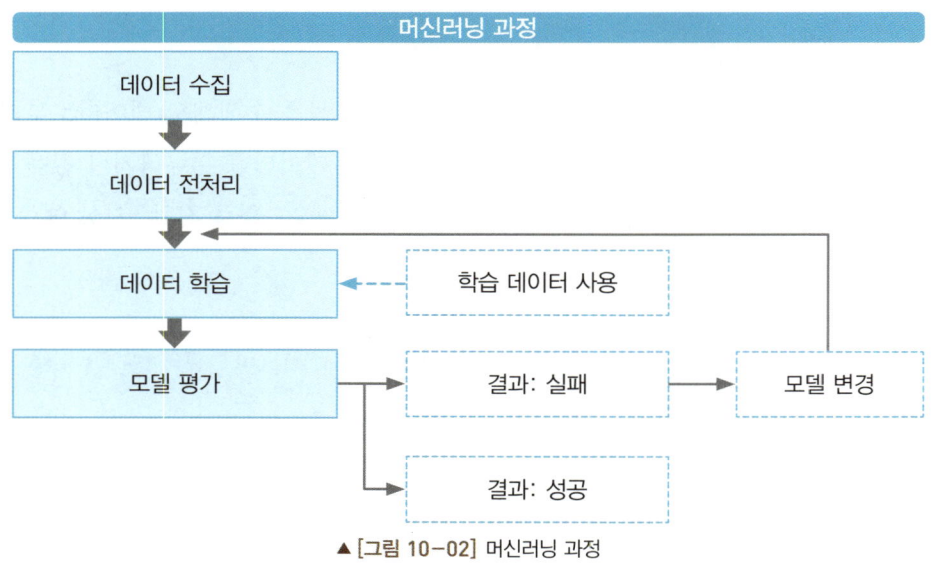

▲ [그림 10-02] 머신러닝 과정

3) 학습/시험 데이터, 과적합(overfitting) 문제

머신러닝에서 모델을 학습시킬 때 사용하는 데이터에는 학습 데이터(train), 검증 데이터(validation), 시험 데이터(test)가 있습니다.

▼ [표 10-02] 학습 데이터, 검증 데이터, 시험 데이터 용도

데이터	용도
학습 데이터 (train)	• 모델이 학습하는 데 사용하는 데이터 • 데이터(X)와 정답(Y) 레이블 모두 포함하며, 모델의 가중치/파라미터를 최적화하기 위해 사용 　예 인터넷 방화벽 데이터가 접속 허용인지 아닌지를 학습하는 데이터
검증 데이터 (validation)	• 모델을 학습하는 중간 과정에서 성능 점검 데이터 • 데이터(X)와 정답(Y) 레이블 모두 포함하며, 과적합 여부 확인/하이퍼파라미터 조정 등을 수행, 학습에는 사용되지 않지만 학습 도중 평가에는 사용됨 　- 하이퍼파라미터: 모델의 성능과 관련된 파라미터
시험 데이터 (test)	• 최종 성능 평가에 사용되는 데이터 • 데이터(X)와 정답(Y) 레이블 모두 포함하며, 실제 배포했을 때 모델이 얼마나 잘 작동할지 최종 점검 • 이 데이터는 학습/검증에 절대 사용하지 않은 데이터를 사용해야 함

학습 데이터는 학습에 사용하는 데이터, 검증 데이터는 중간 과정에서 성능을 점검하는 데이터, 시험 데이터는 모든 학습이 끝난 모델의 최종 평가에 사용되는 데이터입니다. 시험 데이터는 학습/검증에 사용되지 않은 데이터를 사용합니다. 만일 학습/검증에 사용한 데이터를 시험 데이터로 사용하면 과적합이 발생합니다. 과적합은 학습 데이터에서는 완벽하게 작동하나, 학습에 사용하지 않은 데이터(새 데이터)에서 동작이 잘 되지 않음을 의미합니다. 원인은 학습 데이터를 시험에 사용하거나, 데이터가 너무 적거나, 모델이 데이터에 맞지 않는 등의 여러 이유가 있습니다. 해결 방법은 학습 데이터는 시험에 사용하지 않으며 데이터가 너무 적으면 데이터의 양을 늘리고, 모델이 맞지 않으면 모델을 변경하는 방법이 있습니다.

학습/검증/시험 데이터와 관련된 문제에서 과적합의 해결 방안으로는 실제 데이터의 일부만으로 학습하고 나머지 데이터로 성능을 시험하는 방법이 있습니다. 이 방법은 데이터를 무작위로 학습 데이터와 시험(테스트) 데이터로 나눠 K겹 교차검증을 하는 것입니다. 라이브러리에서 제공하는 모델의 학습 함수들은 모두 이 방법으로 구현되어 있습니다.

> **K겹 교차검증**: 전체 데이터를 K개로 나눔, 학습 데이터 K-1개 사용, 나머지 1개로 시험, 이것을 K번 반복한 후 성능의 평균을 분류기의 성능으로 사용

전체 데이터에서 학습 데이터, 시험 데이터는 일반적으로 70%, 30%로 나눕니다. 만일 학습 데이터, 검증 데이터, 시험 데이터로 나눌 경우 일반적으로 50%, 25%, 25% 또는 60%, 20%, 20%로 나눕니다. 데이터가 계속 추가되는 경우에는 기존 데이터로 학습하거나 새 데이터를 검

증 또는 시험 데이터로 사용해서 모델을 데이터 변화에 적응시킵니다. 이 책은 학습 데이터, 시험 데이터만 다룹니다.

4) 특징 값 추출

머신러닝으로 의미 있는 결과를 얻어내려면 특징 값 추출을 잘해야 합니다. 특징 값은 요소나 값을 구분할 수 있는 것으로, 특징 값을 기반으로 상황 판단을 학습시키면 새로운 값에 대한 예측도 가능합니다. 머신은 학습된 데이터를 기반으로 계산에 의해 특징 구분을 찾습니다. 예를 들어 어떤 값의 그룹을 분류할 때, 점과 점 사이의 거리를 구해서 합니다. 거리가 가까우면, 비슷한 데이터(같은 그룹)라고 판정합니다. 이를 기반으로 데이터의 특징을 찾고 이를 학습시켜, 머신러닝에서 학습을 기반으로 분류하는 시스템이 만들어집니다.

다음은 대표적인 특징 값과 그에 대한 설명입니다.

▼ [표 10-03] 특징 값의 종류

대표적인 특징 값	설명
Null 값	• 값이 없다는 것이 하나의 특징 ◉ 시험 점수가 없다는 것은 결시생, 특정 시점에서 관측치 데이터가 없다는 것은 기계 고장/이상치
계산으로 찾아내는 특징 값	• 모조변수(가변수, dummy variable) 또는 원-핫 인코딩: 특정 범주형 변수 값일 경우 1, 그렇지 않을 경우 0으로 표기 ◉ "Allow"이면 1, 그렇지 않으면 0 – 단점: 범주가 많으면 모조변수가 많아짐, 학습 데이터에는 없으나 시험 데이터에는 있는 범주가 존재할 수 있음 ◉ 계절성 모조변수를 추가하면 봄, 여름, 가을, 겨울의 4개의 변수가 추가됨 | 계절	추가된 모조변수 |||| |---|---|---|---|---| | | 봄 | 여름 | 가을 | 겨울 | | 봄 | 1 | 0 | 0 | 0 | | 여름 | 0 | 1 | 0 | 0 | | 가을 | 0 | 0 | 1 | 0 | | 겨울 | 0 | 0 | 0 | 1 | ▲ [그림 10-03] 모조변수 – 원-핫 인코딩(One-Hot Encoding): 범주형 변수를 표현하는 방법, 범주형 변수를 0 또는 1을 가진 새로운 특성으로 변환 – 머신러닝/딥러닝에서 인공지능 학습을 위해 사용되는 것으로, 자연어 처리에서 문자를 숫자로 바꿀 때도 사용됨 • 순위: 이상치 처리에 사용할 수 있음, 학습 데이터와 시험 데이터를 합쳐서 순위를 매김

대표적인 특징 값	설명

계산으로
찾아내는
특징 값
	– 단점: 데이터를 작은 값에서 큰 값으로 정렬하기 때문에 연산량이 늘어나며 병렬 처리도 안 됨
	• 데이터 비닝(data binning): 히스토그램과 같이 값을 작은 그룹(bin)으로 분류, 4분위수의 경우 데이터를 4개의 그룹으로 나눔, 순위를 사용한 단점은 해결해 주나 데이터의 정밀도가 떨어짐
	• 로그 함수: 변수의 값의 범위가 큰 경우 범위를 줄여주기 위해 사용, 아주 큰 값의 이상치 문제도 어느 정도 해결 가능해짐
	  – 소득의 분포를 확인할 때 로그 함수를 많이 사용
	  – 로그는 0 값이 존재하지 않아서 0 값은 1이나 0.1 등의 아주 작은 값으로 치환을 해주며, 이 경우 모든 값에 치환 값을 더해줘야 함

데이터를 대표하는 대표 값	• 평균, 중위수, 상관계수 등등
복잡한 특징 값	• 이미지 데이터 주성분 분석: 데이터 간의 유사도 추정으로 어떤 특정 이미지에 해당하는지를 판단 • 데이터 군집화: 데이터를 군집으로 분류하면 특정 그룹으로 나눌 수 있음, 특정 집단을 특징으로 구분 가능 • 특정 단어 출현 빈도: 문서의 유사도나 문서의 범주 판단에 사용 가능
예측할 특징 값 직접 결정	• 버튼 클릭 수: 광고 버튼 클릭 수, 예측할 특징 값 • 구매 예측: 제품의 비구매 사유가 마음에 안 듦 또는 필요 없음 구분 • 시계열 데이터에서 사건 발생 예측: 기계 고장의 간격이나 전조 등을 파악

2 분류분석 예측 모델

분류분석은 범주형 변수 예측에 사용하며 결과가 일반적으로 예/아니오와 같은 이진으로 분류됩니다. 대부분의 분류분석 알고리즘은 이진 분류에서 잘 작동되며, 셋 이상의 범주인 k개일 경우 각 범주별로 분류기를 k번 학습하는 방식으로 라이브러리가 제공해 줍니다. 따라서 머신러닝 알고리즘은 일반적으로 라이브러리가 제공하는 것을 그대로 사용하며, 이 책에서는 복잡한 수식인 모델의 알고리즘은 다루지 않습니다. 처음부터 어려운 수식이 나오면 학습에 흥미를 잃기 때문입니다. 나중에 필요할 경우 알고리즘인 모델의 수식을 학습하기 바랍니다.

1) 분류분석 예측 모델 사용 방법

머신러닝 분류분석 예측 모델(이하 머신러닝 분류기)은 파이썬에서는 사이킷런(scikits.learn, sklearn) 라이브러리에서 제공합니다. 머신러닝 분류기는 분류기 학습 후 학습된 분류기로 새 데이터를 분류(예측)하는 순서로 진행됩니다. 정답률은 머신러닝 분류기 모델을 평가하는 기준입니다.

▼ [표 10-04] 머신러닝 분류기 순서

순서	설명 및 코드
1. 데이터, 정답 준비	`# 데이터: data, 정답: label` `data, label = df_log_ml[df_log_ml.columns[:2]], df_log_ml[df_log_ml.columns[4]]`
2. 학습 데이터, 시험 데이터, 학습 데이터 정답, 시험 데이터 정답	`# 학습 데이터: train_data, 시험 데이터: test_data, 학습 데이터 정답: train_label, 시험 데이터 정답: test_label` `train_data, test_data, train_label, test_label = train_test_split(data, label, random_state=42)`

3. 데이터 학습	`# 분류기 모델 선택 후 학습`
	`# 모델 학습: model.fit(학습 데이터, 학습 데이터 정답)`
	`model = DecisionTreeClassifier(max_depth=5)`
	`model.fit(train_data, train_label)`

4. 데이터 예측	`# 모델.predict(시험 데이터)` `pre = model.predict(test_data)`

5. 모델 평가	`# 정답률 구함`
	`metrics.accuracy_score(시험데이터정답, 예측결과)`
	`ac_score = metrics.accuracy_score(test_label, pre)`

■ 머신러닝 분류기 실습

❶ 머신러닝용 인터넷 방화벽 보안 데이터 로드

```
# 10-1-01
import pandas as pd

# 머신러닝용 인터넷 방화벽 보안 데이터 로드 후 df_log_ml 데이터프레임 생성
df_log_ml = pd.read_csv("data/log_ml.csv")
df_log_ml   # 인터넷 방화벽 데이터 저장 데이터프레임
```

[실행 결과]

	Source Port	Destination Port	NAT Source Port	NAT Destination Port	label
0	57222	53	54587	53	1
1	56258	3389	56258	3389	1
2	6881	50321	43265	50321	1
3	50553	3389	50553	3389	1
4	50002	443	45848	443	1
...	...	...	...	...	...
65527	63691	80	13237	80	1
65528	50964	80	13485	80	1
65529	54871	445	0	0	0
65530	54870	445	0	0	0
65531	54867	445	0	0	0

65532 rows × 5 columns

◀ [그림 10-04] df_log_ml 데이터프레임 생성

❷ 디시전 트리를 사용한 인터넷 방화벽 데이터 학습

```
# 10-1-02
# 머신러닝 분류기 디시전 트리를 사용한 인터넷 방화벽 데이터 학습
import numpy as np
from sklearn.tree import DecisionTreeClassifier
import sklearn.metrics as metrics
from sklearn.model_selection import train_test_split

np.random.seed(202503)   # 재현성 확보에 필요

# 1. 데이터, 정답 준비
data, label = df_log_ml[df_log_ml.columns[:2]], df_log_ml[df_log_ml.columns[4]]

# 2. 학습 데이터, 시험 데이터, 학습 데이터 정답, 시험 데이터 정답으로 나눔
train_data, test_data, train_label, test_label = train_test_split(data, label, random_state=42)

# 3. 데이터 학습
# 분류기 모델 선택: 디시전 트리
model = DecisionTreeClassifier(max_depth=5)
# 모델 학습: model.fit(학습 데이터, 학습 데이터 정답)
model.fit(train_data, train_label)

# 4. 데이터 예측
# 모델.predict(시험 데이터)
pre = model.predict(test_data)

# 5. 모델 평가
# 정답률 구함
ac_score = metrics.accuracy_score(test_label, pre)
print("분류기: {0:5s}, 정답률 = {1:.5f}".format("디시전트리", ac_score))
```

[실행 결과]
분류기: 디시전트리, 정답률 = 0.91143

추가로 모델링을 한 경우, 최적의 분류기 모델을 선택하여 다시 학습을 진행한 후 학습 결과를 파일로 저장합니다. 이렇게 저장된 파일은 새 데이터를 예측할 때 사용하며, 학습 결과 파일은 사이킷런에서는 pickle(피클스) 데이터로 저장됩니다. 저장은 joblib 라이브러리의 joblib.dump( ) 함수를 사용합니다.

학습 결과를 파일로 저장하는 예

```
import joblib
joblib.dump(model, "data/log2_model.joblib")
```

저장된 학습 결과는 joblib.load( ) 함수를 사용하여 불러옵니다.

저장된 학습 결과를 불러오는 예

```
log_pre = joblib.load("data/log2_model.joblib")
```

저장된 학습 결과를 사용하여 검증 데이터를 사용한 예측 후 분류한 정답률을 계산할 수 있습니다.

학습 검증 예

```
result = log_pre.predict(df_log_ml_smp_test[df_log_ml_smp_test.columns[0:4]])
true_data = df_log_ml_smp_test[df_log_ml_smp_test.columns[4]].values

# 판별한 결과로 정답률 계산
rlist = 0
for i in range(result.size):
    if(result[i] == true_data[i]):
        rlist += 1

tr = rlist / result.size
print("Ture rate : " + str(tr))
```

2) 분류기 평가

분류기의 성능 평가 요인은 '원하는 것을 얼마나 잘 찾는가?', '원하지 않는 것을 얼마나 잘 걸러내는가?' 입니다. 평가의 기준을 낮춰서 함부로 양성(참을 참으로 평가)으로 평가하면 거짓 양성(false positive, 오탐)이 늘어납니다. 예를 들어 질병이 아닌데 질병이라고 판단하게 됩니다. 반대로 평가의 기준을 너무 높이면 양성 평가를 내리기 어렵고 거짓 음성(false negative, 미탐)이 늘어납니다. 예를 들어 질병인데 질병이 아니라고 판단하게 됩니다.

분류기 성능을 평가하는 지표에는 참 양성비(true positive rate, tpr), 거짓 양성비(false positive rate, fpr), 정확도(auc, 정답률), 정밀도(precision), 재현율(recall), F1 등이 있습니다. 참 양성비(tpr)는 1에 가까울수록, 거짓 양성비(fpr)는 0에 가까울수록 좋습니다. 또한 정확도(auc, 정답률), 정밀도(precision), 재현율(recall), F1 값은 클수록 좋은 성능을 가진 모델입니다.

▼ [표 10-05] 분류기 성능 평가 지표

분류기 성능 평가 기준	설명
참 양성비 (true positive rate, tpr)	실제 값이 참인 데이터(표본) 중 참이라고 판단을 내리는 비율. 참을 참이라고 판단을 내리는 비율로, 높을수록 좋으며 최댓값은 1.0
거짓 양성비 (false positive rate, fpr)	실제 값이 거짓인 데이터(표본) 중 참이라고 판단을 내리는 비율. 거짓을 참이라고 판단을 내리는 비율로, 낮을수록 좋으며 0.0일 경우 이상적인 값
정확도(auc, 정답률)	정답률
정밀도(precision)	참(양성)이라고 출력한 데이터(표본) 중에서 실제 참에 속하는 데이터의 비율로, 높을수록 좋음
재현율(recall)	실제 참에 속하는 데이터 중에서 참이라 출력된 데이터의 비율로, 높을수록 좋음
F1	정밀도와 재현율로 구하며, 높을수록 좋음

3) 분류기의 종류 및 특징

머신러닝 분류기에는 디시전 트리, 랜덤 포레스트, 서포트 벡터머신(SVM, 주로 분류와 회귀분석에 사용됨), 로지스틱 회귀, 나이브 베이즈 등이 있습니다. 예측하는 문제에 따라 정답 예측률이 다르며, 이는 해당 문제에 맞는 모형이 있기 때문입니다. 일반적으로 여러 모형을 테스트해서 가장 높은 정답률을 가진 모형을 선택하는 모델링 과정을 거칩니다.

❶ **디시전 트리(Decision Tree, 의사결정 트리, 결정 트리)**

질문에 의해 둘로 나뉜 가지가 다시 질문에 의해서 가지를 나누는 방식으로, 질문은 노드로 표현하고 질문에 따른 분기는 가지로 표현합니다. 질문은 변수 값의 범위 또는 예/아니오로 분기되는 범주에 대한 질문이 있으며 트리의 끝에 도달하면 정답이 무엇인지, 예측 값의 확률이 결정됩니다.

디시전 트리의 평가 기준은 정보 이득, 지니 불순도(클래스가 얼마나 잘 분리되어 있는지를 나타냄)를 사용합니다. 간단한 원리로 동작되는 디시전 트리는 이해가 쉬우며 학습 속도가 빠른 반면, 이것을 사용해서 데이터에 대한 통찰력을 얻기 어렵습니다.

✔ **사이킷런에서 디시전 트리 사용 방법**

예시
```
from sklearn.tree import DecisionTreeClassifier  # 라이브러리에서 DecisionTreeClassifier 로드
model = DecisionTreeClassifier(max_depth=5)  # 모델 생성
model.fit(train_data, train_label) # 학습 데이터 학습
predic = model.predict(test_data) # 학습 결과로 시험 데이터 정답 예측
```

✅ DecisionTreeClassifier( ) 클래스의 주요 옵션

이 옵션들을 적절히 설정하여 모델의 성능을 최적화할 수 있음, 최적의 설정을 찾기 위해서는 교차 검증과 하이퍼파라미터 튜닝에 사용

- criterion: 분할 품질을 측정하는 기준. 기본값: 'gini', 선택 사항: 'gini' (Gini impurity), 'entropy' (Information gain)
  - Gini 불순도는 클래스가 얼마나 잘 분리되어 있는지를 나타내며, 값이 낮을수록 해당 노드의 불순도가 낮음을 의미
  - entropy(엔트로피)는 데이터의 혼잡도를 측정하며, 값이 낮을수록 해당 노드의 불확실성이 낮음을 의미
- splitter: 분할 시 노드를 분할할 전략. 기본값: 'best', 선택 사항: 'best'(최적의 분할), 'random'(임의 분할)
- max_depth: 트리의 최대 깊이, 설정하지 않으면 모든 리프가 순수하거나 min_samples_split 이하의 샘플 수를 가질 때까지 확장. 기본값: None
- min_samples_split: 내부 노드를 분할하는 데 필요한 최소 샘플 수. 기본값: 2, 유형: int 또는 float(int일 경우 샘플 수, float일 경우 비율)
- min_samples_leaf: 리프 노드가 되기 위해 필요한 최소 샘플 수. 기본값: 1, 유형: int 또는 float
- min_weight_fraction_leaf: 리프 노드가 되기 위해 필요한 최소 샘플 가중치의 비율. 기본값: 0.0
- max_features: 각 분할에서 고려할 최대 특성 수. 기본값: None(모든 특성을 사용), 옵션: int, float, str ('auto', 'sqrt', 'log2'), 또는 None
- random_state: 무작위 수를 제어하기 위한 시드, 재현성을 위해 설정. 기본값: None
- max_leaf_nodes: 최대 리프 노드 수, 설정하면 best-first 전략을 사용하여 트리가 확장. 기본값: None
- min_impurity_decrease: 분할이 노드의 불순도를 감소시키기 위해 필요한 최소 값. 기본값: 0.0
- class_weight: 클래스 가중치. 기본값: None(모든 클래스 동일 가중치), 옵션: dict, list of dict 또는 'balanced'
- ccp_alpha: 비용 복잡성 가지치기의 복잡성 매개변수, 가지치기를 통해 불필요한 노드를 제거. 기본값: 0.0

❷ 랜덤 포레스트(Random Forest)

데이터를 무작위로 나눠 디시전 트리 여러 개에 학습시켜 모아 놓은 분류기로, 여러 디시전 트리의 평균 예측 값을 예측 값으로 사용합니다. 랜덤 포레스트는 트리마다 다른 과적합이 발생해도 모으면 상쇄된다는 원리를 가진 앙상블 분류기입니다.

앙상블 분류기(Ensemble Method)는 분류기 여러 개를 학습시키고 그 결과를 합쳐서 예측 값을 정하는 분류 방법으로 분류기를 여러 개 학습시켜 각각의 결과를 합치면 안정적이고 좋은 효과를 갖는 분류기를 얻는 특징이 있습니다. 성능이 비교적 좋으며 특징 값이 많아도 잘 작동하며, 데이터의 전처리 방식에 영향을 받지 않는 장점이 있습니다.

✅ 사이킷런에서 랜덤 포레스트 사용 방법

예시
```
from sklearn.ensemble import RandomForestClassifier  # 라이브러리에서 RandomForestClassifier 로드
# n_estimator-트리 수, max_features-트리 분할에 사용되는 변수의 개수
model = RandomForestClassifier(max_depth=5, n_estimators=10, max_features=1)
```

```
model.fit(train_data, train_label)   # 학습 데이터 학습
predic =model.predict(test_data)   # 학습 데이터 학습 결과로 테스트 데이터 정답 예측
```

✅ **RandomForestClassifier( ) 클래스의 주요 옵션**
- n_estimators: 사용할 트리의 수. 기본값: 100, 타입: int
- criterion: 분할 품질을 측정하는 기준. 기본값: 'gini', 선택 사항: 'gini' (Gini impurity), 'entropy' (Information gain), 'log_loss' (Log loss)
- max_depth: 개별 트리의 최대 깊이. 기본값: None(모든 리프가 순수하거나 min_samples_split 이하의 샘플 수를 가질 때까지 확장)
- min_samples_split: 내부 노드를 분할하는 데 필요한 최소 샘플 수. 기본값: 2, 타입: int 또는 float(int일 경우 샘플 수, float일 경우 비율)
- min_samples_leaf: 리프 노드가 되기 위해 필요한 최소 샘플 수. 기본값: 1, 타입: int 또는 float
- min_weight_fraction_leaf: 리프 노드가 되기 위해 필요한 최소 샘플 가중치의 비율. 기본값: 0.0
- max_features: 각 분할에서 고려할 최대 특성 수. 기본값: 'auto', 선택 사항: int, float, 'auto', 'sqrt', 'log2', 또는 None
- max_leaf_nodes: 최대 리프 노드 수. 기본값: None
- min_impurity_decrease: 노드 분할을 위해 필요한 최소 불순도 감소. 기본값: 0.0
- bootstrap: 부트스트랩 샘플링을 사용할지 여부. 기본값: True
- oob_score: OOB(out-of-bag) 샘플을 사용하여 모델을 평가할지 여부. 기본값: False
- n_jobs: 작업을 병렬로 실행할 때 사용할 CPU 코어 수. 기본값: None(모든 코어 사용), 선택 사항: int
- random_state: 무작위 수를 제어하기 위한 시드, 재현성을 위해 설정할 수 있음. 기본값: None
- verbose: 학습 과정의 진행 상황을 출력할지 여부. 기본값: 0(출력 없음)
- warm_start: True로 설정하면, 이전 학습 결과를 사용하여 모델을 추가적으로 학습할 수 있음. 기본값: False
- class_weight: 클래스 가중치를 설정. 기본값: None(모든 클래스 동일 가중치), 선택 사항: dict, list of dict, 'balanced', 'balanced_subsample'
- ccp_alpha: 비용 복잡성 가지치기의 복잡성 매개변수, 가지치기를 통해 불필요한 노드를 제거. 기본값: 0.0
- max_samples: 각 트리를 훈련시키기 위해 그려야 하는 샘플 수, 부트스트랩 샘플링이 활성화된 경우에만 사용. 기본값: None

❸ **서포트 벡터머신(Support Vector Machine, SVM)**

　서포트 벡터머신은 모든 데이터 표본을 d차원 벡터로 보고 두 범주에 속하는 데이터 샘플을 분리하는 초평면을 찾는 과정을 통해 학습하며, 초평면이 존재하는 경우 데이터가 선형 구분이 가능합니다. 초평면의 마진(간격)은 초평면과 제일 가까운 데이터 표본과의 거리로, 서포트 벡터머신 학습은 이 간격을 최대화하는 초평면을 찾습니다. 단순하고 사용하기 쉬우며 분류 성능도 좋은 편입니다.

✅ **사이킷런에서 서포트 벡터머신 사용 방법**

예시
```
from sklearn.svm import SVC   # 라이브러리에서 SVC 로드
```

```
# 레이블(정답)이 3개 이상인 경우 probability=True를 주는 것이 좋음
model = SVC(probability=True)   # 모델 생성
model.fit(train_data, train_label) # 학습 데이터 학습
predic =model.predict(test_data) # 학습 데이터 학습 결과로 테스트 데이터 정답 예측
```

✅ SVC( ) 클래스의 주요 옵션

- C: 규제 매개변수로 값이 크면 학습 데이터에 과적합할 가능성이 높아짐, 값이 작으면 모델의 규제가 강해져 과소적합될 수 있음
- kernel: 사용할 커널 함수로, 모델의 비선형성을 처리하는 방법을 지정. 'linear', 'poly', 'rbf', 'sigmoid', 'precomputed' 중 선택
- degree: 다항 커널 함수에서 사용되는 다항식의 차수
- gamma: 커널 계수로, 'scale'은 1 / (n_features * X.var( ))로 설정되고, 'auto'는 1 / n_features로 설정
- coef0: 다항 커널 및 시그모이드 커널에서 상수항을 추가하는 데 사용
- shrinking: 수축 휴리스틱을 사용할지 여부를 설정
- probability: 확률 추정치를 활성화할지 여부를 설정, True로 설정하면 predict_proba 메서드를 사용할 수 있음
- tol: 정밀도 향상을 위한 허용 오차를 설정
- cache_size: 커널 계산을 위한 캐시 크기(MB)를 설정
- class_weight: 클래스 가중치를 설정, 'balanced'로 설정하면 클래스 빈도에 따라 가중치를 자동으로 조정
- verbose: 훈련 과정의 진행 상황을 출력할지 여부를 설정
- max_iter: 알고리즘의 최대 반복 횟수를 설정, -1로 설정하면 제한이 없음
- decision_function_shape: 의사 결정 함수의 모양을 지정. 'ovr'는 one-vs-rest, 'ovo'는 one-vs-one 방식
- break_ties: 타이 브레이킹을 수행할지 여부를 설정
- random_state: 무작위 수를 제어하기 위한 시드를 설정, 확률적 요소가 포함된 경우 재현성을 위해 설정할 수 있음

❹ 로지스틱 회귀(Logistic Regression)

성능과 해석력이 좋은 분류기로, 특징 값이 많을 경우 그 중에서 제일 중요한 몇 개만 선택하는 것이 아니라 여러 값을 두루 사용합니다. 따라서 데이터가 마구 섞여 데이터 구분이 어려운 경우에는 데이터 예측 값의 신뢰도가 낮아집니다.

✅ 사이킷런에서 로지스틱 회귀 사용 방법

[예시]
```
from sklearn.linear_model import LogisticRegression   # 라이브러리에서 LogisticRegression 로드
model = LogisticRegression(max_iter=5000)   # 모델 생성
model.fit(train_data, train_label)   # 학습 데이터 학습
predic = model.predict(test_data)   # 학습 데이터 학습 결과로 테스트 데이터 정답 예측
```

✅ LogisticRegression( ) 클래스의 주요 옵션

- penalty: 규제 항의 종류를 선택. 'l1'은 L1 규제(라쏘), 'l2'는 L2 규제(릿지), 'elasticnet'은 L1과 L2의 조합, 'none'은 규제를 사용하지 않음

- dual: 이진 분류에서 사용할 프라이멀 폼 대신 이중(SM) 폼을 사용할지 여부를 설정, 샘플 수가 특성 수보다 많을 때 True로 설정
- tol: 정밀도 향상을 위한 허용 오차를 설정, 값이 작을수록 정밀도가 높아지지만 계산 시간이 길어질 수 있음
- C: 규제 강도를 제어, 값이 작을수록 강한 규제를 의미하며 과적합을 방지하는 데 사용
- fit_intercept: 상수를 모델에 추가할지 여부를 설정
- intercept_scaling: 상수 항의 스케일링을 제어, fit_intercept가 True일 때만 사용
- class_weight: 클래스 가중치를 설정, 'balanced'로 설정하면 클래스 빈도에 따라 가중치를 자동으로 조정
- random_state: 무작위 수를 제어하기 위한 시드를 설정, 확률적 요소가 포함된 경우 재현성을 위해 설정할 수 있음
- solver: 최적화 알고리즘을 선택, 'liblinear'는 작은 데이터셋에 적합하고, 'sag', 'saga'는 대규모 데이터셋에 적합
- max_iter: 알고리즘의 최대 반복 횟수를 설정, 설정된 횟수만큼 반복 후 종료
- multi_class: 다중 클래스 설정을 제어. 'ovr'은 one-vs-rest 방식, 'multinomial'은 소프트맥스 회귀를 사용
- verbose: 훈련 과정의 진행 상황을 출력할지 여부를 설정
- warm_start: 이전 학습 결과를 초기화하지 않고 사용할지 여부를 설정
- n_jobs: 병렬 작업에 사용할 CPU 코어 수를 설정, -1로 설정하면 모든 코어를 사용
- l1_ratio: penalty가 'elasticnet'일 때 L1 규제와 L2 규제의 비율을 설정

3 회귀분석 예측 모델

머신러닝 회귀분석 예측 모델은 파이썬에서는 사이킷런(scikits.learn, sklearn) 라이브러리에서 제공합니다. 수량형 변수의 값 예측에 사용되며 선형 모델과 비선형 모델이 있습니다. 선형 모델은 입력 값의 선형 조합으로 출력 값을 예측하며 직관적 이해가 쉽습니다. 비선형 모델은 입력과 출력이 비선형적 관계로 직관적 이해가 어려운 단점이 있습니다.

머신러닝 회귀분석 예측 모델 성능 평가 지표에는 MAPE(Mean Absolute Percentage Error, 평균 절대 백분율 오차), RMSE(Root Mean Square Error, 평균 제곱근 오차), MAE(Mean Absolute Error, 평균 절대 오차)가 있습니다. 이들 값이 낮을수록 좋은 성능을 가진 모델입니다. 실무에서는 RMSE+MAE 또는 MAPE를 함께 제시하여 모델 성능을 다각도로 평가합니다.

▼ [표 10-06] 회귀 모델 성능 평가 지표

회귀 모델 성능 평가 지표	설명
MAPE(Mean Absolute Percentage Error, 평균 절대 백분율 오차)	• 평균 절대 백분율 편차 또는 평균 절대 백분율 오차 • 추세 추정의 예측 정확도를 측정 • 평균 예측을 벗어나는 비율을 표시하며, 이 값이 작을수록 좋은 예측 모델

회귀 모델 성능 평가 지표	설명
RMSE(Root Mean Square Error, 평균 제곱근 오차)	• 평균 제곱근 편차 또는 평균 제곱근 오차 • 추정 값 또는 모델이 예측한 값과 실제 환경에서 관찰되는 값의 차이를 다룰 때 사용하며 정밀도를 표현하는 데 적합 • 예측 값과 관측 값의 차이로, 이 값이 작을수록 좋은 예측 모델 • RMSE가 일반적인 평가 1차 지표로 가장 많이 사용
MAE(Mean Absolute Error, 평균 절대 오차)	• 예측 값과 관측 값 차이의 절댓값 평균으로, 이 값이 작을수록 좋은 예측 모델

1) 회귀 모델 종류

❶ 선형 회귀(Linear Regression)

반응(종속)변수 y와 한 개 이상의 설명(독립)변수 x와의 선형 상관관계를 모델링하는 회귀분석 기법으로 설명변수가 1개인 경우에는 단순 선형 회귀, 설명변수가 2개 이상인 경우에는 다중 선형 회귀를 사용합니다. 일반적으로 최소제곱법을 사용하여 선형 회귀 모델을 만들며, 손실함수(Loss Function)를 최소화하는 방법으로 모델을 만들기도 합니다. 최소제곱법(Least Square Method)은 선형 회귀 모델 및 비선형 회귀 모델에서도 사용 가능합니다.

✅ **사이킷런에서 선형 회귀 사용 방법**

예시
```
from sklearn.linear_model import LinearRegression  # 라이브러리에서 LinearRegression 로드
model = LinearRegression()  # 모델 생성
model.fit(x_train_data, y_train_data)  # 학습
predic =model.predict(x_test_data)  # 예측
```

❷ 릿지 회귀(Ridge Regression)

통계학에서 능선 회귀(Ridge regression) 또는 능형 회귀라고 부르며 딥러닝에서는 L2 정칙화(L2 regularization)라고도 부릅니다. 릿지 회귀는 선형 회귀 모델에 L2 규제가 추가된 모델로 L2 규제는 학습 알고리즘을 데이터에 맞출 뿐만 아니라 파라미터의 크기가 지나치게 커지지 않도록 제한을 줍니다. 설명변수보다 데이터의 수가 적을 때, 소수의 데이터의 특성에 국한되지 않는 모델을 만들 때 좋으며 이상치에 강합니다.

✅ **사이킷런에서 릿지 회귀 사용 방법**

예시
```
from sklearn.linear_model import Ridge
model = Ridge(alpha=1.0)  # alpha: 정규화 강도
```

```
model.fit(x_train_data, y_train_data)   # 학습
predic =model.predict(x_test_data)   # 예측
```

✅ **LogisticRegression( ) 클래스의 주요 옵션**
- alpha: 정규화 강도로, 양의 부동소수값으로 지정하며 기본값은 1.0임, 정규화 문제의 조건을 개선하고 추정의 분산을 줄임

❸ 라쏘 회귀(Lasso Regression)

이상치에 강하며 선형 회귀 모델에 L1 규제가 추가된 모델입니다. 릿지 회귀와 같이 비용함수에 규제 항을 더하며 가중치 벡터의 L1 노름(Norm)을 사용합니다. 이에 반해 릿지는 L2 노름(Norm)의 제곱을 2로 나눈 것을 사용합니다. 노름(Norm)은 벡터의 크기를 측정하는 방법으로, 노름의 차수가 1이면 L1 노름, 2이면 L2 노름입니다. 라쏘 회귀와 릿지 회귀의 성능 우위는 데이터의 상황에 따라 다릅니다. 영향을 미치는 변수가 적을 때는 라쏘 회귀가 좋으며, 영향을 미치는 변수가 많을 때는 릿지 회귀가 더 좋은 성능을 보입니다.

✅ **사이킷런에서 라쏘 회귀 사용 방법**

[예시]
```
from sklearn.linear_model import Lasso
model = Lasso()
model.fit(x_train_data, y_train_data)
predic =model.predict(x_test_data)
```

❹ 엘라스틱 넷 회귀(Elastic Net Regression, Elastic net regularization)

큰 데이터셋에서 잘 작동합니다. L1, L2 노름을 둘 다 사용하기 때문에 릿지와 라쏘의 장점을 모두 가지며 변수의 수와 분산(variance)을 줄이고 싶을 때 사용합니다. 예측 값의 동태를 묘사하는 표현으로 편향과 분산을 사용합니다. 예측 값들과 정답이 대체로 멀리 떨어져 있으면 결과의 편향(bias)이 높다고 말하며, 예측 값들이 대체로 멀리 흩어져 있으면 결과의 분산(variance)이 높다고 말합니다. L1 규제항과 L2 규제항을 더해서 비용함수를 계산하며, 혼합정도(r)는 혼합비율을 사용해서 조절합니다. r=0이면 릿지와 같으며, r=1이면 라쏘와 같습니다.

✅ **사이킷런에서 엘라스틱 넷 사용 방법**

[예시]
```
from sklearn.linear_model import ElasticNet
model = ElasticNet()
```

```
model.fit(x_train_data, y_train_data)
predic =model.predict(x_test_data)
```

❺ **서포트 벡터 회귀(Support Vector Regression, SVR)**

서포트 벡터 회귀는 SVM과 같은 방법으로 모델을 구성하고 데이터를 분석합니다. 회귀 모델의 경우 실수 값을 도출하기 때문에 초평면과 데이터 간 거리에 오차 허용 범위를 적용합니다.

✔ **사이킷런에서 서포트 벡터 회귀 사용 방법**

[예시]
```
from sklearn.svm import SVR
model = SVR(C=1.0, epsilon=0.2)
model.fit(x_train_data, y_train_data)
predic =model.predict(x_test_data)
```

✔ **SVR( ) 클래스의 주요 옵션**
- SVR(C=1.0, epsilon=0.2)
  - C: float, default=1.0, 정규화 파라미터, 정규화 강도는 C에 반비례, 규제 값은 L2 규제의 제곱
  - epsilon: float, default=0.1, 엡실론은 SVR 모델의 엡실론, 실제 값에서 엡실론 거리 내에서 예측된 포인트를 사용하여 훈련하며 손실함수에 페널티가 없는 엡실론 튜브를 지정

❻ **랜덤 포레스트 회귀(Random Forest Regression)**

훈련 과정에서 구성한 다수의 디시전 트리로부터 회귀의 예측치를 얻어내는 방식으로, 과적합의 위험성은 앙상블 기법으로 학습되기 때문에 위험성은 낮추면서 강력한 성능을 냅니다. 각 디시전 트리에서 출력된 값들의 평균을 결과로 도출합니다.

✔ **사이킷런에서 랜덤 포레스트 회귀 사용 방법**

[예시]
```
from sklearn.ensemble import RandomForestRegressor
model = RandomForestRegressor(max_depth=2)
model.fit(x_train_data, y_train_data)
predic =model.predict(x_test_data)
```

02 머신러닝 분류분석/회귀분석 예측 모델링

머신러닝 분류기 모델링과 머신러닝 회귀분석 모델링을 통해 분석할 데이터에 맞는 최적의 모델을 찾는 과정을 살펴봅니다.

1 머신러닝 분류분석 예측 모델링

인터넷 방화벽 보안 데이터를 사용하여 정상/비정상 접속 판별 분류분석 예측 모델링을 합니다. 최적의 모델이 선택되면 최적의 모델로 학습한 결과 모델을 저장하고, 이 모델을 통해서 새로운 데이터를 분류하는 과정을 수행합니다.

1) 인터넷 방화벽 보안 데이터 정상/비정상 접속 판별 분류분석 예측 모델링

인터넷 방화벽 보안 데이터 예측 모델링 결과 중 성능 지표인 정답률이 디시전 트리와 랜덤 포레스트가 가장 높아서 가장 좋은 성능을 보이는 것으로 평가되었습니다.

▼ [표 10-07] 인터넷 방화벽 보안 데이터 머신러닝 예측 모델링 결과

인터넷 방화벽 보안 데이터 모델링 분류기와 정답률
로지스틱 회귀, 정답률 = 0.98364
나이브 베이즈, 정답률 = 0.97273
디시전 트리, 정답률 = 0.99622
랜덤 포레스트, 정답률 = 0.99628

실습 실행 시 데이터가 랜덤하게 섞여서 결과 값이 그때마다 미세한 차이가 있으나 디시전 트리와 랜덤 포레스트가 항상 가장 좋은 성능을 나타내었습니다. 디시전 트리, 랜덤 포레스트 둘 중 어느 것을 최적의 모델로 선택해도 무방할 정도의 미세한 차이만 가집니다.

A 머신러닝용 인터넷 방화벽 보안 데이터 생성

인터넷 방화벽 보안 데이터를 머신러닝용 데이터로 생성하는 과정을 수행합니다. 이 과정을 생략하고 제공되는 log_ml.csv 파일을 사용해도 됩니다.

❶ 인터넷 방화벽 보안 데이터 로드

```
# 10-1-03
# 인터넷 방화벽 보안 데이터 로드
import pandas as pd

# 인터넷 방화벽 보안 데이터 로드 후 df_infds 데이터프레임 생성
df_infds = pd.read_csv("data/log2.csv")
df_infds  # 인터넷 방화벽 데이터 저장 데이터프레임
```

[실행 결과]

	Source Port	Destination Port	NAT Source Port	NAT Destination Port	Action	Bytes	Bytes Sent	Bytes Received	Packets	Elapsed Time (sec)	pkts_sent	pkts_received
0	57222	53	54587	53	allow	177	94	83	2	30	1	1
1	56258	3389	56258	3389	allow	4768	1600	3168	19	17	10	9
2	6881	50321	43265	50321	allow	238	118	120	2	1199	1	1
3	50553	3389	50553	3389	allow	3327	1438	1889	15	17	8	7
4	50002	443	45848	443	allow	25358	6778	18580	31	16	13	18
...	...	...	...	...	...	...	...	...	...	...	...	...
65527	63691	80	13237	80	allow	314	192	122	6	15	4	2
65528	50964	80	13485	80	allow	4680740	67312	4613428	4675	77	985	3690
65529	54871	445	0	0	drop	70	70	0	1	0	1	0
65530	54870	445	0	0	drop	70	70	0	1	0	1	0
65531	54867	445	0	0	drop	70	70	0	1	0	1	0

65532 rows × 12 columns

▲ [그림 10-05] df_log_ml 데이터프레임 생성

❷ df_infds 데이터프레임의 변수 확인

```
# 10-1-04
# df_infds 데이터프레임의 변수 확인
df_infds.columns
```

[실행 결과]

```
Index(['Source Port', 'Destination Port', 'NAT Source Port',
       'NAT Destination Port', 'Action', 'Bytes', 'Bytes Sent',
       'Bytes Received', 'Packets', 'Elapsed Time (sec)', 'pkts_sent',
       'pkts_received'],
      dtype='object')
```

▲ [그림 10-06] df_infds 데이터프레임의 변수 확인

❸ 학습에 사용할 변수만 갖는 복제 df_infds_mc 데이터프레임 생성

```
# 10-1-05
# df_infds 데이터프레임 중 학습에 사용할 변수만 df_infds_mc로 복제
df_infds_mc = df_infds[['Source Port', 'Destination Port', 'NAT Source Port',
                        'NAT Destination Port', 'Action']].copy()
df_infds_mc
```

[실행 결과]

	Source Port	Destination Port	NAT Source Port	NAT Destination Port	Action
0	57222	53	54587	53	allow
1	56258	3389	56258	3389	allow
2	6881	50321	43265	50321	allow
3	50553	3389	50553	3389	allow
4	50002	443	45848	443	allow
...	...	...	...	...	...
65527	63691	80	13237	80	allow
65528	50964	80	13485	80	allow
65529	54871	445	0	0	drop
65530	54870	445	0	0	drop
65531	54867	445	0	0	drop

65532 rows × 5 columns

▲ [그림 10-07] 복제 df_infds_mc 데이터프레임 생성

❹ df_infds_mc 데이터프레임에 label(정답) 변수 생성

```
# 10-1-06
# df_infds_mc 데이터프레임에 label(정답) 변수 생성

# Action 변수의 값이 "allow"이면 1, 그 외("deny", "drop", "reset-both")이면 0
df_infds_mc["label"] = [1 if x=="allow" else 0 for x in df_infds_mc['Action']]
df_infds_mc
```

[실행 결과]

	Source Port	Destination Port	NAT Source Port	NAT Destination Port	Action	label
0	57222	53	54587	53	allow	1
1	56258	3389	56258	3389	allow	1
2	6881	50321	43265	50321	allow	1
3	50553	3389	50553	3389	allow	1
4	50002	443	45848	443	allow	1
...	...	...	...	...	...	...
65527	63691	80	13237	80	allow	1
65528	50964	80	13485	80	allow	1
65529	54871	445	0	0	drop	0
65530	54870	445	0	0	drop	0
65531	54867	445	0	0	drop	0

65532 rows × 6 columns

▲ [그림 10-08] df_infds_mc에 label(정답) 변수 생성

❺ 머신러닝용 인터넷 방화벽 보안 데이터 파일로 생성

```
# 10-1-07
# 머신러닝용 인터넷 방화벽 보안 데이터 파일로 생성
df_infds_mc.iloc[:, [0, 1, 2, 3, 5]].to_csv("data/log_ml.csv", index=False)
```

[실행 결과]
[data] 폴더에서 "log_ml.csv" 파일 생성 확인

B 인터넷 방화벽 보안 데이터 정상/비정상 접속 판별 분류분석 예측 모델링

❶ 머신러닝용 인터넷 방화벽 보안 데이터 로드

```
# 10-1-08
# 머신러닝용 인터넷 방화벽 보안 데이터 로드
import pandas as pd

# 인터넷 방화벽 보안 데이터 로드 후 df_log_ml 데이터프레임 생성
df_log_ml = pd.read_csv("data/log_ml.csv")
df_log_ml  # 인터넷 방화벽 데이터 저장 데이터프레임
```

[실행 결과]

	Source Port	Destination Port	NAT Source Port	NAT Destination Port	label
0	57222	53	54587	53	1
1	56258	3389	56258	3389	1
2	6881	50321	43265	50321	1
3	50553	3389	50553	3389	1
4	50002	443	45848	443	1
...	...	...	...	...	...
65527	63691	80	13237	80	1
65528	50964	80	13485	80	1
65529	54871	445	0	0	0
65530	54870	445	0	0	0
65531	54867	445	0	0	0

65532 rows × 5 columns

▲ [그림 10-09] df_log_ml 데이터프레임 생성

❷ df_log_ml 데이터프레임의 모든 데이터를 랜덤하게 섞음

이 코드는 실행될 때마다 데이터가 랜덤하게 섞여서 분류 모델링의 결과에 미세한 영향을 미칩니다.

```
# 10-1-09
# df_log_ml 데이터프레임의 모든 데이터를 랜덤하게 섞음
df_log_ml_smp = df_log_ml.sample(frac=1)   # frac=1: 모든 데이터를 랜덤하게 섞음
df_log_ml_smp.head()   # 위쪽 5개 데이터만 화면에 출력
```

[실행 결과]

	Source Port	Destination Port	NAT Source Port	NAT Destination Port	label
24654	56738	53	58828	53	1
19199	49570	443	54043	443	1
51192	57160	53	20461	53	1
60019	50102	17546	0	0	0
65043	50424	445	0	0	0

▲ [그림 10-10] 랜덤하게 섞은 df_log_ml_smp 데이터프레임 생성

❸ df_log_ml_smp_test 데이터프레임, df_log_ml_smp_part 데이터프레임 생성

```
# 10-1-10
# df_log_ml_smp_test 데이터프레임은 최적 모델 성능 평가에 사용
# df_log_ml_smp_part 데이터프레임은 모델링과 최적 모델 학습에 사용
df_log_ml_smp_test = df_log_ml_smp.iloc[0:1000, :]   # 0~999 위치의 1000개의 데이터
df_log_ml_smp_part = df_log_ml_smp.iloc[1000:, :]   # 1000 위치 이후의 모든 데이터
```

[실행 결과]
없음

❹ 최적 모델 성능 평가에 사용할 df_log_ml_smp_test 데이터프레임의 데이터 일부 출력

```
# 10-1-11
# 최적 모델 성능 평가에 사용할 df_log_ml_smp_test 데이터프레임의 위쪽 5개 데이터만 화면에 출력
df_log_ml_smp_test.head()
```

[실행 결과]

	Source Port	Destination Port	NAT Source Port	NAT Destination Port	label
24654	56738	53	58828	53	1
19199	49570	443	54043	443	1
51192	57160	53	20461	53	1
60019	50102	17546	0	0	0
65043	50424	445	0	0	0

▲ [그림 10-11] df_log_ml_smp_test 데이터프레임의 데이터 일부 출력

❺ 모델링과 최적 모델 학습에 사용할 df_log_ml_smp_part 데이터프레임의 데이터 일부 출력

```
# 10-1-12
# 모델링과 최적 모델 학습에 사용할 df_log_ml_smp_part 데이터프레임의 위쪽 5개 데이터만 화면에 출력
df_log_ml_smp_part.head()
```

[실행 결과]

	Source Port	Destination Port	NAT Source Port	NAT Destination Port	label
22656	55305	53	27046	53	1
7265	58638	5900	0	0	0
38889	65307	53	59322	53	1
30918	53118	443	63279	443	1
27335	57459	51505	0	0	0

▲ [그림 10-12] df_log_ml_smp_part 데이터프레임의 데이터 일부 출력

❻ 머신러닝 분류기를 사용한 인터넷 방화벽 데이터 학습 모델링

> **주의**
> 코드 10-1-09의 수행 결과로 데이터프레임의 데이터가 매번 랜덤하게 섞여서 실습을 하기 때문에, 실습하는 시점마다 미묘하게 결과 값의 차이가 있을 수 있습니다.
> 책과 직접실습의 모델링 결과 값이 약간 다를 수 있으나, 이 데이터로 모델링하면 분류기 성능 평가의 결과 최적 모델은 디시전 트리와 랜덤 포레스트가 항상 선택됩니다. 분류기 성능 평가의 각 항목에 대한 설명은 341쪽의 〈표10-05: 분류기 성능 평가 지표〉를 참조합니다.

파이썬에서는 코드가 긴 경우 ₩(\, 역슬래시)를 사용해서 줄 바꿈을 할 수 있습니다.

```
# 10-1-13
# 머신러닝 분류기를 사용한 인터넷 방화벽 데이터 학습 모델링
import numpy as np
from matplotlib import pyplot as plt
from sklearn.linear_model import LogisticRegression
from sklearn.preprocessing import StandardScaler
from sklearn.pipeline import make_pipeline
from sklearn.tree import DecisionTreeClassifier
from sklearn.ensemble import RandomForestClassifier
from sklearn.naive_bayes import GaussianNB
import sklearn.metrics as metrics
from sklearn.model_selection import train_test_split


np.random.seed(202503)    # 재현성 확보에 필요
```

```python
# 모델링할 분류기 이름: 분류기 인스턴스
map_classifier = {
        '로지스틱 회귀': make_pipeline(StandardScaler(), LogisticRegression(max_iter=1000)),
        '나이브 베이즈': GaussianNB(),
        '디시전 트리': DecisionTreeClassifier(max_depth=5),
        '랜덤 포레스트': RandomForestClassifier(max_depth=5, n_estimators=10, max_features=1)
}

# 데이터프레임 행을 학습/시험셋으로 나눈다.
# 1. 데이터, 정답 준비
data, label = df_log_ml_smp_part[df_log_ml_smp_part.columns[:4]], \
   df_log_ml_smp_part[df_log_ml_smp_part.columns[4]]
# 2. 학습 데이터, 시험 데이터, 학습 데이터 정답, 시험 데이터 정답으로 나눔
train_data, test_data, train_label, test_label = train_test_split(data, label, random_state=42)

# 분류기 모델링
print('분류기 성능 비교')
for c_name, model in map_classifier.items():
    # 3. 데이터 학습
    model.fit(train_data, train_label)
    # 4. 데이터 예측
    pre = model.predict(test_data)
    # 5. 모델 평가: 정답률 구함
    ac_score = metrics.accuracy_score(test_label, pre)
    model_report = metrics.classification_report(test_label, pre)
    print("분류기: {0:5s}, 정답률 = {1:.5f}".format(c_name, ac_score))
    print("리포트 =\n", model_report)
```

[실행 결과] 분류기 성능 평가의 결과 최적 모델-디시전 트리, 랜덤 포레스트
우열을 가리기 어려운 미세한 차이로 디시전 트리, 랜덤 포레스트 둘 중 어느 것을 선택해도 상관없음

```
분류기 성능 비교                                    분류기: 디시전 트리, 정답률 = 0.99622
분류기: 로지스틱 회귀, 정답률 = 0.98364             리포트 =
리포트 =                                                        precision    recall  f1-score   support
              precision    recall  f1-score   support
                                                             0       1.00      0.99      1.00      6906
           0       0.96      1.00      0.98      6906        1       1.00      1.00      1.00      9227
           1       1.00      0.97      0.99      9227
                                                      accuracy                           1.00     16133
    accuracy                           0.98     16133   macro avg       1.00      1.00      1.00     16133
   macro avg       0.98      0.99      0.98     16133weighted avg       1.00      1.00      1.00     16133
weighted avg       0.98      0.98      0.98     16133
                                                    분류기: 랜덤 포레스트, 정답률 = 0.99628
분류기: 나이브 베이즈, 정답률 = 0.97273              리포트 =
리포트 =                                                        precision    recall  f1-score   support
              precision    recall  f1-score   support
                                                             0       0.99      1.00      1.00      6906
           0       0.94      1.00      0.97      6906        1       1.00      1.00      1.00      9227
           1       1.00      0.95      0.98      9227
                                                      accuracy                           1.00     16133
    accuracy                           0.97     16133   macro avg       1.00      1.00      1.00     16133
   macro avg       0.97      0.98      0.97     16133weighted avg       1.00      1.00      1.00     16133
weighted avg       0.97      0.97      0.97     16133
```

▲ [그림 10-13] 분류기별 성능 평가

2) 학습한 결과 모델로 새로운 데이터 분류

분류기 성능 평가의 결과 최적 모델로 디시전 트리를 선택해서 학습한 후 학습 결과 모델을 저장하고, 학습 결과 모델로 새로운 데이터를 분류하는 과정을 수행합니다.

❶ 선택된 최적의 모델로 데이터 학습

```
# 10-1-14
# 선택된 최적의 모델로 데이터 학습
import numpy as np
from matplotlib import pyplot as plt
from sklearn.tree import DecisionTreeClassifier
import sklearn.metrics as metrics
from sklearn.model_selection import train_test_split

np.random.seed(202503)    # 재현성 확보에 필요

# 1. 데이터, 정답 준비
data, label = df_log_ml_smp_part[df_log_ml_smp_part.columns[:4]], \
 df_log_ml_smp_part[df_log_ml_smp_part.columns[4]]
# 2. 학습 데이터, 시험 데이터, 학습 데이터 정답, 시험 데이터 정답으로 나눔
train_data, test_data, train_label, test_label = train_test_split(data, label, random_state=42)

# 3. 데이터 학습
model = DecisionTreeClassifier(max_depth=5)   # 분류기 모델 생성
model.fit(train_data, train_label)   # 모델 학습
# 4. 데이터 예측
pre = model.predict(test_data)
# 5. 모델 평가: 정답률 구함
ac_score = metrics.accuracy_score(test_label, pre)
print("분류기: {0:5s}, 정답률 = {1:.5f}".format(c_name, ac_score))

[실행 결과]
분류기: 랜덤 포레스트, 정답률 = 0.99622
```

❷ 학습 결과 모델 파일로 저장

학습 결과 모델을 [data] 폴더에 "log2_model.joblib" 파일로 저장합니다.

```
# 10-1-15
# 학습 결과 모델을 파일로 저장
import joblib
```

```
joblib.dump(model, "data/log2_model.joblib")
```

[실행 결과]
```
['data/log2_model.joblib']
```

❸ 학습된 모델 로드로 새 데이터 분류

학습된 모델로 새로운 데이터 분류 결과 정답률 0.996로 학습이 잘 된 모델임을 알 수 있습니다.

```
# 10-1-16
# 학습된 모델 로드로 새 데이터 분류

# 학습된 모델 로드해서 log_pre에 저장
log_pre = joblib.load("data/log2_model.joblib")

# 학습된 모델에 새 데이터 학습시키고 학습 결과 result에 저장
result = log_pre.predict(df_log_ml_smp_test[df_log_ml_smp_test.columns[0:4]])

# 새 데이터의 정답을 true_data에 저장
true_data = df_log_ml_smp_test[df_log_ml_smp_test.columns[4]].values

# result에 저장된 학습 결과와 true_data에 저장된 정답 비교를 위해서 10개만 같이 출력
for i in range(10):
    print("predict : " + str(result[i]) + " - " + "True : " + str(true_data[i]))

# 새 데이터 학습 결과로 정답률 계산
rlist = 0
for i in range(result.size):
    if(result[i] == true_data[i]):
        rlist += 1

tr = rlist / result.size

print("Ture rate : " + str(tr))
```

[실행 결과]
```
predict : 1 - True : 1
predict : 1 - True : 1
predict : 1 - True : 1
predict : 0 - True : 0
predict : 0 - True : 0
predict : 1 - True : 1
predict : 0 - True : 0
predict : 1 - True : 1
predict : 0 - True : 0
predict : 1 - True : 1
Ture rate : 0.996
```
◀ [그림 10-14] df_log_ml_smp_part 데이터프레임의 데이터 일부 출력

2 머신러닝 회귀분석 예측 모델링

온실가스 데이터를 사용한 회귀분석 예측 모델링을 합니다. 학습 결과를 통해서 모델을 평가하고 최적의 회귀 모델을 선택합니다. 회귀분석 예측 모델링은 새로운 데이터가 추가되면 이 데이터를 기존 데이터에 추가해서 다시 회귀분석 예측 모델링을 통해 최적의 모델을 선택하는 과정을 반복합니다.

1) 온실가스 데이터 회귀분석 예측 모델링

온실가스 데이터 회귀분석 예측 모델링 결과 중 성능 지표인 MAPE, RMSE, MAE 값이 가장 낮은 랜덤 포레스트 회귀가 가장 성능이 좋고, 다음으로 라쏘 회귀가 좋은 성능을 보이는 것으로 평가되었습니다.

▼ [표 10-08] 온실가스 회귀분석 머신러닝 예측 모델링 결과

모델명	MAPE	RMSE	MAE
선형 회귀	0.7610138411659569	15.294317477738867	3.097754484668958
라쏘 회귀	0.6903841430480753	15.771616407181073	2.8149165020705196
릿지 회귀	0.7553795854852272	15.23303333095336	3.075180404350844
엘라스틱 넷 회귀	0.694099844486281	15.779184872228905	2.829133543663996
서포트 벡터 회귀	2.611356406470786	153.29832206137152	10.551876637846556
랜덤 포레스트 회귀	0.6649551746043297	11.578628620984507	2.7118018261347157

🅐 머신러닝용 온실가스 데이터 생성

온실가스 데이터를 머신러닝용 데이터로 생성하는 과정을 수행합니다. 이 과정을 생략하고 제공되는 1999-2023_ghgs_ml.csv 파일을 사용해도 됩니다.

❶ 온실가스 데이터 로드

```
# 10-2-17
# 온실가스 데이터 로드
import pandas as pd

# 온실가스 데이터 로드 후 df_ghgs 데이터프레임 생성
df_ghgs = pd.read_csv("data/1999-2023_ghgs.csv", encoding="cp949")
df_ghgs   # 온실가스 데이터 저장 데이터프레임
```

[실행 결과]

	지점	시간	CO2_ppm	CH4_ppm	N2O_ppm	CFC11_ppm	CFC12_ppm	CFC113_ppm	SF6_ppm
0	안면도	1999-01-01	373.10	NaN	NaN	NaN	NaN	NaN	NaN
1	안면도	1999-02-01	374.00	NaN	315.2	266.9	534.1	NaN	NaN
2	안면도	1999-03-01	374.90	NaN	314.6	267.5	535.1	NaN	NaN
3	안면도	1999-04-01	375.10	1869.00	314.2	266.7	534.7	NaN	NaN
4	안면도	1999-05-01	374.00	1863.00	314.6	268.6	535.1	NaN	NaN
...	...	...	...	...	...	...	...	...	...
295	안면도	2023-08-01	418.23	2001.76	338.7	216.4	485.3	68.6	11.9
296	안면도	2023-09-01	420.16	2043.21	338.3	218.5	484.5	68.7	12.0
297	안면도	2023-10-01	426.38	2030.17	337.8	217.8	483.9	68.7	11.9
298	안면도	2023-11-01	429.71	2034.67	337.6	216.9	483.8	68.9	11.9
299	안면도	2023-12-01	433.66	2050.87	337.2	216.2	484.3	69.2	11.9

300 rows × 9 columns

▲ [그림 10-15] 온실가스 데이터 로드

❷ 결측치 없는 CO2~SF6 변수로 이루어진 데이터프레임 생성

```
# 10-2-18
# 결측치 없는 수량형 변수들로만 이루어진 df_ghgs_nonan 데이터프레임 생성

df_ghgs_nonan = df_ghgs.iloc[:, 2:].dropna()   # 결측치 없는 수량형 변수들로 생성
df_ghgs_nonan   # 결측치 없는 CO2~SF6 변수로 이루어진 데이터프레임
```

[실행 결과]

	CO2_ppm	CH4_ppm	N2O_ppm	CFC11_ppm	CFC12_ppm	CFC113_ppm	SF6_ppm
98	392.20	1892.00	322.4	237.0	550.6	82.3	6.2
99	393.00	1892.00	321.3	232.5	539.0	73.9	6.4
106	390.20	1900.00	321.9	214.9	507.6	82.8	6.4
107	391.60	1897.00	321.8	202.9	489.2	80.4	6.8
108	392.50	1900.00	322.3	208.2	489.1	75.6	6.6
...	...	...	...	...	...	...	...
295	418.23	2001.76	338.7	216.4	485.3	68.6	11.9
296	420.16	2043.21	338.3	218.5	484.5	68.7	12.0
297	426.38	2030.17	337.8	217.8	483.9	68.7	11.9
298	429.71	2034.67	337.6	216.9	483.8	68.9	11.9
299	433.66	2050.87	337.2	216.2	484.3	69.2	11.9

135 rows × 7 columns

▲ [그림 10-16] 결측치 없는 CO2~SF6 변수로 이루어진 데이터프레임 생성

❸ 결측치 없는 수량형 변수만 가진 데이터프레임 파일로 저장

```
# 10-2-19
# 결측치 없는 수량형 변수들로만 이루어진 df_ghgs_nonan 데이터프레임 파일로 저장
df_ghgs_nonan.to_csv("data/1999-2023_ghgs_ml.csv", index=False)
```

[실행 결과]
[data] 폴더에서 "1999-2023_ghgs_ml.csv" 파일 생성 확인

B 온실가스 데이터 회귀분석 예측 모델링

❶ 머신러닝용 온실가스 데이터 로드

```
# 10-2-20
# 머신러닝용 온실가스 데이터 로드
import pandas as pd

# 머신러닝용 온실가스 데이터 로드 후 df_ghgs_ml 데이터프레임 생성
df_ghgs_ml = pd.read_csv("data/1999-2023_ghgs_ml.csv", encoding="cp949")
df_ghgs_ml  # 머신러닝용 데이터 저장 데이터프레임
```

[실행 결과]

	CO2_ppm	CH4_ppm	N2O_ppm	CFC11_ppm	CFC12_ppm	CFC113_ppm	SF6_ppm
98	392.20	1892.00	322.4	237.0	550.6	82.3	6.2
99	393.00	1892.00	321.3	232.5	539.0	73.9	6.4
106	390.20	1900.00	321.9	214.9	507.6	82.8	6.4
107	391.60	1897.00	321.8	202.9	489.2	80.4	6.8
108	392.50	1900.00	322.3	208.2	489.1	75.6	6.6
...	...	...	...	...	...	...	...
295	418.23	2001.76	338.7	216.4	485.3	68.6	11.9
296	420.16	2043.21	338.3	218.5	484.5	68.7	12.0
297	426.38	2030.17	337.8	217.8	483.9	68.7	11.9
298	429.71	2034.67	337.6	216.9	483.8	68.9	11.9
299	433.66	2050.87	337.2	216.2	484.3	69.2	11.9

135 rows × 7 columns

▲ [그림 10-17] 머신러닝용 온실가스 데이터 로드

❷ 회귀분석 모델링을 위한 설명변수(X), 종속변수(Y) 지정

회귀분석 모델링을 위한 설명변수(X), 종속변수(Y) 지정은 모델링의 순서 '1. 데이터 준비'에 해당합니다.

```
# 10-2-21
# 회귀분석 모델링을 위한 설명변수(X), 종속변수(Y) 지정
# 1. 데이터 준비
X = df_ghgs_ml.iloc[:, 1:]   # CH4~SF6
Y = df_ghgs_ml.iloc[:, 0]    # CO2
```

[실행 결과]
없음

❸ MAPE를 구하는 mean_absolute_percentage_error( ) 사용자 정의 함수 작성

MAPE는 회귀 모델 성능을 평가하는 평가 지표입니다. 회귀 모델 성능 평가 지표는 345쪽의 〈표10-06: 회귀 모델 성능 평가 지표〉를 참조합니다.

```
# 10-2-22
# MAPE를 구하는 mean_absolute_percentage_error() 사용자 정의 함수 작성
import numpy as np


def mean_absolute_percentage_error(actual, pred):
    actual, pred = np.array(actual), np.array(pred)
```

```
        return np.mean(np.abs((actual - pred) / actual)) * 100
```

[실행 결과]
없음

❹ 온실가스 회귀분석 예측 모델링

  온실가스 회귀분석 예측 모델링에서 랜덤 포레스트 회귀가 MAPE: 0.6649551746043297, RMSE: 11.578628620984507, MAE: 2.7118018261347157 값이 가장 낮아서 가장 좋은 성능을 가진 모델로 평가되었습니다.

```
# 10-2-23
# 온실가스 회귀분석 모델링
import pandas as pd
from matplotlib import pyplot as plt
from sklearn.model_selection import train_test_split
from sklearn.linear_model import LinearRegression, Lasso, Ridge, ElasticNet
from sklearn.ensemble import RandomForestRegressor
from sklearn.svm import SVR
from sklearn.metrics import r2_score
from sklearn.metrics import mean_squared_error, mean_absolute_error

np.random.seed(190811)   # 재현성 확보에 필요

# 모델링에 사용할 모델
map_regression = {
        '선형 회귀': LinearRegression(),
        '라쏘 회귀': Lasso(),
        '릿지 회귀': Ridge(),
        '엘라스틱 넷 회귀': ElasticNet(),
        '서포트 벡터 회귀': SVR(C=1.0, epsilon=0.2),
        '랜덤 포레스트 회귀': RandomForestRegressor(max_depth=5)
}

# 2. 학습 데이터, 시험 데이터, 학습 데이터 정답, 시험 데이터 정답으로 나눔
train_X, test_X, train_Y, test_Y = train_test_split(X, Y)

# 데이터 학습, 예측, 모델 평가
for name, model in map_regression.items():
    # 3. 데이터 학습
```

```python
model.fit(train_X, train_Y)
# 4. 데이터 예측
predict = model.predict(test_X)
# 5. 모델 평가
# 상관계수, 결정계수, 선형계수 구함
corr = round(pd.Series(predict).corr(pd.Series(test_Y)), 3)
rsquared = round(r2_score(test_Y, predict), 3)
print("\n")
print(name)
print("상관 계수:", corr, "결정 계수-R2:", rsquared)
if(name not in ['서포트 벡터 회귀', '랜덤 포레스트 회귀']):
    print("선형 계수:")
    print(model.coef_)

# 머신러닝 회귀분석 예측 모델 평가 지표 구함
mape = mean_absolute_percentage_error(test_Y, predict)
rmse = mean_squared_error(test_Y, predict)
mae = mean_absolute_error(test_Y, predict)
print("MAPE:", mape, "RMSE:", rmse, "MAE:", mae)

# 각 회귀분석 예측 모델 시각화
plt.scatter(predict, test_Y)
plt.title("선형 회귀 결과: %s. 상관계수=%f, $R^2$ 점수=%f" % (name, corr, rsquared))
plt.xlabel("예측값")
plt.ylabel("실제값")
# 비교를 위해 x=y 라인 추가
plt.plot(test_Y , test_Y , 'k--')
plt.show()
```

[실행 결과]

랜덤 포레스트 회귀가 가장 성능이 좋고 다음으로 라쏘 회귀가 좋음

```
선형 회귀
상관 계수: 0.599 결정 계수-R2: 0.896
선형 계수:
[ 0.13640001  0.21830967 -0.07220864  0.02286182 -0.2182783   2.12921363]
MAPE: 0.7610138411659569 RMSE: 15.294317477738867 MAE: 3.097754484668958
```

선형 회귀 결과:
선형 회귀, 상관계수=0.599000, R^2 점수=0.896000

```
라쏘 회귀
상관 계수: 0.616 결정 계수-R2: 0.892
선형 계수:
[ 0.16651636  0.63921302 -0.0413161  -0.         -0.14571502  0.        ]
MAPE: 0.6903841430480753 RMSE: 15.771616407181079 MAE: 2.8149165020705196
```

선형 회귀 결과:
라쏘 회귀, 상관계수=0.616000, R^2 점수=0.892000

```
릿지 회귀
상관 계수: 0.601 결정 계수-R2: 0.896
선형 계수:
[ 0.13728348  0.24822074 -0.07151569  0.02285545 -0.22031983  2.00776988]
MAPE: 0.7553795854852272 RMSE: 15.233033333095336 MAE: 3.075180404350844
```

선형 회귀 결과:
릿지 회귀, 상관계수=0.601000, R^2 점수=0.896000

```
엘라스틱 넷 회귀
상관 계수: 0.62 결정 계수-R2: 0.892
선형 계수:
[ 1.63796234e-01  6.02322524e-01 -4.50033907e-02  4.41476174e-04
 -2.09934143e-01  7.48043981e-02]
MAPE: 0.694099844486281 RMSE: 15.779184872228905 MAE: 2.829133543663996
```

선형 회귀 결과:
엘라스틱 넷 회귀, 상관계수=0.620000, R^2 점수=0.892000

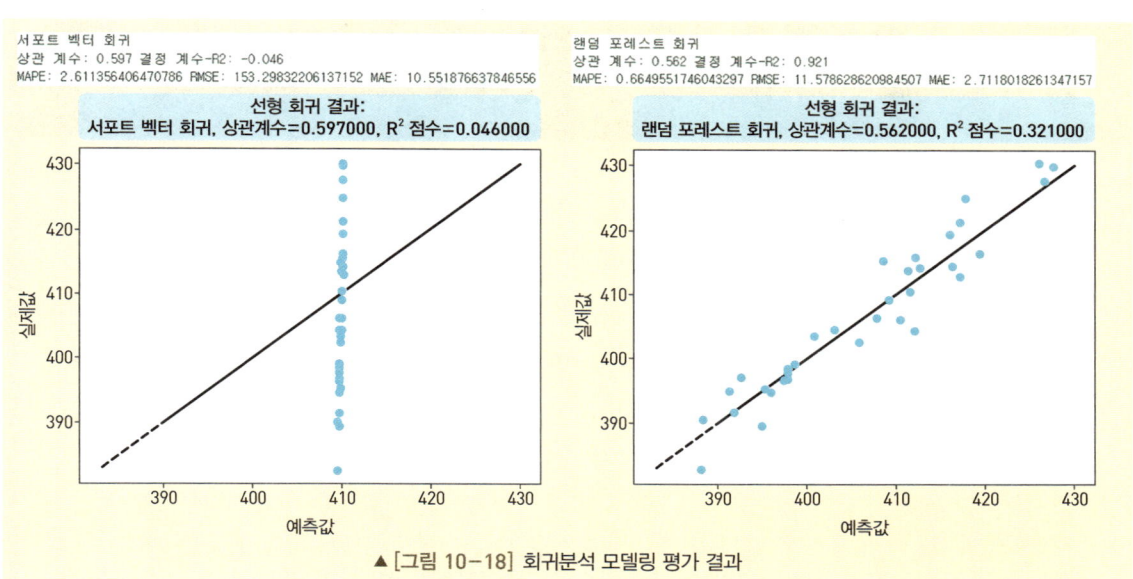

▲ [그림 10-18] 회귀분석 모델링 평가 결과

CHAPTER 10 정리

- ☑ 머신러닝의 학습 원리는 기존 데이터를 사용해서 분석을 수행하고, 데이터로부터 일정한 규칙을 찾아낸 후, 찾아낸 규칙을 기반으로 새로운 데이터를 분류하거나 값을 예측하는 것이다.

- ☑ 머신러닝의 종류에는 지도학습, 비지도학습, 강화학습이 있다. 지도학습은 예측에 많이 사용하며, 비지도 학습은 단순한 경향 파악용, 강화학습은 지도학습과 비지도학습을 결합해서 사용한다.

- ☑ 머신러닝은 데이터 수집, 전처리, 데이터 학습을 거쳐 모델을 평가하며, 모델 평가 결과가 만족스럽지 않은 경우 모델을 변경해서 학습한다.

- ☑ 머신러닝에서 모델을 학습시킬 때 사용하는 데이터에는 학습 데이터(train), 검증 데이터(validation), 시험 데이터(test)가 있으며 학습/검증/시험 데이터와 관련된 문제에서 과적합 해결 방안으로는 실제 데이터의 일부만으로 학습하고 나머지 데이터로 성능을 시험하는 방법을 사용한다.

- ☑ 특징 값 추출은 머신러닝에서 의미 있는 결과를 얻기위해 필요한 것으로, 요소나 값을 구분할 수 있는 특징 값을 기반으로 상황 판단을 학습시키면 새로운 값에 대한 예측도 가능하다.

- ☑ 분류분석 예측 모델은 범주형 변수 예측에 사용하며, 결과가 일반적으로 예/아니오와 같은 이진으로 분류된다. 대부분의 분류분석 알고리즘은 이진 분류에서 잘 작동되며, 셋 이상의 범주인 범주가 k개인 경우 각 범주별로 분류기를 k번 학습하는 방식으로 처리한다.

- ☑ 머신러닝 분류분석 예측 모델은 파이썬에서는 사이킷런(scikits.learn, sklearn) 라이브러리에서 제공하며, 머신러닝 분류기는 분류기 학습 후 학습된 분류기로 새 데이터를 분류(예측)하는 순서로 진행된다.

- ☑ 분류기 성능을 평가하는 지표에는 참 양성비(true positive rate, tpr), 거짓 양성비(false positive rate, fpr), 정확도(auc, 정답률), 정밀도(precision), 재현율(recall), F1 등이 있다.

- ☑ 참 양성비(tpr)는 1에 가까울수록, 거짓 양성비(fpr)는 0에 가까울수록 좋다. 또한 정확도(auc, 정답률), 정밀도(precision), 재현율(recall), F1 값은 클수록 좋은 성능을 가진 모델이다.

- ☑ 머신러닝 회귀분석 예측 모델은 파이썬에서는 사이킷런(scikits.learn, sklearn) 라이브러리에서 제공한다. 수량형 변수의 값 예측에 사용되며 선형 모델과 비선형 모델이 있다. 선형 모델은 입력 값의 선형 조합으로 출력 값을 예측하며 직관적 이해가 쉽다. 비선형 모델은 입력과 출력이 비선형적 관계로, 직관적 이해가 어려운 단점이 있다.

- ☑ 머신러닝 회귀분석 예측 모델 성능 평가 지표에는 MAPE(Mean Absolute Percentage Error, 평균 절대 백분율 오차), RMSE(Root Mean Square Error, 평균 제곱근 오차), MAE(Mean Absolute Error, 평균 절대 오차)가 있으며, 이들 값이 낮을수록 좋은 성능을 가진 모델이다.

CHAPTER 10 연습문제

💡 sklearn.datasets이 제공하는 load_iris 데이터셋을 사용하여 생성한 "data/iris.csv" 데이터 파일을 로드해서 아이리스(붓꽃) 품종을 판별하는 모델링을 수행하시오.

01 "data/iris.csv" 데이터 파일을 로드한 후 작업 데이터 df_iris를 생성하시오

```
# 데이터 로드 후 작업 데이터 생성: df_iris
```

02 "1. 데이터, 정답 준비~5. 모델 평가: 정답률 구함"까지 일련의 작업을 수행하는 아이리스 품종 판별 모델링을 수행하시오. 이때 분류기 모델링에 사용할 모델은 로지스틱 회귀, 나이브 베이즈, 디시전 트리, 랜덤 포레스트, 서포트 벡터머신을 사용하시오.

```python
# 아이리스 품종 모델링
import numpy as np
from matplotlib import pyplot as plt
from sklearn.linear_model import LogisticRegression
from sklearn.tree import DecisionTreeClassifier
from sklearn.ensemble import RandomForestClassifier
from sklearn.naive_bayes import GaussianNB
from sklearn.svm import SVC
import sklearn.metrics as metrics
from sklearn.model_selection import train_test_split

np.random.seed(202005)   # 재현성 확보에 필요

# 분류기 이름: 분류기 인스턴스
map_classifier = {
        '로지스틱 회귀': LogisticRegression(),
        '나이브 베이즈': GaussianNB(),
        '디시전 트리': DecisionTreeClassifier(max_depth=5),
```

```python
        '디시전 트리': DecisionTreeClassifier(max_depth=5),
        '랜덤 포레스트': RandomForestClassifier(max_depth=5, n_estimators=10, max_features=1),
        '서포트벡터머신': SVC(probability=True)

# 1. 데이터, 정답 준비




# 2. 학습 데이터, 시험 데이터, 학습 데이터 정답, 시험 데이터 정답으로 나눔




# 3. 데이터 학습: 모델링




# 4. 데이터 예측




# 5. 모델 평가: 정답률 구함
```

연습문제 정답

CHAPTER 01 | 데이터 분석의 개요 (25쪽)

01 ④

02 데이터 준비

03
- 현 상태 파악 분석 ─ 측정 데이터에 대한 설명
- 예측 분석 ─ 현재와 같은 조건이 유지된다면 미래가 어떻게 될지 예측
- 인과관계 분석 ─ 행동 데이터를 파악

CHAPTER 02 | 파이썬 개발 환경 설정 (41쪽)

01
- 설치형 주피터 노트북 ─ 아나콘다 주피터 노트북
- 비설치형 주피터 노트북 ─ 구글 코랩 주피터 노트북

02 ① ○ ② × ③ ○ ④ ○ ⑤ ×

CHAPTER 03 | 파이썬 기본 문법: 데이터 분석을 위한 (69쪽)

01 ②

02 ①

03 ④

04 모듈

05
- if문 ─ 주어진 조건식의 결과가 2개로 분기되는 경우 사용
- for문 ─ 반복해서 작업을 처리할 때 사용
- with문 ─ 파일을 여는 작업을 수행 후 닫는 작업을 자동 수행할 때 사용

CHAPTER 04 | 데이터 분석에 필요한 주요 라이브러리 93쪽

01 numpy

02 seaborn

03 ④

CHAPTER 05 | 실무 데이터 로드 및 데이터프레임 다루기 122쪽

01 ① pd.read_csv( ) ② pd.read_excel( ) ③ df.to_csv( )

02

```
# 정형 데이터인 "data/test1.csv" 파일을 읽는 코드
import pandas as pd

df1 = pd.read_csv("data/test1.csv", encoding="cp949")
df1
```

03-1

```
# 정형 데이터인 "data/test1.xlsx" 파일을 읽는 코드
import pandas as pd

df2 = pd.read_excel("data/test1.xlsx")
df2
```

03-2

```
# 정형 데이터인 "data/test1.xlsx" 파일의 2번째 시트를 읽는 코드
import pandas as pd

df3 = pd.read_excel("data/test1.xlsx", sheet_name=1)
df3
```

연습문제 정답

03-3

```
# 데이터프레임 df3 내용 파악: 앞의 데이터 5건, 뒤의 데이터 5건
df3.head()
df3.tail()

# 데이터프레임 df3 구조 파악 메서드 사용
df3.info()

# 데이터프레임 df3의 요약 통계량 구함
df3.describe()
```

04

```
# 비정형 데이터인 "data/test1.txt" 파일을 읽는 코드
with open("data/test1.txt") as f:
    for line in f:
        print(line)
```

CHAPTER 06 | 데이터 전처리: 분석 데이터 준비 170쪽

01 ① 인덱스 지정   ② at[행 인덱스, 열 인덱스]   ③ 바인딩   ④ 필터링

02

①
```
df1[["시간", "CO2_ppm", "CH4_ppm"]]
```

②
```
df1[df1["CO2_ppm"] >= 400]
```

③
```
df1["시간"] = pd.to_datetime(df1["시간"])
df1["시간"]
```

④
```
import numpy as np

df1["상태"] = np.where((df1["CO2_ppm"] >= 400) & (df1["CH4_ppm"] >= 2400), "주의", "")
df1
```

03

①
```
df1.isnull()
```

②
```
df2 = df1[["CO2_ppm", "CH4_ppm"]]
df2.dropna()
```

CHAPTER 07 | 데이터 시각화: 탐색적 데이터 분석　　218쪽

01

```
# sch_lct = [37.4835872, 127.0326987]을 기준으로 지도 표시
import folium

sch_lct = [37.4835872, 127.0326987] # 기준 위치 [위도, 경도]
sch_map = folium.Map(location=sch_lct, zoom_start=16)  # 지도 객체 생성

txt_str = "서초구청"  # 툴팁과 팝업에 표시할 내용
popup = folium.Popup(txt_str, min_width=100, max_width=100)  # 팝업 가로로 표시

# 툴팁, 팝업을 갖는 마커 생성 후 지도 객체와 연결
folium.Marker(sch_lct, popup=popup, tooltip=txt_str).add_to(sch_map)

sch_map  # 지도 화면에 표시
```

02

```
# 정형 데이터인 "data/서초구_CCTV정보.xlsx" 파일을 읽는 코드
import pandas as pd

df_cctv = pd.read_excel("data/서초구_CCTV정보.xlsx")
df_cctv
```

03

```
# df_cctv 데이터프레임의 [위도], [경도] 변수의 값을 읽어서 지도에 표시하는 코드
import folium
```

연습문제 정답

```
from folium.plugins import MarkerCluster

sch_lct = [37.4835872, 127.0326987]  # 기준 위치 [위도, 경도]
sch_map = folium.Map(location=sch_lct, zoom_start=16)  # 지도 객체 생성

# 기준 위치에 마커 표시
txt_str = "서초구청"   # 툴팁과 팝업에 표시할 내용
popup = folium.Popup(txt_str, min_width=100, max_width=100)   # 팝업 가로로 표시

folium.Marker(sch_lct, popup=popup, tooltip=txt_str,
    icon=folium.Icon("red", icon="landmark-flag", prefix="fa")).add_to(sch_map)

# 작업 데이터에서 위도, 경도, 설치목적구분만 추출
c_data = df_cctv[['설치목적구분', '위도', '경도']]

# 마커 클러스터를 지도에 추가
marker_cluster = MarkerCluster().add_to(sch_map)

# 마커를 마커 클러스터에 추가
for lat, long, c_name in zip(c_data['위도'], c_data['경도'], c_data['설치목적구분']):
    popup = folium.Popup("<b>"+c_name+"</b>", min_width=100, max_width=100)
    folium.Marker([lat, long], popup=popup, icon=folium.Icon(color="blue")).add_to(marker_cluster)

sch_map   # 지도 화면에 표시
```

CHAPTER 08 | 통계적 데이터 분석 272쪽

01

```
# 작업 데이터 생성: df_ghgs_2014_2023
import pandas as pd

df_ghgs = pd.read_csv("data/1999-2023_ghgs.csv", encoding="cp949")
```

```
df_ghgs_2014_2023 = df_ghgs[df_ghgs["시간"] >= "2014-01-01"]
df_ghgs_2014_2023
```

02

```
# 온실가스들 추이를 파악하는 시계열 그래프를 작성
df_ghgs_2014_2023_2 = df_ghgs_2014_2023.copy()  # warning 때문에 사용
df_ghgs_2014_2023_2["시간"] = pd.to_datetime(df_ghgs_2014_2023_2["시간"])
df_ghgs_2014_2023_2.plot.line(x="시간", subplots=True, layout=(3, 3), figsize=(16, 6))
```

03

```
# 온실가스들 간의 관계 파악을 위한 상관계수 행렬, 상관계수 행렬 히트맵, 산점도 행렬,
# 다중 회귀분석을 수행

# 선수 작업
import seaborn as sns

df_ghgs_2014_2023_nonan = df_ghgs_2014_2023.iloc[:, 2:].dropna()
df_ghgs_2014_2023_nonan

# 상관계수 행렬
df_ghgs_2014_2023_nonan_corr = df_ghgs_2014_2023_nonan.corr()
df_ghgs_2014_2023_nonan_corr

# 상관계수 행렬 히트맵
sns.heatmap(df_ghgs_2014_2023_nonan_corr, annot=True, cmap="coolwarm")

# 산점도 행렬
sns.pairplot(df_ghgs_2014_2023_nonan, diag_kind="kde", kind="reg")

# 다중 회귀분석
# 최소제곱법: 온실가스 CO2와 가장 관련이 높은 온실가스 찾기
from sklearn.linear_model import Lasso
import statsmodels.api as sm
```

연습문제 정답

```python
X = df_ghgs_2014_2023_nonan[["CH4_ppm", "N2O_ppm","CFC11_ppm","CFC12_ppm", "CFC113_ppm","SF6_ppm"]]
X = sm.add_constant(X)
y = df_ghgs_2014_2023_nonan["CO2_ppm"].values
model = sm.OLS(y, X)
result = model.fit()
result.summary()

# 다중 회귀분석
# 라쏘 회귀: 온실가스 CO2와 가장 관련이 높은 온실가스 찾기
from sklearn.linear_model import Lasso
from sklearn.preprocessing import StandardScaler
from sklearn.pipeline import make_pipeline
import pandas as pd
import numpy as np

# 독립변수와 종속변수 설정
X = df_ghgs_2014_2023_nonan[["CH4_ppm", "N2O_ppm", "CFC11_ppm", "CFC12_ppm", "CFC113_ppm", "SF6_ppm"]]
y = df_ghgs_2014_2023_nonan["CO2_ppm"].values

# 데이터 스케일링과 라쏘 회귀 모델을 파이프라인으로 설정
lasso_pipeline = make_pipeline(StandardScaler(), Lasso(alpha=0.1))   # alpha 값은 라쏘의 정규화 강도

# 모델 적합
lasso_pipeline.fit(X, y)

# 결과 출력
lasso_coef = lasso_pipeline.named_steps['lasso'].coef_
intercept = lasso_pipeline.named_steps['lasso'].intercept_

print("Intercept:", intercept)
print("Coefficients:", lasso_coef)
```

CHAPTER 09 | 데이터 분석 프로젝트

01

```python
# 작업 데이터 생성: df_jg_pl
# 기준 위치: s_lct = [37.5666612, 126.9783785]
# 서울시_중구_공영주차장정보.csv 데이터 파일을 로드
import pandas as pd
import folium
from folium.plugins import MarkerCluster

df_jg_pl = pd.read_csv("data/서울시_중구_공영주차장정보.csv", encoding="cp949")
df_jg_pl

df_jg_pl.columns

# 공영주차장의 위도, 경도 값을 사용해서 주차장의 위치를 지도에 표시
# 마커를 추가, 마커를 클릭 시 주차장명이 표시

# 시청 위도, 경도
s_lct = [37.5666612, 126.9783785]  # [위도, 경도]

# 시청을 기준으로 zoom 크기 15로 지정된 지도 표시
s_map = folium.Map(location=s_lct, zoom_start=15)

pstr="서울특별시청"
popup = folium.Popup("<b>"+pstr+"</b>", min_width=100, max_width=100)
# 시청의 마커에 웹 사이트 연결
folium.Marker(s_lct, popup=popup, tooltip=pstr,
              icon=folium.Icon("red", icon="info-sign")).add_to(s_map)

# 작업 데이터에서 위도,경도, 주차장명 정보 추출
c_data = df_jg_pl[['위도', '경도', '주차장명']]

# 마커 클러스터를 지도에 추가
marker_cluster = MarkerCluster().add_to(s_map)
```

```
# 싱권 데이터를 마커로 지표에 표시, 상가에 툴팁/마커 표시
for lat, long, c_name in zip(c_data['위도'],c_data['경도'], c_data['주차장명']):
    folium.Marker([lat, long], icon=folium.Icon(color="blue"),
                  popup=folium.Popup("<b>"+c_name+"</b>", min_width=100, max_width=100),
                  tooltip=c_name).add_to(marker_cluster)

s_map
```

02

```
# 작업 데이터 생성: df_hw
# 2012-2024_폭염일수.xlsx 데이터를 로드
import pandas as pd
import pandas as pd
import statsmodels.api as sm
import statsmodels.formula.api as smf

df_hw = pd.read_excel("data/2012-2024_폭염일수.xlsx")
df_hw

df_hw.columns

# 지점, 지속일수를 사용해서 지점별 폭염지속일수 분산분석

# 분산분석 OLS 모델 생성: 지점이 범주형 변수이므로 이를 반영
model = smf.ols("지속일수 ~ C(지점)", data=df_hw).fit()

# ANOVA 테이블 생성: 결과를 표 형태로 표현
anova_table = sm.stats.anova_lm(model, typ=2)

# 결과 출력
model.summary()   # 모델 요약

# ANOVA 테이블 출력
```

anova_table

03

```
# 작업 데이터 생성: df_od
# 2024_seoul_gu_od2.xlsx 데이터를 로드해서 2024년 서울시 노령화지수 데이터의 자치구,
노령화지수를 기반으로 군집분석
# 2024_seoul_gu_od2.xlsx 데이터를 로드
import pandas as pd
import numpy as np
from sklearn.cluster import KMeans
import matplotlib.pyplot as plt
from sklearn.preprocessing import StandardScaler

# 1. 데이터로드
df_od = pd.read_excel("data/2024_seoul_gu_od2.xlsx")
df_od

df_od.columns

# 2024년 서울시 노령화지수 데이터의 자치구, 유년부양비, 노년부양비, 노령화지수를 기반
으로 군집분석

# 2. 분석변수 선택
X = df_od[["유년부양비", "노년부양비", "노령화지수"]]

# 3. 클러스터링(K=3)
kmeans = KMeans(n_clusters=3, random_state=42, n_init=10)
df_od["Cluster"] = kmeans.fit_predict(X)

# 4. 시각화: 유년부양비 vs 노령화지수
plt.figure(figsize=(10, 6))
sns.scatterplot(data=df_od, x="유년부양비", y="노령화지수", hue="Cluster",
palette="viridis", s=100)
plt.title("서울시 자치구 노령화지수 군집 분석 (K=3)")
plt.xlabel("유년부양비")
```

```
plt.ylabel("노령화지수")
plt.legend(title="Cluster")
plt.grid(True)
plt.show()

# 5. 클러스터별 평균 값 출력
cluster_summary = df_od.groupby("Cluster")[["유년부양비", "노년부양비", "노령화지수"]].mean()
print("클러스터별 평균:\n", cluster_summary)
```

CHAPTER 10 | 머신러닝 368쪽

01

```
# 데이터 로드 후 작업 데이터 생성: df_iris
from sklearn.datasets import load_iris

ds_iris = load_iris()

df_iris = pd.DataFrame(ds_iris['data'], columns=ds_iris['feature_names'])
df_iris['iris_name'] = [ds_iris['target_names'][x] for x in ds_iris['target']]
df_iris = df_iris.rename({'sepal length (cm)': 'sepal_length',
                          'sepal width (cm)': 'sepal_width',
                          'petal length (cm)': 'petal_length',
                          'petal width (cm)': 'petal_width'}, axis='columns')
df_iris
```

02

```
# 아이리스 품종 모델링
import numpy as np
from matplotlib import pyplot as plt
from sklearn.linear_model import LogisticRegression
from sklearn.tree import DecisionTreeClassifier
from sklearn.ensemble import RandomForestClassifier
from sklearn.naive_bayes import GaussianNB
```

```python
from sklearn.svm import SVC
import sklearn.metrics as metrics
from sklearn.model_selection import train_test_split

np.random.seed(202005)   # 재현성 확보에 필요

# 분류기 이름: 분류기 인스턴스
map_classifier = {
        '로지스틱 회귀': LogisticRegression(),
        '나이브 베이즈': GaussianNB(),
        '디시전 트리': DecisionTreeClassifier(max_depth=5),
          '랜덤 포레스트': RandomForestClassifier(max_depth=5, n_estimators=10, max_features=1),
        '서포트벡터머신': SVC(probability=True)
}

# 1. 데이터, 정답 준비
data, label = df_iris[df_iris.columns[:4]], df_iris[df_iris.columns[4]]

# 2. 학습 데이터, 시험 데이터, 학습 데이터 정답, 시험 데이터 정답으로 나눔
train_data, test_data, train_label, test_label = train_test_split(data, label)

# 데이터 학습, 예측, 모델 평가
print('분류기 성능 비교')
for c_name, model in map_classifier.items():
    # 3. 데이터 학습: 모델링
    model.fit(train_data, train_label)
    # 열마다 True/False 예측 값을 저장한다.
    preds = model.predict_proba(test_data)          # 모양: (120, 2)
    # 4. 데이터 예측
    pre = model.predict(test_data)
    pred = pd.Series(preds[:, 1])
    # 5. 모델 평가: 정답률 구함
    ac_score = metrics.accuracy_score(test_label, pre)
    print("분류기: {0:5s}, 정답률 = {1:.5f}".format(c_name, ac_score))
```

찾아보기

ㄱ

값 1개 추출(at[ ])	129
값 타입 변환 및 확인 함수	55
강화학습	334
개념과 목적(데이터 분석)	14
거짓 양성비(fpr)	341
결과 시각화 및 보고	16
결측치(Missing Values)	152
계산으로 찾아내는 특징 값	336
계수 해석(ARIMA 모델)	245
고속 연산 라이브러리	73
고객 만족 개선	18
공공 데이터	22
• 공공데이터포털	22
• 한국도로교통공단 교통사고분석시스템	22
• 행정안전부 주민등록 인구통계	22
공간 데이터 시각화(folium)	199
구글 코랩(Google Colab)	27
• 구글 계정(Gmail 계정)	28
• 구글 드라이브(Colab Notebooks 폴더)	29
• 노트북 생성	29
• 마운트 설정	38
• 셀 추가/삭제	30
• 작업 디렉터리 설정	39
• 크롬 브라우저	27
군집분석(Clustering Analysis)	319
• K-평균 군집화	327
• 엘보우 기법(Elbow Method)	327
• 삼일운동 데이터 군집 특징	326
그룹화(groupby( ))	138
기본 if문	58
기본 데이터 타입	47
기본 시각화	221
기술적 분석(Descriptive Analysis)	16

ㄴ

나이브 베이즈(Naive Bayes)	341
날짜 데이터 처리 방법	111
내장 함수(input( ), print( ))	62
내장 라이브러리	64
넘파이(NumPy)	73
• ndarray(N-dimensional Array)	73
• 설치 및 사용	74
• 주요 특징 및 응용 분야	73
노름(Norm)	347

ㄷ

다중 if문(elif)	59
다중 회귀분석	237
• 최소제곱법(sm.OLS(y, X))	237
다중공선성(Multicollinearity)	238
• 문제점	238
• 탐지 방법	238
• 해결 방법(라쏘 회귀, 릿지 회귀)	238
다차 정렬	144
대시보드(Dashboard)	16
데이터 분석	15
• 개념	15
• 단계	20
• 목표	19
• 목표 설정	19
• 필요한 것	21
• 순서	19
• 활용 분야	17
데이터 분석 툴	22
데이터 비닝(data binning)	337
데이터 수집	15
데이터 전처리	15, 126
• 구조 변환	148
• 변수(필드) 선택	126
• 변수명 변경(rename( ))	135
• 새 필드 추가(파생변수 생성)	131
• 정렬(sort_values( ))	141
• 조인(join( ))	133
• 필터링(데이터 추출)	132
• 행, 열(변수) 제거 (drop( ))	146
데이터 처리	44
데이터프레임(DataFrame)	105
• 구조	105
• 직접 생성(pd.DataFrame( ))	107
• 내용과 구조 파악	112
• 연산	117
데이터프레임 시각화(pandas)	173
데이터프레임 타입	108
데이터 탐색 함수	252
데이터 파일 로드	96
데이터 타입	47
데이터를 대표하는 대표 값	52
• dict( ) 함수	56
디시전 트리(Decision Tree)	341
• 사이킷런 사용 방법(DecisionTreeClassifier)	341
• 주요 옵션	342

ㄹ

라쏘 회귀(Lasso Regression)	347
라인 번호 추가(구글 코랩)	30
람다(lambda) 식	64
랜덤 포레스트(Random Forest)	342
• 사이킷런 사용 방법(RandomForestClassifier)	342
• 주요 옵션	343
랜덤 포레스트 회귀(Random Forest Regression)	348
레이블 인코딩(Label Encoding)	164
로그 함수	337
로지스틱 회귀(Logistic Regression)	344
• 사이킷런 사용 방법(LogisticRegression)	344
• 주요 옵션	344
리스트(list)	48
• append( ) 메서드	49
• enumerate( ) 함수	51
• list( ) 함수	55
• 리스트 컴프리헨션(List Comprehension)	48
• 리스트 선언	48
• 리스트 사용(인덱싱, 슬라이싱)	50
• range( ) 함수	60
리스크 관리	17
릿지 회귀(Ridge Regression)	346

ㅁ

마커(folium)	199
• 마커 클러스터(MarkerCluster)	214
• 마커 색상 및 아이콘 변경	203
• 반경 원 표시(folium.Circle( ))	206
• 웹 사이트 연동	206
• 커스텀 아이콘 마커(folium.CustomIcon( ))	205
• 특수 마커 사용	204
• 팝업상자 가로로 표시(folium.Popup( ))	202
마크다운(Markdown)	31
머신러닝(Machine Learning)	333
• 과정	334
• 분류기 성능 평가 지표	341
• 분류분석 예측 모델	349
• 정의	333
• 종류(지도학습, 비지도학습, 강화학습)	334
• 학습 원리	333
• 학습/시험 데이터, 과적합 문제	334
• 회귀분석 예측 모델	345
머신러닝 알고리즘	16
메모리 효율성(NumPy)	73
메서드(method)	47

모델	16
모델링	16
모듈(라이브러리, 패키지)	64
• 모듈 임포트 방법	64
모조변수(dummy variable)	336
목표 설정(데이터 분석)	19
문제 정의	221
미래 예측	17

ㅂ

바인딩(concat( ))	136
반복문(for문)	60
반정형 데이터 파일 로드	102
배경지식(실무 지식)	21
변수	46
• 변수 제거(del)	46
• 변수 선언	46
• 변수(필드) 선택	126
• 변수명 변경(rename( ))	135
병렬상자그림	175
보안 데이터 분석	297
• 로그 데이터 정형화	309
• 시계열 예측(ARIMA)	316
복소수형(complex)	48
부동소수점형(float)	47
부트스트랩(Bootstrap)	19
분산(variance)	347
분산분석(ANOVA, Analysis of Variance)	250
분산팽창계수(VIF, Variance Inflation Factor)	263
분류기 성능 평가 지표	341
분류분석 예측 모델	337
• 모델링	349
불(bool)	48
비용 절감	18
비정형 데이터 파일 로드	104
비즈니스 분야(데이터 분석 활용)	17
비지도학습	334
빌드(Build)	33

ㅅ

사분위수 범위(IQR, Interquartile Range)	158
사용자 정의 정렬(pd.Categorical( ))	145
사용자 정의 함수(def)	63
사이킷런(Scikit-learn)	100
사이파이(SciPy)	76
• 주요 기능 및 사용 분야	76
산점도 행렬(scatter matrix)	174

찾아보기

상관계수	181
• 피어슨(Pearson) 상관계수	183
• 스피어만(spearman) 상관계수	183
상관계수 행렬(df.corr( ))	183
상관계수 행렬 히트맵(sns.heatmap( ))	185
상권 데이터 분석	275
• 지도에 표시	287
• 파악	277
상자그림 그래프(boxplot)	192
• seaborn의 boxplot( )	193
• 산점도 추가(stripplot( ), swarmplot( ))	194
새 필드 추가(파생변수 생성)	131
서브플롯(subplots=True)	180
서포트 벡터 회귀(SVR)	348
서포트 벡터머신(Support Vector Machine, SVM)	343
• 사이킷런 사용 방법(SVC)	343
• 주요 옵션	344
선 그래프(line plot)	190
선형 회귀(Linear Regression)	346
• 사이킷런 사용 방법(LinearRegression)	346
• 최소제곱법(Least Square Method)	346
설명변수(X)	346
성과 측정/평가 및 혁신	18
세트(set)	48
셀 복사(구글 코랩)	32
시각화(데이터)	173
• 개요(변수 개수/종류)	173
• 함수(plot( ))	175
• 한글 깨짐 방지	83
시리즈 타입(pandas.core.series.Series)	108
시본(Seaborn)	89
• 설치 및 사용	89
• 주요 특징	89
식별자(identifier)	47
식별자 표기 규칙	47
실무 지식	21
스마트 시티 분야(데이터 분석 활용)	17
스케일링(Scaling)	161
• 주요 스케일링 방법	161
• 하는 이유	161

ㅇ

아나콘다 주피터 노트북(Anaconda Jupyter Notebook)	27
아이디어 창출	17
엑셀 파일 읽기(pd.read_excel( ))	98
엘라스틱 넷 회귀(Elastic Net Regression)	347
• 사이킷런 사용 방법(ElasticNet)	347
예측	16
예측 분석(Predictive Analysis)	16
예측할 특징 값 직접 결정	337
오름차순 정렬(ascending=True)	141
온실가스 데이터 분석	222
• 배경농도 값 현 상태와 예측	226
• 관계 분석	233
• 주기성을 갖는 시계열 CO_2 배경농도 추이 파악과 예측	242
와인 데이터셋	101
워드클라우드(word cloud)	196
• WordCloud( )	196
원–핫 인코딩(One–Hot Encoding)	164
웹 스크래핑(Web Scraping)	15
웹 크롤링(Web Crawling)	15
웹/소셜 데이터	21
의료 분야(데이터 분석 활용)	17
의사결정 지원과 문제 해결	17
이분산성(Heteroskedasticity)	246, 250
이상치(Outliers)	152
• 결측으로 대체	158
• 통계학적 정상치의 범위	158
인과관계 분석	18
인덱스 지정과 복귀	130
• reset_index( )	130
• set_index("변수명")	130
인라인 if문	60
인코딩(Encoding)	164
• 범주형 변수 수량화 방법	164
인터넷 방화벽 데이터 분석	298

ㅈ

재현성 확보(np.random.seed( ))	196
재현율(recall)	341
정규 표현식(re.compile( ))	310
정규화 스케일링(Normalization Scaling)	161
정밀도(precision)	341
정렬(sort_values( ))	141
• 내림차순 정렬(ascending=False)	141
• 오름차순 정렬(ascending=True)	141
• 사용자 정의 정렬(pd.Categorical( ))	141
• 다차 정렬	144
정부 및 공공 분야(데이터 분석 활용)	17
정수형(int)	47
정확도(auc, 정답률)	341
정형 데이터 파일 로드	97

제어문	58
종속변수(y)	346
주피터 노트북(Jupyter Notebook)	27
지도학습	334
지방재정365	22
진단적 분석(Diagnostic Analysis)	16

ㅊ~ㅋ

참 양성비(tpr)	341
처방적 분석(Prescriptive Analysis)	17
최소제곱법(Least Square Method)	346
추가 설치 라이브러리(pip install)	64
컬렉션 데이터 타입	48

ㅌ

타깃 인코딩(Target Encoding)	164
타입 변환(캐스팅, casting) 함수	55
타입 확인 함수(type( ))	57
탐색적 데이터 분석(EDA, Exploratory Data Analysis)	16
토이 데이터(toy data) 읽기	100
통계 모델 가정 충족(스케일링)	161
통계적 데이터 분석	221
• 개요	221
• 단계	221
• 목적	221
• 변수 종류에 따른 분석 기법	221
통계 함수	117
튜플(tuple)	48
• tuple( ) 함수	56

ㅍ

파이썬 기본 문법	46
파이썬 개발 환경 설정	27
판다스(Pandas)	106
• 설치 및 사용	107
• 주요 특징	106
패키지	64
편향(bias)	347
평균 제곱근 오차(RMSE)	346
평균 절대 백분율 오차(MAPE)	345
평균 절대 오차(MAE)	346
포트(Port)	300
• Destination Port	300
• NAT Destination Port	300
• NAT Source Port	300
• Source Port	300
프로젝트 구조	33
• 구글 코랩에서 배치	35
• 리소스 파일 관리 폴더	35
• 소스코드 파일 관리 폴더	35
필터링(데이터 추출)	132

ㅎ

학습 결과 모델 파일 저장(joblib.dump( ))	339
학습 데이터(train)	335
학습/시험 데이터, 과적합(overfitting) 문제	334
함수(function)	62
• 람다 (lambda) 식	64
• 사용자 정의 함수	63
• 내장 함수	62
함수 적용(apply( ))	118
행, 열(변수) 제거(drop( ))	146
행렬 바꿈(transpose( ))	148
현 상태 파악 분석	18
혼합정도(r, 엘라스틱 넷 회귀)	347
회귀분석(Regression Analysis)	222
회귀분석 예측 모델	345
• 모델링	346
• 사이킷런 사용	346
• 성능 평가 지표	346
• 종류	346

영문

with문	61
zip( ) 함수	56

영어 용어 정리(English Term Index)

- **A/B Test**(A/B 테스트): 두 가지 이상의 변형을 비교하여 더 나은 결과를 제공하는 옵션을 평가하는 방법
- **Accuracy(auc)**(정확도): 분류기의 정답률
- **Adj. R-squared**(수정된 R-제곱): 변수 수를 고려한 설명력 보정 값
- **agg( )**(집계 함수): 그룹화에 여러 통계 함수를 적용
- **AIC(Akaike Information Criterion)**(아카이케 정보 기준): 모델의 품질과 복잡도를 고려한 지표로 낮을수록 좋음
- **alpha**(알파): 정규화 강도를 나타내는 매개변수
- **Anaconda**(아나콘다): 파이썬 기반 데이터 분석을 위한 개발 환경 설정 툴
- **ANOVA(Analysis of Variance)**(분산분석): 두 개 이상의 그룹 간 평균 차이를 비교하는 통계 기법
- **API(Application Programming Interface)**(응용 프로그래밍 인터페이스): 소프트웨어 간 상호작용을 가능하게 하는 인터페이스
- **append( )**(추가): 리스트에 값을 추가하는 메서드
- **apt-get install fonts-nanum***: 한글 나눔 폰트 설치 명령어
- **apt-get update -qq**: 패키지 목록 업데이트 명령어
- **AR(Autoregressive)**(자기회귀): 이전 관측치와의 관계를 나타내는 시계열 모델의 구성 요소
- **ARIMA(AutoRegressive Integrated Moving Average)**(자기회귀 통합 이동평균): 비계절적 시계열 데이터의 추이 및 예측에 사용되는 모델
- **astype( )**(타입 변환): 데이터프레임 또는 시리즈의 데이터 타입을 변환하는 함수
- **at[행 인덱스, 열 인덱스]**(at): 데이터프레임에서 값 1개를 추출할 때 사용
- **auc(accuracy)**(정확도): 분류기의 정답률
- **Bar Chart**(막대 그래프): 범주형 변수의 각 집단 값을 비교할 때 사용
- **bias**(편향): 예측 값들과 정답이 대체로 멀리 떨어져 있는 상태
- **BIC(Bayesian Information Criterion)**(베이지안 정보 기준): AIC보다 복잡도에 더 많은 페널티를 주는 모델 품질 지표
- **Binary Encoding**(이진 인코딩): 정수를 이진수로 바꿔 벡터화하는 범주형 변수 수량화 방법
- **binding**(바인딩): 데이터프레임들의 데이터(행)를 결합하여 새로운 데이터프레임을 생성
- **bool**(불 타입): True 또는 False 값을 나타내는 파이썬 기본 데이터 타입
- **Bootstrap**(부트스트랩): 샘플 데이터를 기반으로 통계량의 불확실성을 추정하는 비모수적 방법론
- **boxplot( )**(상자그림): 집단 간의 값을 비교하는 그래프
- **broadcasting**(브로드캐스팅): NumPy에서 차원을 자동으로 확장하여 배열 연산을 지원하는 기능
- **Build**(빌드): 소스코드 파일들을 실행 가능한 프로그램으로 변환하는 과정
- **Business**(비즈니스 분야): 고객 세분화, 시장 트렌드 분석, 매출 예측 등에 데이터 분석이 활용되는 분야
- **C**(규제 매개변수): SVC 또는 LogisticRegression 클래스에서 규제 강도를 제어하는 매개변수
- **C/C++**: NumPy가 기존 C/C++ 코드와 통합하여 성능 최적화 가능
- **cache_size**(캐시 크기): 커널 계산을 위한 캐시 크기 설정(MB 단위)
- **Camel Case**(카멜 표기법): 단어와 단어의 연결에서 다음 단어의 첫 글자를 대문자로 표기하는 식별자 표기법
- **CartoDB positron**: 지도 맵 타일 종류 중 하나
- **casting**(캐스팅): 값의 타입을 다른 타입으로 변환하는 과정

- **ccp_alpha**: 비용 복잡성 가지치기의 복잡성 매개변수
- **choropleth**(단계구획도, 등치지도): 공간 데이터 시각화 기법 중 하나
- **class_weight**(클래스 가중치): 모델 학습 시 클래스별 가중치를 설정하는 옵션
- **coef0**: 다항 커널 및 시그모이드 커널에서 상수 항을 추가하는 데 사용
- **Colab Notebooks**: 구글 드라이브에 주피터 노트북 파일이 저장되는 폴더
- **collection data types**(컬렉션 데이터 타입): 여러 개의 값을 저장하는 데이터 타입(리스트, 튜플, 세트, 딕셔너리)
- **columns**(컬럼): 데이터프레임의 변수명(열 이름)
- **complex**(복소수형): 실수부와 허수부를 가지는 복소수를 나타내는 파이썬 기본 데이터 타입
- **concat( )**(결합): 데이터프레임들의 데이터(행) 또는 열을 결합하는 바인딩에 사용
- **Cond. No.(Condition Number)**(조건수): 다중공선성 위험 지표
- **corr( )**(상관계수): 두 수량형 변수의 관계를 값으로 표현하는 함수
- **count( )**(개수): NaN이 아닌 데이터의 수를 세는 통계 함수
- **criterion**(측정 기준): 디시전 트리의 분할 품질을 측정하는 기준('gini', 'entropy', 'log_loss')
- **csv**(Comma-Separated Values): 콤마로 구분된 값을 가진 정형 데이터 파일 형식
- **CustomIcon( )**(커스텀 아이콘): Folium에서 회사나 공공기관 로고 등을 마커로 사용할 때 사용
- **Dashboard**(대시보드): 데이터를 시각적으로 구성하여 실시간으로 정보를 제공하는 인터페이스
- **data binning**(데이터 비닝): 값을 작은 그룹(bin)으로 분류하는 특징 값 추출 방법
- **Data Analysis**(데이터 분석): 의사결정을 지원하거나 문제를 해결하기 위해 데이터를 체계적으로 조사, 정리, 해석하고 시각화하는 과정
- **Data files**(데이터 파일): 소스코드 파일이 참조하는 정형/비정형 데이터 파일
- **Data Science**(데이터 과학): 분석 툴을 다루는 능력, 수학/통계적 지식, 배경지식(실무 지식)의 융합 분야
- **data types**(데이터 타입): 변수에 저장되는 값의 유형(기본 타입, 컬렉션 타입)
- **DataFrame**(데이터프레임): pandas에서 표 형태의 2차원 데이터를 다루는 주요 객체
- **Darwin**: macOS 운영체제를 지칭
- **dat**: 비정형 데이터 파일 형식 중 하나
- **Decision Tree**(의사결정 트리, 결정 트리): 질문에 의해 가지를 나누는 방식으로 분류하는 머신러닝 분류기
- **DecisionTreeClassifier**: 사이킷런에서 디시전 트리를 구현한 클래스
- **decision_function_shape**: 의사 결정 함수의 모양을 지정하는 옵션
- **Deep Learning**(딥러닝): 비정형 데이터 예측에 주로 사용되는 머신러닝 알고리즘
- **def**: 파이썬에서 사용자 정의 함수를 작성할 때 사용하는 키워드
- **degree**: 다항 커널 함수에서 사용되는 다항식의 차수
- **Dep. Variable**(종속변수): 예측하고자 하는 대상 변수
- **describe( )**(요약 통계량): 수량형 변수의 최솟값, 최댓값, 중위수, 평균, 분위수 등 요약 통계량을 구하는 메서드
- **Descriptive Analysis**(기술적 분석): 과거 데이터를 요약하고 설명하여 데이터의 현 상태를 파악
- **Destination Port**(목적지 포트): 목적지 서버의 포트 번호
- **Diagnostic Analysis**(진단적 분석): 특정한 일이 발생한 원인을 파악하는 분석

 **영어 용어 정리(English Term Index)**

- **dict( )**(딕셔너리 타입 변환): 키와 값의 쌍을 갖는 딕셔너리 타입으로 변환하는 함수
- **dictionary**(딕셔너리): 키와 값의 쌍으로 값을 저장하는 컬렉션 데이터 타입
- **drop( )**(제거): 데이터프레임의 행과 열을 제거하는 메서드
- **dropna( )**(결측치 제거): 데이터프레임 또는 시리즈에서 결측치가 있는 행을 제거하는 메서드
- **dual**: 이진 분류에서 프라이멀 폼 대신 이중 폼을 사용할지 여부 설정
- **dummy variable**(모조변수, 가변수): 특정 범주형 변수 값일 경우 1, 그렇지 않을 경우 0으로 표기하는 특징 값
- **Durbin-Watson**(더빈-왓슨): 잔차의 자기상관을 확인하는 지표
- **EDA(Exploratory Data Analysis)**(탐색적 데이터 분석): 데이터를 시각화하거나 통계적 기법을 사용해서 데이터를 이해하고 주요 패턴, 관계, 추세 등을 얻어내는 과정
- **Education**(교육 분야): 학습 성과 분석, 학생 이탈 예측 등에 데이터 분석이 활용되는 분야
- **Elastic Net Regression**(엘라스틱 넷 회귀): L1, L2 규제를 모두 사용하여 릿지와 라쏘의 장점을 모두 가지는 회귀 모델
- **ElasticNet**: 사이킷런에서 엘라스틱 넷 회귀를 구현한 클래스
- **Elapsed Time(sec)**(경과 시간): 세션이 유지된 총 시간(초 단위)
- **Embedding**(임베딩): 범주를 벡터 공간에 매핑하는 범주형 변수 수량화 방법
- **Encoding**(인코딩): 범주형 변수의 값을 수량화하는 전처리 과정
- **engineering and scientific computing**: NumPy의 응용 분야
- **enforce_invertibility**: SARIMAX 모델 설정 옵션
- **enforce_stationarity**: SARIMAX 모델 설정 옵션
- **entropy**(엔트로피): 데이터의 혼잡도를 측정하는 기준
- **epsilon**: SVR 모델의 엡실론 튜브를 지정하는 매개변수
- **Euclidean distance**(유클리드 거리): 특성 간의 거리를 계산하는 방법
- **Excel**(엑셀): 정형 데이터 분석에 사용되는 툴
- **exog**: SARIMAX 모델에 외부 변수를 추가할 때 사용하는 옵션
- **F1**: 정밀도와 재현율로 구하며, 높을수록 좋은 분류기 성능 평가 지표
- **False**: 논리 값(거짓)
- **false negative**(미탐)(거짓 음성): 실제는 양성인데 음성으로 잘못 판단하는 경우
- **false positive**(오탐)(거짓 양성): 실제는 음성인데 양성으로 잘못 판단하는 경우
- **features**(특징 값): 데이터를 구분할 수 있는 요소나 값
- **fft( )**: 푸리에 변환 함수
- **Filtering**(필터링): 데이터프레임에서 조건을 만족하는 데이터(행)만 추출하는 방법
- **filtfilt( )**: 신호 처리에서 필터를 적용하는 함수
- **fillna( )**(결측치 대체): 결측 값을 다른 값으로 대체하는 메서드
- **fit( )**: 머신러닝 모델을 학습시키는 메서드
- **fit_intercept**: 상수 항을 모델에 추가할지 여부를 설정하는 옵션
- **float**(부동소수점형): 소수점을 포함하는 실수를 나타내는 파이썬 기본 데이터 타입

- **float( )**(부동소수점형 변환): 정수 또는 문자열을 부동소수점으로 변환하는 함수
- **folium**: 공간 데이터를 지도에 시각화하는 라이브러리
- **folium.Circle( )**: Folium에서 특정 시설물을 중심으로 반경 원을 표시할 때 사용
- **folium.CustomIcon( )**: Folium에서 커스텀 아이콘 마커를 생성할 때 사용
- **folium.GeoJson( )**: GeoJSON 데이터를 지도에 표시할 때 사용
- **folium.Icon( )**: Folium에서 마커의 색상과 아이콘을 변경할 때 사용
- **folium.Map( )**: Folium에서 기준 위치를 중심으로 지도를 표시할 때 사용
- **folium.Marker( )**: Folium에서 지도에 마커를 표시할 때 사용
- **for**: 반복해서 작업을 처리할 때 사용하는 제어문
- **Fortran**: NumPy가 기존 Fortran 코드와 통합하여 성능 최적화 가능
- **fpr(false positive rate)**(거짓 양성비): 실제 값이 거짓인 데이터 중 참이라고 판단하는 비율
- **F-statistic**(F-통계량): 회귀식 전체의 유의성 검정 지표
- **frac=1**: sample( ) 함수에서 모든 데이터를 랜덤하게 섞을 때 사용하는 옵션
- **from ... import ...**: 특정 모듈에서 객체(함수, 클래스 등)만 임포트하는 문법
- **function**(함수): 특정 작업을 처리하기 위해 사용되는 처리 동작 코드
- **gamma**: 커널 계수로, 모델의 비선형성을 처리하는 방법을 지정
- **GaussianNB**: 사이킷런에서 나이브 베이즈 분류기를 구현한 클래스
- **Generalized linear model**(일반화 선형 모형): 통계 분석에서 사용되는 모형 중 하나
- **GeoJSON**: 위치 정보를 기반으로 지형을 표현하기 위해 설계된 JSON 형식
- **get_dummies( )**: pandas에서 원-핫 인코딩을 수행하는 함수
- **gini impurity**(지니 불순도): 클래스가 얼마나 잘 분리되어 있는지를 나타내는 디시전 트리의 평가 기준
- **Google Account(Gmail Account)**(구글 계정): 구글 코랩 로그인 시 필요한 계정
- **Google Chrome**(구글 크롬): 구글 코랩 코딩 및 실행에 사용되는 웹 브라우저
- **Google Colab**(구글 코랩): 클라우드 기반의 주피터 노트북
- **Google Drive**(구글 드라이브): 구글 코랩에서 영구적인 디스크 공간으로 사용되는 클라우드 저장소
- **Government and Public Sector**(정부 및 공공 분야): 정책 효과 분석, 범죄 데이터 분석 등에 데이터 분석이 활용되는 분야
- **Gradient Descent**(경사 하강법): 모델 학습 시 최적의 가중치를 찾는 데 사용되는 알고리즘
- **groupby( )**(그룹화): 데이터를 그룹(집단)별로 비교할 때 사용하는 메서드
- **head( )**(상위 데이터 확인): 데이터프레임의 위쪽 일부 데이터를 확인하는 메서드
- **Healthcare**(의료 분야): 환자 데이터 분석, 질병 예측 등에 데이터 분석이 활용되는 분야
- **heatmap**(히트맵): 상관계수 행렬을 시각화하는 데 사용되는 그래프
- **hexbin**(히트맵): 데이터 분포를 파악하기 위한 시각화 기법
- **Heteroskedasticity(H)**(이분산성): 오차의 분산이 시간에 따라 달라질 수 있음을 나타내는 잔차 진단 지표
- **Histogram**(히스토그램): 수량형 변수의 도수 분포를 시각화할 때 사용
- **HQIC(Hannan-Quinn Information Criterion)**(한난-퀸 정보 기준): AIC, BIC 사이의 균형적인 모델 품질 지표

영어 용어 정리(English Term Index)

- **HTML tags**: 마크다운에서 사용할 수 있는 HTML 태그
- **hyperparameters**(하이퍼파라미터): 모델의 성능과 관련된 파라미터
- **icon**: Folium 마커에서 아이콘을 지정
- **if**: 주어진 조건식의 결과가 2개 이상으로 분기되는 경우에 사용하는 제어문
- **iloc**: 정수 기반 위치 인덱싱을 사용하여 데이터프레임의 데이터에 접근하는 메서드
- **Image files**(이미지 파일): 소스코드 파일이 참조하는 png, jpg 파일
- **import**: 파이썬에서 라이브러리(모듈)를 사용하기 위해 로드(가져옴)하는 문
- **import numpy as np**: NumPy 라이브러리를 np라는 약어를 사용하여 로드
- **import scipy as sp**: SciPy 라이브러리를 sp라는 약어를 사용하여 로드
- **import seaborn as sns**: Seaborn 라이브러리를 sns라는 약어를 사용하여 로드
- **inplace=True**: 데이터프레임 변경 사항을 즉시 적용하는 옵션
- **index**: 리스트, 튜플 등 컬렉션에서 값의 위치를 나타내는 번호
- **index=False**: 파일을 저장할 때 데이터프레임 인덱스를 포함하지 않도록 하는 옵션
- **indexing**: 인덱스를 사용하여 원소 값 1개를 얻어내는 방법
- **info( )**(구조 파악): 데이터프레임의 구조(변수 타입, 결측치 등)를 파악하는 메서드
- **input( )**: 화면 입력을 받을 때 사용하는 내장 함수
- **int**(정수형): 정수를 나타내는 파이썬 기본 데이터 타입
- **int( )**(정수형 변환): 부동소수점 또는 문자열을 정수로 변환하는 함수
- **intercept**(절편): 회귀 모델에서 설명변수가 0일 때 종속변수의 예측 값
- **intercept_scaling**: 상수 항의 스케일링을 제어하는 옵션
- **interactive**(상호동작적인): 사용자 동작에 반응하는(예 지도)
- **interp1d( )**: SciPy에서 1차원 보간을 수행하는 함수
- **Interquartile Range(IQR)**(사분위수 범위): 3사분위수와 1사분위수의 차이
- **inv( )**: SciPy에서 역행렬을 구하는 함수
- **IQR(Interquartile Range)**(사분위수 범위): 3사분위수와 1사분위수의 차이
- **isnull( )**(결측치 확인): 데이터프레임 또는 시리즈에서 결측치가 있는지를 확인하는 메서드
- **ipynb**: 주피터 노트북 파일의 확장자
- **Jarque-Bera(JB)**(자크-베라): 잔차가 정규분포를 따르는지 테스트하는 지표
- **jitter**: 산점도에서 점들 사이의 간격을 임의의 난수로 지정하여 표현하는 옵션
- **joblib.dump**: 학습 결과를 파일로 저장하는 joblib 라이브러리 함수
- **joblib.load**: 저장된 학습 모델을 로드하는 joblib 라이브러리 함수
- **join( )**(조인): 데이터프레임들의 변수(열)를 결합하여 새로운 데이터프레임을 생성하는 메서드
- **JSON**: 데이터 파일 형식 중 하나
- **json.load( )**: JSON 파일을 로드하는 함수
- **Jupyter Notebook**(주피터 노트북): 파이썬 기반 데이터 분석에 주로 사용되는 개발 툴
- **K-Means**(K-평균): 데이터 군집화 알고리즘

- **K-Means Clustering**(K-평균 군집화): 데이터를 군집으로 분류하는 분석 기법
- **K-Nearest Neighbors(KNN)**(K-최근접 이웃): 거리 기반 머신러닝 알고리즘
- **Kaggle**(캐글): 보안상 공개되지 않는 로그 및 웹 사이트 접속 데이터 등의 보안 데이터를 얻을 수 있는 사이트
- **KDE(Kernel Density Estimation)**(커널 밀도 추정): 데이터의 분포를 추정하는 시각화 기법
- **kendall**(켄달 상관계수): 상관계수의 종류 중 하나
- **kernel**: SVC 클래스에서 사용할 커널 함수를 지정하는 옵션
- **kernel density estimation**(커널 밀도 추정 그래프): 시각화 기법 중 하나
- **K-fold cross-validation**(K겹 교차검증): 데이터를 K개로 나누어 학습 및 시험에 반복적으로 사용하는 방법
- **kind="bar"**: 막대 그래프를 그릴 때 사용하는 plot 옵션
- **kind="box"**: 상자그림을 그릴 때 사용하는 plot 옵션
- **kind="hexbin"**: 히트맵(hexbin)을 그릴 때 사용하는 plot 옵션
- **kind="hist"**: 히스토그램을 그릴 때 사용하는 plot 옵션
- **kind="line"**: 선 그래프를 그릴 때 사용하는 plot 옵션
- **kind="pie"**: 원형 그래프를 그릴 때 사용하는 plot 옵션
- **kind="reg"**: 산점도에 선형 회귀선을 추가할 때 사용하는 옵션
- **kind="scatter"**: 산점도를 그릴 때 사용하는 plot 옵션
- **Kurtosis**(첨도): 잔차가 뾰족한 정도를 나타내는 지표
- **Label Encoding**(레이블 인코딩): 각 범주에 정수 값을 할당하는 범주형 변수 수량화 방법
- **LabelEncoder( )**: 사이킷런에서 레이블 인코딩을 수행하는 클래스
- **lambda**(람다 식): 익명 함수를 작성할 때 사용
- **Lasso**(라쏘): 라쏘 회귀를 구현한 클래스
- **Lasso model**(라쏘 모형): 통계 분석에서 사용되는 모형 중 하나
- **Lasso Regression**(라쏘 회귀): 선형 회귀 모델에 L1 규제가 추가된 모델
- **Least Square Method**(최소제곱법): 선형 및 비선형 회귀 모델에서 손실함수를 최소화하는 방법
- **Leaflet**: Folium이 결합하여 사용하는 JavaScript 라이브러리
- **L1 Norm**: 벡터의 크기를 측정하는 방법
- **L1 regularization(Lasso)**(L1 규제): 라쏘 회귀에 사용되는 규제
- **L1_ratio**: penalty가 'elasticnet'일 때 L1 규제와 L2 규제의 비율을 설정하는 옵션
- **Linear Discriminant Analysis(LDA)**(선형 판별 분석): 분산 기반 알고리즘
- **Linear model**(선형 모형): 통계 분석에서 사용되는 모형 중 하나
- **Linear Regression**(선형 회귀): 반응(종속)변수와 한 개 이상의 설명(독립)변수 간의 선형 상관관계를 모델링하는 회귀분석 기법
- **Line Plot**(선 그래프): 다양한 그래프 종류 중 하나
- **Linux OS**: 구글 코랩의 기반 운영체제
- **list**(리스트): 값을 쉼표로 순차적으로 나열하고 대괄호로 싸서 표기하며 원소 값 변경이 가능한 컬렉션 데이터 타입
- **list( )**(리스트 타입 변환): 1개의 값 또는 여러 값을 리스트 타입으로 변환하는 함수

영어 용어 정리(English Term Index)

- **list comprehension**(리스트 컴프리헨션): 리스트를 효과적으로 선언하는 방법
- **Ljung-Box(Q)**(륭-박스): 잔차에 자기상관이 존재하는지 확인하는 지표
- **load_iris( )**: Scikit-learn에서 제공하는 아이리스 토이 데이터셋을 로드하는 함수
- **loc**: 라벨 기반 인덱싱을 사용하여 데이터프레임의 데이터에 접근하는 메서드
- **Log Likelihood**(로그 우도): 모델 적합도로 높을수록 좋으며 비교용 지표
- **log function**(로그 함수): 변수의 값의 범위가 큰 경우 범위를 줄여주기 위해 사용
- **Logistic Regression**(로지스틱 회귀): 성능과 해석력이 좋은 분류기
- **Loss Function**(손실함수): 모델을 만들 때 최소화하는 함수
- **ls**: 리눅스에서 현재 작업 디렉터리가 가진 목록을 화면에 표시하는 명령어
- **L2 Norm**: 벡터의 크기를 측정하는 방법
- **L2 regularization(Ridge)**(L2 규제): 릿지 회귀에 사용되는 규제
- **MA(Moving Average)**(이동평균): 이전 오차 값과의 관계를 나타내는 시계열 모델의 구성 요소
- **Machine Learning Algorithms**(머신러닝 알고리즘): 정형/비정형 데이터 예측에 사용
- **MAE(Mean Absolute Error)**(평균 절대 오차): 예측 값과 관측 값 차이의 절댓값 평균으로, 낮을수록 좋은 회귀 모델 성능 평가 지표
- **make_pipeline**: 데이터 스케일링과 머신러닝 모델을 파이프라인으로 설정
- **map tiles**: 지도 시각화에서 OpenStreetMap, CartoDB positron 등
- **Markdown**(마크다운): 일반 텍스트 기반의 경량 마크업 언어
- **MarkerCluster( )**: Folium에서 비슷한 위치에 많은 공간 데이터가 있을 때 마커를 클러스터링하여 표시
- **Matplotlib**(맷플롯립): 파이썬에서 데이터를 시각화하는 기본적인 라이브러리
- **matplotlib.font_manager**: Matplotlib에서 글꼴 설정 등에 사용되는 모듈
- **matplotlib.pyplot**: Matplotlib에서 시각화 함수를 제공하는 모듈
- **matplotlib.rcParams["axes.unicode_minus"] = False**: Matplotlib 그래프에서 음수 기호 깨짐 방지 설정
- **max( )**(최댓값): 데이터프레임 또는 시리즈에서 최댓값을 구하는 통계 함수
- **max_depth**: 디시전 트리의 최대 깊이
- **max_features**: 각 분할에서 고려할 최대 특성 수
- **max_iter**: 알고리즘의 최대 반복 횟수를 설정하는 옵션
- **max_leaf_nodes**: 최대 리프 노드 수
- **max_samples**: 각 트리를 훈련시키기 위해 그려야 하는 샘플 수
- **Mean Absolute Error(MAE)**(평균 절대 오차): 예측 값과 관측 값 차이의 절댓값 평균
- **Mean Absolute Percentage Error(MAPE)**(평균 절대 백분율 오차): 추세 추정의 예측 정확도를 측정하는 지표
- **mean( )**(평균): 데이터프레임 또는 시리즈에서 평균을 구하는 통계 함수
- **mean_absolute_percentage_error( )**: MAPE를 구하는 사용자 정의 함수
- **mean_squared_error**: 평균 제곱 오차를 계산하는 함수
- **median( )**(중위수): 데이터프레임 또는 시리즈에서 중위수를 구하는 통계 함수
- **melt( )**: 여러 변수를 1개의 변수로 만들 때 사용하는 데이터프레임 구조 변환 함수

- **method="ffill/bfill"**: 결측치를 이전 값(ffill) 또는 이후 값(bfill)으로 대체하는 옵션
- **metrics.accuracy_score**: 정답률을 구하는 사이킷런 함수
- **min( )**(최솟값): 데이터프레임 또는 시리즈에서 최솟값을 구하는 통계 함수
- **minimize( )**: SciPy에서 함수 최적화(최소값 찾기, 방정식 풀이)에 사용되는 함수
- **Min-Max Normalization**(Min-Max 정규화): 0~1 사이로 값을 변환하는 정규화 스케일링 방법
- **MinMaxScaler**: 사이킷런에서 Min-Max 정규화를 수행하는 클래스
- **min_impurity_decrease**: 노드 분할을 위해 필요한 최소 불순도 감소 값
- **min_samples_leaf**: 리프 노드가 되기 위해 필요한 최소 샘플 수
- **min_samples_split**: 내부 노드를 분할하는 데 필요한 최소 샘플 수
- **min_weight_fraction_leaf**: 리프 노드가 되기 위해 필요한 최소 샘플 가중치의 비율
- **Missing values**(결측치): 데이터에 값이 없는 경우
- **Model**(모델): 예측 수식
- **Modeling**(모델링): 현재 데이터에 가장 적합한 예측 수식을 선택하는 과정
- **mode( )**(최빈수): 데이터프레임 또는 시리즈에서 최빈수를 구하는 통계 함수
- **module**(모듈): 라이브러리 또는 패키지로 불리며 값 및 데이터 처리에 필요한 함수를 제공
- **Month Start**(MS): 매월 수집된 데이터를 나타내는 시간 빈도 정보
- **Multicollinearity**(다중공선성): 회귀분석에서 독립변수들 간에 높은 상관관계가 있을 때 발생하는 문제
- **multi_class**: 다중 클래스 설정을 제어하는 옵션
- **Naive Bayes**(나이브 베이즈): 머신러닝 분류기 중 하나
- **NaN**: 결측 값
- **NAT Destination Port**: NAT 이후 목적지 포트가 변환되었을 경우의 포트
- **NAT Source Port**: NAT 적용 후 변환된 소스 포트
- **ndarray(N-dimensional Array)**(N차원 배열 객체): NumPy에서 수치 데이터를 고속으로 처리할 수 있는 다차원 배열 객체
- **n_estimators**: 사용할 트리의 수
- **n_jobs**: 작업을 병렬로 실행할 때 사용할 CPU 코어 수
- **notnull( )**(결측치 확인): 데이터프레임 또는 시리즈에서 결측이 아닌지를 확인하는 메서드
- **np.arange( )**: NumPy에서 범위 지정하여 배열을 생성하는 함수
- **np.array( )**: NumPy에서 ndarray 배열을 생성하는 함수
- **np.dot( )**: NumPy에서 행렬 곱(dot product)을 수행하는 함수
- **np.ones( )**: NumPy에서 1로 채워진 배열을 생성하는 함수
- **np.polyfit( )**: 선형 회귀선을 계산하는 NumPy 함수
- **np.random.rand( )**: NumPy에서 랜덤 배열을 생성하는 함수
- **np.random.seed( )**: 난수 시드 값을 고정하여 재현성을 확보하는 NumPy 함수
- **np.zeros( )**: NumPy에서 0으로 채워진 배열을 생성하는 함수
- **Null values**(Null 값): 값이 없다는 것이 하나의 특징이 되는 경우

영어 용어 정리(English Term Index)

- **NumPy(Numerical Python)**(넘파이): 파이썬에서 과학 계산을 위한 핵심 라이브러리
- **num_cols**: 수치형 열들을 나타내는 변수
- **object**: 라이브러리가 제공하는 함수, 클래스, 프로퍼티 등
- **oob_score**: OOB(out-of-bag) 샘플을 사용하여 모델을 평가할지 여부
- **OLS(Ordinary Least Squares)**(최소제곱법): 일반적인 최소제곱법
- **Omnibus**: 잔차가 정규분포를 따르는지 테스트하는 지표
- **One-Hot Encoding**(원-핫 인코딩): 각 범주를 이진 벡터로 변환하는 범주형 변수 수량화 방법
- **open**: 파일을 여는 작업에 사용
- **OpenStreetMap**: 지도 맵 타일 종류 중 하나
- **Ordinal Encoding**(순서 인코딩): 순서가 있는 범주에 정수 값을 부여하는 범주형 변수 수량화 방법
- **os.chdir**: 현재 작업 디렉터리를 변경하는 함수
- **Outliers**(이상치): 정상적인 범위 밖의 극단치
- **overfitting**(과적합): 학습 데이터에서는 완벽하게 작동하나, 학습에 사용하지 않은 데이터에서 동작이 잘 되지 않는 문제
- **Packets**(패킷): 세션에서 교환된 총 패킷 수
- **Pandas**(판다스): 데이터프레임 타입의 데이터 분석 및 조작을 위한 라이브러리
- **pandas library**(판다스 라이브러리): 데이터 분석에 필요한 각종 메서드(함수)를 제공
- **PCA(Principal Component Analysis)**(주성분 분석): 다중공선성을 완화하는 방법 중 하나
- **pd.read_csv( )**: pandas 라이브러리에서 csv 파일을 읽을 때 사용하는 함수
- **pd.read_excel( )**: pandas 라이브러리에서 엑셀 파일을 읽을 때 사용하는 함수
- **pd.to_datetime( )**: 문자열이나 숫자 형태의 날짜 데이터를 datetime 형식으로 변환하는 함수
- **penalty**: 규제 항의 종류를 선택하는 옵션('l1', 'l2', 'elasticnet', 'none')
- **pearson**(피어슨 상관계수): 상관계수의 종류 중 하나
- **pip install**: 파이썬 패키지를 설치하는 명령어
- **pip install matplotlib**: Matplotlib 라이브러리를 설치하는 명령어
- **pip install numpy**: NumPy 라이브러리를 설치하는 명령어
- **pip install scipy**: SciPy 라이브러리를 설치하는 명령어
- **pip install seaborn**: Seaborn 라이브러리를 설치하는 명령어
- **pivot( )**: 1개의 변수를 여러 개의 변수로 만들 때 사용하는 데이터프레임 구조 변환 메서드
- **pkts_received**: 외부 또는 목적지에서 받은 패킷 수
- **pkts_sent**: 클라이언트 또는 내부 네트워크에서 보낸 패킷 수
- **platform.system( )**: 현재 운영체제(OS)를 확인하는 함수
- **plt.close( )**: 그래프 자원을 회수하는 함수
- **plt.figure( )**: 그래프를 플롯할 이미지 공간을 메모리에 지정하는 함수
- **plt.legend( )**: 그래프 범례를 표시하는 함수
- **plt.plot( )**: 이미지 공간에 그래프를 플롯하는 메서드

- **plt.rcParams["axes.unicode_minus"] = False**: Matplotlib 그래프에서 음수 기호 깨짐 방지 설정
- **plt.savefig( )**: 그래프를 파일로 저장하는 함수
- **plt.show( )**: 그래프를 화면에 표시하는 함수
- **plt.suptitle( )**: 서브플롯 그래프의 제목을 설정하는 함수
- **plt.tight_layout( )**: 그래프 영역 잘림 방지하는 함수
- **plt.title( )**: 그래프 제목을 설정하는 함수
- **plt.xlabel( )**: x축 레이블을 설정하는 함수
- **plt.ylabel( )**: y축 레이블을 설정하는 함수
- **Plot**: 그래프
- **popup**: Folium 마커를 클릭하면 표시되는 메시지 상자
- **precision(정밀도)**: 참(양성)이라고 출력한 데이터 중에서 실제 참에 속하는 데이터의 비율
- **predict( )**: 학습된 모델로 새로운 데이터를 분류(예측)하는 메서드
- **Predictive Analysis(예측 분석)**: 데이터의 현 상태를 기반으로 미래를 예측하는 분석
- **prefix="fa"**: 특수한 아이콘을 사용할 때 folium.Icon()에 함께 사용하는 속성
- **Prescriptive Analysis(처방적 분석)**: 최적의 의사결정을 지원하기 위해 대안을 제시하는 분석
- **print( )**: 화면에 값을 출력하는 내장 함수
- **Prob(F-statistic)(F-통계량 p-값)**: F-통계량에 대한 p-값
- **probability**: 확률 추정치를 활성화할지 여부를 설정하는 옵션
- **Principal Component Analysis(PCA)(주성분 분석)**: 다중공선성을 완화하는 방법 중 하나
- **PyCharm(파이참)**: 파이썬 기반의 웹 개발, GUI 개발, 데이터 분석 등을 모두 포함한 다목적 툴
- **Python(파이썬)**: 데이터 분석에 사용되는 프로그래밍 언어(툴)
- **PyTorch**: 머신러닝 및 딥러닝 라이브러리
- **quantile( )(분위수)**: 데이터프레임 또는 시리즈에서 분위수를 구하는 통계 함수
- **R**: 데이터 분석에 사용되는 프로그래밍 언어(툴)
- **R-squared(R-제곱)**: 모델의 설명력
- **RAM(램)**: 구글 코랩에서 기본 리소스 관리 폴더가 일시적인 메모리(RAM과 유사) 공간임을 의미
- **random**: 난수 생성 등 파이썬 내장 라이브러리
- **random.randrange( )**: 특정 범위 내의 정수 난수를 생성하는 함수
- **Random Forest(랜덤 포레스트)**: 머신러닝 분류기 중 하나
- **Random Forest Regression(랜덤 포레스트 회귀)**: 다수의 디시전 트리로부터 회귀 예측치를 얻어내는 회귀 모델
- **RandomForestClassifier**: 사이킷런에서 랜덤 포레스트 분류기를 구현한 클래스
- **RandomForestRegressor**: 사이킷런에서 랜덤 포레스트 회귀를 구현한 클래스
- **random_state**: 무작위 수를 제어하기 위한 시드 설정 옵션
- **range( )**: 순차적으로 증가하는 등차수열(값 목록)을 생성하는 함수
- **r2_score**: 결정계수(R-squared)를 계산하는 함수
- **recall(재현율)**: 실제 참에 속하는 데이터 중에서 참이라 출력된 데이터의 비율

영어 용어 정리(English Term Index)

- **regplot**: Seaborn에서 산점도에 선형 회귀선을 추가하는 함수
- **Regression Analysis**(회귀분석): 하나 또는 여러 개의 독립변수가 종속변수에 미치는 영향을 분석하는 통계 기법
- **Regression line**(회귀선): 데이터에 선형 회귀선을 추가
- **Regularization**(정규화): 릿지 회귀나 라쏘 회귀와 같은 방법으로 다중공선성을 줄이는 기법
- **relational operators**(==, !=, <, >, <=, >=)(관계 연산자): 조건식의 결과 값을 True/False와 같은 불 타입으로 나오도록 사용
- **rename( )**: 데이터프레임의 변수명을 변경할 때 사용하는 메서드
- **replace( )**: 데이터프레임 또는 시리즈에서 특정 값을 다른 값으로 대체하는 함수
- **Resource files**(리소스 파일): 소스코드 파일을 제외한 모든 파일(데이터 파일, 이미지 파일 등)
- **result.summary( )**: 선형 회귀분석 결과를 상세히 화면에 표시
- **return**: 함수의 수행 결과를 호출한 곳으로 반환하는 문
- **reset_index( )**: 데이터프레임의 행 인덱스를 기본 행 인덱스로 복귀하는 메서드
- **Ridge**: 릿지 회귀를 구현한 클래스
- **Ridge Regression**(릿지 회귀): 선형 회귀 모델에 L2 규제가 추가된 모델
- **RMSE(Root Mean Square Error)**(평균 제곱근 오차): 예측 값과 관측 값의 차이로, 낮을수록 좋은 회귀 모델 성능 평가 지표
- **RobustScaler**: 중앙값과 IQR을 기준으로 하는 스케일링 방법
- **round( )**: 숫자를 반올림하는 함수
- **runtime**: 구글 코랩에서 세션 다시 시작 등의 메뉴가 있는 부분
- **sample( )**: 데이터프레임의 데이터를 랜덤하게 섞을 때 사용하는 함수
- **SAS**: 통계 분석 툴
- **SARIMA(Seasonal ARIMA)**(계절성 ARIMA): 주기성(계절성)을 갖는 시계열 데이터의 추이 및 예측에 사용되는 모델
- **SARIMAX**: 계절성을 포함한 시계열 분석 모델을 구현한 클래스
- **Scaling**(스케일링): 데이터의 범위(크기)를 조정하는 전처리 과정
- **scatter_matrix( )**(산점도 행렬): 여러 수량형 변수의 관계를 경우의 수만큼 산점도로 표현
- **Scatter Plot**(산점도): 두 수량형 변수의 관계를 시각화하는 데 사용
- **Scikit-learn**: 파이썬에서 머신러닝 분류분석 예측 모델을 제공하는 라이브러리
- **Scientific Computing**(과학 계산): NumPy의 핵심 분야
- **SciPy(Scientific Python)**(사이파이): 과학 계산 및 공학적 연산을 위한 파이썬 라이브러리
- **scipy.integrate**: SciPy의 적분 계산 서브패키지
- **scipy.interpolate**: SciPy의 보간법 서브패키지
- **scipy.linalg**: SciPy의 선형대수 서브패키지
- **scipy.optimize**: SciPy의 함수 최적화 서브패키지
- **scipy.signal**: SciPy의 신호 처리 서브패키지
- **scipy.sparse**: SciPy의 희소 행렬 연산 서브패키지
- **scipy.stats**: SciPy의 확률분포, 통계 분석 서브패키지

- **Seaborn**(시본): Matplotlib을 기반으로 한 고급 데이터 시각화 라이브러리
- **seasonal_order**: SARIMAX 모델에서 계절성 구성 요소를 지정하는 매개변수
- **Security data**(보안 데이터): 인터넷 방화벽 보안 데이터 및 보안 로그 데이터
- **Series**(시리즈): 데이터프레임의 단일 열을 나타내는 Pandas 객체
- **session restart**: 구글 코랩에서 런타임 세션을 다시 시작하는 메뉴
- **set**(세트): 리스트와 유사하며 중괄호로 싸서 표기하고 중복 값을 허용하지 않는 컬렉션 데이터 타입
- **set_index("변수명")**(인덱스 지정): 특정 변수(열)를 데이터프레임의 행 인덱스로 지정하는 메서드
- **SF6**: 육불화황
- **shape**: 데이터프레임의 차원(행과 열의 수)을 파악하는 속성
- **shrinking**: 수축 휴리스틱을 사용할지 여부를 설정하는 옵션
- **Silhouette score**(실루엣 점수): 군집 분석의 성능 평가 지표(자료에는 명시적으로 없으나 관련 용어)
- **signal processing**(신호 처리): NumPy 및 SciPy의 응용 분야
- **Skew**(왜도): 잔차가 치우친 정도를 나타내는 지표
- **skipna=True**: NaN 값을 제외하고 연산하도록 하는 옵션
- **sklearn.datasets**: 사이킷런에서 토이 데이터를 제공하는 모듈
- **slicing**: 시작 번호부터 끝 번호 전까지 여러 개 값을 얻어내는 방법
- **Smart City**(스마트 시티 분야): 교통 흐름 분석, 에너지 소비 최적화 등에 데이터 분석이 활용되는 분야
- **Snake Case**(스네이크 표기법): 단어와 단어의 연결에서 언더바(_)를 사용하는 식별자 표기법
- **sns.heatmap( )**: Seaborn에서 히트맵을 플롯하는 함수
- **sns.pairplot( )**: Seaborn에서 산점도 행렬을 플롯하는 함수
- **sns.regplot( )**: Seaborn에서 산점도에 선형 회귀선을 추가하는 함수
- **sns.scatterplot( )**: Seaborn에서 산점도를 그리는 함수
- **sns.stripplot( )**: Seaborn에서 상자그림에 산점도를 추가하는 함수
- **sns.swarmplot( )**: Seaborn에서 상자그림에 산점도를 추가하는 함수(데이터 분포 확인)
- **solver**: 최적화 알고리즘을 선택하는 옵션
- **sort_values( )**(정렬): 데이터프레임의 데이터를 정렬하는 메서드
- **Source code files**(소스코드 파일): 프로그램의 동작을 수행하는 ipynb, py 파일 등
- **Source Port**(소스 포트): 클라이언트(발신자)가 사용하는 포트 번호
- **spearman**(스피어만 상관계수): 순서형 상관관계를 따지는 상관계수의 종류 중 하나
- **splitter**: 분할 시 노드를 분할할 전략
- **StandardScaler**: 사이킷런에서 표준화를 수행하는 클래스
- **Standardization(StandardScaler)**(표준화): 평균 0, 표준편차 1로 값을 표준화하는 스케일링 방법
- **Stata**: pandas에서 읽을 수 있는 파일 형식 중 하나
- **Statistical Analysis**(통계 분석): 통계적 기법을 활용하여 데이터를 해석하고 의미 있는 정보를 얻어내는 과정
- **statsmodels.formula.api**: R처럼 수식 방식으로 회귀식을 작성할 수 있도록 하는 라이브러리
- **statsmodels.formula.api.ols**: statsmodels에서 선형 회귀분석을 수행하는 함수

영어 용어 정리(English Term Index)

- **statsmodels.stats.anova_lm**: statsmodels에서 ANOVA 테이블을 생성하는 함수
- **statsmodels.tsa.arima.model**: ARIMA 모델을 제공하는 statsmodels 모듈
- **std( )**(표준편차): 데이터프레임 또는 시리즈에서 표준편차를 구하는 통계 함수
- **str**(문자열): 1개 이상의 문자들의 집합을 나타내는 파이썬 기본 데이터 타입
- **str( )**(문자열 변환): 정수 또는 부동소수점을 문자열로 변환하는 함수
- **stripplot( )**: Seaborn에서 상자그림에 산점도를 추가하는 함수
- **subpackage**: SciPy가 여러 서브패키지로 구성됨
- **subplots**: 한 번에 여러 개의 그래프를 플롯하는 기능
- **subplot=True**: 서브플롯을 활성화하는 옵션
- **sum( )**(합계): 데이터프레임 또는 시리즈에서 합계를 구하는 통계 함수
- **Support Vector Machine(SVM)**(서포트 벡터머신): 모든 데이터 표본을 d차원 벡터로 보고 두 범주를 분리하는 초평면을 찾는 과정을 통해 학습하는 분류기
- **Support Vector Regression(SVR)**(서포트 벡터 회귀): SVM과 같은 방법으로 모델을 구성하고 데이터를 분석하는 회귀 모델
- **SVC**: 사이킷런에서 서포트 벡터 머신 분류기를 구현한 클래스
- **SVR**: 사이킷런에서 서포트 벡터 회귀를 구현한 클래스
- **swarmplot( )**: Seaborn에서 상자그림에 산점도를 추가하는 함수(데이터 분포 확인)
- **tail( )**(하위 데이터 확인): 데이터프레임의 아래쪽 일부 데이터를 확인하는 메서드
- **Target Encoding**(타깃 인코딩): 각 범주에 대응하는 목표 변수의 평균 값을 사용하는 범주형 변수 수량화 방법
- **TensorFlow**: 머신러닝 및 딥러닝 라이브러리
- **test data**(시험 데이터): 최종 성능 평가에 사용되는 데이터
- **test.ipynb**: 주피터 노트북 파일명 예시
- **txt**: 비정형 데이터 파일 형식 중 하나
- **t-test**: 1개 또는 2개 그룹의 평균을 비교하는 통계 분석 기법
- **ttest_1samp( )**: SciPy에서 단일 표본 t-검정을 수행하는 함수
- **ttest_ind( )**: SciPy에서 독립 표본 t-test를 수행하는 함수
- **ttest_rel( )**: SciPy에서 대응 표본 t-test를 수행하는 함수
- **tol**: 정밀도 향상을 위한 허용 오차를 설정하는 옵션
- **tooltip**: Folium 마커에 마우스 포인터를 가져다 대면 표시되는 설명문
- **to_csv( )**: 데이터프레임을 csv 파일로 저장하는 함수
- **to_type( )**: 결과 값을 파일로 저장할 때 사용하는 함수
- **toy data**(토이 데이터): 라이브러리가 제공하는 데이터
- **train data**(학습 데이터): 모델이 학습하는 데 사용하는 데이터
- **train_test_split**: 학습 데이터와 시험 데이터를 분리하는 사이킷런 함수
- **transpose( )**: 데이터프레임의 행렬을 바꾸는 구조 변환 메서드
- **tpr(true positive rate)**(참 양성비): 실제 값이 참인 데이터 중 참이라고 판단하는 비율

- **True**: 논리 값(참)
- **tuple**(튜플): 리스트와 유사하나 원소 값 변경이 불가능한 컬렉션 데이터 타입
- **tuple( )**(튜플 타입 변환): 1개의 값 또는 여러 값을 튜플 타입으로 변환하는 함수
- **type( )**(타입 확인): 변수가 가진 값의 타입을 확인할 때 사용하는 함수
- **Underfitting**(과소적합): 모델의 규제가 너무 강해 데이터에 잘 맞지 않는 문제
- **Untitled0.ipynb**: 새 주피터 노트북 생성 시 기본 파일명
- **urlretrieve( )**: 웹상의 특정 파일을 다운로드하여 저장하는 urllib.request 라이브러리 함수
- **urllib.request**: 웹 파일 다운로드에 사용되는 라이브러리
- **validation data**(검증 데이터): 모델을 학습하는 중간 과정에서 성능을 점검하는 데이터
- **value_counts( )**: 범주형 변수의 빈도표를 구하는 메서드
- **var( )**(분산): 데이터프레임 또는 시리즈에서 분산을 구하는 통계 함수
- **Variable selection**(변수 선택): 데이터 분석에 필요한 변수를 선택하는 과정
- **variables**(변수): 프로그램 수행 중 발생한 값을 임시로 저장하는 저장소
- **Variance Inflation Factor(VIF)**(분산팽창계수): 다중공선성 탐지 방법으로, VIF 값이 10 이상이면 다중공선성이 높다고 판단
- **variance**(분산): 예측 값들이 대체로 멀리 흩어져 있는 정도
- **vector operations**(벡터 연산): NumPy에서 루프 없이 배열 연산을 지원하여 성능을 최적화하는 기능
- **verbose**: 훈련 과정의 진행 상황을 출력할지 여부를 설정하는 옵션
- **Visualization result files**(시각화 결과 파일): 시각화 결과 png, jpg, html 파일
- **VIF(Variance Inflation Factor)**(분산팽창계수): 다중공선성 탐지 방법
- **warm_start**: 이전 학습 결과를 초기화하지 않고 사용할지 여부를 설정하는 옵션
- **Web Crawling**(웹 크롤링): 인터넷상의 여러 웹 페이지를 자동으로 탐색하며 데이터를 수집하는 작업
- **Web Scraping**(웹 스크래핑): 웹 페이지에서 특정 데이터를 추출하는 작업
- **Windows**: Windows 운영체제를 지칭
- **with**: 파일을 여는 작업을 수행 후 닫는 작업을 자동 수행할 때 사용하는 제어문
- **WordCloud( )**(워드클라우드): 텍스트에서 언급되는 단어의 빈도를 시각적으로 표현하는 기법
- **XML**: 반정형 형태의 데이터 파일
- **xlsx/xls**: 엑셀 파일의 확장자명

처음 시작하는 파이썬 데이터 분석

발 행 일	초판 1쇄 발행 2025년 11월 05일
지 은 이	김은옥
발 행 인	신재석
발 행 처	(주)삼양미디어
주 소	서울시 마포구 양화로 6길 9-28
전 화	02) 335-3030
팩 스	02) 335-2070
등록번호	제10-2285호
	Copyright ⓒ 2025. samyangmedia
홈페이지	www.samyangM.com
I S B N	978-89-5897-450-5 (13000)
정 가	26,000원

삼양미디어는 이 책에 대한 독점권을 가지고 있습니다.
따라서 삼양미디어의 서면 동의 없이는 누구도 이 책의
전체 또는 일부를 어떤 형태로도 사용할 수 없습니다.
이 책에 등장하는 제품명은 각 개발 회사의 상표 또는 등록상표입니다.
잘못된 책은 바꾸어 드립니다.